中国传媒大学"十二五"规划教材编委会

主任： 苏志武　胡正荣

编委：（以姓氏笔画为序）

　　　　王永滨　刘剑波　关　玲　许一新　李　伟
　　　　李怀亮　张树庭　姜秀华　高晓虹　黄升民
　　　　黄心渊　鲁景超　廖祥忠

播音与主持艺术专业"十二五"规划教材编委会

主任：　鲁景超

副主任：李洪岩

业界顾问：（以姓氏笔画为序）

　　　　方　明　李瑞英　沈　力　姚喜双　铁　城

编委会成员：（以姓氏笔画为序）

　　　　丁龙江　王　群　王世林　卢　静　白岩松
　　　　杜　宪　陈京生　陈晓鸥　周　涛　赵　俐
　　　　翁　佳　栾洪金　唐　朝　康　辉

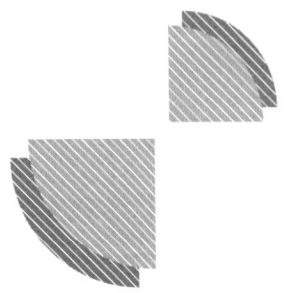

播音与主持艺术专业"十二五"规划教材

播音主持语音与发声

中国传媒大学播音主持艺术学院 编著

中国传媒大学出版社
·北京·

目 录

播音主持艺术学的回顾与展望(代序)　鲁景超 / 1

第一章　播音主持语音与发声概论 / 1
  第一节　播音主持语音与发声课程介绍 / 1
  第二节　课程目的与学习方法 / 5
  第三节　播音主持创作中的声音 / 8
  第四节　重视吐字发声　强化基础训练 / 10

第二章　发音器官与发音原理 / 17
  第一节　口语发音的过程 / 17
  第二节　发音器官的形成与功能分类 / 20
  第三节　呼吸器官和呼吸原理 / 22
  第四节　发声器官和发声原理 / 25
  第五节　吐字器官和吐字原理 / 29

第三章　普通话发音总说 / 35
  第一节　普通话简介 / 35
  第二节　汉语拼音方案的构成 / 40

第四章　普通话声母发音 / 46
  第一节　声母简介 / 46
  第二节　声母的发音 / 48
  第三节　声母的辨正 / 53
  第四节　零声母的发音 / 54

第五章　普通话韵母发音 /65

第一节　韵母简介 /65
第二节　单元音韵母发音 /66
第三节　复合元音韵母发音 /69
第四节　鼻尾音韵母发音 /73
第五节　韵母的四呼分类 /79

第六章　普通话声调与音节结构 /95

第一节　声调的性质 /95
第二节　普通话声调的调类和调值 /97
第三节　普通话音节结构划分 /99
第四节　普通话声母和韵母的拼合关系 /102

第七章　普通话语流音变 /112

第一节　普通话轻声 /112
第二节　普通话儿化 /116
第三节　普通话变调 /118
第四节　普通话词的轻重格式 /119
第五节　普通话语气词"啊"的音变 /121

第八章　普通话读音问题分析 /130

第一节　播音主持专业人员的读音问题 /130
第二节　台湾"国语"与普通话读音的异同 /134

第九章　普通话水平测试 /144

第一节　普通话水平测试简介 /144
第二节　普通话水平测试内容及评分标准 /146
第三节　如何准备和参加普通话水平测试 /149

第十章　播音主持吐字方式 /167

第一节　播音员主持人要重视吐字 /167
第二节　口腔控制和吐字归音 /169
第三节　吐字归音在播音主持常见语体中的应用 /176

第十一章　播音主持呼吸方式　/189

第一节　播音主持的呼吸特点和呼吸方法　/189

第二节　气息与感情、吐字、用声的关系　/192

第三节　播音主持中的气息使用　/194

第十二章　播音主持发声方式　/215

第一节　播音主持发声特点和播音员主持人发声能力　/215

第二节　常见的发声类型　/217

第三节　播音主持发声中音高的使用　/218

第四节　播音主持发声中音色的使用　/222

第五节　播音主持发声中的音量和音长　/225

第六节　发声训练的原则和常见问题　/227

第七节　嗓音保护　/228

第十三章　播音主持共鸣调节　/243

第一节　共鸣原理和共鸣在发音中的作用　/243

第二节　调节共鸣的部位和方法　/246

第三节　播音主持的共鸣调节　/248

第四节　常见共鸣问题的解决方法　/250

第十四章　情、声、气关系与声音对比变化　/263

第一节　情、声、气及三者的相互关系　/263

第二节　情、声、气与声音对比变化　/266

第三节　情、声、气关系处理不当容易引发的问题　/270

附录　普通话异读词审音表　/288

参考文献　/308

编写说明　/310

播音主持艺术学的回顾与展望(代序)

鲁景超

一、播音主持艺术学概述

首先,播音主持艺术学及其专业建设孕育于新中国的人民广播播音事业,经过半个多世纪的风雨历程,不仅在广播电视领域、艺术学领域有着广泛的影响,而且还拓展到语言传播、文化传播等相关领域。

播音主持艺术学是以广播电视有声语言创作主体及其语言传播活动为研究对象,以新闻事实及时传播为根基,以规范、审美为艺术追求,以民族精神、人文精神和社会主义核心价值观为灵魂,以提升国民综合素质为目标的一门科学。它以新闻传播学、艺术学、语言学及应用语言学、文学、心理学及哲学美学等诸多学科作支撑,其中,新闻性是根本属性,艺术性是重要属性,哲学美学是精神旨归,语言是创作领域与手段,文学是提升语言传播文化水平与品位的根基。

虽然它立足于广播电视大众传播的语境,但又能充分汲取自我传播、人际传播的优势,并通过去粗取精、去伪存真的创作过程引领和提升语言的品质;虽然它具有语言文字的工具属性,但又能在"音声化"的过程中,赋予"有声语言"生命的活力、思想的力量,使其具有"人性"的蕴藉和"文化"的灵魂;虽然它具有艺术表现的属性,但又必须严格遵循大众传播规律,在新闻真实性原则的制约下,展开一系列艺术创作活动;虽然它具有哲学美学的属性,但又不以钻研哲学、美学的本体为己任,而是致力于语言表达对创作者人生观、价值观的现实表露,以及对其审美能力、审美尺度的全面把控。

鲜明的文化性和民族性,以及跨学科和交叉性的学科定位,成就了其独树一帜的品牌特色与学科独立性的特征。

其次,学科的独立性是播音主持艺术理论研究的基础,学科的鲜明特色和独特价值规定着播音主持艺术理论研究的范围和领域。

播音主持艺术学以广播电视播音主持语言为主要研究对象,同时关注新媒体中的口语传播活动以及公众表达体系当中的各种口语表达活动,探索播音主持语言及公众口语表达的基本规律、实践方法、传播模式,以及历史和现状、文化内涵、社会影响等问题,它研究的重要领域是"有声语言",而不是"文字语言"。

语言,可以分为"书面语"和"口语"两大类。书面语,从文字书写上体现;口语,从口头言说中呈现,二者有着各自不同的语体特征。"有声语言",不仅包括了口头言说,也包括了文字书写的"音声化"。"有声语言"既可以从文字语言转化而来，也可以从内部语言外化而来；既可以表现书面语的色彩，也可以表现口语的色彩。

相比于书面语，口语的生存空间以日常生活场景为主，因此，过于日常化、生活化、碎片化，内容也过于散乱、琐碎、随意，缺乏主题性、目的性，文化内涵不足，精神价值不高，停留在日常生活中的口语缺乏提高质量和品位的内在动力。书面语以规范、完整、艺术、精辟等优势长期参与于经济、政治、文化生活中，而历史并没有为口语提供那样广泛的参与社会生活的空间，这使得口语长期以来徘徊在公共视野和研究视野之外。信息社会的到来，当然也包括广播电视的发展，使我们迎来了口语研究的春天，以播音主持语言为代表，人们看到了口语对社会的影响和人类的价值，开始思考如何释放其文化含量、挖掘其精神品质。但是，由于我国口语研究的时间较短，历史资料较少，口语典范积累不足，技术水平有限，在浩如烟海的文化典籍中，非常缺少对"有声语言"表达的研究与论述。

播音主持艺术学的价值恰恰在于填补了这个空白。播音主持语言是强势口语资源，有责任在改变口语研究薄弱现状方面发挥作用。通过研究"语"与"文"的融合，把握"有声语言"的本质——人文精神，以提升广播电视语言的表达质量；通过推动国民"语"与"文"能力的均衡发展，以提高全民族的语言文化素养，催生口语表达的典范。

再次，播音主持艺术学研究的主体是"人"，是"出声露面，驾驭节目进程的人"，是处于语言传播活动"咽喉要道"位置的播音员、主持人。他们的言谈举止，不仅会影响节目的质量、传播的效果，还会引领社会语言生活的潮流，对社会起着极强的示范作用。

几十年来，播音主持艺术学学科已经为新中国的广播电视事业输送了一批批优秀的毕业生，他们当中的许多人活跃在我国主流广播电视媒体的最前沿，他们在重大新闻事件的报道现场，向大众传递政府和人民的声音，他们庄重大气的形象成为中国形象的代表，他们掷地有声的播报和评论成为中国气派话语风格的代表，同时，他们也用精彩的语言创作实践，有力地证明了本学科的生存价值和意义。

播音主持语言所承载的信息传播功能、舆论引导功能、宣传功能、教育功能、娱乐功能、记录历史的功能、凝聚民族精神的功能、标志时代的功能、实现语言规范和传播语言规范的功能，以及传承中华文化的功能等，说到底是要靠"人"来实现的，所以，培养什么人，怎么培养人，始终是本学科研究的重中之重。能否培养出既具有新闻工作者的社会责任感和扎实的职业素养，又具有语言艺术工作者的敏锐、悟性和扎实的"语言功力"，还具有明确的文化传承者的身份认同、自觉坚守语言传播文化品位和文化使命的"人"，是本学科能否凸显核心竞争力的关键所在。

广播电视实践需要大量高水平、复合型的播音主持精英人才，大学作为教学、科研的重镇所在，理应为培养这样的人才做好充分的理论准备。

最后，形成较为完备的、独特的理论体系，是学科成熟的标志，也是学科建设的核心内容。

播音主持艺术学历经了从无到有、从小到大、从单一到综合的发展历程。学科的理论体系建设，围绕"有声语言"表达"感性—知性—理性—悟性"的独特艺术路径，锤炼语言表达能力，提升"有声语言"艺术感染力和艺术境界。以1994年出版的《中国播音学》为标志，发展至今，逐步形成了独具中国特色的理论体系，国内首创，在国际上也独树一帜。

其主要研究方向及研究内容有：

播音主持发声艺术——以有声语言表达中发声艺术的创作基础及创作方法为研究对象，研究语言发声艺术的物理基础、机体控制、发声方法和语言艺术表达效果之间的关系，以及人们的思想感情与声音表达形式之间的关系。为了适应我国新时期进一步推广普通话的要求，本方向还以普通话教学和水平测试为研究对象，着重研究普通话测试的基本原理以及测试的范围、内容、方法，数字技术在测试中的应用等，为推广普通话服务。本方向除重点进行播音员主持人的发音用声和播音主持语言艺术效果之间的规律性研究外，还兼顾公众的发声艺术，如新闻发言人、企事业机构管理人员、教师以及大型活动主持的语言发声艺术。

播音主持艺术理论——以播音主持艺术创作主体、创作过程、接受主体、艺术效果为研究对象，以广播电视播音员主持人从素材准备到节目播出过程中的创作道路、原则、技巧、规律、风格等为研究范畴，梳理总结播音主持艺术创作过程中的原理、方法，用以指导播音主持艺术创作实践。播音主持艺术是有声语言表达艺术与广播电视语言传播相结合的艺术形式，重点在语言、传播、艺术等交叉领域进行艺术规律的探析，从创作主体和接受主体及其关系的角度将传者、受众和作品纳入研究视野，并对播音主持创作中的心理机制、美学特征等进行深入研究。本方向还将研究广播电视播音主持艺术的历史发展、代表人物、重点作品、风格流派等。

播音主持创作艺术——以播音主持业务为基础，以播音主持实践的动态发展变化为关注点，以各类广播电视节目播音主持创作活动为研究对象，系统研究包括新闻节目、综艺娱乐节目、专题性节目、谈话类节目、体育节目等各类节目播音主持的艺术特征、节目形态、创作方法、创作规律和艺术效果等，用以指导播音主持艺术创作实践。本方向除了研究具体节目的播音主持创作活动及其艺术外，还在宏观上跟踪、勾画广播电视播音主持艺术的发展脉络，并深层次分析不同类型节目播音主持艺术与媒介传播平台的相互影响，探索传媒与艺术之间的关系。

口语传播艺术——重点研究播音员主持人的口语表达的内涵外延、思维方式、创作方法等，以满足并探索此种类型节目的语言传播艺术规律。同时以此为基础，探索研究面对公众的口语表达及人际交流口语表达艺术规律，以提高公众口语表达水准作为主要任务，服务于全社会各领域的口语表达应用之需，如新闻发言人口语表达艺术、教师口语表达艺术等等。同时，本研究方向关注世界范围内华语传媒及华语有声语言传播的新变化，为世界范围内的华语传播提供关注课题和参考方向，培养对外宣传和世界华语传播的高端人才，完善国家媒体形象在海内外的传播与建设，提高世界华语传播品质。

以上研究方向和研究内容，构建了本学科的主干理论框架，在此框架下，沿着"有声语言"的运动轨迹，沿着理论与实践紧密结合、动态和静态相结合的研究路径，探索播音主持艺术的特殊规律，探索创新型人才培养的新模式，以回应广播电视媒体和社会对语言传播艺术越来越高的要求。

二、播音主持艺术教育的继承与创新

本学科是一个新兴交叉学科,学科的归属经历了逐步理顺的过程。本科层面在艺术类中的"播音与主持艺术"专业目录下招收学生。硕士层面在 1980 年申报硕士点之后,一直在"语言学及应用语言学"学科下招收硕士研究生;2007 年,本学科开始在"新闻传播学"自主增列"广播电视语言传播"硕士研究方向,同时也在"广播电视艺术学"之下招收硕士研究生。在博士层面,1999 年设立博士点之初,本学科在广播电视艺术学之下招收博士研究生,2001 年改在语言学及应用语言学之下招收博士研究生,2007 年开始在新闻传播学之下招收广播电视语言传播博士研究生。2011 年艺术学升为门类,播音主持艺术学在戏剧与影视学一级学科下成功设置二级学科,使本学科在本科教育基础上有了更好地进行硕士、博士人才培养的平台和空间,人才特色更鲜明,学科特色更突出。

"培养什么人"始终是播音主持艺术教育的核心问题。一代代播音员、主持人恪守职责,不辱使命,用声音传播真理、记录历史、讴歌时代、传承文化,忠实地宣传党的方针政策,热情地为广大人民服务。他们的成长历程,最好地印证了"培养什么人"的重要性。

应该说,正是坚持正确的创作道路,牢牢抓住"培养什么人"这个"核心"和"主题",播音主持人才培养的定位才经受住了时间的检验。

中国传媒大学是教育部直属的国家"211 工程"重点建设大学,其下属的播音主持艺术学院是我国培养播音主持艺术精英人才的重要基地。独树一帜的播音主持艺术学,为科研与实践提供了坚实的学科支撑和理论指引,在此基础上,经过以齐越、张颂为代表的几代教育工作者的不懈努力,形成了一套特色鲜明、行之有效的教学模式,积累了"怎么培养人"的宝贵经验,也对"培养什么人"提供了有力的保证。

进入新时期以来,中国传媒大学播音主持艺术学院坚持贯彻党的教育方针,与时俱进地完善自己的教育教学理念;坚持以全球化的视野和国际化的发展定位,创新自己的教育模式、优化人才培养战略;坚持服务和谐社会建设和人的全面发展,提升全民族的语言文化素质;坚持发挥播音主持在建设社会主义先进文化进程中的导向和引领作用;坚持理论和实践相结合的教学方法,开拓创新地完成对高精尖人才的培养和输送。

我们的办学理念是:以融合人文和艺术的大学精神为指导,培养更多更优秀的播音员主持人,更好地执行大众媒体话语权,在党和人民之间架起沟通的桥梁;通过高质量的有声语言传播,塑造表达典范,在"书同文"的基础上,推进实现"语同音"的理想;发挥语言的文化承载力和精神塑造力,彰显中华民族的优良传统和精神气质。

我们的办学定位是:引领提高全民族的语言能力和文化素养;引领播音主持艺术的专业走向;引领语言传播的高规格和高标准。

我们不断完善课程体系和学科体系建设,坚持以特色课程建设为中心,贯彻以课程特色聚合学科特色的思路,扎扎实实地进行课程建设。根据国家宏观发展战略及广播电视播音主持实践的需求,在继续强化学科主干课程的同时,切实推进播音主持心理学、播音主持哲学、播音主持美学、播音主持教育学等方面的理论研究;积极建设世界华语传播、双语播音主持、口语传播等方向,拓展新的学科方向。在特色主干课"播音创作基础理论"已经建成国家级精品课的基础上,继续建设本学科的其他特色主干课程:"普通话语音与播音发声艺术"、"广播节目播音主持艺术"、"电视节目播音主持艺术"等。

目前,播音与主持艺术专业共开设公共基础课、学科基础课、专业基础课、专业课、基础选修课、专业选修课60多门。在强化专业教育的同时,全面提升学生的综合素质。

在教学方法上,融合规范化教学、情感化教学、个性化教学、伴随化教学等多种教学方法。针对播音专业的特性,凸显以下特色:

"一个依托"的办学特色——依托一线发展,引领专业走向;

"两个属性"的人才特色——"新闻性+艺术性";

"三个并重"的师资特色——"重教学+重科研+重实践";

"四个结合"的教学特色——大课+小课,有稿+无稿,感性+理性,教书+育人;

"五个互补"的发展特色——继承+创新,开放+自强,动+静,国内+国际,大众传播+人际传播。

截至目前,已和全国各地的广播电视专业媒体合作共建了十多个校、院级实习基地。通过社会实践、专业见习、专业实习、毕业实习等多种实践途径磨炼学生的专业水平。

与此同时,我们还联合全国开办播音主持专业的各高等院校的力量,共同推进专业教育的深入和学科建设的深化。针对广播电视实践中遇到的实际问题,联合开展科研攻关;邀请一线专家参与本科生、研究生的培养,切实实行双导师制;积极参与中华文化的对外传播,大力推进国际学术交流。

在国家相关部门和学校的大力支持下,建设教学与科研相结合、先进技术设备与一流管理相结合、基础建设与拓展建设相结合、理论发展与实践发展相结合的教学科研实验基地。

随着广播电视事业的不断进步,特别是新技术的不断涌现、新媒体的不断发展,我们的教学内容和教学方法不可能一成不变。对于教学的改革与创新,我们从未停滞过。其改革创新的思路,既要基于学科规律的历史性延展,也要着眼于国内外学科建设现状和社会发展大势的战略性提升。播音主持艺术学院紧扣国家对教育事业的指导方针,把教育创新和对高端人才的培养放在学院工作的首位;把国家和广播电视事业一线对人才的需要作为全院培养人才的重要引领思路,在继承原有优良教学传统的基础上,兼容并蓄,推陈出新,努力提高教学质量。我们认为,未来对人才的培养要向"精深"和"宽广"两个方向同时发展。一方面,要继续深化专业内涵,突出专业优势,倍加重视"语言功力",巩固新闻播音教学强项,提高综艺娱乐、社教服务等方向的教学能力,培养出更多精英人才,继续占领国内媒体及世界范围内华语媒体的高端;另一方面,还要拓展专业外延,顺应媒体融合的新趋势,不断开辟新领域。从大众传播向新媒体和人际传播拓展,培养出能适应复杂媒介环境的复合型精英人才。为此,我们要以"宽口径、厚基础、高素质、强能力"为教学原则,以课程体系为核心,以师资队伍为主导,以科研和管理为保障,探索出特色鲜明的教学、管理模式。

我们正在逐步规划因材施教、教学相长、分类培养、差异发展的教学特色,积极培育新课程,形成不同的课程模块,满足不同学生的成长需求,夯实学生的文化基础,强化学生的专业技能。改变学生的选课模式,由"配给制"到"套餐制"并逐渐发展到"自助式"。

通过项目制教学、案例教学、工作室教学,打破封闭式教学,与电台、电视台进行校台合作、联办节目,在实践中锻炼学生的能力。建立教学监督检查和质量监控体系,完善教学质量保障工程。完善招生环节,对学生的培养实施从入口到出口的"一条龙"监控,完善人才质量保障体系建设。一方面,"请进来"——积极聘请各类专家为我院的兼职教授,让教学紧贴一线发展,紧贴学科前沿;另一方面,"走出去"——有计划地派教师和学生出去交流、调研、学习,借鉴先进经验,开阔视野、增强能力。

三、播音主持艺术的理论建设

齐越曾指出:"播音业务跟其他工作一样,总是由实践到认识,再以认识指导实践,这是一个反复的过程。"[①]播音专业从无到有、从小到大,它的每一步发展都与理论建设密不可分。然而,播音主持艺术理论体系的形成并非一蹴而就的。

即使是在战火硝烟的时代,老一辈广播工作者也十分重视对播音工作实践经验的探索和总结,齐越的《播音员日记——解放战争年代的播音工作》就是最真实的佐证。在这篇日记中,齐越总结了自己因片面追求"语气自然"而容易播错的原因,明确提出了不能因为片面地追求播音语言形式而忽视对稿件内容理解的观点,以及通过加强政治学习和锻炼语言功力来提高播音水平的基本构想,对后人有着十分中肯的参考价值。同一时期的文献《新华总社语言广播部暂行工作细则》、《XNCR陕北阶段工作的简单总结》、《对当前改进语言广播的几点意见》等,都开始对语言规范提出要求。

在人民广播创建之初,有很多人不理解播音工作的重要性,认为只要爱国、会说普通话就能当播音员。针对这种后来被大家总结为"播音无学"的风气,以梅益、左荧、齐越为代表的广播工作者进行了有力的纠正。例如,1955年,梅益在中央台播音业务学习会上指出:"我们从来没有轻视过播音工作,也许有个别人轻视这个工作,那是他的思想有问题。""做好播音工作,首先要有一定的政治觉悟和较好的思想修养,还要有一定的文化水平,再加上必要的技巧。"左荧则在题为《播音是一种语言艺术活动》的报告中明确提出:"播音是一种艺术创作。"[②]

1955年中央广播事业局召开全国播音业务学习会,这是新中国成立后召开的第一次全国播音会议。在会上齐越介绍了苏联的播音工作经验,向大会传达了他从苏联学习到的宝贵经验。1959年,广播事业局翻译的《话筒前的播音员》和《广播业务译丛第三辑——播音业务专辑》出版。1961年,广播事业局为了"给做播音工作的同志提供一些学习资料",组织中央台及地方台的播音员专门撰写了一部分文章,汇编了一本《全国播音经验汇辑》,出版了汇集中央人民广播电台播音员经验文章的白皮书《播音业务》等。这几本书分别总结了国外(苏联)、中央台和地方台(主要是省台)的播音经验,是对当时播音经验的一次总结和推广,也为播音理论的建立提供了基本的思路,具有重要的理论与实践意义。

---

① 齐越:《献给祖国的声音》,中国广播电视出版社1991年版,第74页。
② 广播电影电视部政策研究室、《当代中国的广播电视》编辑部:《梅益谈广播电视》,中国广播电视出版社1987年版,第68—69页。

1962年,齐越在上海播音组的讲话成为播音理论的奠基之作。以此为标志,开始了中国播音学的探索。在讲话中齐越提出了"播音工作的三个环节"、"播音创作的三个出发点"和"稿件分析的三个要素"等播音理论的概念。其中关于"播音技巧的三张王牌"和"语气为核心"的论述,为《播音创作基础》中"思想感情的表达方式"提供了理论依据。

齐越还强调了播音员应该从党的政策、观点出发深入分析稿件,用恰切的语气去表达稿件的精神内涵。这些观点对我们今天播音理论的深化和播音实践的发展仍有指导意义。

改革开放以后,我国的广播电视事业日新月异。播音员主持人的工作受到更多人的关注,实践的发展创新为理论研究提供了依据,理论研究的规律性总结与对播音工作的前瞻性指导也有力地推动了播音实践的不断进步。

伴随着广播事业和播音教育的发展,相关的教材和理论著述不断涌现。1994年《中国播音学》的出版,标志着中国播音学理论体系已经形成。这个理论体系,为我国的广播电视实践提供了坚实的理论基础。

当前,宏观媒介环境正在发生巨大变化,传播内容日益广泛,传播形态愈发多样,节目高科技含量越来越大,制作水平越来越高,播音主持人才的实战本领和形象包装也较以往更为多样化。域外广播电视节目以各种方式进入我国内地,我们不得不应对域外媒体的竞争、面对"西强我弱"的传播态势。

与此同时,微观的媒介生态格局也发生着惊人的变化:在宽带、移动互联网及3G、4G网络迅速蔓延的形势下,智能手机、超级本、平板电脑、掌上电脑、车载移动电视、楼宇电视等新媒体终端极为多样化,新媒体技术不断推陈出新,功能应用层出不穷,虚拟社区、社交网站、微博、微信、易信、网络游戏、网络动画、IPTV、RSS、APP等新媒体形态日新月异。可以说,媒介传播格局早已今非昔比,新媒体技术已经渗透到社会生活的各个领域,打破了传统媒体环境下信息传播的流程,改变了受众的信息接触习惯,甚至成为一种巨大的生产力。

目前,中国互联网普及率已超过42%,网民达6亿。手机用户已突破11亿户,平均每10人拥有8部手机。中国成为名副其实的全球新媒体用户第一大国。在第三产业经济和新技术革命的推动下,新媒体网络化、全球化、全民化、移动化、社会化、融合化发展的态势更为显现。

这些变化,在带给我们巨大生存压力的同时,也给我们提出了新的命题。理论是实践的先导,它有责任回答实践当中的问题,服务实践,引领实践。由此我们确信,这些变化,也必将促进语言传播研究的深化,必将加快播音主持艺术学理论建设的现代化进程。

播音主持艺术领域在飞速发展的同时,也出现了许多始料未及的问题。面对应接不暇的新情况,一批批理论研究成果破土而出,研究触角涉及方方面面,不仅对各种具象性的实践问题进行相应回答,而且进一步拓宽了理论研究的视野,促进了交叉学科理论知识的融合。但是,我们的学科尚显年轻,理论体系不够完善,理论研究不够深入,对于实践中出现的问题,在一些时候还不能作出理论的解释,以至于在层出不穷的具体问题面前,"头痛医头、脚痛医脚",甚至显得有些束手无策。今天的播音主持艺术实践,呼唤着理论研究尽快超越具体的战术层面,而能从宏观的战略层面思考问题,从深层的思想观念入手,找到问题的根源,作出系统的理性回答。这是历史赋予我们的神圣责任。

教材建设是理论建设的重要内容。人才培养目标最终要通过以教材为依据的教学活动才能实现。教材不仅是"一课之本",更是"一科之本"。它是衡量一个学科/专业办学水平的重要标志。播音主持艺术学院将教材建设作为重要抓手,以深化巩固教改成果、完善学科构建、提升教学质量和人才培养质量。经过几年的努力,重新修订的教材终于和大家见面了,这是全院老师教学实践和理论探索的结晶。

新一轮教材建设项目从2007年启动,参照教育部本科教学评估期间专家学者提出的规范性、指导性建议,学院组织各个教研室、教研组开始了前期调研、论证以及策划工作。2009年,以中国传媒大学本科生培养方案的修订为契机,按照学校对本科教学的总体要求,紧紧围绕"实践"展开的思路,以"项目制教学"、"案例式教学"、"研讨式教学"等新型教学方式为突破,有步骤地完善了课程体系并对核心专业课程作出了调整。几年来,我们一边密切关注学科理论建设的前沿和广播电视一线的发展变化,一边不断地充实教学内容和教学方法,在此基础上,陆续完成和推出《播音主持语音与发声》、《播音主持创作基础》、《广播节目播音主持》、《电视节目播音主持》。

新版教材有如下特点:

第一,经过了几十年的教学实践,播音主持艺术理论和训练材料中的核心内容是经得住时间检验的。因此,新版教材没有脱离原有的框架,核心内容均被保留。

第二,新版教材适当调整了理论讲述和训练材料的比重。理论部分内容较为翔实,能够充分满足课堂学习的需要;训练内容的选择,既关注经典,又不忽略鲜活的"新"样态,且更注重训练的"层次性"、实用性和拓展性。理论讲述与训练内容相互印证、相互融合。

第三,新版教材在保留原有核心、经典内容的基础上,为适应传媒一线的新变化,在理论讲述和训练材料两方面都作了更新和发展。

第四,新版教材的参编人员以本院教师为主,还邀请、吸纳了学界和业界的部分专家共同参与。另外,我们还特别成立了一个由老中青教师共同参与的编委会,共同筹划新教材建设。

通过教材的编写,我们进一步统一了教学思想,梳理了学科发展和理论建设的脉络,密切了和传媒一线的联系,也更坚定了在继承传统的基础上,不断改革创新的信念。

有声语言是人类在远古时期就开始广泛使用的一种传播工具。它可以传播民族文化,也可以塑造民族精神。有声语言的发达程度,是一个民族发展水平的重要指标,也是一个国家能否振兴的核心元素。播音主持艺术学院必将在有声语言这一领域不断进取,为实现民族振兴的中国梦奋斗不懈!

第一章 播音主持语音与发声概论

■ **本章要点：**

本章从整体上介绍了"播音主持语音与发声"这门专业基础课在整个播音与主持艺术专业中的位置、课程内容、目的及学习方法，分析了播音主持对声音的要求。希望学生通过本章的学习，能够对"播音主持语音与发声"这门课程有一个概括性的认识和把握，了解播音主持对语音及发声的要求，关注语音的细节和发声的整体配合状态，理解基本功的重要性，为以后的语音与发声学习做好准备。

第一节 播音主持语音与发声课程介绍

一、课程简介

播音主持语音与发声是播音与主持艺术专业的专业基础课之一，也是本专业一年级学生的主要专业课程，它为后续的播音主持创作基础和广播电视播音主持等课程奠定语音和发声基础。

声音是播音主持语言表达的语音载体，播音员主持人丰富的思想情感最终还是要落实在声音上。而字音又是声音的表现形式，语言的发声是"以字带声"，字音质量的高低不仅影响基本信息的传递，还会影响声音美感的塑造以及情感表达的准确与生动。吐字的美和自如要以语音的准确为基础。因此，播音主持语音与发声是播音与主持艺术专业的学生最早接触的重要专业基础课。

这门课程涉及播音主持的基本技能，主要包括普通话语音和播音主持发声两个方面。通过本课程，不仅要使学生了解和掌握语音与发声的基本理论，还要让学生掌握与播音主持有关的吐字发声的技巧。课程结束的时候，学生应当能够熟练使用普通话，吐字准确清晰，声音动听，富于变化。

二、课程主要内容

这门课程包括普通话语音和播音主持发声两方面的内容。这两部分内容按照课程设计可穿插进行讲授和训练。

与普通话语音相关的内容包括:普通话声母发音,普通话韵母发音,普通话音节结构和拼合关系,声调发音,普通话轻声、儿化等语流音变,普通话水平测试简介以及普通话读音问题分析等。

与播音主持发声相关的内容有:发音器官和发音方法,呼吸与发声原理、发音基本状态,播音主持的吐字方式,播音主持的呼吸方式,播音主持的发声方式,播音主持的共鸣调节,情、声、气的关系以及声音的把握。

语音与发声之间有着密不可分的关系,有时很难对两者进行分割。为了对两者进行较为明确的界定,我们可以这样认识语音和发声:凡涉及意义的发音都归入语音范畴,而在字音准确的基础上对声音进行加工以满足播音主持需要的则归入发声范畴。

语音是指人类器官发出的具有区别意义的声音,普通话是指"以北京语音为标准音,以北方话为基础方言,以典范的现代白话文著作为语法规范的现代汉民族共同语"。普通话语音的具体内容有:音节的声母、韵母、声调以及语流音变,主要是语音系统的学习,是基础。

播音主持发声的研究对象是播音主持的发声过程,如发声与电子设备、与发声器官、与思想情感传递的关系等。具体内容有:吐字方式、呼吸方式、喉的使用、共鸣的使用、嗓音保护等。"发声"这个概念,在生理学、心理学、语言学中特指发声器官——喉产生声音的过程。但是,在播音主持和其他一些艺术语言研究中,发声除了指喉的活动,还包括呼吸器官、共鸣器官的活动,甚至还包括吐字归音。

语音是基础。发声训练,尤其是发声中的吐字训练,要在语音准确的基础上进行。所以,我们要先学习语音。

三、课程学习背景

播音主持的语言传播是通过电子传播完成的。我们对播音主持声音的训练,也需要借助电子设备来进行。因此,我们需要弄清楚语言的电子传播和口语传播的不同,以及电子传播究竟对语言有怎样的影响。

除此之外,近年来媒体节目的发展变化很大,对播音主持吐字用声有很大影响,我们的学习也会因此产生一些变化。这些都是我们学习这门课程需要了解的背景。

1. 电子传播对播音主持声音的影响

日常口语传播通过空气传播,语言的口语传播方式及特点如下图:

```
发音器官        空气           耳
说话人    →    声波    →    听话人
```

口语的语言发声特点如下:

(1)一般来说没有准备。

(2)声音比较随意。人们不会过分注意自己的声音。

(3)个性特征鲜明。

(4)声音随环境变化而灵活改变。在音量和清晰度上尽可能节省,让人听清楚即可。

语言的电子传播是通过电子设备传播的,方式如下图:

```
发音器官        电子设备   传播媒介   电子设备         耳
         →           →          →           →
播音员    声波  放送设备   电波   接收设备   声波   听众
```

电子传播的优势在于:扩大了语言传播的距离和语言传播的范围,同时听众可以采用各种接收方式。

概括起来,电子传播对语音发声的影响主要有以下几个方面:

(1)语音的某些声音特征会发生改变。一些声音被强调,一些声音被削弱。

如:由于话筒的特性,通常擦音色彩会被增加。有些话筒在录音时使用防风罩,目的就是减弱气流造成的摩擦声。

(2)减轻了音量在发声中的作用。电子设备在录音、传输和收听的过程中,虽然不能改变空间感,但可以调节音量。所以,播音主持对音量没有严格要求。但是,由于语言表达的生动性和场合环境的要求,播音员主持人应该具有一定的音量变化能力。

(3)使播音员主持人原有的声音特性发生变化。由于电子设备不可能完全准确地还原声音,对于播音员主持人的声音,电子设备有时可以美化,有时也可能丑化。因此,播音员主持人在运用声音的时候,要注意和话筒等电子设备的配合。

(4)电子传播使播音的声音反馈方式发生变化。由于反馈方式的变化,播音员主持人除了要通过自身的反馈渠道调整发音外,还要通过接收工具来检验自己的发音。

2.媒体节目的发展变化对声音训练的影响

媒体节目量的增加和形式的变化,给播音员主持人的用声带来了新的要求。从最初播音员以消息、通讯和评论"三大件"为主要播音稿件,到后来节目样式多种多样,各类节目主持层出不穷,播音员主持人的声音特点以及运用方式都随之发生了变化。

(1)声音类型由单一化到多元化。

早期播音员的声音主要是为了满足"三大件"的播音,加上早期电声设备也没有现在的灵敏,所以,播音员的声音训练都比较规整,发音的力度和清晰度都比较高,音色上女声以宽音大嗓、男声以浑厚沉稳为主要音色类型。现在,时代发展带来的审美多元化,加上节目类型多样化,电子设备灵活敏感,播音员主持人的声音类型也呈现出多元化的趋势。各类不同的音色只要符合节目要求,突出个性特点,都可以使用。有些节目,吐字在保证清晰度的前提下,力度较早期有所减弱,但变化更加丰富。

(2)声音训练的目的由以播报为主到力求满足多样化需求。

当前,新闻播报仍然是播音员主持人需要掌握的重要技能。同时,播音主持的用声练习还要为各类节目主持、各种场合环境中的用声做好准备。除了播报,大舞台上的朗诵、近距离的谈话、小音量的讲解也都是经常用到的,学生应该做好能力储备。由于用声环境多种多样,因此,训练中不仅要严格练就吐字用声的工整性,声音的适应性和变化性也同样重要。

(3)声音教学更加注重理论建设,强调理论与实践相结合。

用声虽说是一门技能,但是学习中还是要弄清楚使用方法背后的原理。早期的播音发声理论多是从曲艺、歌唱等艺术发声借鉴而来的。现在,随着播音主持实践经验的日益丰富,理论的发展也在跟进,教学中理论讲解也逐渐增多。学生不仅要练习技能,还要重视理论学习。在理论指导下,实践才会有效率。掌握相关理论可以帮助学生进行自我指导。

四、播音主持语言的声音特点

播音主持是大众传播的一种方式,说话较为正式。播音主持语言与日常口语有所不同,它的声音特点是准确、清晰、动听、朴实和富于变化。

国家相关法律法规明确规定播音员主持人的语言应标准、规范,且由于广播、电视的大众媒介属性,播音员主持人的语言自然成为受众学习和模仿的对象,因而准确无误成为题中应有之义。但是要做到准确无误并不容易,需要经过严格的训练。

清晰是指语言的分辨率高,即使混入一些杂音也能够使受众听得清楚。清楚不光指听清每个字,而是指整句话、整段话的意思。当然它的基础是字音的清晰。

动听,就是要有较好的声音色彩和吐字技巧。除了音色,掌握吐字的技巧也会使人感到声音圆润。

朴实,就是接近日常生活的讲述,接近生活口语,不在声音上做过多的夸张和修饰,不过分追求艺术效果。

变化,是为了避免单调。单调是指用相同的音高、音色、音量、节奏,造成听觉上的单一、重复。受众有主动选择权,没有必要忍受因单调而带来的折磨。尤其是广播,以声音为主,缺少视觉的刺激,所以更要强化语言表达的声音变化。

五、授课方式、考核方式、练习内容和练习方式

播音主持语音与发声采用大课集体讲授和小课分组训练相结合的授课方式。许多课程单元需要学生在课外进行录音练习。

考核方式由笔试和口试两部分组成。

播音主持语音与发声是一门专业基础课,练习的主要内容是有关语音和发声的基本功,如普通话语音的准确流畅、吐字的清晰圆润、发声的松弛通畅、呼吸的稳劲持久、共鸣的优美动听,等等。除此之外,还要在基本功比较扎实的基础上,练习声音的变化能力,根据表达的需要,在吐字、呼吸、发声、共鸣等方面富有一定的变化,增强有声语言的表达效果。

练习的方式包括小课上的练习、课下练声和完成录音作业。一般是在大课讲授和小课辅导之后,根据学习的进度,并结合录音设备监听、分析自己的情况以便准确识别自己的问题,进行有针对性的练习。课后还要关注播音主持一线的节目,把握行业发展动态,欣赏优秀的播音主持及朗诵作品,培养良好的有声语言表达语感。

第二节　课程目的与学习方法

一、课程目的

本课程教学总目标是：了解语音和发声的相关理论知识，掌握播音主持语言表达所必需的语音和发声能力。用学到的知识指导自己的发音用声实践，为后面的专业学习奠定良好的语音发声基础。

具体来讲，本课程的学习应该达到以下目的：

(1)通过大课学习，掌握语音和发声的理论知识。

(2)学习用气发声的基本方法，达到气息通畅，声音扎实。

(3)掌握普通话语音系统，发音准确。

(4)熟悉常用词汇，读音准确。

(5)能够运用普通话流畅表达，争取普通话水平达到一级甲等。

(6)掌握吐字技巧，做到吐字清晰圆润。

(7)根据表达内容和感情色彩的不同，能够灵活运用气息和声音，具有一定的声音变化能力。

二、学习方法

播音主持语音与发声是播音主持专业的专业基础课，是为日后的播音主持专业学习和工作打基础的。在学习方法上可以从以下几个方面来掌握：

首先要在实践中提高。播音主持最终要落实到以有声语言为主要手段的表达上，而有声语言的锤炼必须在实践中进行。这里的实践包括课上的发音练习及调整、课后的练声和录音，还有相关有声语言表达，如朗诵、主持、配音等实践活动。与有声语言发声相关的歌唱、说唱等艺术形式，如果有所涉猎，可注意思考对比，寻找规律，也有助于提高有声语言发声能力。但是，对播音主持专业的初学者而言，不建议同时学习另一种艺术发声方式，以免在发声不够熟练、控制力不强的情况下将不同发声方法混淆使用。由于播音主持的语音发声接近生活，平时的日常交际也是有声语言的练习时机，而且是最方便的练习时机。

重视理论学习，用理论指导实践，提高效率。虽然语音、发声是口耳之学，但是，如果没有理论的指导，学习起来只能是有一说一，不能举一反三，不能获得自我指导的"自动升级"。理论贯通之后，对实践中问题的分析会更加准确、科学，解决起来也会更有效率。因此，理论学习和实践练习同等重要，不可偏废。理论学习，除了本课程的理论之外，还要重视播音主持专业的其他理论、媒介传播理论、应用语言学理论及艺术学理论等的学习。

练习要不畏劳苦，反复练习。因为学生的发声习惯已经养成，再调整发声动作和开发新的发声能力的时候，需要反复练习，直至熟练，变成新的习惯，才可以放心投入使用。

练习初期,需要付出较多的努力。随着熟练程度的增加,分配在语音发声上的注意力可以慢慢减少,到了真正表达的时候,注意力应主要用于思考表达内容、关注交流对象和现场效果,基本不会再关注语音发声,所以语音发声必须熟练到不需要有意注意的"自动化"程度,才具有实用性。

学习要因人而异,以针对问题、修补拓展为目的。每个会说话的人,其语音发声能力都已形成,因此我们不是从零开始学习语音和发声。但是,由于每个人多年养成的发声习惯或多或少都会存在不同的问题,因此,才需要修补和进一步拓展。

总之,播音主持的语音发声学习要重视规律,勤于思考;投入实践,不燥不懒;对照效果,善于调整。

三、与课程有关的几个问题

第一个问题,关于练声。

播音主持专业学生要明确练声的目的、内容及原则。

练声的目的是:熟悉自己的发声方法和发声效果之间的对应关系,改变不科学、不正确的发声方法和习惯,逐步建立起新的语音发声控制能力,形成良好的科学的发声习惯,增强自己运用声音的能力。

"练声"这一概念常常被人误解为只是练习声音,仅对嗓音效果比较重视。其实,练声是指对语音发声能力的综合锻炼,至少包括练习普通话发音、练习吐字、练习气息和发声,以及练习它们之间的整体配合。

练声不是寻找瞬间改变声音的灵丹妙药,而是结合自己的实际情况,依据课程的进度,练习相关内容,逐步纠正自己的发声问题,提高发声能力。

练声需遵循的原则有:

首先,练声要目标明确,对症下药。不要人云亦云,不要有口无心。在明确自己的问题之后,通过练习改进自己的发声,配合教学进度,逐步建立和完善良好的发音习惯。

其次,要有针对性地解决问题,整体性关注效果。有的时候,问题是局部的,过分关注局部,会在一定程度上放大局部,从而影响整体表达。因此,在针对自己的问题投入注意力的时候,还要有一个整体观,关注整体的发声与表达效果,不要因小失大。

再次,要重视理论的指导,在实践中将技术转化成自己的能力。发音和发声的练习,不是脱离实际的追求,它是为了提高自己的发声能力,继而提升自己的有声语言表达效果。要想达到技术精湛、技艺高超,就得有科学的理论做指导,开发和优化自己有声语言的语感,真正将技术转化成能力。

最后,要注意练声和用声的区别。练声是分阶段练习需要练习的项目,而且经常需要适度强化,以便体会和掌握技巧。用声则是视情况需要而灵活变化,既不像某次练声时候的单一,也不能过分夸张。影响播音主持用声的因素很多,如播音员主持人个人的先天条件、个性特征、表达的内容及体裁、用声的场合环境,以及电子设备情况等。如果再和节目结合起来看,用声还和播音主持的节目类型、播出时段等都有关系。因此,用声的时候一定要结合这些因素,防止僵化。

第二个问题,是关注语音发声和投入语言表达之间的矛盾问题。

我们学习语音的标准、锻炼发声能力,目的是为了提高表达能力,使我们的语言表达效果更好。但是,在学习过程中,需要关注一些语音发声的问题,要做针对性的调整和练习,这个时候,注意力的分配和我们日常表达的时候是不一样的。我们在进行语言表达的时候,注意力主要集中在表达内容和对象上,基本不关注语音发声问题。如果在练习过程中只关注表达内容和对象,那么语音发声方面的问题就得不到关注和解决;如果过于集中关注语音发声问题,整体的表达又会显得支离破碎,缺少灵动性。这个矛盾需要我们妥善解决。

首先,语音发声练习,是循序渐进的。练习字音的时候,可以比较集中地关注语音的细节和发声方面的控制。但是,从字过渡到词、到语句、到段落的时候,也就是说一旦进入语流状态,就必须兼顾语言表达的内容和对象。

其次,虽然注意力的兼顾比较难,但是可以逐步调整分配比例。比如,刚开始时注意力可以更多分配在语音发声上,随着熟练度的增加,就可以分配更多的注意力去兼顾表达。等练到语音发声流畅自如的时候,注意力自然就可以完全放到表达上。

第三个问题,"字正腔圆"究竟过时了没有?

"字正腔圆"是人们在形容播音员主持人规范性发声吐字的时候经常用到的概念,很多说唱艺术对吐字也有这样的要求。字正,主要指的是字音的准确规范;腔圆,主要指字音在准确基础上,声音行进当中的圆润流畅感。字正腔圆是播音主持吐字准确、清晰、圆润、集中、流畅的集中体现。

历史上,一代又一代的播音员以他们"字正腔圆"的播音感染了无数听众。如今,广播电视节目呈现出多样化的态势,一些人开始质疑:"字正腔圆"是否规范有余而个性不足?回答应该是否定的。

字正腔圆是播音员主持人应该掌握的一项重要的基本功。规范、扎实的吐字基本功是播音员主持人进行良好语言表达的强有力保障。播音员主持人在传播信息、交流思想、沟通情感的时候,主要依靠有声语言进行交流,吐字的规范与驾驭吐字的功夫不仅能使语音规整,准确传达语言的含义,而且能使字音发音过程富于变化,给予语言更多的言外之意和更丰富的感情色彩,增加语言的感染力。

字正腔圆不是僵化的模式。"字正腔圆"的吐字状态融入具体的节目和语言样式样态中,也就有了多层次的个性呈现。也就是说,新闻播报的"字正腔圆"和故事讲解的"字正腔圆"、和谈话主持的"字正腔圆"可以是不同样式的"字正腔圆"。即便同是新闻播报,严肃的、温和的、幽默的内容和形式也还会呈现出不同层次的"字正腔圆"来。从字音的工整度来说,重音会比非重音工整度高,书面语比口语工整度高,速度慢时比速度快时工整度高。另外,在朗诵、宣读、播讲和谈话这几种表达样式中,吐字的工整度通常会依次递减。

总之,字正腔圆不是僵化的发音模式,而是一种重要的基本功和良好的语言能力。它是规范的要求,同时也能以多层次、个性化形式呈现。要达到运用自如的程度,就得多加练习,勤于思考,善于运用。在发挥语言能力的时候要和语言运用环境紧密结合,这样才能更好地实现语言的社会服务功用。

第三节 播音主持创作中的声音

播音主持,是播音员主持人运用有声语言在广播电视媒体中进行信息传播的创造性活动。在这其中声音很重要,是播音员主持人依据稿件、提纲,传情达意进行再创作的主要或者唯一手段。所以播音员主持人应该客观认识、评价自己的声音,注意锻炼自己的声音,并且还要学会驾驭自己的声音,使之成为得心应口的创作手段。

一、声音在播音主持创作中的地位

发声是播音员主持人的一项基本功,对节目质量有直接的影响。错误的用声方法会严重影响播音员主持人的职业寿命,因此对播音员主持人而言声音很重要。同时大量的广播电视有声语言实践又告诉我们,声音不能凌驾于内容之上。

面对广播电视一线丰富多样的稿件,播音员主持人应该科学用声,否则经不住广播电视一线长时间、大运动量的用声,严重的话还可能导致嗓音受损。不重视声音肯定是不对的,但过于重视声音也不对,声音在播音主持创作中是工具,是表达思想感情的载体。现在广播电视一线,有时也能听到只讲求声音技巧的表达,影响到对内容的真切传递,时间长了就会让受众感到千篇一律。单纯表现声音技巧的播音主持给人留下印象的只是声音形式,我们认为,记住作品忘却播者的才是好的表达,而只欣赏声音却忘却内容的就是失败的表达;在表达中总是突出自我、注重外在、着重于声音形式的,相对而言就容易忽略语言表达的情感色彩,其实是没有活力的声音。

二、声音与内容的关系

我们应该时刻牢记声音是播音主持创作的工具,而不是最终目的。声音是为稿件内容服务的。齐越老师谈到播音时曾动情地说,"你要玩真的",的确,对待每一篇稿件和每位听众我们都要有真实的思想感情,让人有真切的感受。播音主持创作第一位的是内容,第二位的才是形式,在听众面前,我们不是展现声音多么美,语言多么流畅,而是告诉听众他们真正需要的内容,只有通过恰切的声音形式来展现内容才能将二者有机地统一起来。

声音必须随着感情的变化而变化,用思想感情来驾驭声音,那么,感情从何而来? 是稿件内容提供的,是生活中感受到的,是播者通过自身细致的观察,体验生活中的小细节等,来获得的直接或者间接的情感体验。当我们拿到稿件播读时,要加入自身对稿件的理解,例如稿件为什么提出这样的观点,对以后可能产生什么样的影响? 只有彻底而全面地了解稿件内容的来龙去脉,你才会将所播内容理解透彻。夏青老师告诉我们"要感觉到",国家的利益、党的利益、民族的利益、人民的利益,都应该在自己的胸中,只有你真正感觉到,才能有自己的体会,播出来才是那么回事。林如老师说"要出意思",广大听众听你播的东西,不是一字一句地去听的,而是听整体的意思。喜怒哀乐都在这意思当中,要把句子当成一个铁轨,把意思当成列车,句子应该是很流畅的,该到站的时候要停住,该出站的时候要平稳运行,不能坑坑洼洼。我们的播音不要因句子处理得不舒服而影响了意思的整体表达,影响听众的接受。同时还要学会做减法,在播读稿件中重音过多就是累赘,在单位时间内你给听众的概念越少,听众就会听得越清楚。

播音绝不能以不变应万变,声音、语言都要为内容服务;各种不同的对象、节目都不应该是千篇一律的,每篇稿件都要播出它不同的特点。声音要不要有设计、设想?当然要有,但是必须根据具体内容来设计,什么地方用虚声、什么地方用实声要依据稿件的要求而定,不能脱离实际,否则就会让人听出来人为设计的痕迹,难入人心了。

诗歌、音乐解说等要充分运用语言的"染墨着色"功能,表现形象和情感,创造意境。比如朗诵贺敬之的《桂林山水歌》,用有声语言表现诗中所描绘的情景交融,语气、节奏变化要有张有弛、高低有致,要注意用声音去推进情绪、节奏的变化,这样才能取得良好的传播效果。

三、声音与生活的关系

播音主持语言不等同于日常生活语言但也不能脱离日常生活语言的规律。同样一句问候语"你好",在生活中面对不同的对象,比如领导、小孩、朋友,我们自然会根据对象、交流的语境来调适内心,发出不同的声音。这是符合语言表达规律的。人在交际状态时,很容易激发表达愿望,也能较自如地调整、优化自己的有声语言,但是面对稿件时,倘若不能真诚表达的话,就非常容易有口无心、心声分离,发出面具化的单调之声。

每个人都应该做自己,也就是说,应该根据自己的声音条件、发音习惯来扬长避短,不要只想着做别人,模仿得再像也只是像人家而已。语言能力的开发,一定要结合自己发音器官的构造、声音的先天条件、语言表达的内容与形式、思想感情的运行状况来综合考虑。

只有对生活热爱、熟悉,了解大千世界,面对稿件时才会胸有成竹,才会有感而发。建议大家多到农村、工厂、矿山去体验生活,多多接触基层劳动人民,熟悉他们的生活状况、语言习惯、思维方式以及情感表达方式,在播音时就能和受众更贴近了。平时我们也要养成关心时事的习惯,每天听广播、看电视学习一线播音员主持人是怎样播、怎样主持的,所有对于广播电视节目形态的关注与琢磨都会成为你的积累。

四、声音练习的必要性

播音员主持人的声音应该是好听的,能够吸引人听,给人以美感,不应该沙嘶劈哑。在具体的播音主持工作中,播音员主持人需要大量地使用声音,处于高强度的用声状态,科学、正确地用声可使播音员主持人状态轻松,而错误的用声则会使播音员主持人状态疲劳,声音僵化。著名曲艺表演艺术家骆玉笙80多岁还能上台表演,这是经过长期艰苦的科学训练得来的。许多有作为的艺术家都十分注重坚持基本功的锻炼。

就像体操运动员、芭蕾舞演员要做好充分的准备活动才能上场比赛、表演一样,播音员主持人也应如此。在工作之前,一定要把自己各个部位的肌肉都活动开,做好充分的准备活动。早上睡醒了就去播音,那播读稿件肯定会气息不匀、状态不佳的,怎么听都是困乏味道的播音。嗓子还没有活动开就播音,这不仅是对听众的不负责任,而且对自己也没有什么好处,容易使自己的嗓子出现炎症或者是产生器质性病变。

练声也要情感融入,比如绕口令"八百标兵奔北坡",如果唇舌无力,语言就不会有弹性,那形象就不会栩栩如生。再比如"数数儿"的时候,音量从高到低、从低到高,节奏有快有慢,每一遍都各有不同,只有带着情感去练习,效果才能体现得更真切。

第四节 重视吐字发声 强化基础训练

延安新华广播电台于1940年在革命圣地延安诞生。播音员发出的真理之声响彻大江南北,传遍祖国大地。解放战争和国内革命战争的节节胜利,催生了新中国的诞生。广播的声音大气磅礴、高屋建瓴、深入人心,人们称颂他们的声音为"时代的声音"。具备一个好嗓子,将声音作为传播思想内容的载体,发出"时代的声音",是优秀播音员主持人的追求和目的。

一、吐字发声审美的时代变迁

改革开放前,因时代和内容的要求,历史上的宽音大嗓被沿袭下来。在广播是无产阶级专政工具的思想指导下,在"文化大革命"十年动乱中,播音员的声音形成了"高、平、空"(腔高、音平、内容空洞)的畸形状态,改革开放后,传播进入新时代,播音员的吐字发声产生了新的变化。

我们可以从三个方面来分析这些变化产生的原因:

第一是政治因素。改革开放前,电台、电视台都喜欢选用宽音大嗓的播音员,那种声音形象和审美标准是与当时的政治宣传需求一致的。那时候,媒体是党的喉舌,是无产阶级专政的工具,要求舆论一致。那时候,审稿制度非常严格,中央人民广播电台播出的很多稿子,是需要毛主席和周总理亲自审批的。改革开放以后,很多权力开始下放。可以说,政治的开放,权力的下放,是主持人诞生的大背景。

现如今,政治更加民主,社会更加开放,传播的着力点在于服务。改革开放时代的播音员主持人,语言越来越丰富多彩,声音也需要个性化呈现。

第二是播音员主持人和受众的关系变化了。过去以媒体为主,是"我说什么,你就听什么"。而现在,媒体关注更多的是老百姓要听什么,我们需要告诉人家什么。老百姓享有知情权、监督权等,而这些权利的行使,很多是通过媒体来实现的。平等交流、个性化服务成为老百姓对播音员主持人语言表达的期待。

第三是科学技术的进步,传输设备的革命,接收器材的更新换代,拉近了人与人之间的关系,改变了交际的语言状态。早期只有收音机,后来有了电视,现在又有了新媒体。科技的变化,带来了社会关系的变化。主持人可以通过媒体平台和受众进行实时的、面对面的交流,这个时候,播音员主持人再用"隔山喊话"式的播音,显然是不行的,必须要"有话好好说"。

语态、情态和心态都发生了变化,播音主持语言也需要符合新的传媒语境,吐字发声的状态自然也需要随之进行调整。受众需要的是因不同的人、不同的节目、不同的感情、不同的环境、不同的对象等等带来的亲切的、个性化的声音,让受众感到一个真实的人在与自己交谈。

二、重视个性化声音的基础

科学的发声有具体的要求和规范,但声音是在每个人生理、心理和社会的基础上发出的,我们也要在这几个基础之上根据自己的具体情况来分辨合理与不合理、优与劣,然后再扬长补短、克服不科学的发声习惯,并加以刻苦训练。

1. 生理基础:利用生理条件,发掘生理感受

首先,每一个人发声器官的生理条件不同,决定了每一个人的声音条件各不相同。吐字发声的学习和训练要在这个基础上展开,这样,既可保留自身的个性特点,又能修补不科学、不合理的发声习惯。如果无视自己的声音条件而去追求和自己的声音条件不吻合的某种音色,那么不仅不可能获得理想的声音,而且也是对自己个性的抹杀。

其次,我们说每一句话的时候,肌体上是有反应的。比如,我们发"酸"、"甜"、"苦"、"辣"这几个音,"酸"的感受在腮帮子,"甜"的感觉通常在舌尖上,"苦"主要在舌根部位感受更强,至于"辣",对适应、喜欢和惧怕的不同人而言,发音的着力点也不尽相同。在发音的时候,要连带着这些生理感受发出声音。

2. 心理基础:利用细腻的心理基础,引导发声的个性

声音的发出都有一定的心理基础,我们要善于利用它。喜、怒、哀、乐、悲、恐、惊,不同的心理状态,发同一个字音都会有所不同。

比如学习 a 音,我们要练习相应的字词。当我们练习"辣"这个音的时候,我们可以设想不同的心理状态:喜欢吃辣的人怎么说,不喜欢吃辣的人怎么说,对于辣无所谓的人又是怎么说的?不能仅仅练成一个固定模式的 a 音。

3. 社会基础:将发声训练放在鲜活的社会背景中彰显声音的个性

社会背景也是语言表达个性存在的重要基础,我们要善于将它们引入声音的练习中来。

还是上面的例子,设想一个北方人到了四川,当地人问"你吃辣的吗"?然后,你再以"喜欢辣、怕辣和无所谓"的三种心理状态去回答,加上对辣的生理感受,这样,生理、心理和社会的基础都运用上了,语言也就鲜活起来了。

三、个性化声音的练习方法

1. 在语境中练出多样化声音

有声语言在不同的语境中,原本就应该是不同的样子。在特定的情况下,一个人内心的情感和思想会通过不同的语调、词语和修辞表达出来。孤立的一个词、一篇稿子,不结合具体的语境来练习,是不行的。

比如说,一句"您身体好吗"的问候,我们可设想出三种语境:一是路上相遇,二是坐下后从容询问,三是到病房里探视问候。同一句话,在不同的语境中,内涵相同,声音控制的力度显然大不相同。

我们在练习吐字发声的时候,心里也需要设想一些语境,不要见字出声,那是静态的、单调的、没有活力的声音,这种声音缺乏灵性。在语境中发出的声音,是鲜活的、多样化的,是符合语言表达规律的,日后用起来也会得心应口。

2. 在实践中磨炼出多层次的用声

语言要在实践中磨炼,声音的层次性也要在实践中探索。就以新闻播音来说,播音员首先要清楚新闻发生的时间、地点、场所,还有播出时候的传受关系以及语言目的,这样新闻播音就有了依据。具体新闻的播法,每个人对新闻的认识不同、思考的角度不一样,声音也会不尽相同,绝不可能是一模一样的调子。

比如,播汶川地震的新闻,有的播音员哭了,那是发自内心的,很好。但是另一位播音员,很可能不是这样播的。他播的时候,内心在想:"我们不怕!我们能够战胜它!我们有坚强的决心和信心!"大悲不泣,大喜不悦,处变不惊,应对自如,这是理性的、坚强的国家形象的展示,也非常好。还有,像汶川地震中被救出的六岁儿童在担架上的敬礼;像天安门广场鸦雀无声为汶川遇难者降半旗,但是降完半旗之后,上万人不约而同齐呼"汶川挺住!汶川加油!"这些在灾难面前的不悲戚,体现了人与人之间的温情和力量。创作中,播音员主持人要有自己的身份、态度和角度,但是价值取向是相通的。这些是人们心中很可贵的东西,如果把这些最本质的东西张扬出来,个性也就随之展现出来了。

再比如,从一般意义上说,喜悦和悲泣是对立的,但是有时候,在播音创作时喜极而泣,出人意料又在情理之中,这也是极好的一种表达。一般来说,严肃的事情大多用严肃的态度表达,同时我们想一想,严肃的内容如果有的时候能够用一种轻松的方式表达出来,那也显示了一种气度、一种胸怀。毛泽东、周恩来、陈毅、朱镕基等国家领导人,他们面对多少严肃的事情,但是他们的表达却非常轻松,并常常伴有些许幽默。

我们的传播,是熏陶,是感染,是渗透,不是直接教育。愉悦感,是人与人沟通的黏合剂。我们不要一副面孔、一个腔调去对受众说话;我们要用心去说,磨炼出准确的、生动的、个性化的、多层次的声音。

3. 畅通师生交流,让个性化的声音进一步发挥

语言表达是在交际中展开的,在学校里,同学和老师都是重要的交际对象。语言的学习和培养,更加需要双方用心去交流。学生敬重老师,老师爱护学生,学生之间善于发现彼此的优点,相互欣赏,平等交流,形成比较好的学习氛围。在这样的氛围里,师生共同体味声音是多彩的,生活是多彩的,学习是多彩的。五彩斑斓的生活,造就了五彩斑斓的人生,生发出五彩斑斓的声音。

播音主持专业的学生,真正成为公众人物和优秀的播音员主持人,不是在学校里完成的,但是学校应该为他们成为创造型人才打下很好的基础,比如良好的观察能力、记忆能力、想象与联想能力,以及语言表达能力。吐字发声就是和语言表达能力一起培养的。学生经过学习,心理是健康的,表述是个性的,这样,将来和受众的关系才会是和谐的。

四、明确个性化声音训练的内容

播音员主持人的有声语言,除了表意之外,还要具有审美价值。人们收听收看节目,不仅想知道节目中所说的事情,还希望播音员主持人表达得生动感人,最好还要有个人的特点。要满足受众的这些要求,我们的发声训练就要重点完成以下内容:

1. 修补和调整不科学的发声方法

我们需要个性化的声音,但是也必须做一些相对统一的基础性的训练和调整。因为每个人在多年的语言发声中,既形成了一些良好的发声习惯,也难免会有一些不科学的地方。那些好的习惯,比如母语表达的良好语感要保留,而那些不科学的发声方法,既影响发声器官的健康,影响嗓音的耐受力,也会影响个性化声音的发挥。改变不科学的发声方法,是我们发声学习的第一个目标。发现、认识和解决吐字发声的问题,是获得良好的发声习惯的基础。

2. 锻炼声音的延展能力

播音主持专业的学生,声音的本质大多是不错的。在纠正了不科学的发声方法之后,还需要练习声音的延展度。我们需要好的音色,需要在运用声音的时候能高能低、能大能小、能放能收的伸缩弹性,而这些需要持之以恒的严格训练才能取得。对于播音员主持人来说,丰富的内心感受还得靠声音这个载体表达出来。没有声音的延展力,总是一个声一个调,那就会缺乏表现力。练习声音的延展力,就是在为今后的有声语言创作表达打磨工具。

3. 贯穿"以情带声"的方法

情感是动力,心里情感一动,声音就活起来了。吐字发声的练习,无论是一个字、一个词、一句话还是一篇稿子,发出的声音都需要有相应的感情色彩。我们的吐字发声练习,是语言表达练习的一部分,不是"铁路警察,各管一段",而是互相融通的。当然,这个"情",一定要是真的,不能是假的。用心表达,应该成为一种习惯。

如果说,声音是从心里发出的,叫"心声",话是从心里说出的,叫"心语",感情是从心里流出的,叫"心情",那么,我们最终就能合奏出一首"心曲",努力用我们的心曲传递内容、感动受众、沟通你我!

思考题

1. "播音主持语音与发声"的课程目的是什么?
2. 学习"播音主持语音与发声"有哪些学习方法?
3. 普通话语音与播音发声是怎样的关系?
4. 播音主持语言的声音特点有哪些?
5. 练声的目的是什么?练声与用声有什么不同?
6. 如何解决关注语音发声和投入语言表达的矛盾?
7. "字正腔圆"过时了吗?

练习材料

练习1. 字词练习

练习提示

下面的字词基本覆盖了所有的声母、韵母和声调。检查一下，你能不能准确发音。

而	桩	另	瞥	喂	波	舜	巢	滤	仿	辛	桶	瓣	驶	峡	构
活	踹	瑟	盯	此	用	谨	昂	柳	袜	肥	腔	循	驾	泥	蒸
跪	歪	胁	抓	擦	袋	披	存	砍	盆	洒	该	怎	嘘	愁	允
旁	啃	兽	北	僧	偶	舔	债	孔	亭	主	翁	乌	穷	党	取
书	算	拖	凤	膜	屋	恨	蕊	犬	缩	码	官	闹	满	隔	自
烘	蕨	日	鸡	水	床	东	遗	谬	炉	雁	饼	酿	刀	泽	捐
材	仍	悦	聊	佛	寺										

照相	亲切	返青	耻辱	爽快	局面	钢铁	传说	人群	摧毁
爱国	挫折	篱笆	报答	随后	盼望	修养	明白	英雄	军阀
的确	公民	从中	暖瓶	深化	难怪	温柔	内在	调和	总得
恰好	完善	眉头	夸张	学习	窘迫	毽子	典雅	妇女	标准
幼儿园	逗乐儿	提成儿	螺旋桨	拉链儿	灯泡儿	不速之客			

练习2. 短文练习

练习提示

播读下列短文，看一看，能不能在发音准确的基础上，保证字音清楚、用声舒适、表意流畅。

(1) 9月19日，国家药品不良反应监测中心发布《药品不良反应信息通报》，关注中西药复方制剂维C银翘片安全性问题，并提醒医务工作者、药品生产经营企业以及公众，应了解该品种及其安全性问题，以降低用药风险。

维C银翘片主要针对中医中的风热感冒，但在现实应用中，不管医院、药店，还是个人，甚至是拥有处方权的医生，也是不辨寒热，只要是感冒，就予以使用，这种不正常的使用方法，有没有增加不良反应？而且，在服药期间，饮食宜清淡，有多少人注意了？

还有，维C银翘片中添加的马来酸氯苯那敏、对乙酰氨基酚，这些药物都有发生不良反应的可能，简单披露维C银翘片有什么不良反应，就能真正帮助人们提高用药安全吗？

维C银翘片有不良反应不是什么大问题，真正的问题在于，作为一种中西药复合药剂，如何按照国家标准生产，质量标准如何得到严格的控制，它的成分、纯度、药效等如何得到保证。

(2) 现在很多年轻人，正值年富力强，但是牙齿却出现了松动的痕迹，而且感觉吃东西的时候软绵绵的。这到底是怎么回事呢？

河南省口腔医院李亚静医师诊断：他很可能患的是牙周炎。李医师解释说，牙齿犹如一棵牢牢长在泥土（相当于牙槽骨）里面的树木，树干立在地面上，树根深深埋在泥土里。只是牙根和牙槽骨之间是由千万根弹性纤维牵拉着的。这些把牙根悬挂在牙槽骨中间的纤维,医学上称它为牙周膜。患牙周病时,牙周膜长期受到慢性炎症的刺激,使牙周膜纤维逐渐变性破坏。当这些支持牙齿的牙周组织逐渐被破坏后,牙齿就会出现松动现象,并且牙齿松动绝大多数是由牙周病引起的。

牙周病的治疗以局部的口腔专科治疗为主,定期做全面的牙周洁治。比较严重的患部,需做牙周刮治、牙周翻瓣术,方能彻底将结石及病变组织清除。牙周病得到良好控制后,还要注意自我的口腔清洁,定期复诊检查。

(3)蚂蟥,又名水蛭。它最擅长吸人、畜的血。蚂蟥身体前后各有一个吸盘。当它吸血时,吸盘一接触皮肤,就形成真空状态,因此就会紧紧地吸住人的皮肤。医生会将蚂蟥置于某些类型的高血压、脑血管循环和视觉器官障碍患者的双耳后面进行治疗;患脑出血时,让蚂蟥吸吮后脑勺和层骨的血,这样还能减少远处器官的充血。再加上蚂蟥的分泌物水蛭素,能阻止血管收缩。它的涎腺分泌物中还含有扩张毛细血管的物质。所以用蚂蟥治病可以一举多得。

如果被蚂蟥叮咬了,千万不要惊慌失措地使劲往外拉蚂蟥,紧急处理办法是:用火柴烧或用针刺它的尾部,或者用手掌、鞋底用力拍击蚂蟥。经过剧烈的震拍后,蚂蟥的吸盘和颚片会自然放开。也可以在叮咬的部位滴上几滴盐水、酒精或浓醋,这些东西都会使它立刻收缩全身而跌下来。如果蚂蟥钻入了鼻腔,可以将鼻子靠近一盆清水,用鼻子向水面吹气,蚂蟥遇水就会很快爬出来。

(4)腰椎间盘突出,已经成了现代人的健康杀手,给很多人带来难以言说的痛苦。那为什么腰椎间盘会突出呢?

据了解,腰椎间盘在脊柱的负荷与运动中承受强大的应力。人从大约18岁时脊柱开始持续退变,腰椎间盘退变系腰椎间盘突出症的基本病因。受到外力后,纤维环很容易发生破裂,髓核随之突出。纤维环后外侧是一薄弱区,最易发生破裂,是髓核最多突出的部位。还有,妊娠期间整个韧带系统处于松弛状态,后纵韧带松弛易于使椎间盘膨出。

造成腰椎间盘突出的常见原因为体力过度负荷,如重体力劳动和举重运动,因过度负荷造成腰椎间盘早期退变;长期从事弯腰工作者,在提取重物时,使椎间盘内压力大大增加,易造成纤维环破裂;长期震动是造成椎间盘突出的另一个重要原因,如汽车驾驶员;另外发生椎间盘突出者还有一些诱因,如急性外伤使腰背部肌肉失去保护、脊柱畸形、年龄引起的退变、遗传因素等都是促发腰椎间盘突出的诱发因素。

(5)目前,触摸屏越来越多地出现在人们的生活和工作中。触摸屏为什么通过人的手指触摸就能做出相应的反应呢?它工作的原理是什么呢?

触摸屏是计算机输入技术的又一创新,只要用手指在上面轻轻一点就能够完成"信息输入"和"发号施令",十分方便。触摸屏上的触摸点都对应着一个"功能开关"。只要您的手指接触到这个开关区域,相应的"功能程序"便会立刻启动,执行预设的一系列命令。触摸屏的技术关键是测量出触摸点的准确位置,就是坐标。以"表面声波触摸屏"为例,它在左上角和右下角分别配有水平方向和垂直方向的超声波发射器,右上角配备了两个相应的超声波接收器。触摸屏工作期间,超声波发射器始终发射超声波。人们触摸屏幕的时候,手指阻止和吸收了部分超声波,使其能量有所衰减。这个时候,超声波接收器就能根据这些算出手指的坐标值,从而得到手指的准确位置并且作出反应。

(以上短文选自互动百科网)

练习3. 诗词朗诵练习

> 练习提示

朗诵时候观众人数较多,用声环境空间较大,可适度扩大音量。看一看自己能否找准作品所需要的感情色彩,在音量适度放大的同时,能否保持发音清晰圆润,音色控制合理。

青玉案·元夕
辛弃疾

东风夜放花千树,更吹落,星如雨。宝马雕车香满路。凤箫声动,玉壶光转,一夜鱼龙舞。

蛾儿雪柳黄金缕,笑语盈盈暗香去。众里寻他千百度,蓦然回首,那人却在,灯火阑珊处。

声声慢
李清照

寻寻觅觅,冷冷清清,凄凄惨惨戚戚。乍暖还寒时候,最难将息。三杯两盏淡酒,怎敌他、晚来风急!雁过也,正伤心,却是旧时相识。

满地黄花堆积,憔悴损,如今有谁堪摘?守着窗儿,独自怎生得黑?梧桐更兼细雨,到黄昏、点点滴滴。这次第,怎一个愁字了得!

江城子·密州出猎
苏 轼

老夫聊发少年狂,左牵黄,右擎苍。锦帽貂裘,千骑卷平冈。为报倾城随太守,亲射虎,看孙郎。

酒酣胸胆尚开张,鬓微霜,又何妨!持节云中,何日遣冯唐?会挽雕弓如满月,西北望,射天狼。

第二章 发音器官与发音原理

■ **本章要点：**

本章主要介绍人体发音器官与发音原理。第一节介绍口语发音的过程。发音的过程从表面看，似乎只是发音器官的动作过程。实际上，发音过程的主要阶段是在心理层面完成的，了解这一过程可以帮助我们正确认识发音，解决一些由于心理因素造成的发音问题。第二节介绍人体发音器官的形成，并根据它们在发音过程中担负的功能，对这些发音器官进行分类。

本章的后三节分别详细介绍三类发音器官的工作过程，目的是使大家对各类发音器官的活动有所了解，减少由于背景知识缺乏，给后面语音和发声学习带来的困惑。另外，本章提供了一些涉及呼吸、用声和吐字的使用方法、使用原则，希望大家能尝试将其运用到发音中。

第一节 口语发音的过程

这一节主要分析口语发音过程的各个阶段，以及口语发音的接收和反馈过程。

一、口语发音过程分析

语言是人类社会特有的一种符号系统。当作用于人与人的关系时，它是表达相互反应的中介；当作用于人和客观世界的关系时，它是认知事物的工具；当作用于文化时，它是文化信息的载体。

人类的口语发音，是指无稿状态下的即兴发音过程。口语发音的过程，也是语言信息的"编码—转换—传递—动作"的过程。发音器官动作是发音过程的外部表现，在发音器官动作背后，是由于不易察觉而常常被人忽视的复杂心理过程。许多发音问题有时不能简单归咎于发音器官，问题的根源往往隐藏在心理过程中。

对于语言的心理过程，有专门的语言学分支学科加以研究。心理语言学是新兴的一门边缘学科，它以语言信息传递的起点和终点——大脑，作为研究对象。它主要探讨在大脑控制下产生、处理语言的步骤和方式，以及语言信息在大脑里存储的部位和形态。

口语发音涉及的"编码—转换—传递—动作"过程，除了"动作"环节外，其他环节都与人的心理活动相关。

1. 编码

编码，即在头脑中把要讲的话组织起来。这一阶段是由大脑负责思维的高级命令中心完成的。在这一阶段中，一个个词被有序排列成表达一定思想的句子。一个句子组织好了之后，再组织下一个句子，形成一连串的话语。我们有时会把一句话中前后两个词说颠倒，证明了这一排列过程的存在。

2. 转换

转换，即将语言编码传送到负责语言活动的大脑运动皮层，转变为一系列的神经冲动。如果这一部分大脑皮层受到破坏，人们可以进行思考，却不能用话语将意思表达出来。因为编码不能转变成神经冲动，话语信号无法向发音器官传递。

3. 传递

传递，即将神经冲动信号经过神经中枢传递到发音器官肌肉。这些信号到达神经中枢后，由神经中枢安排传递路线，将这些信号传递到有关发音器官的肌肉组织。

4. 动作

动作，即发音器官肌肉在神经冲动信号的刺激下活动起来，带动发音器官产生发音动作。由于发音是许多肌肉组织协调运动完成的，因此即便是发音器官肌肉组织的微小误差也会造成发音的失误。

需要注意的是，发音过程中的心理状态也是直接影响发音的重要因素。一般来说，积极愉悦的心理状态会使大脑各部位的活动积极灵敏，发音流畅自如；而紧张、悲哀等消极心理状态则会使发音的心理过程受阻，影响发音的顺畅。

消极心理状态主要对以下几个发音心理环节有不良影响：影响大脑高级命令中心思维过程，使发音的编码过程产生混乱，造成发音中词句不连贯或词不达意；影响运动皮层和神经中枢的传导功能，使神经传导迟钝或造成传导错误，表现为发不出音或发音磕巴；影响感觉中心的分析能力，造成反馈系统迟钝，发音容易出错，甚至产生错误之后仍毫无察觉。

正常的心理状态是发音的必要条件，它使发音所涉及的心理过程能顺利完成。

作为发音过程的一个组成部分，发音涉及的心理过程虽然不像发音器官动作那样显而易见，但随着人们对大脑的认识逐渐深入，它对发音的影响逐步显现。只有将发音动作和心理过程联系起来进行分析，才能对发音有全面深入的了解，也才能更有效地解决各种发音问题。

二、口语发音的接收和反馈

要准确地完成口语发音，就要及时检验发声效果，监听自己的发音，不断调节发音器官的活动。人体感觉声音的器官是耳。

1. 人耳的构造

耳是听觉器官。它由外耳、中耳和内耳三部分组成。外耳的耳廓、外耳道负责收集声音,是声音传入的通道,同时能选择性地听取某些声音,对某些声音进行放大。外耳还保护中耳、内耳,起到屏障的作用。

中耳由耳膜、听小骨、咽鼓管等组成。耳膜位于外耳、中耳之间,厚度约0.1毫米,弹性很好,可以随着声音振动,就像一个绷着的鼓皮,所以也叫鼓膜。鼓膜的内侧连着三块听小骨:锤骨、砧骨和镫骨,它们是人身体最小的骨头,其组合是人体最精细的结构之一。三块听小骨首尾相连,组成听骨链,将振动向内耳传导。由于杠杆作用,鼓膜形成的微小振动可以被放大。咽鼓管是连接中耳腔和口腔的管道,它的适度适时开闭,可以保证鼓膜内外压力的平衡。正常情况下,中耳腔内应该是干燥的,如果有分泌液滞留,将会影响声音的传导。

内耳主要由半规管和耳蜗组成。半规管是位置感受器,它帮助人体判断自我的体位,维持人体的平衡。因此,耳朵也是平衡器官。耳蜗就像一个蜗牛,它里面的毛细胞将声音的机械振动转换成生物电,通过听神经传入大脑听中枢,我们才能感受到声音。分布在蜗底的毛细胞感受高频声音,分布在蜗顶的毛细胞感受低频声音,而围绕着轴心分布着听神经,它的螺旋神经节收集来自毛细胞的电信号,向大脑中心传递。

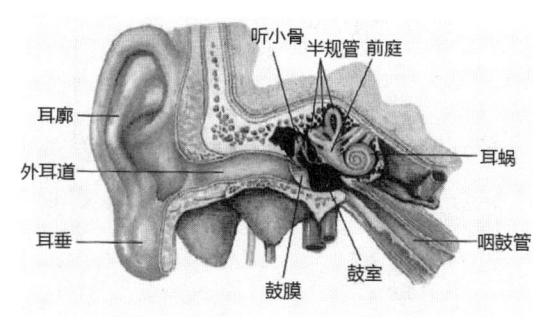

图2-1 人耳构造图

人类的神经系统构造,大都是对侧原则,听觉也是这样:左耳接收的声波先到右脑,右耳接收的声波先到左脑。心理语言学家通过比较两耳听辨语音的能力发现,感受语言的能力是右耳占优势,因为大脑左半球主管语言和思维;而感受音乐的能力是左耳占优势,因为大脑右半球主管音乐和形象。听觉对语音的感受和理解是"右耳优势"。

2.发音的反馈系统

人们在发音的过程中,可以对自己的发音进行监控,以保证语言的准确性。这种对发音的自我觉察,是通过发音的反馈系统完成的。这个反馈系统由被称为内部反馈系统和外部反馈系统的两条路线组成。发音的内部反馈系统对发音过程进行实时监控,外部反馈系统对发音进行事后监控。

(1)内部反馈系统

内部反馈系统的反馈过程由体内神经系统完成。发音器官动作时,附着在发音器官上的感觉接收器开始收集动作信息,通过感觉中心将其反馈到大脑语言皮层和大脑中一个分析核对已有动作信息的神经系统——锥体外系统。

锥体外系统储存了熟练化的动作信息,形成心理印记。发音时的器官动作在这里与储存的信息比较核对,然后发出是否加以修正的指令,以保证发音过程的准确。这一过程使我们不必考虑如何发音就能完成正确的发音动作,使我们能把注意力集中在说话内容上。

锥体外系统要储存千百次练习形成的习惯印记才能完成这一控制过程。如果发音不够熟练,这一系统就不能充分发挥自己的作用,就需要有意识地对发音加以控制,发音就可能不连贯。在说不熟练的外语时常常出现这样的情况。

(2)外部反馈系统

发音的外部反馈系统主要由听觉器官构成。反馈是通过耳朵听自己发出的声音,大脑做出判断来完成的。耳在听到声音后,将听觉信号传递给大脑中的听觉皮层,再将信号送回到大脑高级中心,由高级中心判断发音是否正确,然后重新向语言皮层发出是否修正发音的指令。发音不熟练时,主要通过发音后的听觉监控来校正,耳对发音起最后检验作用。这一反馈过程是发音必不可少的步骤,因此,先天耳聋使人无法具有发声能力,后天耳聋会使人逐渐丧失发音能力。

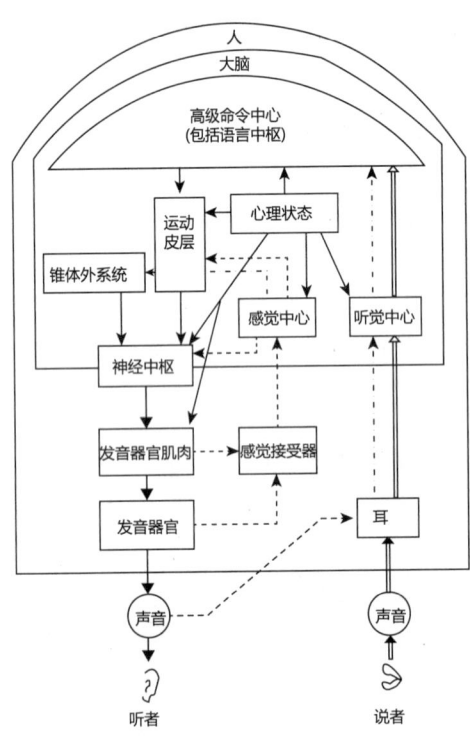

图 2—2　人体发音过程示意图

(引自 M. Hirano, *Clinical Examination of Voice*)

第二节　发音器官的形成与功能分类

人体发音器官经历了漫长的形成过程。这些器官原本具有各自的生理功能,在长期的进化过程中,这些器官在保持其生理功能的同时,也向更有利于发音的方向发展,成为具有语言功能的发音器官。

一、人体发音器官的形成

人体发音器官是语言和人体器官相互作用的产物。发音器官的使用产生语言,语言的使用又反过来促进发音器官功能的进一步完善。

1. 人体发音器官是语言形成的基础

人类的祖先在长期生活和共同劳动中,有了交流思想的需要。而在劳动中人类又锻炼了自己的大脑,改造了发音器官,具备了说话的能力,于是语言便产生了。这是人类与其他动物的根本区别之一。发达的大脑和灵活的发音器官是语言形成的两个前提条件。

人类语言从一开始就是有声语言。要说话,除了具有能感知事物、归纳分析并冠之以词的抽象思维能力外,还需要具有灵活的发音能力。和所有声音一样,人类的有声语言也需要振动体作为声源,人体喉部的声带就是构成声源的振动体。一种语言有许多音,可构成大量的音节,这就要求发音器官能发出一个个的音,然后加以组合。这种能拆开、能组装的发音能力,绝不是一般动物所能达到的,这种丰富的发音能力只有依靠特殊的器官结构才能完成。人类特殊的发音器官构造,构成了形成复杂语言系统的生理基础。

2. 人类的生存进化促进了人体发音器官的进化

首先,人类发音能力的形成,与人类祖先开始直立行走有着密切的关系。类人猿已经有了手脚的初步分工,人类的祖先在长期劳动中巩固了这种分工。一方面,直立行走解放了双手,双手可以代替嘴的部分功能;同时,双手的解放促进了生产劳动能力,加快了大脑的进化。手与脑的相互影响和促进是人类文明产生的基础。另一方面,直立起来,口腔和喉咙形成了一个直角,喉受到重力作用位置逐渐下降,拉长了从喉到嘴唇的发音通道,有了其他动物所没有的咽腔。喉的位置变化有助于人类祖先在发音时控制气流,灵活改变口腔形状,构成更多样式的阻碍,发出更多的声音,使人类语言有了足够的声音材料。

其次,人类大脑的发育加速了发音器官的进化。火的发现和使用,使人类的饮食结构发生了变化。由生食向熟食的转变,改变了人类大脑的营养结构。大脑的加速发育提高了人类的智力水平,从而带来了思维与语言的发展。人类智力与能力的发展,促进了人类社会的形成与发展,人类对彼此间的交流提出了更多更高的要求。简单的呼唤或者是少量音节的词语已经不能满足人类交流与表达思想感情的需要。大脑的进化使人类思维能力增强,语言系统也随之丰富,从而要求人体的发音器官更加灵活。受到语言发展的推动,人体的发音器官得到了更有效的进化。

二、人体发音器官的功能分类

语音的形成依靠发音器官的活动。要提高发音能力,就要了解发音器官的功能和发音器官的活动规律。

发音器官是人体中参与发音活动的器官。发音时,呼吸动作使气流从肺通过支气管、气管到喉,在喉部引起声带振动,产生声音。声波在经过咽腔、口腔或鼻腔的过程中,引起各共鸣腔的共鸣,使声音得到扩大;在口腔中由于唇、舌、齿、软腭等器官的节制,进一步对共鸣腔进行调节和对气流进行阻碍,产生元音、辅音,最终形成负载信息的语音。

在语音形成的过程中,人体头、颈、胸、腹等部位的许多肌肉控制着不同的器官协同产生发音动作。发音器官的有序排列构成了能够产生语音的特殊结构声道,使之在兼顾原有生理功能的基础上完成发音。

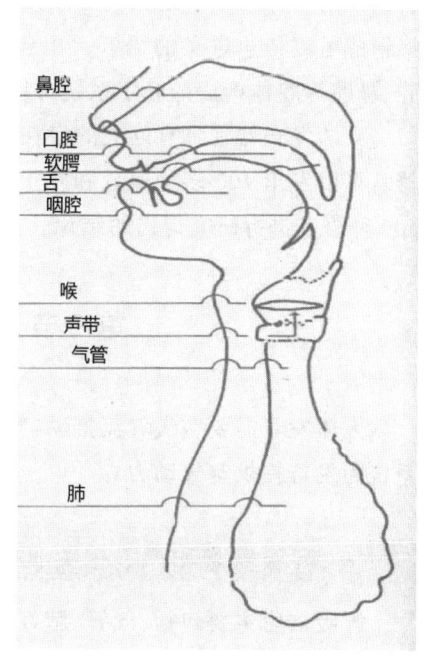

图2—3 人体发音器官示意图

这些在发音中起着不同作用的发音器官按其功能可划分为三种类型:为发音提供动力的呼吸器官、为发音提供声源的发声器官和形成语音的吐字器官。

按照功能划分,人体各发音器官构成人体发音系统。三种不同功能的发音器官构成相应的三个系统:呼吸器官构成呼吸系统,也称作动力系统;发声器官构成发声系统,也称作声源系统;吐字器官构成吐字系统,也称作成音系统。

1. 呼吸器官和动力系统

由肺呼出的气流是发音的动力。呼吸器官构成的动力系统为人体发音提供空气动力。由呼吸器官构成的动力系统包括肺、气管、胸廓以及膈肌、腹肌等器官和相关肌肉。胸廓和膈肌的运动能改变胸腔的容积,由于空气压力的变化,使处于胸腔中的肺吸进或呼出空气。胸廓的运动可改变胸腔的周围径,而膈肌的运动主要改变胸腔的上下径。腹肌的运动可改变腹腔压力,挤压膈肌,促进气流的呼出。

2. 发声器官和发声系统

由肺呼出的气流经过气管通过喉部时,处于喉部的声带可在气流的作用下产生振动,发出声音。发声系统主要由发声器官喉中的软骨、肌肉和声带构成。喉位于气管的上端,由多块起支架作用的软骨和调整其运动的肌肉构成。正是由于喉部肌肉的运动使喉的形态发生变化,导致声带的长短、薄厚发生改变,致使发出的声音产生音高、音色的变化。

3. 吐字器官和吐字系统

声带振动发出的声音是喉原音。喉原音很微弱,但经过共鸣后声音得到放大,可以形成不同的音素。喉以上的各个吐字器官在语音形成中发挥直接作用。由这些吐字器官构成的腔体可以借助共鸣形成元音,这些吐字器官还可以利用气流,形成各种辅音,最终形成可以传达意义的语音。由包括舌、牙齿、双唇、上下颌、软硬腭等器官和咽腔、口腔、鼻腔等腔体构成的吐字系统可以发出多种类型的声音。

人的发音器官具有巨大的潜在发音能力。语言学家通过有限的调查发现,人的发音器官可以发出100多种辅音和几十种元音。而这仅仅是对占世界语言总数十分之一的500种语言进行研究得出的结论。

第三节 呼吸器官和呼吸原理

人体发音需要空气气流推动,气流是发音的直接动力。由人体呼吸器官构成的呼吸系统为发音提供空气动力。

一、呼吸器官和呼吸相关肌肉

呼吸器官主要包括:气管、肺、膈肌和胸廓等。

气管:气管是连接喉和肺的通道,起于喉部环状软骨下面,由16—20个软骨环构成。

气管下端再分为左侧与右侧支气管。支气管进而反复分支,末梢称为分支气管。然后转为肺泡入口。

肺:分为左右侧。左肺两叶,右肺三叶,每侧肺的下面称为肺底,肺顶称为肺尖。肺表面被胸膜包裹。肺本身呈海绵状,有弹性,可以被动延伸。肺泡构成肺的组织。

膈肌:又称为横膈膜,位于肺的下面。它实际是胸廓的下口。膈肌呈双圆顶型突入胸腔。膈肌可以收缩,使圆顶下移,牵动肺下拉,扩大肺的容量,吸入气息;膈肌放松,圆顶上升,呼出气息。

胸廓:好像是一个圆顶状的鸟笼。前面中央是胸骨,后面是脊柱的胸椎。两侧由12对肋骨围成。吸气时,肋间外肌收缩,肋骨上移,笼子可变大;呼气时,肋间内肌收缩,肋骨下移,笼子可变小。

呼吸还涉及一些肌肉组织,如呼气时可挤压腹部,促使膈肌上升的腹直肌、腹内外斜肌等。

二、呼吸原理

呼吸是肺在周围肌肉组织的带动下,容积扩大或缩小,使空气进入或排出胸腔的过程。这一过程既为身体提供氧气,也为发音提供空气动力。呼吸的基本原理建立在胸腔容积扩大或缩小的基础之上。

在呼吸的过程中,膈肌起着主要作用。气息运动主要依靠膈肌的上下活动。呼吸时胸廓的扩大或缩小也可以使胸腔扩大或缩小,但它的作用不如膈肌大。

三、呼吸的类型和肺活量

通常可以根据人体状态的不同,将呼吸分为安静呼吸、劳动呼吸和发声呼吸。

安静呼吸时需要的空气不多,膈肌缓慢上下移动,吸入或呼出气流。膈肌活动的高低变化很小。坐着办公或睡眠时都使用这种呼吸方式。

劳动呼吸需要的空气量较大,吸气时膈肌下降,胸廓扩大;呼气时膈肌放松,气息释放较快。

发声呼吸是一种特殊的呼吸方式,是由人主动控制的呼吸方式。它的最大特点是吸气和呼气的时间比加大。

安静时吸气和呼气的时间比是1∶1.2,吸气和呼气的时间大体相等。说话时的吸呼气时间比加大,为1∶5—1∶8,呼气的时间长度是吸气时间的5—8倍。歌唱时的吸呼气时间比最大,为1∶8—1∶12,吸一口气要维持更长的时间。

每分钟的呼吸次数,安静时为15次左右,每次吸、呼时间约为4秒。而在日常口语时,呼吸的次数减少,呼气的时间延长,每分钟的呼吸次数约为8—10次。

根据呼吸的机制,我们可以将呼吸分为改变胸廓周围径为主的胸式呼吸和改变胸廓上下径为主的腹式呼吸。

肺活量是指一次最深的吸气后所能呼出的最大气息量。

安静状态下吸入与呼出的气息量约500毫升,称为潮流气。一般吸气后,再尽量深吸气,还可以再吸入肺内约 1500—2000 毫升,称为补吸气。在一般呼气后,还能再呼出约 1500 毫升,称为补呼气。在这样的深呼气之后,虽然不能再呼出气息,但肺内仍保留有约 1000 毫升空气,称为余气。

从最深吸气后开始呼气,到不能再呼出,通常可以呼出 3500—4000 毫升空气。男性成人可达到或超过此值,女性略少。说话时使用的气息量约为 1000—1500 毫升,歌唱可达 1500—2400 毫升。

如果发声时间长,发声力度大,需要呼出较多气息,就要依靠补吸气和补呼气来满足气息的需求。

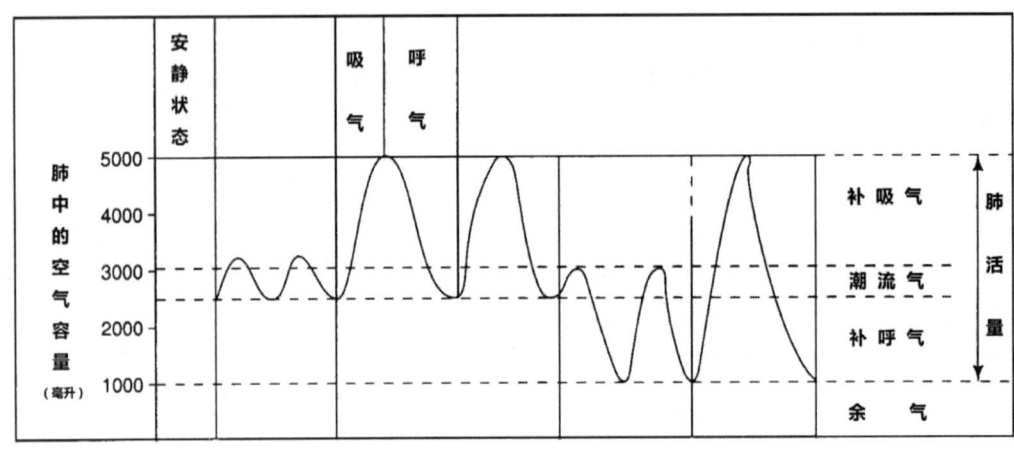

图 2-4　呼吸方式和肺活量示意图

四、呼吸在发音中的作用

呼吸分为呼气和吸气两个阶段。在发音时,吸气为发音做准备,呼气为发音直接提供动力,呼气的过程也是发音的过程。

呼吸在发音中有以下作用:

(1) 促使声带振动,为元音、鼻音、浊辅音等声带振动的语音音素提供声音素材。没有气息,声带不能振动,无法产生构成语音主要成分的元音等音素,也就无法形成语音。

(2) 气息直接作用于吐字器官,发出声音。语音中的清塞音、清擦音、清塞擦音等,都是气流直接作用于吐字器官发出声音的。没有气息支持,这些声音无法形成。

气息对发音至关重要,所有的语音成分都需要呼吸支持。

五、常见的呼吸方式

根据呼吸的机制,呼吸方式可以分为以下几种:

(1) 腹式呼吸。以膈肌活动为主的呼吸方式。它是生活中常见的一种呼吸方式。

(2) 胸式呼吸。以扩大胸廓为主的呼吸方式。单纯的胸式呼吸是非正常的呼吸方式。它往往出现在腹式呼吸受阻的时候,如紧张、过饱、姿势不正等。正常呼吸时,胸式呼吸往往出现在腹式呼吸之后。

（3）胸腹联合式呼吸。胸腹联合式呼吸是膈肌升降与胸廓扩张、收缩相结合的呼吸方式。它的吸气量较大。

从呼吸机制看，我国传统戏曲艺术所提出的丹田式呼吸，主要使用腹部肌肉力量，应该是较深的腹式呼吸或胸腹联合式呼吸。

在播音中，由于要接触各种稿件，发出不同的声音，各种呼吸方式都有其用途，其中也包括被人认为不好的胸式呼吸。

六、发音时的正确呼吸状态

初学播音者，发音时要正确呼吸，建立良好的气息使用习惯。正确的呼吸状态是良好发音的基础，可以避免不良呼吸方式对发音的负面影响。掌握正确的呼吸状态，应当注意以下几点：

（1）喉部放松。播音主持的训练要先从发音入手，而吐字力度的增加容易使喉部绷紧，影响发音时气流的通畅。吐字用力时要注意放松喉部。

（2）气息下沉。气息下沉是指吸气时要利用膈肌力量将气息吸得深一些，有气息沉入腹部的感觉。气息下沉是较深的呼吸，容易取得放松的状态。这种气息状态与放松的喉部配合，易于产生积极而又宽松自然的声音。

（3）腹部用力。发音时气息的发力点在腹部。发力点在腹部可以锻炼使用腹肌控制呼气的能力，腹肌与膈肌的配合可以更有效地控制气流。

（4）气息连贯。播读语句时不要一字一顿，气流在语句中要保持畅通的流动状态。气息不连贯会造成"念字"现象，使表达变得不自然。

第四节　发声器官和发声原理

喉是重要的发音器官，但从喉在发音过程中的具体功能来看，喉不仅是发音器官，也是发声器官。这里所说的发声不是包含呼吸和共鸣的通常意义的发声，而是语言学、医学等学科使用的严格意义的发声，特指喉中的声带在气流作用下产生振动，发出声音的过程。

一、喉在发音中的作用

喉在发音过程中起着承上启下的作用。它是气息作用的目标之一，气流在这里受到阻碍，由于声带的特殊结构，气流可以刺激声带产生振动，发出声音。但喉并不是语音最后形成部位，语音形成的最后部位是在口腔中。

喉的作用是为语音，主要是为元音提供声音素材。发声是喉的基本功能。

二、喉的构造

喉的构造比较复杂,它由一系列软骨和肌肉组织构成。喉坐落在气管上端,它可以通过气流,是一个可灵活开闭、类似阀门的器官。喉的出口与咽腔相通。在气流作用下,由两侧声带构成的声门可以开闭并在气流作用下产生振动,声门状态的改变可以产生不同的音高和音色。

1. 软骨构成喉的基本结构

喉由一系列软骨构成基本框架结构。其组合巧妙,可以使声带形态发生变化,产生不同的声音。在声带形态变化中起主要作用的软骨有以下几种:

(1) 环状软骨。坐落在气管之上,形状前低后高,像一个指环,固定在气管的顶端,成为喉的底座。

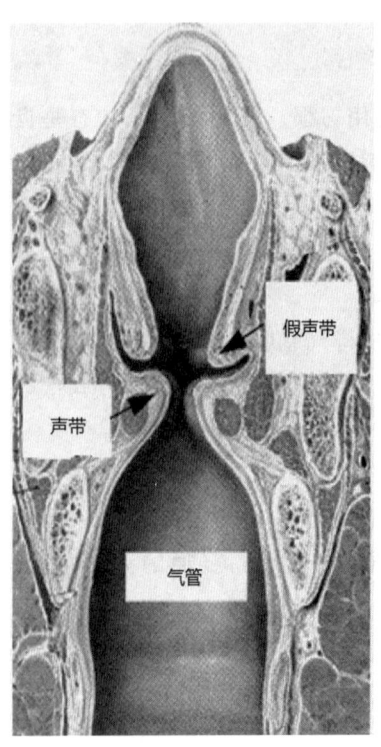

图2—5 喉及声带位置图

(2) 甲状软骨。有点儿像武士所持的盾甲,呈V字形张开,从外部就可以触摸到。甲状软骨后下方有两个凸起,与环状软骨后部相连接,形成一个可以转动的关节。甲状软骨顺时针转动,声带可变短变粗,声音降低。甲状软骨逆时针转动,声带可被拉长变薄,声音变高。

(3) 杓状软骨。它的形状有点儿像勺子,位置在环状软骨的后上方,左右各一块。在肌肉组织牵动下,它可以依关节面转动,使两侧声带闭合或打开。两侧声带开闭程度不同可产生不同音色的声音。

除了上面所讲的,喉中还有其他软骨,如会厌软骨、杓状软骨顶部的小角软骨,以及甲状软骨侧韧带中的麦粒软骨,但它们在发声中的作用不大。

2. 肌肉使喉活动

软骨构成了喉的框架,喉的活动需要肌肉组织的牵动。肌肉组织包裹着整个喉,只在上面有一个开口。在喉部活动中起主要作用的肌肉组织有:

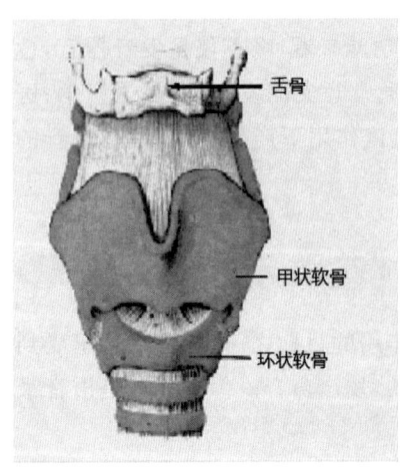

图2—6 喉外形图

(1) 声带,也称为甲杓肌。它的前端起于甲状软骨,终于两个杓状软骨;中间是缝隙,外侧包在甲状软骨上。声带是两侧肌肉边缘,它本身可以收缩,使自身变短;也可以被转动的甲状软骨拉长;还可以被杓状软骨控制,使两侧声带打开或关闭。由两侧声带构成的喉的上开口被称为声门。声门既可以有开闭的变化,也可以有长短的变化。详见图2—7、2—8、2—9。

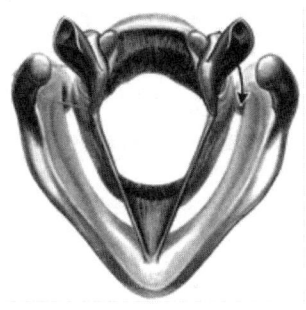 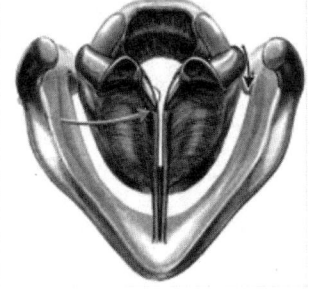 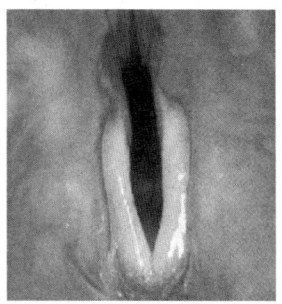

图2—7 声门打开示意图　　图2—8 声门部分关闭示意图　　图2—9 声门及声带

声带具有独特的结构,细致划分可以分为五层。从机能来划分可以分为三层,详见图2—10。

①表层。包括上皮和浅层黏膜。
②过渡层。包括中层和深层黏膜。
③本体。声带肌。

声带的各层有不同的机能。表层和过渡层只能被动控制,自身不能改变形状。最里面的本体声带肌可以被动拉长,也可以主动收缩变短。

(2)环甲肌。起自环状软骨,终于甲状软骨,它的收缩可以使甲状软骨前倾,使声带变长。见图2—11。

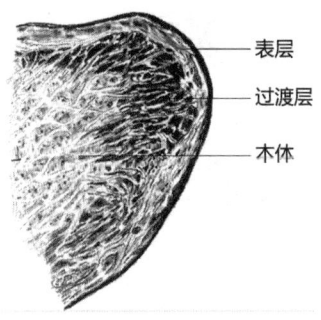 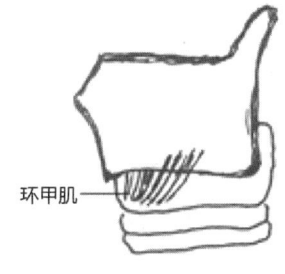

图2—10 声带结构图　　图2—11 环甲肌位置示意图

(3)环杓肌。分为环杓前肌和环杓后肌两种。它们分别收缩,可以使杓状软骨转动,声门闭合或打开。环杓前肌又称为环杓侧肌,收缩关闭声门;环杓后肌收缩打开声门。详见图2—12、2—13。

(4)杓间肌。在两个杓状软骨之间,收缩时声带并拢。详见图2—14。

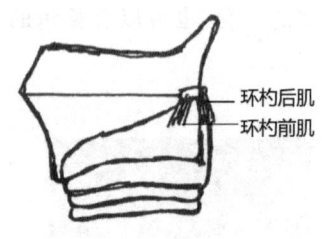 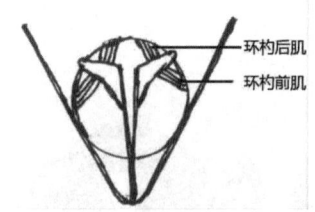 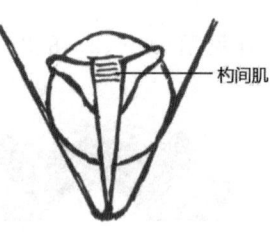

图2—12　环杓肌位置侧视示意图　　图2—13　环杓肌位置俯视示意图2　　图2—14　杓间肌位置示意图

三、发声原理

喉能够发出声音，是由于喉中存在一个特殊的形态结构：声门。声门是喉中由两侧声带构成的可以开闭的结构。声门的特殊结构可以使空气压力产生周期性变化，形成振动。声门是产生元音的基础。

声带的振动过程是这样的：当声带相互靠近或贴紧时，肺中上升的气流受到阻挡，使声门下的压力高于声门上的压力。当压力达到一定程度时，声门被冲开。在气流喷出的瞬间，声门下的压力突然减小，形成负压。这时，由于物理学的伯努利效应，声门下的负压使分离开的两侧声带相互并拢。当声带并拢之后，气息又开始蓄积，声门下的压力又增大，声门再度打开。这样连续不断，就形成了一股股气喷，使空气产生振动，形成声音。详见图2—15。

单位时间气喷的次数，就是声带的振动频率。频率的单位是赫兹，赫兹指一秒钟的振动次数。

对发声原理的这种解释被称为肌弹力空气动力学说。这一普遍被接受的学说在20世纪50年代形成。除了肌弹力空气动力学说之外，

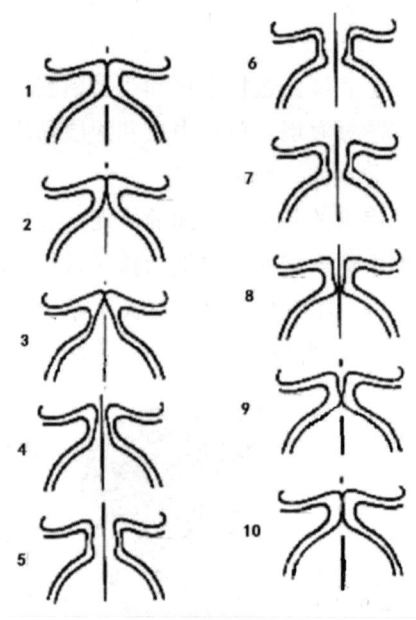

图2—15　声带振动过程示意图

关于发声原理，还有法国人于松的神经时值说等，但未被普遍接受。

当气流振动形成的声波到达口腔时，会与口腔中的腔体发生共鸣，形成可充当元音的乐音。声带最初产生的声音很微弱，只是在共鸣的作用下，它被放大，才形成洪亮的声音。

四、发音时的正确用声

与其他艺术语言相比，播音主持的语言表达更接近口语发音，因此，在用声方法上与口语有相似之处。

在学习的初始阶段，应学会使用自然放松的声音，这种声音多用于一般介绍性语言

和平和的感情色彩。随着表达能力的逐步提高,再去寻求更为丰富的声音变化。放松自然的声音具有如下特点:

(1)音高适中。不要使用过高或过低的声音,如果日常生活口语音高正常,应接近日常口语发音。

(2)音色不要过紧。不要使用挤压的声音。在演播室发音,由于缺少明确的交流对象,不容易把握自己的声音。此时可设想一个就在自己面前的虚拟交流对象,以控制自己的声音。过度的兴奋紧张也会使声音绷紧,应适当放松自己的情绪。

(3)音量不要过大。播音员主持人使用话筒和电子设备作为传音工具,话筒和电子设备可以放大声音,因此不必在话筒前使用过大音量。音量过大容易拔高和挤压声音,让人听觉上感到不适。如果不是特殊的感情需要,应当使用自己的音量。当然,有些人音量过小,声音虚弱,也是不可取的。

第五节 吐字器官和吐字原理

我们说的话,是由词连接起来构成的。词又由音节组成。音节则由一个或几个音素构成。

音节是用听觉可以区分的语音结构基本单位。在汉语中,一般来说,一个汉字的读音即为一个音节。音素是语音的最小单位。语音音素可以分为两大类:元音和辅音。

一、吐字器官

我们最终听到的语音,是在口腔当中形成的。口腔中的各个发音器官可以对来自肺中的气流和来自喉的声音进行加工,形成元音或辅音,这些音相互组合,构成可以表达意义的语流。由于口腔中的发音器官具有形成字音的功能,这些发音器官又被称为吐字器官。

喉以上各器官都属于吐字器官,主要包括唇、牙齿、舌、上腭、软腭以及鼻腔等。这些发音器官分布在上颌和下颌上,依靠上下颌的开闭和器官活动,这些发音器官可以形成不同的组合状态,发出不同的声音。

在吐字器官中,最活跃的器官是舌。舌体本身具有的灵活性使得它可以形成大量的声音。舌是形成元音的基础,依靠舌在口腔中的位置变化,可以发出元音。舌与上腭的不同部位接触,可以形成大量的辅音,如舌尖音、舌面音、舌根音等。接触的方式不同,又可以发出爆破音、摩擦音、边音等。舌在使用时可分为舌尖、舌面、舌根三部分。每一部分又可以分成前中后三部分,如舌尖前、舌尖中、舌尖后等,舌根部位活动能力较弱,使用部位不像舌尖、舌面那样精细。

双唇和软腭也是较为活跃的吐字器官。双唇的圆展可以改变元音的种类。唇音也是辅音的重要音型,唇形变化还对声音的音色有重要影响。软腭可以控制鼻腔通道。软腭抬起可阻塞气流进入鼻腔,保证口腔有足够的气流强度形成爆破音和摩擦音;软腭下降,开放鼻腔通道,可以形成辅音中的鼻音。

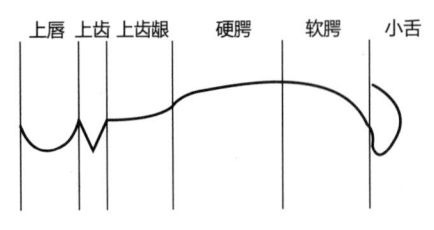

图2-16 上颌有关发音部位示意图

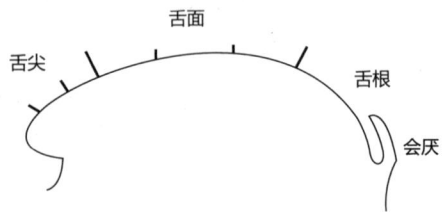

图2-17 舌的部位划分示意图

二、辅音的种类和辅音的发音

辅音是音素的一种类型。发辅音时气流在口腔中明显受到阻碍,呼出气流较强。只有参与阻碍的那一部分口腔肌肉是紧张的,不阻碍气流的部分不紧张。气流在口腔里必须突破,冲过或回避所遇到的各种阻碍才能成声。大部分辅音发音时声带不颤动。普通话中辅音音素有22个(除ng外,其他21个皆可做声母)。

发辅音时,口腔对呼出气流构成阻碍的部位,叫发音部位。普通话辅音声母,因受阻部位不同,可以分为以下七种:

(1)双唇阻:上唇和下唇成阻。如:b、p、m。

(2)唇齿阻:上齿和下唇成阻。如:f。

(3)舌尖前阻:舌尖和上门齿背成阻。如:z、c、s。

(4)舌尖中阻:舌尖和齿龈前部成阻。如:d、t、n、l。

(5)舌尖后阻:舌尖和齿龈后部成阻。如:zh、ch、sh、r。

(6)舌面阻:舌面前部和硬腭前部成阻。如:j、q、x。

(7)舌根阻:舌根和软腭成阻。如:g、k、h。

发音方法是指发辅音时,呼出气流破除发音部位所构成阻碍的方法。发辅音时,从准备发音到发音结束的过程一般可分为成阻、持阻和除阻三个阶段。

成阻、持阻、除阻三者不同形式的组合,可以把发音方法区分为很多种。普通话辅音音素的发音方法可分为五种:塞音、擦音、塞擦音、鼻音和边音。

塞音在发音时,某两部分紧闭在一起,阻塞气流通道,气流冲击爆发,破裂而成声。塞音也叫爆发音或破裂音。如:b、p、d、t、g、k。

擦音,也叫摩擦音。成阻时发音部位两点相接近,但中间留有窄缝,发出摩擦的声音。如:f、s、sh、r、x、h。

塞擦音的发音是塞音和擦音两种方法的结合。两个部位接触堵住气流,突然离开并形成一条小缝,使气流产生摩擦。普通话中有j、q、zh、ch、z、c六个塞擦音。

鼻音的发音部位两点紧闭,封锁口腔出气通道,软腭、小舌下垂,鼻腔和口腔形成联合通道,声波从鼻腔流出。普通话中有三个鼻音:m、n、ng。

边音在发音时气流从舌头两侧透出。如:l。

部分辅音在发音时还有清音、浊音和送气音、不送气音的区别。清辅音声带不振动;浊辅音声带振动。送气音气流较强;不送气音气流较弱。

三、元音的种类和元音的发音

语音音素可以分为元音和辅音。在普通话音节中,元音占优势。普通话音节中没有不包含元音的音节,甚至有些音节只有元音,没有辅音。

语音里元音最响亮。发元音时气流通过声门,冲开闭拢的声带,声带颤动产生乐音声波。经过口腔时,受口腔形状、大小变化的影响,发出不同的元音。

发元音时气流在口腔中不受明显阻碍,呼出气流较弱。发音器官肌肉均衡紧张,声带颤动,声音响亮清晰。元音都是乐音。

在发音过程中,音质始终不变的叫单纯元音,即单元音。普通话中有十个单元音,其中包括七个舌面元音,a、o、e、ê、i、u、ü;两个舌尖元音,-i(前)和-i(后);一个卷舌元音 er。

一般的元音都是舌面元音,发音过程使用的部位是舌面。舌尖元音和卷舌元音是特殊元音。

区分元音的条件,包括舌位的高低、前后和唇形的圆展。舌位指的是发元音时舌面隆起最高点,即近腭点在口腔中的位置。舌位常用舌位图表示,舌位图是一种示意图,四个端点分别表示发音时舌头在口腔中上下前后的四个极端位置,用直线将四个端点连接起来形成的一个四边形。四边形横边分为前、央、后,用以表示舌位的前后;竖边分为低、半低、半高、高,用以表示舌位的高低和口腔的开闭。舌位图还可标记唇形。字母在竖线的左侧表示不圆唇音,字母在竖线右侧表示圆唇音。

四、发音时对吐字的基本要求

吐字的过程就是语音的最后形成过程。与呼吸器官和发声器官的作用相比,吐字器官对发音的影响更直接。吐字的准确和清晰是播音主持发音的基本要求。我们从学习阶段开始,就应努力向这一目标靠近。

吐字准确是指发音要符合语音规范。发音准确才能让人正确理解话语的意思。对于普通话来说,就是要学会普通话声母、韵母和声调的发音,避免方言对发音的细微影响,掌握纯正的普通话。

吐字清晰是让人听得更清楚。即使声音很小,环境嘈杂,也能使人听清楚。清晰的吐字需要对发音部位和发音方法进行更精细地调整,是对包括播音员主持人在内的专业语言工作者更高的发音要求。

思考题

1. 口语发音的心理过程和心理状态对发音的影响。
2. 为了避免和修正发音错误,人体的发音反馈系统是如何工作的?
3. 人体中有许多器官参与发音,如何依据功能对发音器官进行分类?
4. 根据使用部位不同,呼吸可分为哪几种类型?
5. 声带是如何发出声音的?

6. 请通过比较,证明舌是吐字器官中最活跃的器官。

7. 初学播音主持时,发音应采用什么样的呼吸、用声和吐字方式?

练习材料

练习1.播读练习

> 练习提示

使用放松的声音播读下列短文,根据表达效果分析自己在吐字、呼吸和用声上存在的问题,确定改进的方向。

预防流感

听众朋友,下面我要跟您说说"预防流感"。

流行性感冒是一种常见的传染病,特别是冬春季节,由于气温冷暖反差比较大,更是常有发生。

患有流感的病人大多会感到浑身乏力,没有精神,有些较重的病人还会出现咳嗽、发高烧等症状。

如果您得了流感,也不要惊慌失措,不要自作主张乱吃药,特别注意不要盲目使用抗生素。因为抗生素不仅对流感病毒无效,而且会给身体带来副作用,引起机体的抗药性。服多了抗生素还会使体内肠道菌群失调,导致其他疾病发生,因此一定要在医生的指导下服用药品。病情没有大的变化,反复上医院容易引起交叉感染,不利于身体的康复。

另外,流感不同于一般感冒,它是由流感病毒引起的。流感的最大危害在于引发并发症,如引发上呼吸道感染、肺炎、心肌炎等。特别是对老人、小孩和体弱多病者,危害更大。

目前,对流感没有特效药,因此预防流感显得更为重要。预防流感的措施有:加强身体锻炼,特别是户外的锻炼;及时增减衣服,防止着凉;少去人群密集的公共场所,减少传染机会;户内注意开窗通风,保持室内空气新鲜。还有一种较好的措施就是注射流感疫苗。

好了,这个话题就跟您说到这儿。

听众朋友,下面跟您说说"春困"。

春 困

大概所有的中国人都能背出那句唐诗:"春眠不觉晓"。可是,您知道为什么吗?

因为,一到春天,气温回升,人的皮肤不再为保暖而过多地工作,皮肤的血管和毛孔渐渐地扩张,使血液循环加快,这就减少了大脑的供血量。另外,春天暖和的气温,使人感到舒适,加上夜短昼长,这些都会使人感到困倦。

其实,春天人发困,并非生理上需要增加更多的睡眠时间。一般地讲,成年人每天只要睡足八小时,就可以达到恢复体力的目的。如果过多地睡眠,精神反而会处于一种哈欠连天的委顿状态,降低工作效率和学习效果。

锻炼可以增强中枢神经系统的调节功能,从而提高人体各器官的工作能力。因此,锻炼身体是一种能解除春天发困的积极办法。

此外,对感觉器官的刺激也是解除发困的有效方法。比如,味觉刺激:在困倦时适当吃点酸、甜、苦、辣的食品或调味品。平时多吃新鲜蔬菜、水果或豆制品,以补充新陈代谢所消耗的能量。听觉刺激:选听一些曲调节奏变化大、富有韵味的音乐,或听一些笑话、相声。视觉刺激:设法使工作、生活环境明亮起来。还有嗅觉刺激:困倦时闻闻风油精、清凉油或花露水。这些刺激可以反射性地使神经紧张度提高、精神集中,从而消除春困。

好了,这个话题就跟您说到这儿。

布艺沙发怎么保养

如何保养布艺沙发?平时可用干毛巾拍打,每周至少吸尘一次。沙发的扶手、坐垫易脏,可以在上面铺上沙发巾或大号毛巾。在使用吸尘器时,最好不要用吸刷,以防破坏布上的织线而使布面变得蓬松,更要避免以特大吸力来吸,此举可能会使织线被扯断。此外,布艺沙发的耐磨度不如皮沙发,最好避免老坐在同一位置。如发现线头松脱,不可用手将它扯断,应用剪刀整齐地剪平。如果是可移动的垫子,最好每周翻转一次,使磨损均匀分布。

布艺沙发每年可用清洁剂清洗一次,但清洗之后必须把清洁剂彻底洗掉,否则更容易染上污垢。清洗时最好选择含防污剂的专用清洁剂。

带护套的布艺沙发,护套一般都可清洗。其中弹性护套不妨在家中用洗衣机清洗,大型的棉布或亚麻布护套则可拿到洗衣店去洗。熨平护套时应注意,有些弹性护套是易干免熨的。即使要熨也要考虑布料的外观,最好熨护套的反面。

大部分布艺沙发的包衬坐垫都分手洗和机洗,应查看沙发的使用说明书,其中一些布料可能有特殊的洗涤要求。丝绒面料不可沾水,应使用干洗剂。

布艺沙发表面粘有污渍时,可以使用一般的织物清洁剂,也可使用沙发或地毯专用清洁剂,用干净的白布蘸少量药剂,在脏处反复擦拭,直至去掉污渍。切勿大量用水擦洗,以免水渗入沙发内层,造成沙发的边框架受潮、变形,沙发布面缩水,影响沙发整体外观造型。如果是大面积污渍,应请专业沙发清洗人员提供帮助。

新鲜空气保健康

寒冷的冬季,为了室内保暖,很多家庭常常是门窗紧闭,尤其在夜晚更是如此,却不知这犯了大忌。

据美国职业安全与卫生研究所的调查表明,影响室内空气质量的因素很多。在室内空气可能影响人体健康的几大因素中,通风不良占到48%,家庭装修占到18%,建筑物构件占3.5%。

研究人员通常将二氧化碳的含量作为衡量室内空气状况的一个重要指标。一个人在正常情况下每小时要呼出22升二氧化碳,从事重体力活动时每小时呼出80升二氧化碳。如果室内通风不良,这些人体呼出的二氧化碳就会集聚在室内,影响人体健康。室外的新鲜空气可以将室内的污染物稀释掉,多通风可稀释二氧化碳,所以应经常打开窗户让室内空气流动。

强调开窗保持室内通风,并不意味着要整天门窗大开,要合理选择通风时间。据研究测试,在工业比较集中的城市,昼夜有两个污染高峰和两个相对清洁的低谷。两个污染高峰一般在日出前后和傍晚,两个相对清洁的时段是上午10时和下午3时前后,此时可酌情开窗。

　　一天之内开窗时间和次数,可根据住房大小、人口多少、起居习惯、室内污染程度以及天气情况进行安排。以100立方米的空间为例,在无风、室内外温差为20℃情况下,大约十几分钟就可达到空气交换一遍。若室内外温差小,交换时间相应要延长。冬季天冷,但每天开窗换气也不应少于两次,每次不少于15分钟,最多30分钟。

(以上材料改编自360常识网)

练习2. 讲述练习

练习提示

　　就下列话题做2分钟即兴讲述,根据讲述录音分析自己在发音、吐字、呼吸、用声上出现的问题,了解这些问题对表达的影响。

　　1. 我喜欢的电视节目
　　2. 我的校园生活
　　3. 如何与人交往

第三章 普通话发音总说

■ **本章要点：**

本章主要介绍普通话的由来、普通话语音的特点、中国七大方言区，讲解普通话语音的基本概念和《汉语拼音方案》各个组成部分的构成情况，使学生明确普通话语音学习的重要性，增强学生学习训练的主动性，为了解普通话语音系统的基本理论打下基础。

第一节 普通话简介

一、什么是普通话

汉语普通话是以北京语音为标准音，以北方话为基础方言，以典范的现代白话文著作为语法规范的现代汉民族共同语。

普通话是汉民族的共同语，是规范化的现代汉语。共同的语言和规范化的语言是不可分割的，没有一定的规范就不可能做到真正的共同。普通话的规范指的是现代汉语在语音、词汇、语法各方面的规范。学习普通话必须兼顾语音、词汇、语法三个方面。语法、词汇的学习与规范可以通过书面进行，但是语音的学习必须通过口耳的训练与实践才能实现。

在1955年10月召开的全国文字改革会议和现代汉语规范问题学术会议上，汉民族共同语的名称被正式定为"普通话"，同时确定了它的定义。《中华人民共和国宪法》第19条规定："国家推广全国通用的普通话。"2000年《中华人民共和国国家通用语言文字法》更是规定了普通话作为国家通用语言的法定地位，并对公民学习和使用普通话的权利和推广普通话的主要领域、主要对象、基本要求等做出明确规定。其中，第十二条规定："广播电台、电视台以普通话为基本的播音用语。"第十九条规定："凡以普通话作为工作语言的岗位，其工作人员应当具备说普通话的能力。以普通话作为工作语言的播音员、节目主持人和影视剧演员、教师、国家机关工作人员的普通话水平，应当分别达到国家规定的等级标准；对尚未达到国家规定的普通话等级标准的，分别情况进行培训。"

1.语音的规范

普通话以北京语音为标准音是近代汉语历史发展的必然结果。北京语音音系形成的历史久远,元朝时周德清在《中原音韵》(时间约为公元 1324 年前后)中记录的音就是当时通行的共同语。现在看来与今天的北京音系相合,说明北京语音在那时就已经取得了北方标准音的地位。

近一千年来,北京一直是政治、经济、文化中心。辽、金、元、明、清都曾把这里作为都城。因此北京话的影响也逐渐显著,地位日益重要,加上人口流动频繁,北京语音与北方的各地方言有较多相互影响的机会,吸取了不少地方的语音,逐渐成为北方方言的代表。

明清时期作为官府的通用语言"官话",使得北京语音在官场交往中得到广泛使用。辛亥革命后,1912 年中华民国南京临时政府召开"临时教育会议",决定先从统一汉字的读音做起,召开"读音统一会"。1913 年"读音统一会"议定了汉字的国定读音(即"国音")和拼切国音的字母"注音字母"(也叫"国音字母")。1919 年出版《国音字典》初印本。这种标准音习惯上称之为"老国音",它以北京音为基础,糅合了一些南方音。但各界对此议论颇多,主张将国音改为以北京语音为标准音。1923 年,国语统一筹备会成立"国音字典增修委员会",决定国音采用北京语音标准,称之为"新国音"。1932 年,《国音常用字汇》公布发行,采用了"新国音"。

无论是官话、老国音还是新国音,均以北京语音作为基础,北京语音早已被人们普遍接受。普通话以北京语音为标准音,是汉语历史发展的必然。

2. 词汇的规范

汉民族的共同语自春秋时期的"雅言"以来,都是在北方方言基础上形成的。北方的洛阳、西安、北京都是我国历史上的政治、经济、文化中心,因此北方方言就成为汉民族共同语形成的基础。北方话分布区域广泛,使用人数众多,宋代话本、元朝戏曲杂剧、明清小说(如《三国演义》、《红楼梦》)等也都由北方话写成,这些作品作为古典名著长期以来在国民中产生了深远的影响,北方话也通过这些作品得以广泛传播。

普通话词汇来源于北方方言,但那些不具有普遍意义、地方性较强的俗语并没有被吸收到普通话里。比如北京话"颠儿"、"撒丫子"(都是"跑"的意思),由于地方色彩浓厚,就没有进入普通话。当然为了使用的需要,普通话也吸收了一些方言词、古语词和外来词,丰富普通话的词汇,比如"垃圾"、"名堂"、"沙发"、"阿司匹林"等这些广泛应用的方言词、音译词。

3. 语法的规范

普通话语法规范不仅体现在北京话和北方话的口语中,还以书面形式体现在具有典范作用的现代白话文著作中。普通话与方言的差别也表现在语法方面,比如北方话"看戏吗?"江浙话说"阿要看戏?"还有粤语的"我有吃"、"我走先"等语法差异。不过和语音、词汇的差异比起来,普通话与方言之间的语法差异要小得多。

二、普通话语音的特点

1. 语音音系比较简单,音节结构形式较少

从声韵调系统来看,普通话有声母 21 个,韵母 39 个,声调四类。音节结构形式较

少,大约 400 多个音节;韵尾少,只有-n、-ng 两个辅音韵尾和-i、u(o)两个元音韵尾。普通话音系比较简单,它的声母、韵母、声调,一般来说比其他方言要少,相对较容易掌握。

2. 音节响亮

普通话音节中元音占优势,声母中清音占优势,发音响亮、清脆。

3. 声调变化鲜明

声调只有四类,四类声调中高音成分多,低音成分少,显得清脆、高扬。

4. 音节分明,节律感强

普通话中双音节词占优势,并有约定俗成的轻重格式,听起来节奏分明,起伏跌宕。

三、汉语方言的划分

我国幅员辽阔,各方言区在语音系统上存在较大差异,其次是语法和词汇。汉语方言的分歧突出地表现在语音方面,但这种差异存在一定的对应关系。这为各方言区的人们更方便地学习普通话提供了可能。普通话以北京语音为标准音,是就整个语音体系而言的,其中并不包括北京话中的土音、土语成分。依据语音标准,目前较有影响的观点是将汉语方言分为七大方言区,简介如下:

北方方言区——以黄河流域为中心,分布于东北和长江流域中部及西南各省。又分为北方方言、西北方言、西南方言、江淮方言。多数地区没有入声,只有阴平、阳平、上声、去声四个调类。

吴方言区——分布于上海地区、江苏省东南部和浙江省大部。有清浊声母的区别;多数地点没有声母 zh、ch、sh,只有-n 或-ng 一个鼻韵尾;有短促的入声;声调七或八个。

湘方言区——分布于湖南省。声母 n、l 不分,f、h 不分;有入声。

赣方言区——分布于江西省及湖北东南角。无声母 n,有些地方有入声韵尾-h、-d、-g。

客家方言区——分布于广东、广西、福建、江西等省部分地区。声母 s、sh 不分;韵母没有撮口呼;有入声韵尾-b、-d、-g;一般有六个声调。

闽方言区——分布于福建省南部,广东省的湖州、汕头一带,海南岛一部分,台湾省大部分。没有声母 f;s、sh 不分,韵母没有撮口呼;辅音韵尾有-m、-n、-ng 和-b、-d、-g;声调一般有七个。

粤方言区——分布于广东省中部和西南部、广西壮族自治区东南部。以广州话为代表,f、h 不分,s、sh 不分;韵母都没有韵头;辅音韵尾有-m、-n、-ng 和-b、-d、-g,声调有九个。

发音准确是普通话语音学习的基本要求,如果发音错误,又没有及时发现和纠正,反复练习错误的发音是徒劳无益的。发音是一种口耳之学,一些学习者受方言影响,对鼻音(n)和边音(l)、前鼻尾音韵母和后鼻尾音韵母之间的区分不敏感,往往与发音者的听辨音能力有关。要先提高语音的分辨力,才能掌握正确的发音。在发音准确的前提下,通过反复训练,达到完全熟练的程度,才能有效使用。熟练的标志是不假思索。

四、掌握普通话的必要性

语言是人们交流思想的工具,也是人们进行社会生产和社会生活的手段。现在世界上不少国家常以全民族共同语在国民中的普及程度来衡量国家的进步、文明程度。我国地广人多,是个多民族国家,各民族风俗习惯不同,语言差异也很大。据统计,我国的语言正在使用的有 80 多种,分属五个语系,同时各地方还存在着方言差异。这种语言隔阂的状况,会成为发展经济、沟通交流的重大障碍。

1. 社会发展要求普及使用普通话

我国是一个方言复杂的国家,严重的方言分歧对于我国人民的政治、经济、文化生活都带来了不利的影响。语言是人类最重要的交际工具,要使语言在高速发展的新历史时期中发挥更大的作用,就必须加快推广普通话的进程,不断提高全社会的普通话水平。普通话的普及意味着沟通的顺畅,也体现着一个地方的经济文化发展程度。1994 年,国家语言文字工作委员会制定了《普通话水平测试标准》和《普通话水平测试大纲》,要求以普通话作为工作语言的播音员、节目主持人和影视剧演员、教师、国家机关工作人员的普通话水平,应当分别达到国家规定的等级标准,这是推广普通话的一个重要举措。

汉语是当今世界上使用人口最多的一种语言,全球约有五分之一的人口使用它。随着我国国际地位的日益提高,现代汉语在国际活动中使用得越来越多,作为汉语标准的普通话在国际交流中也发挥着重要作用。联合国大会第 28 届会议于 1973 年 12 月 18 日全体会议一致通过,把汉语列为大会和安理会的五种工作语言之一(另有英、法、俄、西班牙语)。

2. 法律法规的要求

学习和推广普通话,是宪法赋予我们每个公民的权利和责任。《中华人民共和国宪法》第十九条规定:"国家推广全国通用的普通话。"这说明,推广普通话是国家一项重要的语言政策,同时也说明了这个任务严肃的法定性质,它是我国语言规范化的法则,更加明确了普通话在我国语言生活中的主导地位。

2000 年发布的《中华人民共和国国家通用语言文字法》第十二条规定:"广播电台、电视台以普通话为基本的播音用语。"近几年随着广播电视的繁荣,极大地推动了普通话的推广,很多人跟着广播电视学习普通话,播音员主持人是大众的语音老师、普通话的示范者。因此,播音员主持人的普通话语音应该正确无误。

3. 社会与职业的要求

首先是示范要求。由于广播电视特殊的传播作用,播音员主持人肩负着推广普通话的重任,一直被看作是大众的语音教师,他们的语音规范、准确,对全社会具有标志和示范作用。如果播音员主持人语音不标准,不仅分散受众的注意力,有时还会引起对语义的曲解。

其次是审美要求。我国戏曲传统上对发音珠圆玉润的审美观念,影响到当今大家对普通话发音的审美要求,人们不仅希望播音员主持人的发音准确、不产生歧义,同时也能带来一定的审美享受。从这一角度来看,发音的美化也尤为重要,应使发音圆润动听。

最后是技术要求。播音主持工作往往要借助于话筒才能进行,由于演播现场嘈杂的受众背景、现场音响混播等,在传输过程中每一个环节都可能有信号的损失或噪音的干扰,有的时候声音还会因为技术原因产生衰减和失真。为了使受众能听清楚,要求播音员主持人必须通过提高发音的清晰度来加以弥补。

4. 现代科技的需求

随着社会的进步、科技的发展及电子计算机的广泛应用,社会对语言的规范化提出了更新和更高的要求。人机对话、快速录入、迅速处理信息,都需要我们加快现代汉语规范化的工作和普通话的推广工作。语音研究和科学技术的联系越发紧密,语音研究在言语矫治、通信工程、人工智能等方面都发挥着作用,语音研究与科学技术的结合在语音合成和语音识别方面也有可喜进展,具有较高的商业和实用价值。语音在技术层面的应用如今已经非常广泛,语音是人的信息代码,属于个人的特质之一,就像指纹、虹膜一样具有唯一性。良好的发音能力会成为现代社会中使用各种先进技术设备的基础。

五、普通话语音的基本概念

1. 语音学的相关概念

音素、音节、元音和辅音是语音学的概念。

音节是最容易觉察到的语音的自然单位。音素是构成音节的最小单位或最小的语音片段。语音的音素又可分为元音和辅音两大类。普通话里有10个元音,22个辅音,它们各有自己的特点并在音节中担任不同的角色,起着不同的作用。

普通话音节可由一个音素组成,也可由几个音素组成,如,a(啊)一个音素;an(安)两个音素;ian(烟)三个音素;jian(兼)四个音素。

音节是听觉可以区分的语音结构的基本单位。通常,汉语一个汉字就是一个音节。普通话有400多个无调音节,1300多个有调音节。

根据音素的发音性质,可分为两类,一类是元音,另一类是辅音。

发元音时,气流通过声门,冲开闭拢的声带,声带颤动产生乐音声波。经过口腔时,受口腔形状、大小变化的影响,发出不同的元音。

发辅音时,气流在通过发音器官某一部分时,受到一定阻碍,只有参与阻碍的那一部分口腔肌肉是紧张的,气流在口腔里必须突破,冲过或回避所遇到的各种阻碍才能成声。

元音与辅音的发音对比表:

元音	辅音
气流在口腔中不受显著的阻碍	气流在口腔显著地受到阻碍
呼出气流比较弱	呼出气流比较强
发音器官均衡紧张	受阻碍的部分肌肉紧张,不受阻碍的部分肌肉不紧张
声带颤动,声音响亮	大部分辅音发音时声带不颤动,声音不响亮
都是乐音	大部分是噪音

2.汉语传统语音学的概念

声母、韵母和声调是汉语传统语音学(即音韵学)的概念。汉语传统语音学把音节划分为两部分:声母和韵母。声调贯穿始终,是音节不可缺少的部分。

声母:按汉语语音学的传统分析方法,一个汉语音节中起头的辅音叫声母。声母处于音节的前半部分,一般由辅音充当。普通话中共有 22 个辅音,其中有 21 个可以做声母(ng 只做韵尾)。

没有辅音声母的音节,称之为零声母音节。

韵母:按汉语语音学的传统分析方法,把汉语音节中声母以后的部分叫韵母。韵母处于音节的后半部分,由元音或元音+鼻辅音充当。普通话共有 39 个韵母。

声母、韵母同元音、辅音是从不同角度分析语音的结果。也就是说,它们是不同范畴的概念。元音和辅音是从构成音节的最小单位音素的声音性质来划分的,强调语音的自然属性;而声母和韵母则是根据语音在音节中的听感片段划分的,强调的是语音的听感属性。

第二节 汉语拼音方案的构成

《汉语拼音方案》是用来给汉字注音和拼写普通话的方案,从 1958 年公布正式施行至今,经过几十年的推广,已经深入人心,得到了普遍认同;在帮助人们学习汉字和普通话等方面,发挥了很大作用。随着科技的发展,计算机输入汉字技术的"拼音-汉字"转换方式,也离不开汉语拼音。汉语拼音已成为现代生活不可缺少的语言工具。

《汉语拼音方案》采用了世界上通行范围最广的 26 个拉丁字母,方案的设计构思、字母和语音的配置关系及其拼写方法,可以根据方案内容分五个部分来介绍:

(1)字母表,规定字母的顺序以及字母的汉语音值。

(2)声母表,规定汉语音节开首的拼写单位。

(3)韵母表,规定声母之后的拼写单位,一声一韵,前声后韵就构成一个音节。

(4)调号和标调规则,规定构成一个表义音节必要的组成成分——声调的表示方法。

(5)隔音规则,规定分词连写时分隔音节的规则。

作为推广普通话的有效工具,《汉语拼音方案》这套记音符号可以有效地帮助学习者矫正读音。掌握《汉语拼音方案》,可以了解北京语音声韵的结合情况,也便于找到跟自己方音的对应规律;可以利用拼音查字典,用字典上的普通话读音纠正自己的方言读音;可以阅读拼音读物,练习普通话;可以拼写普通话,检查自己的普通话读音。

一、字母表

字母	名称	字母	名称
Aa	ㄚ	Nn	ㄋㄝ
Bb	ㄅㄝ	Oo	ㄛ
Cc	ㄘㄝ	Pp	ㄆㄝ
Dd	ㄉㄝ	Qq	ㄑㄧㄡ
Ee	ㄜ	Rr	ㄚㄦ
Ff	ㄝㄈ	Ss	ㄝㄙ
Gg	ㄍㄝ	Tt	ㄊㄝ
Hh	ㄏㄚ	Uu	ㄨ
Ii	ㄧ	Vv	万ㄝ
Jj	ㄐㄧㄝ	Ww	ㄨㄚ
Kk	ㄎㄝ	Xx	ㄒㄧ
Ll	ㄝㄌ	Yy	ㄧㄚ
Mm	ㄝㄇ	Zz	ㄗㄝ

v 只用来拼写外来语、少数民族语言和方言。
字母的手写体依照拉丁字母的一般书写习惯。

字母表的作用:第一,明确了该方案的构成材料是拉丁字母;第二,明确了每个字母的名称读音,字母表规定了每个拉丁字母的读音;第三,明确了汉语拼音字母的体式,分为印刷体、手写体、大写、小写四种体式,表中只列出了印刷体的大写和小写体式;第四,明确规定了每一个字母的先后顺序,这是用拼音字母作索引的基本依据。

二、声母表

b	p	m	f	d	t	n	l
ㄅ玻	ㄆ坡	ㄇ摸	ㄈ佛	ㄉ得	ㄊ特	ㄋ讷	ㄌ勒
g	k	h	j	q	x		
ㄍ哥	ㄎ科	ㄏ喝	ㄐ基	ㄑ欺	ㄒ希		
zh	ch	sh	r	z	c	s	
ㄓ知	ㄔ蚩	ㄕ诗	ㄖ日	ㄗ资	ㄘ雌	ㄙ思	

声母表采用语音学中的发音部位排列法,依次为:唇音 b、p、m、f,舌尖音 d、t、n、l,舌根音 g、k、h,舌面音 j、q、x,舌尖后音 zh、ch、sh、r,舌尖前音 z、c、s。

声母表中拉丁字母下面的注音符号,代表声母的音值,如 b 和 ㄅ 都表示双唇不送气清塞音[p];f 和 ㄈ 都代表齿唇清擦音[f]。而注音符号右边的汉字则是声母的呼读音,例如汉字"玻、坡、摸、佛",其中的 b、p、m、f 或 ㄅ、ㄆ、ㄇ、ㄈ 都是声母的本音,加元音 o 或 ㄛ 构成的读音——bo,po,mo,fo 或 ㄅㄛ、ㄆㄛ、ㄇㄛ、ㄈㄛ,就是声母的呼读音。

三、韵母表

	i ㄧ 衣	u ㄨ 乌	ü ㄩ 迂
a ㄚ 啊	ia ㄧㄚ 呀	ua ㄨㄚ 蛙	
o ㄛ 喔		uo ㄨㄛ 窝	
e ㄜ 鹅	ie ㄧㄝ 耶		üe ㄩㄝ 约
ai ㄞ 哀		uai ㄨㄞ 歪	
ei ㄟ 欸		uei ㄨㄟ 威	
ao ㄠ 熬	iao ㄧㄠ 腰		
ou ㄡ 欧	iou ㄧㄡ 忧		
an ㄢ 安	ian ㄧㄢ 烟	uan ㄨㄢ 弯	üan ㄩㄢ 冤
en ㄣ 恩	in ㄧㄣ 因	uen ㄨㄣ 温	ün ㄩㄣ 晕
ang ㄤ 昂	iang ㄧㄤ 央	uang ㄨㄤ 汪	
eng ㄥ 亨的韵母	ing ㄧㄥ 英	ueng ㄨㄥ 翁	
ong (ㄨㄥ) 轰的韵母	iong ㄩㄥ 雍		

《汉语拼音方案》里的韵母以汉语音韵学的四呼分类为基础,韵母一共有 39 个。

表内按照 a、i、u、ü 排列,规定了以下拼写规则:

(1)"知、蚩、诗、日、资、雌、思"等七个音节的韵母用 i,即:知、蚩、诗、日、资、雌、思等字拼作 zhi,chi,shi,ri,zi,ci,si。

(2)韵母儿写成 er,用作韵尾的时候写成 r。例如:"儿童"拼作 ertong,"花儿"拼作 huar。

(3)韵母ㄝ单用的时候写成 ê。

(4)i 行的韵母,前面没有声母的时候,写成 yi(衣),ya(呀),ye(耶),yao(腰),you(忧),yan(烟),yin(因),yang(央),ying(英),yong(雍)。

u 行的韵母,前面没有声母的时候,写成 wu(乌),wa(蛙),wo(窝),wai(歪),wei

（威），wan（弯），wang（汪），weng（翁）。

ü行的韵母，前面没有声母的时候，写成yu（迂），yue（约），yuan（冤），yun（晕），ü上两点省略。

ü行的韵母跟声母j，q，x拼的时候，写成ju（居），qu（区），xu（虚），ü上两点也省略；但是跟声母n，l拼的时候，仍然写成nü（女），lü（吕）。

(5) iou，uei，uen前面加声母的时候，写成iu，ui，un，例如niu（牛），gui（归），lun（论）。

(6) 在给汉字注音的时候，为了使拼式简短，ng可以省作ŋ。

四、声调符号

阴平	阳平	上声	去声
－	／	∨	＼

声调是汉语音节中重要的组成部分，具有区别意义的作用，是一个音节不可缺少的组成部分。所以汉语拼音方案专门规定了声调符号。声调符号比较直观地显示了汉语普通话四声的高低升降特征。

声调符号标在音节的主要母音上。轻声不标调号。例如：

妈 mā	麻 má	马 mǎ	骂 mà	吗 ma
阴平	阳平	上声	去声	轻声

汉语普通话中有四个声调，四个声调符号分别是：

第一声，阴平，"－"；第二声，阳平，"／"；第三声，上声，"∨"；第四声，去声，"＼"。

五、隔音符号

隔音符号是为了拼音"分词连写"设计的，以a、o、e音节连接在其他音节后面时，如果音节界限发生混淆，要用隔音符号（'）隔开。例如：xi'an（西安）、pi'ao（皮袄）、ji'ang（激昂），如果没有隔音符号则成了xian（现）、piao（票）、jiang（将）。

思考题

1. 现代汉语有几大方言区？
2. 普通话语音有什么特点？
3. 解释基本概念：普通话 元音 辅音 声母 韵母
4. 《汉语拼音方案》包括哪些内容？
5. 《汉语拼音方案》中有哪些韵母简写？

练习材料

练习1. 普通话字词练习

练习提示

以下是受方言干扰容易读错的字词,请检查你的普通话发音是否存在问题。

人——银	信——姓	念——练	饱——跑	痴——奇
仁——仍	精——清	摘——拆	字——刺	暂——站
男女——褴褛	牛油——流油	拉拢——牢笼	群像——穷乡	
发迹——花季	反手——还手	附注——互助	终身——钟声	
注意——主意	名义——名誉	闲心——悬心	施展——师长	
长生——强身	池子——旗子	四十——事实	散光——闪光	

练习2. 普通话容易读错的字音发音练习

练习提示

进行自我语音测试,认识和修正自身普通话发音中的难点音。

针灸	狙击	慷慨	牛虻	枸杞	倔强
谬论	按捺	木讷	奇葩	标识	压轴
嘈杂	浙江	卑鄙	尽量	脊椎	噱头
档次	着想	内疚	混淆	中肯	召回
豢养	商贾	呕吐	披靡	气氛	悄然
女导演	蒙古语	蒲公英	对不起	胡萝卜	白皑皑
虚怀若谷	拈轻怕重	班门弄斧	一成不变	不伦不类	
咎由自取	一扫而空	背井离乡	热热闹闹	轻描淡写	

练习3. 句段练习

练习提示

检查自我在语流中普通话发音的规范。

一个春天的月牙在天上挂着。我看出它的美来。天是暗蓝的,没有一点云。那个月牙清亮而温柔,把一些软光儿轻轻送到柳枝上。院中有点小风,带着南边的花香,把柳条的影子吹到墙角有光的地方来,又吹到无光的地方去。

(节选自老舍的散文《月牙》)

夜色在笑语中渐渐沉落,朋友起身告辞,没有挽留,没有送别,甚至也没有问归期。已经过了大悲大喜的岁月,已经过了伤感流泪的年华,知道了聚散原来是这样的自然和顺理成章,懂得这点,便懂得珍惜每一次相聚的温馨,离别便也欢喜。

(节选自杏林子的散文《朋友和其他》)

俗话说,"瑞雪兆丰年"。这个话有充分的科学根据,并不是一句迷信的成语。寒冬大雪,可以冻死一部分越冬的害虫;融化了的水渗进土层深处,又能供应庄稼生长的需要。我相信这一场十分及时的大雪,一定会促进明年春季作物,尤其是小麦的丰收。有经验的老农把雪比做是"麦子的棉被"。冬天"棉被"盖得越厚,明春麦子就长得越好,所以又有这样一句谚语:"冬天麦盖三层被,来年枕着馒头睡。"

(节选自《普通话水平测试实施纲要》作品 5 号)

小鸟给远航生活蒙上了一层浪漫色调。返航时,人们爱不释手,恋恋不舍地想把它带到异乡。可小鸟憔悴了,给水,不喝!喂肉,不吃!油亮的羽毛失去了光泽。是啊,我们有自己的祖国,小鸟也有它的归宿,人和动物都是一样啊,哪儿也不如故乡好!

(节选自《普通话水平测试实施纲要》作品 22 号)

第四章　普通话声母发音

■ **本章要点：**

本章重点讲授声母的发音过程、发音部位和发音方法，让学生了解普通话声母的分类，掌握普通话 21 个声母的发音要领，使声母发音准确清晰。本章引导学生有意识地关注一些难点音的发音要领，修正自身的语音面貌。解决平翘不分、n 和 l 不分、f 和 h 不分、尖音等发音问题。

第一节　声母简介

一、什么是声母

语音是人的发音器官发出的、具有一定意义的、能起交际作用的声音。

根据汉语语音学传统的分析方法，汉语音节起头的辅音叫声母。语音音素根据发音特征分为元音和辅音两类。普通话语音中可做声母的辅音有 21 个。

二、声母的数量

普通话有 21 个声母：b、p、m、f、d、t、n、l、g、k、h、j、q、x、zh、ch、sh、r、z、c、s。

在普通话中，声母都是由辅音充当的。因为声母处于音节开头的位置，发音短促有力，所以普通话音节界限分明，字字清晰可辨。如果没有辅音声母相隔，发音时音节之间就容易粘连在一起，我们就会难以辨义。换而言之，语音的准确度与声母有着直接的联系。有的人发音含混不清、唇舌没有力度，问题往往就是因为声母发音不清晰。

三、声母的发音过程

声母的发音过程，指发音时发音器官构成阻碍，气流克服阻碍，最后形成声音的过程。一般可分为三个阶段，即成阻、持阻和除阻。

成阻：构成阻碍。发音器官某部分由静止状态到形成阻碍的状态，也就是构成正确的发音状态。要求部位准确。

持阻：准备发音。是正确发音状态的延续。要蓄积足够的气流，要求有控制，有一定的力度。

除阻:解除阻碍,通常会发出声音。除阻时要干脆,弹吐有力,才能带动后面的韵母,声音才会响亮、清晰,送得远。

举例说明一下:"b"的成阻阶段是发音部位上、下唇两部分接触、收紧;持阻是使气息积蓄在收紧的双唇后面;除阻是收紧的双唇突然开放发音。

成阻、持阻、除阻既是声母发音的过程,也是辅音发音的一般过程。不同性质的辅音充当声母,发音情况也不完全一样。如塞音 b 要在除阻时才能发出声音,而擦音 s 在第二阶段持阻时就发出声音了。

辅音声母的发音很短暂,将它分解成三个阶段,是希望大家了解具体发音时的不同阶段,有针对性地改善和修正自己在发音过程中出现的问题。

四、普通话声母的分类

普通话 21 个声母可依据不同标准进行分类:可以根据发音部位不同进行区分;可以根据发音方法进行区分;可以根据气流强度不同和声带是否振动来区分。

1. 声母的发音部位

发音部位,指发辅音时,口腔对呼出气流构成阻碍的部位。普通话中 21 个声母按照形成阻碍的发音部位划分,可分为七种:双唇阻、唇齿阻、舌尖前阻、舌尖中阻、舌尖后阻、舌面阻和舌根阻。这些"阻"是口腔内上下两个发音部位接触或接近形成的阻碍气流的地方。

双唇阻:上唇和下唇成阻。下唇向上运动,上唇微动,两唇紧闭构成阻碍,如:b、p、m。

唇齿阻:上齿和下唇成阻。上齿和下唇内缘接触构成阻碍,如:f。

舌尖前阻:舌尖和上齿背成阻。舌尖平伸,向上与上门齿背面接触或接近,如:z、c、s。

舌尖中阻:舌尖和齿龈前部成阻。发音时,舌尖和齿龈前部接触,如:d、t、n、l。

舌尖后阻:舌尖和齿龈后部成阻。发音时,舌尖稍后缩,向齿龈后部翘起接触或接近,如:zh、ch、sh、r。

舌面阻:舌面前部和硬腭前部成阻。发音时,舌尖下垂在下门齿背后,舌面向上接触或接近硬腭前部,如:j、q、x。

舌根阻:舌根和软腭成阻。发音时,舌头后缩,舌根抬起和软腭接触或接近,如:g、k、h。

2. 声母的发音方法

发音方法,即发辅音时,呼出气流破除发音部位所构成阻碍的方法。按照发音时气流克服阻碍的方式,普通话的声母分为五类:塞音、擦音、塞擦音、鼻音和边音。

塞音:构成阻碍的两个部位完全闭塞。软腭上升,堵塞通向鼻腔的通路。气流经过口腔时冲破阻碍迸裂而出,爆发成声。塞音有 b、p、d、t、g、k 六个。

擦音:构成阻碍的两个部位非常接近,留下窄缝。软腭上升,堵塞通向鼻腔的通路。

气流经过口腔时从窄缝挤出,摩擦成声。擦音有 f、h、x、sh、r、s 六个。

塞擦音:构成阻碍的两个部位完全闭塞。软腭上升,堵塞通向鼻腔的通路。气流经过口腔先把阻塞部位冲开一条窄缝,然后气流从窄缝中挤出,摩擦成声。塞擦音的发音比较特殊,先爆破,后摩擦,两个音紧密结合成一体。塞擦音有 j、q、zh、ch、z、c 六个。

鼻音:口腔里构成阻碍的两个部位完全闭塞。软腭下垂,打开通向鼻腔的通路。气流使声带颤动,从鼻腔通过。做声母的鼻音有两个,m 和 n。

边音:发音时舌尖与齿龈相接构成阻碍,舌两边留有空隙。软腭上升,堵塞通向鼻腔的通路。气流在使声带振动的同时,从舌的两边通过。普通话只有一个边音 l。

此外,按照发音时呼出气流的强弱,普通话声母中的塞音和塞擦音可分为两类:不送气音和送气音。

不送气音:发音时,呼出的气流较弱。普通话中的不送气音有六个,即 b、d、g、j、zh、z。

送气音:发音时,呼出的气流较强。普通话中的送气音是 p、t、k、q、ch、c 六个。

按照发音时声带是否颤动,普通话的声母也可分为两类,即清音和浊音。

清音:气流呼出时,声门打开,声带不颤动,发出的音不响亮。普通话有 17 个清音声母,b、p、f、d、t、g、k、h、j、q、x、zh、ch、sh、z、c、s。

浊音:气流呼出时,声带颤动,发出的音比较响亮。普通话有 4 个浊音声母,m、n、l、r。

普通话声母发音要领表

发音方法	塞 音		塞擦音		擦音		鼻音	边音
	清		清		清	浊	浊	浊
发音部位	不送气	送气	不送气	送气				
双唇音	b	p					m	
唇齿音					f			
舌尖前			z	c	s			
舌尖中	d	t					n	l
舌尖后			zh	ch	sh	r		
舌面音			j	q	x			
舌根音	g	k			h			

第二节 声母的发音

汉语普通话语音系统中的声母,共 21 个。下面分别介绍各声母的发音要领。文中的插图引自《汉语普通话语音图解课本》。

1. b——双唇不送气清塞音

双唇紧闭。软腭和小舌上升,关闭鼻腔通路。气流到达双唇后蓄气。突然松开双唇,积蓄在口腔中的气流爆破而出成音。声带不振动。

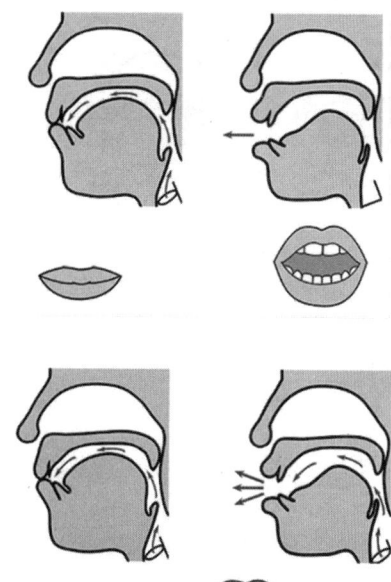

2. p——双唇送气清塞音

发音部位在成阻和持阻阶段与 b 相同,区别在于:p 除阻时声门不闭,从肺部呼出一股较强气流成音,通称"送气",且有一个独立的送气段。声带不振动。

3. m——双唇浊鼻音

双唇紧闭。软腭和小舌下垂,打开鼻腔通路。气流同时到达口腔和鼻腔,在口腔受阻,转从鼻腔通过。声带振动。

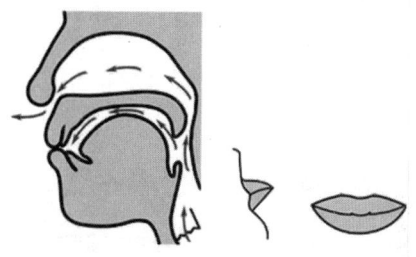

4. f——唇齿清擦音

下唇向上门齿靠拢,形成间隙。软腭和小舌上升,关闭鼻腔通路。气流从唇齿形成的间隙中摩擦而出。声带不振动。

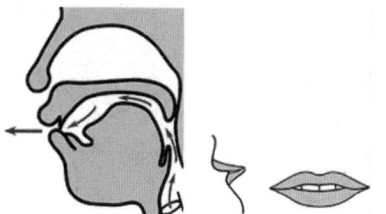

5. d——舌尖中不送气清塞音

舌尖中部抵上齿龈。软腭和小舌上升,关闭鼻腔通路。口腔蓄有空气,舌尖迅速打开,使气流爆发而出。声带不振动。

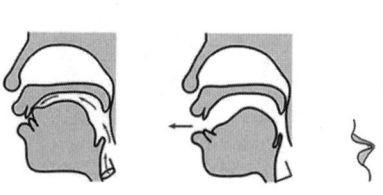

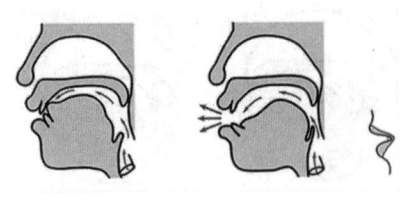

6. t——舌尖中送气清塞音

发音部位在成阻和持阻阶段与 d 相同,区别在于:t 除阻时声门打开,从肺部呼出一股较强气流成音,通称"送气",且有一个独立的送气段。声带不振动。

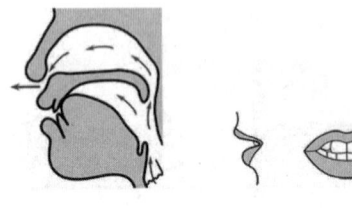

7. n——舌尖中浊鼻音

舌尖中部抵住上齿龈,堵塞口腔通道。软腭和小舌下垂,打开鼻腔通路。气流同时到达口腔和鼻腔,在口腔受阻,气流从鼻腔通过。声带振动。

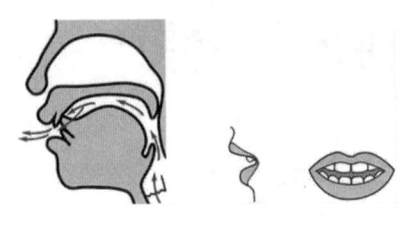

8. l——舌尖中浊边音

舌尖中部抵上齿龈,阻塞口腔中路通道,两边留有空隙。软腭和小舌上升,关闭鼻腔通路,气流从舌与两颊内侧间的空隙通过而成音。声带振动。

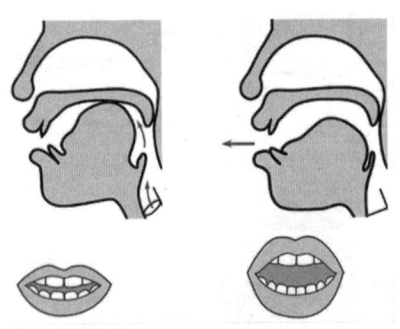

9. g——舌根不送气清塞音

舌根抬起抵住软腭,空气蓄积在咽腔和口腔后部。当舌根离开软腭时,气流爆发而出。声带不振动。

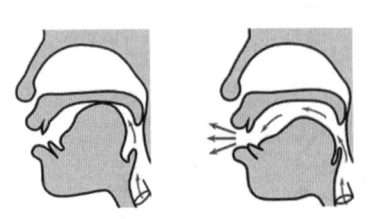

10. k——舌根送气清塞音

发音部位在成阻和持阻阶段与 g 相同,区别在于:k 除阻时声门打开,从肺部呼出一股较强气流成音,通称"送气",且有一个独立的送气段。声带不振动。

第四章 普通话声母发音

11. h——舌根清擦音

舌根抬起接近软腭形成缝隙。软腭和小舌上升,关闭鼻腔通路。气流从缝隙摩擦而出成音。声带不振动。

12. j——舌面不送气清塞擦音

舌面前部隆起紧贴硬腭,形成阻塞。软腭和小舌上升,关闭鼻腔通路。口腔中蓄气,然后在舌面前部与硬腭间打开一条缝隙,气流从中摩擦而出。声带不振动。

13. q——舌面送气清塞擦音

发音部位在成阻和持阻阶段与 j 相同,区别在于:q 除阻时声门打开,从肺部呼出一股较强气流从缝隙间摩擦而出,通称"送气"。声带不振动。

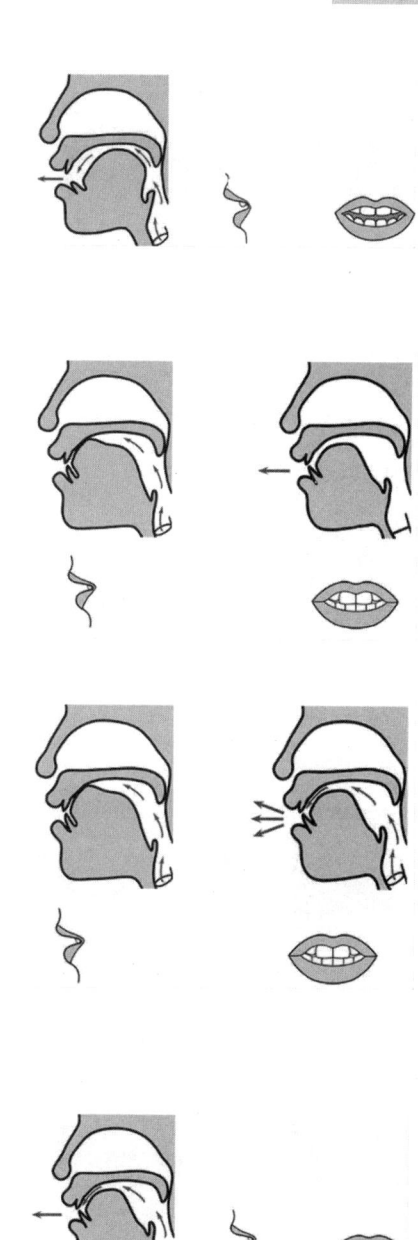

14. x　　舌面清擦音

舌面前部隆起接近硬腭形成缝隙。软腭和小舌上升,关闭鼻腔通路。气流从舌面前部与硬腭的缝隙间摩擦而出成音。声带不振动。

15. zh——舌尖后不送气清塞擦音

舌尖后部抬起抵住齿龈后部或硬腭前部形成阻塞。软腭和小舌上升,关闭鼻腔通路,口腔中蓄气。舌尖快速打开形成一条隙缝,气流从缝隙摩擦而出。声带不振动。

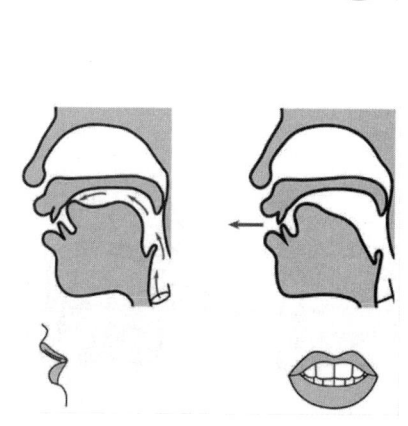

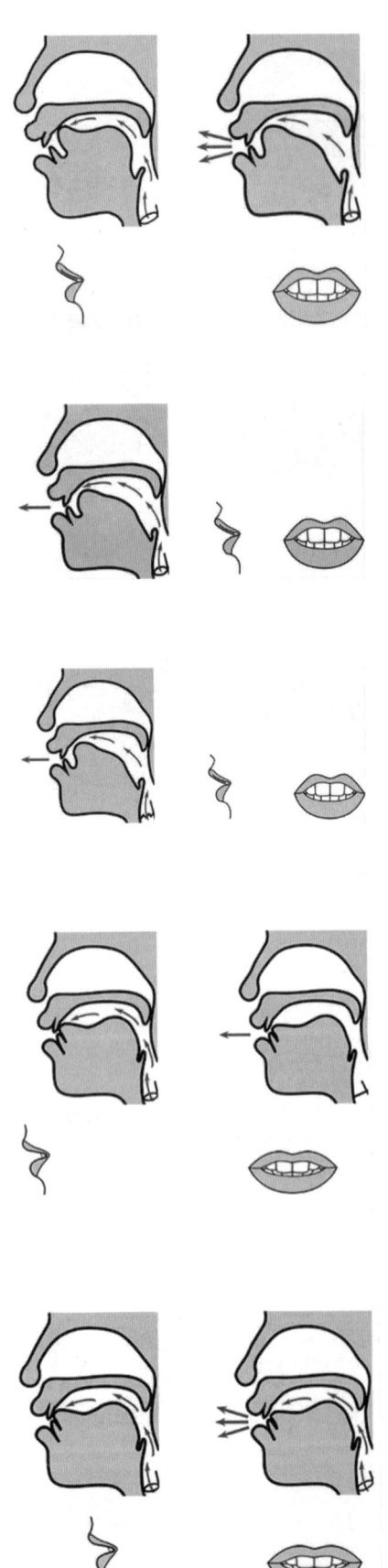

16. ch——舌尖后送气清塞擦音

发音部位在成阻和持阻阶段与 zh 相同,区别在于:ch 除阻时声门打开,从肺部呼出一股较强气流从缝隙摩擦而出,通称"送气"。声带不振动。

17. sh——舌尖后清擦音

舌尖后部抬起接近齿龈后部或硬腭前部。软腭和小舌上升,关闭鼻腔通路,气流从舌尖与齿龈后之间摩擦而出。声带不振动。

18. r——舌尖后浊擦音

发音部位在成阻和持阻阶段与 sh 相同,区别在于:r 在发音时声带振动。一般情况下,它可以视为 sh 的同部位浊音。

19. z——舌尖前不送气清塞擦音

舌尖前部平伸抵住上齿背或上齿龈,形成阻塞。软腭和小舌上升,关闭鼻腔通路。口中蓄气,然后舌尖快速打开一条隙缝,气流从缝隙破擦而出。声带不振动。

注意:舌尖前音 z、c、s 的成阻位置可适当后移至上齿龈,这样可减少在话筒前发音时容易产生的"咝咝"声。

20. c——舌尖前送气清塞擦音

发音部位在成阻和持阻阶段与 z 相同,区别在于:除阻时声门不闭,从肺部呼出一股较强气流经舌尖缝隙摩擦而出,通称"送气"。声带不振动。

21. s——舌尖前清擦音

舌尖前部接近上齿背或上齿龈,舌面两侧与上齿封闭。软腭和小舌上升,关闭鼻腔通路。气流从舌尖所留的缝隙中摩擦而出。声带不振动。

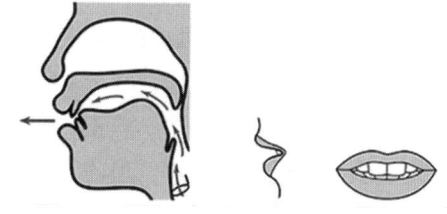

第三节 声母的辨正

一、送气音和不送气音的分辨

送气、不送气是相对而言的。没有不用气就可以发出的音素。气流较弱,自然流出的是不送气音;用力喷出一口气的是送气音。在普通话中送气与不送气有辨义作用。

b—p 爸——怕　　d—t 大——踏　　g—k 瓜——夸
j—q 家——掐　　zh—ch 仗——唱　　z—c 最——翠

二、平舌音与翘舌音的分辨

把握各自的发音要领,感受平舌和翘舌动作的不同:翘舌音,舌尖后部后移翘起接近硬腭即可,不要将舌尖向后卷;平舌音舌尖前部直接抬起,与上齿背或上齿龈接触。为减少杂音,平舌音的发音部位在上齿龈更合适。

z—zh 早——找　赞——站　　c—ch 猜——拆　崔——吹
s—sh 赛——晒　苏——叔

三、翘舌音与舌面音的分辨

两者的区别在于发音部位不同。翘舌音是舌尖翘起,接近硬腭;舌面音是舌面前部接近硬腭。

zh—j 之——机　　ch—q 差——掐　　sh—x 山——鲜

四、舌面音的分辨

舌面音 j、q、x 跟 i、ü 或以 i、ü 开头的韵母拼合的,叫团音;舌尖前音 z、c、s 跟 i、ü 或以 i、ü 开头的韵母拼合的,叫尖音。普通话里没有尖音,只有团音。有些人舌面音发得太靠前,接近尖音音色,应当避免。

j 嘉奖　健将　　q 亲切　轻巧　　x 新鲜　雄心

五、舌尖前音的分辨

舌尖前音 z、c、s 是易产生问题的一组音。主要的问题是舌尖使用部位过大,形成舌尖与上齿龈接触面大或过紧而产生噪音。舌尖前音的使用部位是舌的最前端。另外，如果发音时舌尖在两齿中间，发出的音会给人俗称"大舌头"的感觉。要注意这组音发音部位的准确性。

z 最早　总则　造作　曾祖　　　c 苍翠　草丛　寸草　从此

s 思索　僧俗　搜索　琐碎

六、唇齿音 f 和舌根音 h 的分辨

f 和 h 这两个音的发音方法相同，都是清擦音。区别在于发音部位：f 是唇齿音，h 是舌根音，不能混淆。着重练习发音部位，这是分辨的关键。前提要进行听力训练，从听感上能灵敏地区分 f 和 h。

f—h 发——哈　富——户　饭——汉　份——恨

七、鼻音 n 和边音 l 的分辨

n 和 l 这两个音的发音相同点：一是发音部位相同，都是舌尖中音，舌尖和上齿龈成阻；二是声带振动，都是浊音。区别在于：n 是鼻音，发音时口腔封闭，声音从鼻腔流出；l 是边音，发音时鼻腔封闭，声音从舌的两边流出。

n—l 那——辣　内——类　耐——赖　难——蓝

第四节　零声母的发音

汉语中大约 90% 是声母、韵母配合形成的音节。另外还有 10% 像 ān（安）、áng（昂）、yíng（莹）这样没有辅音声母，只有韵母的音节。对于没有辅音声母的音节，通常称之为"零声母音节"。

零声母音节不等于完全没有声母。实验语音学证明，零声母音节往往也有特定的具有某些辅音性质的起始方式。零声母音节在开始发音时会带有一个类似辅音的声音成分，以增加发音的清晰度。

以 a、o、e 起头的零声母音节开始发音时，一般会有不明显的喉塞音[ʔ]，即喉头声门闭紧一下。

以 i 起头的零声母音节开始发音时，会出现舌面摩擦音[j]。

以 u 起头的零声母音节，实际发音带有双唇浊擦音[w]。

以 ü 起头的零声母音节，发音带有轻微摩擦的半元音[ɥ]。

为防止零声母音节与前一音节韵尾拼合，混淆音节之间界限的语音现象，有必要强调零声母起始时的实际读音。

思考题

1. 什么是声母？辅音声母依据发音条件如何分类？

2.声母的发音过程是怎样的?
3.零声母音节的发音需要注意什么?
4.依据条件写出声母:
   (1)舌根送气清塞音   (2)舌尖后浊擦音
   (3)舌尖中不送气清塞音 (4)舌尖前送气清塞擦音
5."若——洛"、"那——腊"、"房——航"、"擦——插"这几对字的声母在发音部位、发音方法上有何区别?
6.根据声母的学习情况,分析自己具体的问题该如何解决。

练习材料

练习1.声母发音练习

练习提示

在具体训练中强化每一个声母的发音部分和发音方法,检查声母发音是否存在问题。在发音中要注意部位准确、气息有力。

b
播 布 北 宾 班 标 贝 别 崩 笨
播报 奔波 标兵 辨别 百倍 斑驳 板报 包办 北部 蚌埠 兵变 帮办
包罗万象 八面玲珑 悲欢离合 跋山涉水 百发百中 半路出家

p
平 盘 胖 排 批 漂 盆 坡 砰 拍
排炮 澎湃 批判 乒乓 偏旁 爬坡 平盆 婆婆 拼盘 偏僻 琵琶 皮袍
旁观者清 匹夫有责 抛砖引玉 铺天盖地 披星戴月 萍水相逢

m
妈 慢 门 明 米 谬 满 谋 美 灭
明媚 美满 美妙 弥漫 茂密 命脉 埋没 面貌 秘密 买卖 麻木 牧民
埋头苦干 满城风雨 民富国强 马到成功 茫然若失 弥天大谎

f
发 房 奋 佛 风 分 否 翻 冯 法
吩咐 非凡 芬芳 丰富 方法 反复 发放 肺腑 犯法 防范 仿佛 奋发
发扬光大 翻来覆去 丰富多彩 飞沙走石 扶危救困 纷至沓来

d
搭 担 到 得 灯 叼 丢 掉 斗 多 肚 电
等待 单调 到达 断定 当代 道德 大地 顶端
大刀阔斧 滴水不漏 荡气回肠 刀光剑影 当仁不让 点石成金

t
推 吞 坛 淌 逃 铁 图 土 停 特 台 团
天堂 探听 跳台 团体 梯田 体贴 推托 探讨

谈虎色变　铁证如山　通宵达旦　同甘共苦　听天由命　突飞猛进

n
哪　奴　奶　闹　难　能　农　娘　牛　内　南　您
牛奶　南宁　难弄　男女　能耐　恼怒　泥泞　扭捏
南腔北调　逆来顺受　难分难解　内交外困　能说会道　年深月久

l
拉　铃　来　列　驴　楼　罗　老　栾　领　刘　吕
理论　流利　玲珑　罗列　冷落　劳力　蓝领　榴莲
来者不拒　狼子野心　劳苦功高　流离失所　冷若冰霜　离题万里

g
哥　钢　耕　姑　干　公　更　古　关　光　广　工
改革　巩固　高贵　光顾　公共　感观　规格　灌溉
甘心情愿　刮目相看　感人肺腑　孤掌难鸣　高谈阔论　歌功颂德

k
考　坑　课　口　空　枯　坎　扣　宽　看　夸　框　哭　渴
开垦　宽阔　刻苦　可靠　空旷　坎坷　困苦　开口
开卷有益　快人快语　溃不成军　侃侃而谈　康庄大道　可歌可泣

h
海　哈　杭　好　河　湖　欢　画　吼　很　坏　灰　怀　还
欢呼　荷花　航海　绘画　浑厚　红花　黄海　黄昏
海枯石烂　邯郸学步　沆瀣一气　骇人听闻　汗马功劳　好景不长

j
江　机　家　街　景　金　炯　居　捐　叫　脚　决　俊　俭
加紧　境界　交际　简洁　酒精　经济　集结　即将
饥寒交迫　娇生惯养　集思广益　接二连三　驾轻就熟　箭在弦上

q
青　亲　欺　桥　枪　情　球　去　全　缺　取　窃　前　恰
亲切　恰巧　请求　轻巧　情趣　秋千　崎岖　求亲
七上八下　恰如其分　乔装打扮　取之不尽　求全责备　轻歌曼舞

x
先　西　香　新　兴　凶　修　小　宣　许　雪　休　校　消
学习　相信　虚心　新鲜　先行　休息　详细　形象
熙熙攘攘　携手同行　削足适履　细水长流　现身说法　先声夺人

zh
赵　哲　郑　知　中　朱　专　庄　周　众　抓　追　扎　摘
庄重　主张　支柱　转折　指针　战争　政治　挣扎
掌上明珠　招兵买马　振振有词　争先恐后　珠圆玉润　郑重其事

ch
产 吵 车 陈 程 冲 除 船 吹 春 查 揣 床 抽
超产 长城 船厂 穿插 车床 出产 长处 乘车
触类旁通 长篇大论 垂涎欲滴 畅所欲言 陈词滥调 沉默寡言

sh
沙 蛇 筛 绳 双 书 生 上 顺 山 水 晌 赏 诗
山水 双手 闪烁 神圣 沙石 绅士 手术 赏识
深入人心 神采奕奕 双管齐下 实事求是 率性而为 始终不解

r
日 入 如 忍 软 荣 让 然 若 柔 辱 茸 弱 儒
仍然 柔韧 容忍 闰日 荣辱 扰攘 如若 茬茸 软弱 忍让
入情入理 若无其事 惹是生非 如愿以偿 热火朝天 任重道远

z
脏 遭 贼 怎 增 宗 资 租 嘴 尊 钻 则 走 咱
藏族 宗族 总则 自尊 贼子 祖宗 自足 造作 组织 最早
自得其乐 再接再厉 责无旁贷 醉生梦死 座无虚席 坐吃山空

c
猜 擦 餐 仓 策 涔 此 粗 摧 村 匆 凑 搓 蹭
层次 粗糙 摧残 仓促 措辞 苍翠 草丛 参差 从此 猜测
惨不忍睹 沧海桑田 草木皆兵 侧目而视 藏头露尾 此起彼伏

s
撒 三 桑 涩 松 思 苏 孙 四 色 扫 塞 酸 梭
色素 洒扫 琐碎 松散 三思 思索 四散 搜索 诉讼 送死
司空见惯 三令五申 丧心病狂 色厉内荏 扫地出门 塞翁失马

练习2.声母发音对比练习

> 练习提示

认识和修正自身声母发音中的难点音,注意细致体会不同声母在发音部位和发音方法上的差异,有针对性地改善自我的发音。

1.送气音和不送气音对比

词对比:

b—p	被服——佩服	饱了——跑了	步子——铺子	鼻子——皮子
d—t	队伍——退伍	调动——跳动	河道——河套	肚子——兔子
g—k	挂上——跨上	关心——宽心	天公——天空	干完——看完
j—q	尖子——扦子	吉利——奇丽	长江——长枪	精华——清华
zh—ch	摘花——拆花	扎针——插针	大志——大翅	竹纸——竹尺
z—c	子弟——此地	坐落——错落	大字——大刺	清早——青草

音节对比：

b—p	编排	被迫	奔跑	爆破	p—b	陪伴	配备	破败	盘剥
d—t	代替	地毯	带头	灯塔	t—d	偷盗	坦荡	态度	天地
g—k	赶快	港口	功课	高亢	k—g	肯干	客观	考古	开工
j—q	机器	价钱	近亲	坚强	q—j	千斤	勤俭	抢救	请假
zh—ch	支持	专长	战船	征程	ch—zh	吃斋	车站	城镇	沉重
z—c	字词	早餐	杂草	资财	c—z	参赞	存在	刺字	操纵

2. 平舌音与翘舌音对比

词对比：

z—zh	自力——智力	栽花——摘花	短暂——短站	小邹——小周
c—ch	仓皇——猖狂	藏身——长生	一层——一成	有刺——有翅
s—sh	四十——事实	散光——闪光	三哥——山歌	塞子——筛子

音节对比：

z—zh	组织	杂志	再植	赞助	zh—z	振作	装载	种族	制造
c—ch	蚕虫	操场	财产	擦车	ch—c	炒菜	冲刺	尺寸	陈词
s—sh	桑树	算术	宿舍	松鼠	sh—s	神色	失散	深思	哨所

3. 翘舌音与舌面音对比

词对比：

zh—j	标志——标记	朝气——娇气	短站——短剑	杂志——杂技
ch—q	长生——强身	池子——旗子	船身——全身	痴人——奇人
sh—x	诗人——昔人	湿气——吸气		

音节对比：

zh—j	战舰	章节	真假	折旧	j—zh	价值	急诊	加重	记者
ch—q	插曲	初期	唱腔	常情	q—ch	起程	球场	汽车	清澈
sh—x	水仙	顺心	升学	瘦小	x—sh	协商	显示	欣赏	兴盛

4. 舌面音对比

音节对比：

j—q	坚强	解劝	进取	就寝	q—j	清洁	奇迹	起居	巧计
j—x	焦心	酒席	俊秀	迹象	x—j	消极	细节	先进	夏季
q—x	抢先	前线	亲信	取消	x—q	稀奇	戏曲	向前	小桥

5. 舌尖前音对比

音节对比：

z—c	杂草	早餐	遵从	座次	c—z	参赞	嘈杂	存在	操作
z—s	棕色	走私	阻塞	砸碎	s—z	塞子	散座	四则	色泽
c—s	醋酸	蚕丝	厕所	粗俗	s—c	私藏	松脆	色彩	酸菜

6. 唇齿音 f 和舌根音 h 对比

词对比：

f—h　开发——开花　开方——开荒　公费——工会　废话——绘画

音节对比：

f—h　发挥　繁华　凤凰　饭盒

h—f　恢复　会费　回访　豪放

7. 鼻音 n 和边音 l 对比

词对比：

n—l　女客——旅客　男子——篮子　难住——拦住　留念——留恋

音节对比

n—l　尼龙　脑力　能量　暖流

l—n　烂泥　辽宁　老年　留念

练习 3. 零声母发音练习

> 练习提示

注意发音时开头增添辅音成分，使发音更清楚。

1. 以 a、o、e 起始的零声母音节

奥运	恩爱	安逸	耳闻	昂扬	碍眼
暗语	扼要	按压	额外	哀怨	熬药
噩运	遨游	欧元	阿姨	凹印	安稳
俄语	熬夜	耳语	讹误	安危	偶尔

2. 以 i 起始的零声母音节

意味	疑案	言语	阴暗	遥远	业务
燕窝	英雄	压抑	雅言	音乐	友爱
幽暗	银耳	要隘	沿岸	养颜	药业
厌恶	洋芋	义务	耀眼	邀约	扬言

3. 以 u 起始的零声母音节

伟岸	委员	婉约	无语	无畏	外语
唯一	乌鸦	文案	晚宴	威武	委婉
外围	晚安	物业	位移	忘我	网页
娃娃	慰问	翁婿	蛙泳	蜿蜒	汪洋

4. 以 ü 起始的零声母音节

欲望	预言	愿意	鱼饵	冤案	雨雾
缘由	约束	孕育	运营	援外	远洋
渊源	渔翁	余温	韵尾	豫园	鸳鸯

练习 4.绕口令练习

> 练习提示

绕口令属于流传于民间的口头文学,语言生动形象,富于变化。有关声母的绕口令用来练习发音部位和发音方法的准确性,练习时要有针对性地进行选择,从慢速开始,从说清意思开始,再逐渐加快节奏。

1. 双唇阻

八百标兵(b、p)

八百标兵奔北坡,炮兵并排北边跑。炮兵怕把标兵碰,标兵怕碰炮兵炮。

巴老爷芭蕉树(b)

巴老爷有八十八棵芭蕉树,来了八十八个把式要在巴老爷八十八棵芭蕉树下住。巴老爷拔了八十八棵芭蕉树,不让八十八个把式在八十八棵芭蕉树下住。八十八个把式烧了八十八棵芭蕉树,巴老爷在八十八棵树边哭。

一座棚(b、p)

一座棚傍峭壁旁,峰边喷泻瀑布长,不怕暴雨飘泼冰雹落,不怕寒风扑面雪飘扬,并排分班翻山攀坡把宝找,聚宝盆里松柏飘香百宝藏,背宝奔跑报矿炮劈山,篇篇捷报飞伴金凤凰。

一平盆面(b、p)

一平盆面,烙一平盆饼;饼碰盆,盆碰饼。

买饽饽(b、p)

白伯伯,彭伯伯,饽饽铺里买饽饽。白伯伯买的饽饽大,彭伯伯买的大饽饽。拿到家里喂婆婆,婆婆又去比饽饽。不知白伯伯买的饽饽大,还是彭伯伯买的饽饽大?

2. 唇齿阻

画凤凰(f)

粉红墙上画凤凰,凤凰画在粉红墙。红凤凰、粉凤凰,红粉凤凰、花凤凰。

3. 舌尖中阻

打特盗(d、t)

调到敌岛打特盗,特盗太刁投短刀,挡推顶打短刀掉,踏盗得刀盗打倒。

男旅客女旅客(n、l)

男旅客穿着蓝上装,女旅客穿着呢大衣,男旅客扶着拎篮子的老大娘,女旅客挽着拿笼子的小男孩儿。

4. 舌根阻

哥挎瓜筐过宽沟(g、k)

哥挎瓜筐过宽沟,赶快过沟看怪狗,光看怪狗瓜筐扣,瓜滚筐空哥怪狗。

华华和红红　h

华华有两朵黄花,红红有两朵红花,华华要红花,红红要黄花。华华送给红红一朵黄花,红红送给华华一朵红花。

5. 舌面阻

七加一(j、q)

七加一,七减一,加完减完等于几? 七加一,七减一,加完减完还是七。

漆匠和锡匠(j、q、x)

七巷一个漆匠,西巷一个锡匠,七巷漆匠偷了西巷锡匠的锡,西巷锡匠拿了七巷漆匠的漆,七巷漆匠气西巷锡匠偷了漆,西巷锡匠讥七巷漆匠拿了锡。请问锡匠和漆匠,谁拿谁的锡? 谁偷谁的漆?

6. 舌尖后阻

知道不知道(zh、sh)

认识从实践始,实践出真知。知道就是知道,不知道就是不知道。不要知道说不知道,也不要不知道装知道,老老实实,实事求是,一定要做到不折不扣的真知道。

朱叔锄竹笋(zh、ch)

朱家一株竹,竹笋初长出,朱叔处处锄,锄出笋来煮,锄完不再出,朱叔没笋煮,竹株又干枯。

晒人肉(sh、r)

日头热,晒人肉,晒得心里好难受。晒人肉,好难受,晒得头上直冒油。

7. 舌尖前阻

做早操(z、c)

早晨早早起,早起做早操,人人做早操,做操身体好。

湿字纸(z、zh、s、sh)

刚往窗上糊字纸,你就隔着窗户撕字纸,一次撕下横字纸,一次撕下竖字纸,横竖两次撕了四十四张湿字纸。是字纸你就撕字纸,不是字纸,你就不要胡乱地撕一地纸。

石狮子,涩柿子(s、sh)

山前有四十四棵死涩柿子树,山后有四十四只石狮子,山前的四十四棵死涩柿子树,涩死了山后的四十四只石狮子,山后的四十四只石狮子,咬死了山前的四十四棵死涩柿子树,不知是山前的四十四棵死涩柿子树涩死了山后的四十四只石狮子,还是山后的四十四只石狮子咬死了山前的四十四棵死涩柿子树。

练习 5. 句段练习

> 练习提示

注意进入语流后声母发音的规范,锻炼学生的自我调检能力。

(1)随着环境的恶化,全球极端天气出现的频率日益增多,告别人定胜天,可不是要当甩手掌柜逆来顺受,而是要学会顺势而为,让大自然给我们带来的影响跟冲击变得更小。

(2)已经隐匿在夜色中的古镇,在七彩的焰火照耀下面目一新,瞬息万变,原本墨一般漆黑的屋脊,此时如同被彩霞拂照的群山,凝重的墨线变成了活泼流动的彩光。

(3)第29届奥林匹克运动会昨晚在中国的首都北京开幕。预计全球超过40亿人,都会将目光投向这座有着逾三千年建城史的古都、这座快速国际化的年轻的大都市。

(4)中国人自古以来就讲究吃。到了逢年过节,更不用说,除了"初一的饺子,初二的面,初三的合子团团转"等讲究外,更多的人还要吃出口感地道、情趣情调来,甚至许多人吃的是文化风俗。

(5)第十届上海市慈善慢跑将于12月9号上午9点在上海世纪公园开跑。据了解,本次慈善慢跑活动的主旨是为攻克癌症而跑,为筹集癌症研究基金而跑,为人类的健康与希望而跑。

(6)天鹅湖,在九寨沟右侧的最上端。四面耸立的山峰,把一池湖水轻轻地呵护着,裸露在旷野。每到候鸟北去或南飞的季节,总是喜欢在这里作短暂的停留,养精蓄锐,然后展翅远行。

(7)爱能包容大千世界,使千差万别、迥异不同的人和谐地融为一个整体;爱能融化隔膜的坚冰、抹去尊卑的界线,使人们变得亲密无间;爱能化解矛盾芥蒂,消除猜疑、嫉妒和憎恨,使人间变得更加美好。

(8)卢浮宫日前解除了一项在2005年开始试行的禁令,默许游客在《蒙娜丽莎》等油画名作前拍照或留影。卢浮宫方面无奈表示,暑期客流的增加是卢浮宫默许拍照的原因。

(9)我们都知道狗的嗅觉灵敏,能帮助警察找出爆炸物。现在狗也成了医生的好帮手,德国的研究人员近日称,他们训练出的嗅癌犬能够辨别肺癌,而且准确率超过七成,这些嗅癌犬通过闻患者呼吸的气味来辨别,如果发现患者患有肺癌,它们就会躺下。

(10)空竹眼下已经渐渐为很多人熟悉,可是这位老师傅玩出的这些花样,却难得见到。据说要玩出这么高难的动作,上肢、下肢的各个关节,颈椎、腰椎都在同时不同程度地运动,同时身体的前后、左右移动,两臂的舒张、收缩,脚步的跟随,都要巧妙配合才能完成。

练习6.篇章练习

> 练习提示

选取《普通话水平测试实施纲要》中的必读篇目,考查学生对普通话声母的掌握情况。

作品7号

一天,爸爸下班回到家已经很晚了,他很累也有点儿烦,他发现五岁的儿子靠在门旁正等着他。

"爸,我可以问您一个问题吗?"

"什么问题?""爸,您一小时可以赚多少钱?""这与你无关,你为什么问这个问题?"父亲生气地说。

"我只是想知道,请告诉我,您一小时赚多少钱?"小孩儿哀求道。"假如你一定要知道的话,我一小时赚二十美金。"

"哦,"小孩儿低下了头,接着又说,"爸,可以借我十美金吗?"父亲发怒了:"如果你只是要借钱去买毫无意义的玩具的话,给我回到你的房间睡觉去。好好想想为什么你会那么自私。我每天辛苦工作,没时间和你玩儿小孩子的游戏。"

小孩儿默默地回到自己的房间关上门。

父亲坐下来还在生气。后来,他平静下来了。心想他可能对孩子太凶了——或许孩子真的很想买什么东西,再说他平时很少要过钱。

父亲走进孩子的房间:"你睡了吗?""爸,还没有,我还醒着。"孩子回答。

"我刚才可能对你太凶了,"父亲说。"我不应该发那么大的火儿——这是你要的十美金。""爸,谢谢您。"孩子高兴地从枕头下拿出一些被弄皱的钞票,慢慢地数着。

"为什么你已经有钱了还要?"父亲不解地问。

"因为原来不够,但现在凑够了。"孩子回答:"爸,我现在有二十美金了,我可以向您买一个小时的时间吗?明天请早一点儿回家——我想和您一起吃晚餐。"

(节选自唐继柳编译《二十美金的价值》)

作品5号

这是入冬以来,胶东半岛上第一场雪。

雪纷纷扬扬,下得很大。开始还伴着一阵儿小雨,不久只见大片大片的雪花,从彤云密布的天空中飘落下来。地面上一会儿就白了。冬天的山村,到了夜里就万籁俱寂,只听得雪花簌簌地不断往下落,树木的枯枝被雪压断了,偶尔咯吱一声响。

大雪整整下了一夜。今天早晨,天放晴了,太阳出来了。推开门一看,嗬!好大的雪啊!山川、河流、树木、房屋,全都罩上了一层厚厚的雪,万里江山,变成了粉妆玉砌的世界。落光了叶子的柳树上挂满了毛茸茸亮晶晶的银条儿;而那些冬夏常青的松树和柏树上,则挂满了蓬松松沉甸甸的雪球儿。一阵风吹来,树枝轻轻地摇晃,美丽的银条儿和雪球儿簌簌地落下来,玉屑似的雪末儿随风飘扬,映着清晨的阳光,显出一道道五光十色的彩虹。

大街上的积雪足有一尺多深,人踩上去,脚底下发出咯吱咯吱的响声。一群群孩子在雪地里堆雪人,掷雪球,那欢乐的叫喊声,把树枝上的雪都震落下来了。

俗话说,"瑞雪兆丰年"。这个话有充分的科学根据,并不是一句迷信的成语。寒冬大雪,可以冻死一部分越冬的害虫;融化了的水渗进土层深处,又能供应庄稼生长的需要。我相信这一场十分及时的大雪,一定会促进明年春季作物,尤其是小麦的丰收。有经验的老农把雪比做是"麦子的棉被"。冬天"棉被"盖得越厚,明春麦子就长得越好,所以又有这样一句谚语:"冬天麦盖三层被,来年枕着馒头睡。"

我想,这就是人们为什么把及时的大雪称为"瑞雪"的道理吧。

(节选自峻青《第一场雪》)

作品58号

不管我的梦想能否成为事实,说出来总是好玩儿的:

春天,我将要住在杭州。二十年前,旧历的二月初,在西湖上我看见了嫩柳与菜花,碧浪与翠竹。由我看到的那点春光,已经可以断定,杭州的春天必定会教人整天生活在诗与图画之中。所以,春天我的家应当是在杭州。

夏天,我想青城山应当算作最理想的地方。在那里,我虽然只住过十天,可是它的幽静已拴住了我的心灵。在我所看见过的山水中,只有这里没有使我失望。到处都是绿,目之所及,那片淡而光润的绿色都在轻轻地颤动,仿佛要流入空中与心中去似的。这个绿色会像音乐,涤清了心中的万虑。

秋天一定要住北平。天堂是什么样子,我不晓得,但是从我的生活经验去判断,北平之秋便是天堂。论天气,不冷不热。论吃的,苹果、梨、柿子、枣儿、葡萄,都每样有若干种。论花草,菊花种类之多,花式之奇,可以甲天下。西山有红叶可见,北海可以划船——虽然荷花已残,荷叶可还有一片清香。衣食住行,在北平的秋天,是没有一项不使人满意的。

冬天,我还没有打好主意,成都或者相当的合适,虽然并不怎样和暖,可是为了水仙,素心腊梅,各色的茶花,仿佛就受一点儿寒冷,也颇值得去了。昆明的花也多,而且天气比成都好,可是旧书铺与精美而便宜的小吃远不及成都的那么多。好吧,就暂这么规定:冬天不住成都便住昆明吧。

(节选自老舍《住的梦》)

第五章　普通话韵母发音

■ **本章要点：**

韵母是汉语音节中声母后面的部分。普通话有 39 个韵母，其中 23 个由元音充当，16 个由元音附带鼻辅音韵尾构成。韵母的内部结构可以分为韵头、韵腹、韵尾三部分。韵母中声音最响亮的部分是韵腹，它前面的是韵头，后面的是韵尾。韵母按结构可分为单元音韵母、复合元音韵母和鼻尾音韵母三类；按起始元音发音口形，又可分开口呼、齐齿呼、合口呼、撮口呼四类。

通过本章学习，要求学生不仅能够熟练掌握舌位、口形、开口度、动程等相关概念，而且能够准确、清晰、饱满地发出 39 个韵母。

第一节　韵母简介

一、什么是韵母

按照汉语语音学的传统分析方法，汉语音节中声母后面的部分叫韵母。

二、韵母的数量和分类

普通话共有 39 个韵母，可以按不同的条件进行分类。

按照语音结构进行分类可以分为三大类：单元音韵母 10 个，由单元音构成；复合元音韵母 13 个，由两个或三个元音结合而成；鼻尾音韵母（以下简称鼻韵母）16 个，元音后面加鼻辅音 n 或 ng 构成。

按照汉语语音学的传统分析方法，还可以根据韵母开头元音的唇形把韵母分为四类，即"四呼"：开口呼、齐齿呼、合口呼和撮口呼韵母。具体来说，开口呼是指没有韵头，韵腹又不是 i、u、ü 的韵母；齐齿呼是指韵头或韵腹是 i 的韵母；合口呼是指韵头或韵腹是 u 的韵母；撮口呼是指韵头或韵腹是 ü 的韵母。

三、韵母的构成

韵母主要由元音和鼻音构成，都是声带振动的浊音。其中 23 个韵母是元音韵母，其余 16 个鼻韵母中也包含有元音。元音是韵母的主体。

韵母可以分为韵头、韵腹、韵尾三部分，又可分别叫做介音、主要元音和尾音。其中开口度最大的音是主要元音，是韵腹；韵腹前面的元音是韵头；后面的元音或辅音是韵尾。并不是每个韵母都具备韵头、韵腹和韵尾这三部分，有些韵母没有韵头，有些韵母没有韵尾，但是不可以没有韵腹。

第二节　单元音韵母发音

韵母主要是由元音构成的，因此，学习普通话韵母首先要了解元音的发音原理。元音是以声带发出的乐音为基础，经过口腔等共鸣器的共鸣而形成的。口腔的大小、形状不同，发出的元音音色也就各不相同。口腔的形状是由舌位的高低、舌位的前后、唇形的圆展三个方面决定的。舌位，是指元音发音时舌面隆起的最高点，也就是舌头隆起部分最接近上腭的那一点，因此又叫"近腭点"的位置。

单元音韵母即由单元音充当的韵母，一共有 10 个。其发音特点有二：一是发音时舌的滑动不明显；二是可与声母组合构成音节，也可自成音节。单元音韵母的发音条件是舌位和唇形的变化，舌位和唇形决定了单元音韵母的音色。

下面分别介绍单元音韵母的发音要领。插图引自《汉语普通话语音图解课本》。

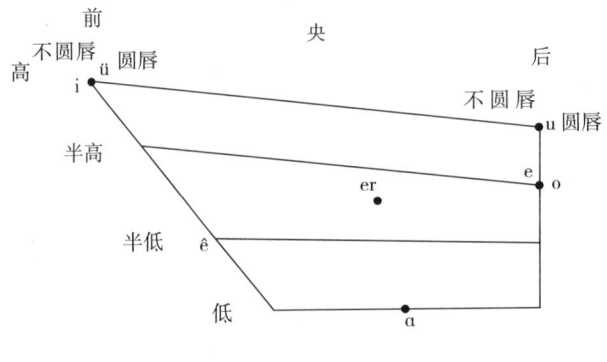

舌面元音舌位图

1. a——央低不圆唇元音

开口大，舌尖微离下齿背，舌位降到最低，舌面居中。发音时，软腭和小舌上升，关闭鼻腔通路，声带振动。

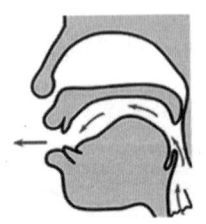

2.o——后半高圆唇元音

舌位后半高,舌头后缩,舌面向软腭隆起,开口度中等,唇稍拢圆(不如 u 圆)。发音时,软腭和小舌上升,关闭鼻腔通路,声带振动。

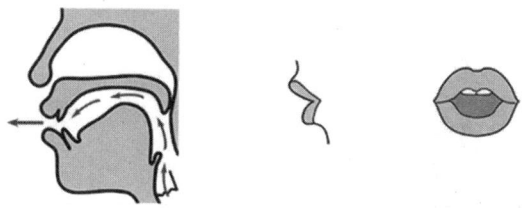

3.e——后半高不圆唇元音

此音是与 o 同舌位的不圆唇元音。舌位后半高,舌头后缩,舌面向软腭隆起,开口度中等,展唇。发音时,软腭和小舌上升,关闭鼻腔通路,声带振动。

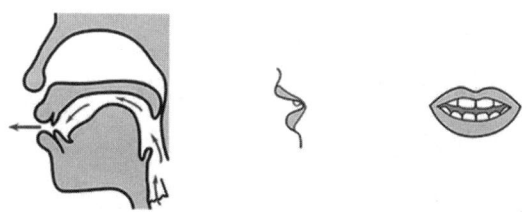

4.ê——前半低不圆唇元音

口略开,舌尖可抵下齿背,舌面向前硬腭隆起,舌位前半低,唇不圆。发音时,软腭和小舌上升,关闭鼻腔通路,声带振动。汉语普通话中的叹词"欸"就念 ê。

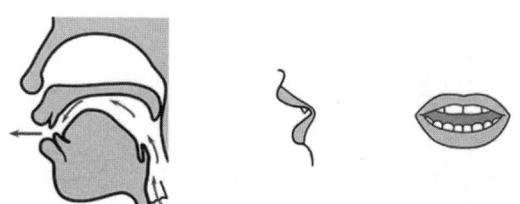

5.i——前高不圆唇元音

舌位前高,舌面前部向硬腭前部隆起,舌尖可抵下齿背,舌面两侧边缘可与两侧硬腭接触,口微开,开口度小,唇扁平。发音时,软腭和小舌上升,关闭鼻腔通路,声带振动。

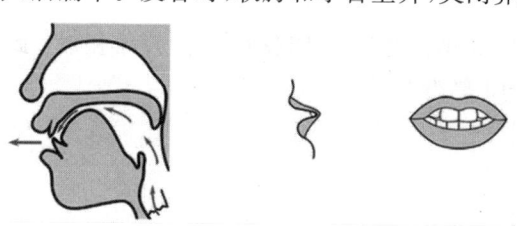

6. u——后高圆唇元音

舌头后缩,舌面向软腭升起,舌位后高,唇圆,开口度小。发音时,软腭和小舌上升,关闭鼻腔通路,声带振动。

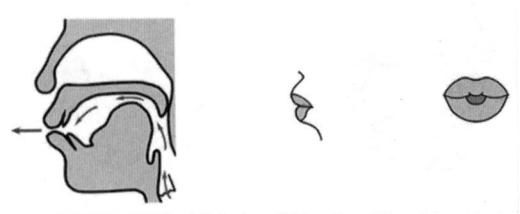

7. ü——前高圆唇元音

舌位与 i 相同,唇形为圆形。发音时,软腭和小舌上升,关闭鼻腔通路,声带振动。

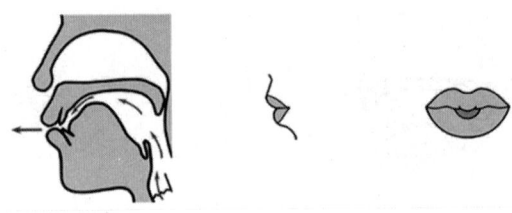

8. -i(前)——舌尖前高不圆唇元音

舌尖前部可接触下齿背,舌尖中后部接近上齿背,留有一条不宽的通道(气流通过时不发生摩擦即可),唇扁平。发音时,软腭和小舌上升,关闭鼻腔通路,声带振动。这个韵母在普通话中只出现在 z、c、s 之后。记音符号用 i 替代。

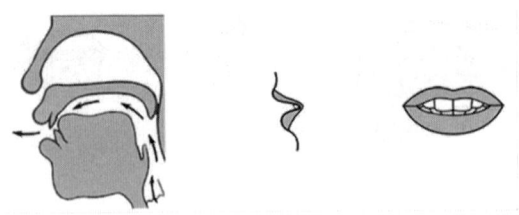

9. -i(后)——舌尖后高不圆唇元音

舌尖抬起靠近前硬腭,形成一条不宽的通路(气流通过时不发生摩擦即可),唇扁平,可略突出。发音时,软腭和小舌上升,关闭鼻腔通路,声带振动。此韵母只出现在 zh、ch、sh、r 之后。记音符号用 i 替代。

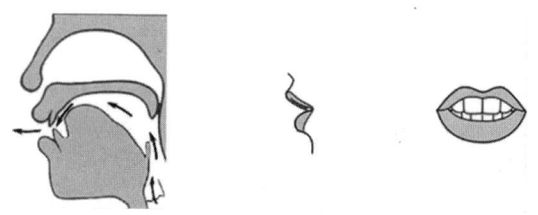

10. er——卷舌元音

这是一个特殊元音,实际上是一个复合韵母。口略开,舌位从央元音[ə]开始,然后舌尖翘起后卷,但不要碰到上腭。

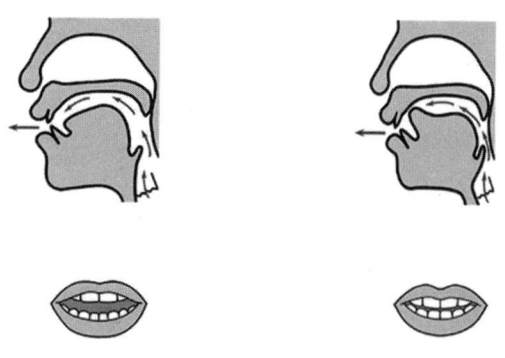

第三节 复合元音韵母发音

复合元音韵母是由复合元音充当的韵母,简称复韵母。复合元音是由两个或两个以上的元音结合在一起构成的,是两个或三个元音复合成一种新的声音,而不是两个或三个元音的简单相加。如"雷"的韵母 ei 就是一个复合元音。发音时从元音 e 滑向元音 i,声音是逐渐过渡的,各个元音的响度也不相等,通常只有一个比较清晰、响亮。

复合元音韵母发音特点有:发音时舌滑动,声音是连续变化的,不是单元音的简单组合;元音之间相互影响部位有轻微变化。

复元音韵母有的由两个元音构成,被称为二合复韵母,二合复韵母又可以分为前响和后响两类,前响有 ai、ei、ao、ou;后响有 ia、ie、ua、uo、üe。由三个元音构成的复元音韵母叫三合复韵母,也被称为中响复韵母,有 iao、iou、uai、uei。右图是复韵母的舌位动程图。

以下是复合元音韵母的发音方法:

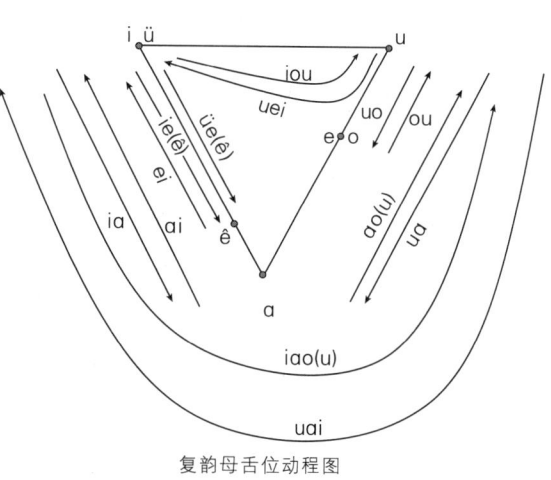

复韵母舌位动程图

1. ai——前响二合元音韵母

ai 从前元音 a 开始,舌尖可抵下齿背,a 清晰响亮,然后舌面向 i 的方向滑动升高,大体停在接近元音 i,但舌位略低位置。口形由开到微合。

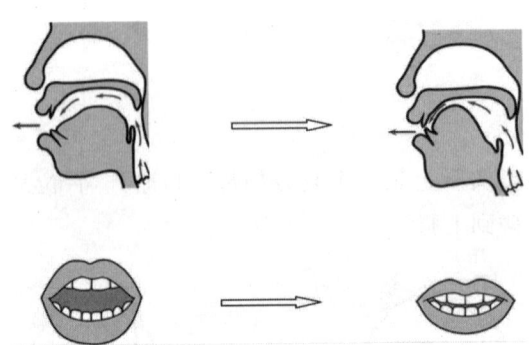

2. ei——前响二合元音韵母

发音一般从 ê 开始,然后舌面向 i 的方向滑动升高,大体停在接近单元音 i,但舌位略低位置。口形略有闭合。

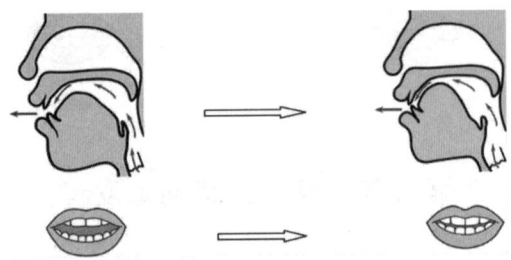

3. ao——前响二合元音韵母

从 a 开始,然后舌后缩,舌面向 u 的方向滑动升高,大体接近元音 u,但舌位略低位置,同时唇形渐圆。

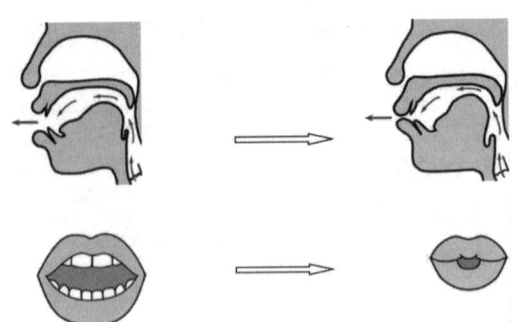

4. ou——前响二合元音韵母

发音从 o 开始,然后舌面向 u 的方向滑动升高,大体接近元音 u,但舌位略低位置,同时唇形渐圆。

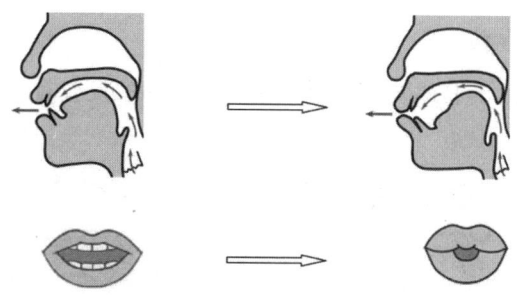

5.ia——后响二合元音韵母

从前高元音 i 开始,然后舌位滑向央低元音 a 止,嘴逐渐张开。i 的发音较短,a 的发音较长。

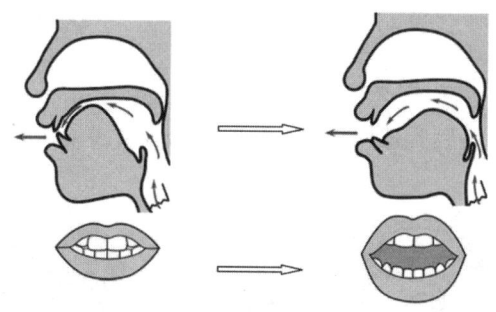

6.ie——后响二合元音韵母

从前高元音 i 开始,然后舌位滑向前半低元音 ê 止,嘴逐渐张开。i 的发音较短,ê 的发音较长。

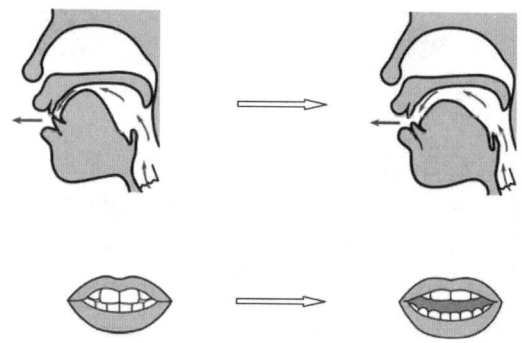

7.ua——后响二合元音韵母

从后高元音 u 开始,然后舌位滑向央低元音 a 止,嘴逐渐张开,u 的发音较短,a 的发音较长。唇形由圆逐步展开。

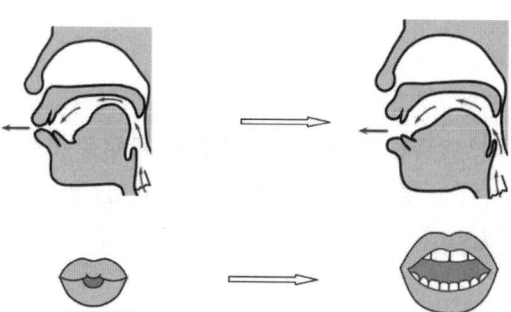

8. uo——后响二合元音韵母

从后高元音 u 开始,舌位滑向后半高元音 o 止。u 的发音较短,o 的发音较长。唇形由圆到略圆。

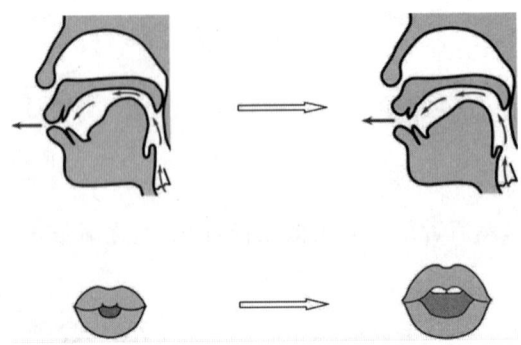

9. üe——后响二合元音韵母

起点是前高元音 ü,然后舌位向下滑,至半低元音 ê 止,口形逐渐展开。ü 的发音较短,ê 的发音较长。

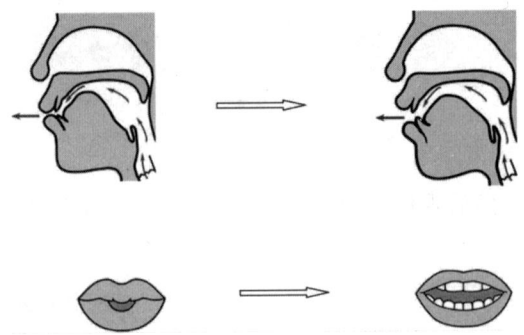

10. iao——中响三合元音韵母

从前高元音 i 开始,然后舌位滑向低元音 a,再向后高元音 u 的方向滑升,大体停在 u 的位置。舌位先降后升,由前到后,变化幅度大。唇形由展再变圆。中间 a 的发音较长。

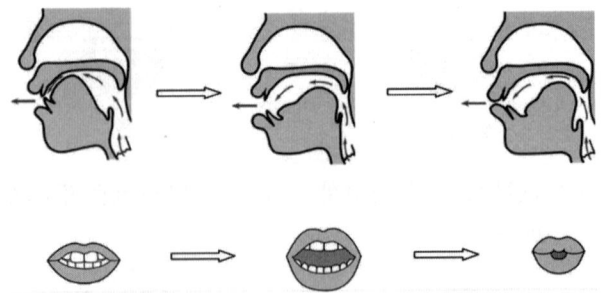

11. iou——中响三合元音韵母

从前高元音 i 开始,然后舌位滑向元音 o,再向后高元音 u 的方向滑升。舌位先降后升,由前到后,变化幅度大。o 受前后音影响,舌位略偏前,又处在由扁变圆的过程中,唇形不够圆。此音可简写为 iu。

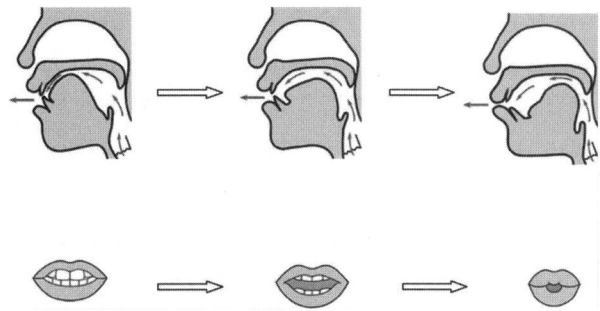

12. uai——中响三合元音韵母

从圆唇后高元音 u 开始,然后舌位向前滑降到前 a,发出清晰的 a 后再向前高元音 i 的方向滑升,大体停至元音 i 的位置。舌位先降后升,由后到前,变化幅度大。唇形由圆到开,发出 a 后再变扁唇。

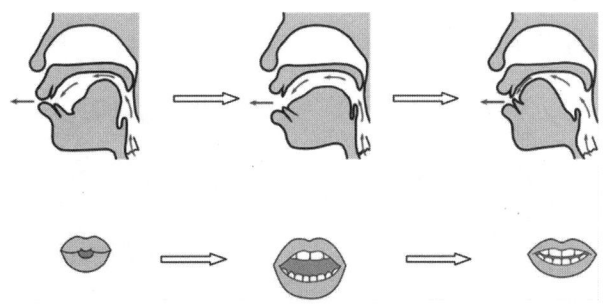

13. uei——中响三合元音韵母

从圆唇后高元音 u 开始,然后舌位向下滑降到 e,再向前高元音 i 的方向滑升,大体停在前高元音 i 的位置。舌位先降后升,由后到前,变化幅度大。唇形由圆到略开,发出 e 后再略闭合。此音可简写为 ui。

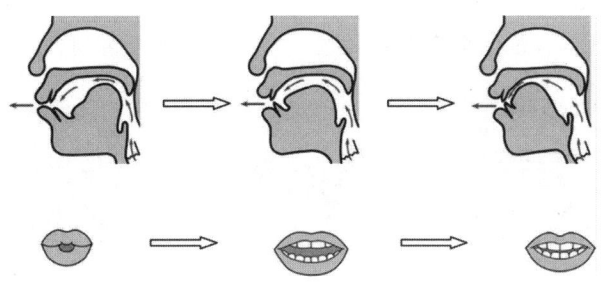

第四节 鼻尾音韵母发音

鼻尾音韵母是由元音和鼻音一起构成的韵母,简称鼻韵母。普通话里可以构成韵母的鼻音只有两个:舌尖鼻音 n 和舌根鼻音 ng。同作为声母的鼻音相比,音节末尾的鼻音在发音上有所不同,其在发音过程中并无除阻阶段。

鼻韵母分为前鼻音韵母和后鼻音韵母两类。前鼻音韵母有八个,an、en、in、ian、

uan、uen、üan 和 ün；后鼻音韵母有八个，ang、eng、ing、iang、uang、ueng、ong 和 iong。

鼻音是口腔中形成阻塞，气流经由鼻腔通道产生的声音。口腔中由于阻塞部位的不同，会产生不同的共鸣音色，形成不同的鼻音。常见的鼻音有双唇鼻音、舌尖鼻音和舌根鼻音。普通话韵母中的鼻音只有 n 和 ng，因发音部位前后不同，也称为前鼻音和后鼻音。

元音一般是口音，但在发元音时软腭可以同时打开，形成带有鼻音色彩的元音，称为元音鼻化。在普通话中，元音是否鼻化没有意义区别，但会造成听感差别。

鼻韵母的发音特点有：第一，鼻韵母由元音和鼻音两类声音组合而成；第二，鼻韵母实际上是由舌的不同部位活动组合而成，即元音使用舌面，鼻音使用舌尖或舌根；第三，在元音过渡到鼻音的过程中存在相互融合的过渡阶段，即元音鼻化阶段。

下面介绍各鼻韵母的具体发音：

1. an——前鼻韵母

从前 a 开始，发出 a 后，舌尖直接向上齿龈运动，舌前部与上齿龈部闭合，封闭口腔通路，同时软腭和小舌下降，打开鼻腔通路，气流从鼻腔通过。口形由开到合。

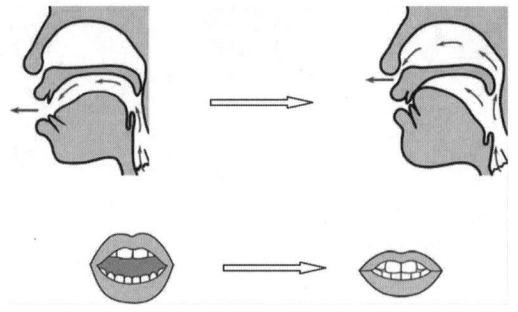

2. ian——前鼻韵母

这个韵母起点元音为高元音 i，舌位降低向前 a 方向滑动，但 a 的发音由于受前面 i 和后面 n 高舌位的影响，舌位会变得略高些。口形由合到开再到合。

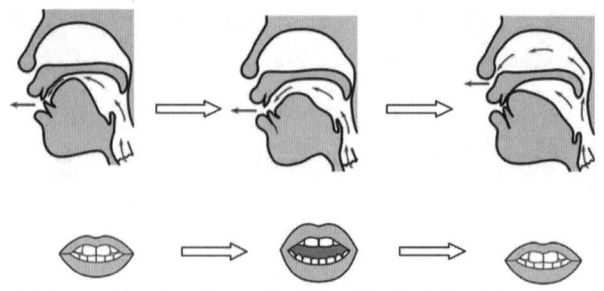

3. uan——前鼻韵母

这个韵母起点元音为后高元音 u，舌位向前向下滑向前 a，舌位到前 a 后紧接着升高，接续鼻尾音 n。口形由合到开再到合，唇形较快由圆转开到扁。

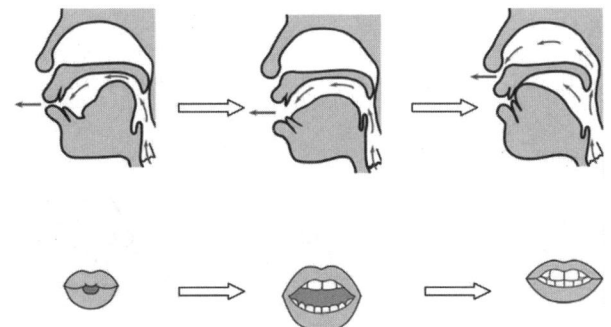

4.üan——前鼻韵母

这个韵母起点元音为前高圆唇元音ü,舌位向前a方向滑动。a的发音由于受前后音发音位置较高的影响,舌位也会变高。口形由合到开再到合,唇形由圆到展。

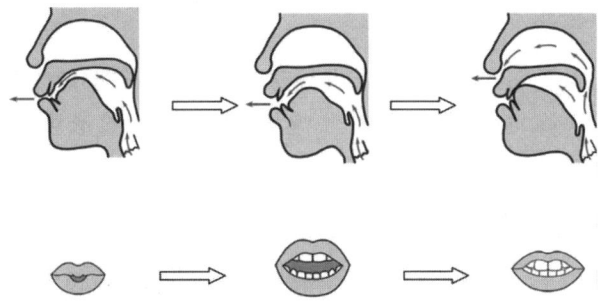

5.en——前鼻韵母

从e开始,舌尖直接向上齿龈运动,舌前部与上齿龈部闭合,封闭口腔通路,同时软腭和小舌下降,打开鼻腔通路,气流从鼻腔通过。口形略有开合变化。

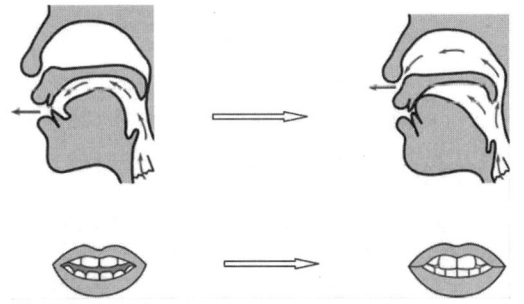

6.in——前鼻韵母

从i开始,发出i后,舌尖直接向上齿龈移动,舌前部与上齿龈部闭合,封闭口腔通路;同时软腭和小舌下降,打开鼻腔通路,气流从鼻腔通过。口形始终保持发i时的口形。

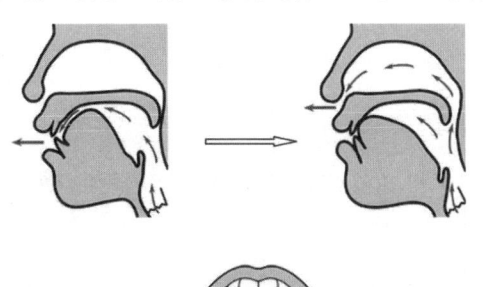

7. uen——前鼻韵母

这个韵母可以看作是 u 和 en 的拼合。先圆唇，u 的发音轻短。唇形由圆到展。实际发音，音值接近 u+n 的音值。

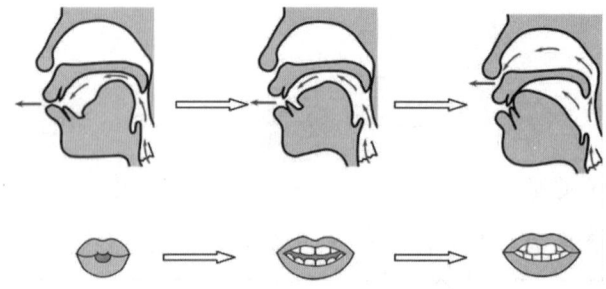

8. ün——前鼻韵母

从 ü 开始，发出 ü 后，舌尖直接向上齿龈移动，舌前部与上齿龈部闭合，封闭口腔通路；同时软腭和小舌下降，打开鼻腔通路，气流从鼻腔通过。唇形从圆唇逐渐展开。

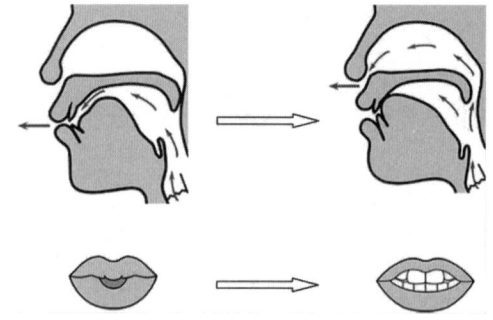

9. ang——后鼻韵母

从后 a 开始，发出 a 后，舌面后部抬高向软腭移动，同时软腭和小舌下降，封闭口腔通路，打开鼻腔通路，气流从鼻腔通过。口形可保持发 a 时的口形。

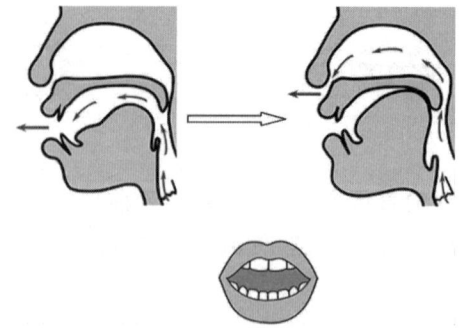

10. iang——后鼻韵母

这个韵母可以看作是 i 和 ang 的拼合。i 的发音轻短，受后鼻音影响 a 的舌位略靠后。口形由合到开。

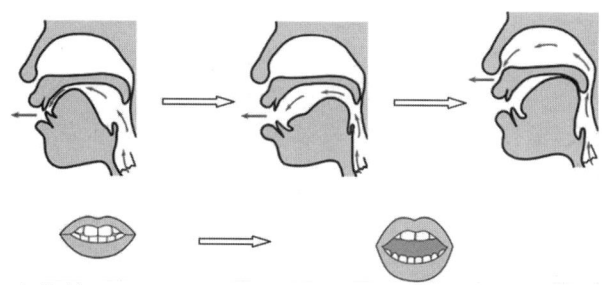

11. uang——后鼻韵母

这个韵母可以看作是 u 和 ang 的拼合。先圆唇，u 的发音轻短。口形由合到开，唇形由圆到展。

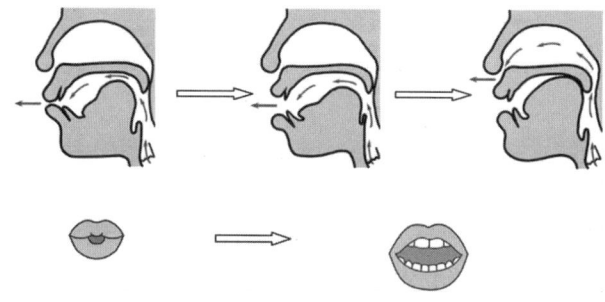

12. ing——后鼻韵母

起点元音是前高不圆唇元音 i，由 i 开始舌位不降低一直后移，同时舌尖离开下齿背，舌根稍微抬起，贴向软腭。当两者将要接触时，软腭下降，鼻腔通路打开，紧接着舌根与软腭接触，关闭口腔通路，受阻气流由鼻腔透出。从 i 到 ng，发音位置一前一后，距离较远，注意舌在移动过程中高度变化不大，不要降低后再上升，加进 e 等其他元音。口形从合到略开。

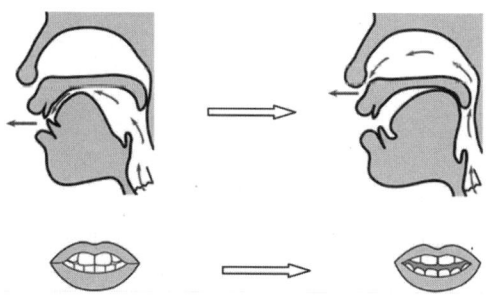

13. eng——后鼻韵母

从 e 开始，发出 e 后，舌面后部抬高向软腭移动，舌面后部与软腭闭合，封闭口腔通路；同时软腭和小舌下降，打开鼻腔通路，气流从鼻腔通过。口形可保持发 e 时的口形。

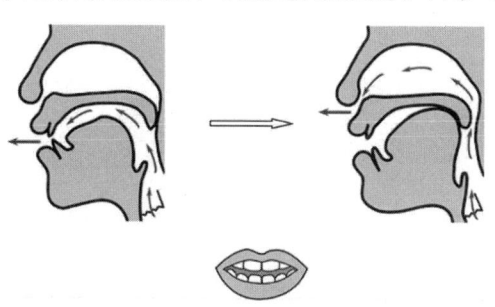

14. ueng——后鼻韵母

起点元音为后高圆唇元音 u,舌位向下滑动降到比后半高元音 e 稍靠前、略低的位置,其间唇形由圆渐展,紧接着舌位升高,接续鼻音 ng。从实际发音看,这个韵母也可以看作是 u 和 ng 的直接拼合。

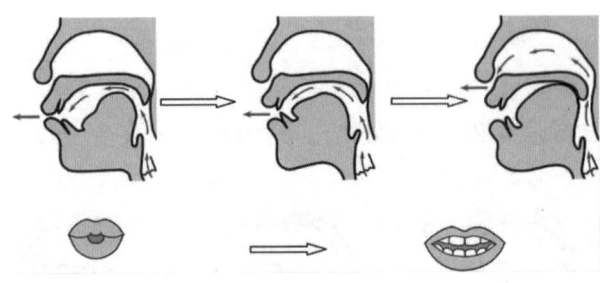

15. ong——后鼻韵母

起点元音比后高圆唇元音 u 舌位略低,舌尖离开下齿背,舌后缩,舌根抬高向软腭移动,当两者将要接触时,软腭和小舌下降,打开鼻腔通路,气流从鼻腔通过。音值接近 ueng,传统汉语语音学将其归入 u 起头的合口呼。

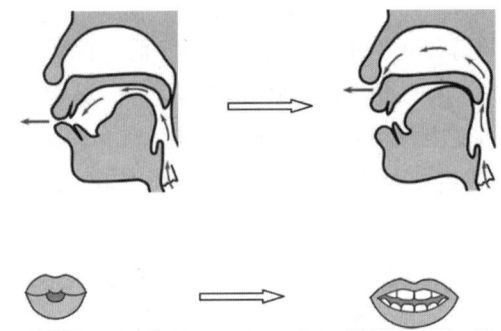

16. iong——后鼻韵母

这个音可以看作是 i 和 ong 的拼合。从实际发音看,i 在发音时往往带有圆唇动作,因此这个音也可以描写为 üng。传统汉语语音学将 iong 归属于 ü 起头的撮口呼。

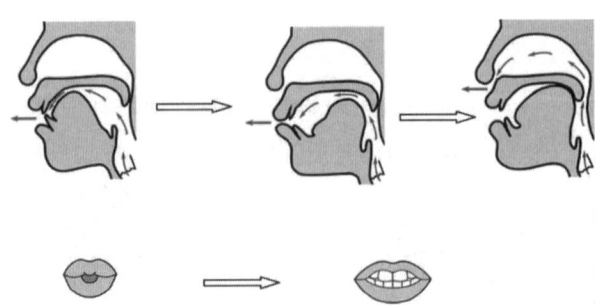

第五节　韵母的四呼分类

普通话的韵母还可以根据有没有韵头以及韵头的性质来分类，这就是"四呼"分类法。

普通话里最复杂的韵母的组成成分也不超过三个音素，传统音韵学根据这个特点把韵母分成三部分，韵母的核心部分，即开口度最大、听起来最响亮的元音叫作韵腹；韵腹前面的成分叫作韵头；韵腹后面的成分叫韵尾。出现在韵头和韵尾的音素数量较少，汉语里能做韵头的一般只能是高元音 i、u、ü，它们做韵头时发音较短，很快就向后面的韵腹过渡，由于韵头介于声母和韵腹之间，又被称为"介音"。

四呼的分类如下：

开口呼韵母：韵腹不是 i、u、ü 的韵母；

齐齿呼韵母：韵腹或韵头为 i 的韵母；

合口呼韵母：韵腹或韵头为 u 的韵母；

撮口呼韵母：韵腹或韵头为 ü 的韵母。

四呼的分类方法对于说明汉语语音的系统性有重要意义，普通话全部韵母按四呼分类形成整齐的排列，列表如下：[1]

	开口呼	齐齿呼	合口呼	撮口呼
单韵母	-i[前] -i[后] a o e ê er	i ia ie	u ua uo	ü üe
复韵母	ai ei ao ou	 iao iou	uai uei	
鼻韵母	an en ang eng	ian in iang ing	uan uen uang ueng ong	üan ün iong

四呼的分类有很大的实践意义。汉语方言里有无某种韵头，有很强的系统性，并不是零星、孤立的现象。闽方言区把"语"念成 i，"学"念成 xie，反映了闽方言的韵母系统没有撮口呼，这些方言区的人学习普通话时，就应该把一部分齐齿呼的韵母改成撮口呼。[2]

---

[1] 北京大学中文系现代汉语教研室编：《现代汉语》，商务印书馆1993年版，第58页。
[2] 北京大学中文系现代汉语教研室编：《现代汉语》，商务印书馆1993年版，第59页。

四呼的分类也能反映出汉语诗歌押韵的特点。汉语诗歌押韵一般只考虑韵腹和韵尾的和谐，不管韵头（四呼）的区别。如，a、ia、ua只有韵头的不同，韵腹是相同的，属于同一个韵部，可以相互押韵。不但韵腹和韵尾实际读音相同的韵母可以押韵，韵腹实际读音相近的韵母也可以押韵。这样音韵学家不但把全部韵母分成了开齐合撮四大类，而且使一个韵部的内部也往往形成四呼相配的局面，从纵横两个方面显示了汉语语音系统的整齐性。①

　　韵脚是韵文（诗、词、歌、赋等）句末押韵的字。一篇（首）韵文的一些（或全部）句子的最后一个字，采用韵腹和韵尾相同的字，这就叫押韵。因为押韵的字一般都放在一句的最后，故称"韵脚"。

　　"十三辙"是明清以来北方戏曲、曲艺等通俗文学押韵字的归类。它以北方话为基础，把汉字按字音的韵母归纳为十三类，称为"十三辙"。各辙的名称在记载中有所不同，如"也斜"辙也有称"乜斜"辙的，"衣期"辙也有称"一七"辙的。韵母有韵头、韵腹、韵尾之分，凡韵尾相同、韵腹相同或相近的，不管韵头是什么，都归为一类。这样，每一辙就可能包括一至五种韵母的字，我们可以利用一些古诗词来练习韵母的发音。

　　同汉语其他方言比较起来，普通话的韵母有以下几方面的特点：

　　第一，复合韵母多。普通话中的复韵母比较丰富，共有13个，占全部韵母的三分之一。有些方言复韵母就没有这么多，不少方言缺乏元音韵尾，普通话里的 ai、ei、ao、ou 等复韵母往往被读成单韵母。与此相应，普通话里由三个元音成分组成的中响复韵母，在某些方言里也没有。此外，普通话里有一些带韵头的复韵母在一些方言里是不带韵头的。这些方言区的人在说普通话时，要注意复韵母的读法，防止丢失韵头和韵尾。

　　第二，鼻音韵母分 n、ng 两种。普通话里带鼻音韵尾 n、ng 的韵母，具有对应关系的共有七对，区别非常严格。但在很多方言里存在着 n、ng 混用的现象。有的方言只有一个鼻音韵尾，如上海、福州、潮州等地，大都是只有 ng，没有 n。n、ng 混读现象突出地表现在 in—ing、en—eng 这两对韵母上。

　　此外，还有一些方言的鼻音韵尾弱化为鼻化韵，甚至进一步完全丢失。例如，济南、兰州、昆明、南京等地把普通话里的 an 读成鼻化的 a。而上海、苏州等地干脆读成单元音 ê。这些方言区的人说普通话一定要注意把鼻音韵尾读出来。

　　第三，有撮口呼。普通话的韵母分为开齐合撮四类，在一些方言里没有撮口呼韵母，如闽南、客家以及西南的一些方言。普通话里读撮口呼的韵母，在这些方言里有的与齐齿呼合流，有的则与合口呼或开口呼合流。

　　第四，有卷舌韵母。普通话和北方许多地区一样，有卷舌韵母 er，但是其他各方言区多半都没有这个韵母。

　　第五，有舌尖前高不圆唇元音-i（前）和舌尖后高不圆唇元音-i（后）。汉语大部分方言都有舌尖前高不圆唇元音，只有有翘舌音声母的方言才有舌尖后高不圆唇元音。这两个韵母一般只能和同部位的声母配合，有少数方言例外。没有这两个韵母的方言主要集中在粤方言和闽方言地区。

---

① 北京大学中文系现代汉语教研室编：《现代汉语》，商务印书馆1993年版，第59页。

思考题

1. 什么是韵母？韵母如何分类？
2. 什么叫舌位？试画出舌面元音舌位图并标注普通话的主要元音。
3. 单韵母包括哪些？简述其发音特点。
4. 复韵母包括哪些？如何分类？简述其发音特点。
5. 复合鼻尾音韵母有哪些？如何分类？简述其发音特点。
6. 什么是四呼？按四呼对普通话的39个韵母进行分类。

练习材料

练习1. 韵母发音字词短语练习

练习提示

字词训练可以适当放慢速度，在不影响意义的基础上进行夸张练习，体会韵母发音时舌位的状态及唇形的变化。在单韵母的具体训练中，注意每一个单元音韵母的唇形和舌位要准确；复韵母和鼻韵母的训练要注意每一个舌位动程路径的清晰有力及唇形的变化到位。

1. a——央低不圆唇元音

阿 巴 擦 搭 发 哈 辣 扎 马 拿

耷拉 打靶 喇叭 马趴 喇嘛 腊八 邋遢 哈达 拉萨 拉杂

2. o——后半高圆唇元音

播 破 摸 佛 伯 魔 波 博 墨 膜

默默 泼墨 婆婆 伯伯 薄膜 磨破 磨墨 饽饽 嬷嬷 勃勃

3. e——后半高不圆唇元音

德 特 讷 勒 歌 克 喝 哲 车 社

合格 苛刻 特色 色泽 割舍 隔热 社科 折射 特赦 苛责

4. i——前高不圆唇元音

比 批 米 你 里 及 起 西 衣 喜

集体 机器 激励 漆皮 习题 脾气 奇迹 栖息 霹雳 启迪

5. u——高圆唇元音

不 普 目 扶 读 图 努 路 出 书

朴素 祝福 出租 无辜 初步 读物 目录 鼓舞 督促 图书

6. ü——前高圆唇元音

女 绿 句 区 虚 于 与 居 取 驴

区域 趋于 女婿 语序 聚居 序曲 语句 旅居 曲剧 渔具

7. -i(前)——舌尖前高不圆唇元音

字 词 思 此 紫 刺 似 自

自私 此次 子嗣 四次 赐死 刺字 恣肆 字字 私自 孜孜

8. -i(后)——舌尖后高不圆唇元音

指 之 纸 吃 齿 翅 是 使

知识 制止 史诗 指示 失职 实施 咫尺 值日 实质 日食

9. er——卷舌元音

二 而 儿 饵

耳轮 儿戏 洱海 耳环 儿孙 儿歌 而已 而且 饵料 二胡

10. ai——前响二合元音韵母

爱 海 才 派 赛 来 在 柴 台 埋

彩排 开采 白菜 海带 带来 晒台 拍卖 爱戴 掰开 代买

11. ei——前响二合元音韵母

北 非 美 类 贼 内 黑 给 肥 陪

贝类 配备 黑莓 北美 飞贼 肥美 北非 妹妹 北纬 蓓蕾

12. ao——前响二合元音韵母

包 跑 毛 到 套 老 号 高 枣 抄

号召 草稿 跑道 照抄 报考 冒号 草帽 牢骚 抛锚 糟糕

13. ou——前响二合元音韵母

都 剖 头 楼 手 够 口 后 某 抽

兜售 收购 抖擞 丑陋 豆蔻 喉头 漏斗 守候 口头 绸缪

14. ia——后响二合元音韵母

加 恰 夏 假 掐 虾 压 霞 牙 洽

加价 恰恰 下家 加压 假牙 压价 下牙 掐下 家家 压下

15. ie——后响二合元音韵母

跌 贴 捏 烈 接 写 别 聂 茄 灭

节烈 贴切 铁屑 趔趄 姐姐 斜街 谢谢 结节 喋喋 戒牒

16. ua——后响二合元音韵母

挖 话 花 画 瓜 瓦 滑 娃 寡 挂

娃娃 挂画 画画 耍滑 花袜 挂瓦 挂花 哗哗 夸夸 画刷

17. uo——后响二合元音韵母

做 搓 多 拖 罗 或 挪 说 缩 戳

硕果 过错 蹉跎 堕落 火锅 坐落 懦弱 骆驼 哆嗦 挪窝

18. üe——后响二合元音韵母

月 确 绝 略 约 决 雪 缺 靴 瘸
雀跃 月缺 决绝 绝学 约略 雪月 跃跃 缺略 略略

19. iao——中响三合元音韵母

桥 小 苗 脚 掉 飘 条 表 要 聊
巧妙 吊桥 教条 苗条 娇小 逍遥 窈窕 缥缈 疗效 秒表

20. iou——中响三合元音韵母

流 就 求 修 牛 油 秀 扭 谬 有
求救 绣球 久留 优秀 牛油 旧友 悠久 琉球 妞妞 牛柳

21. uai——中响三合元音韵母

怀 外 揣 拽 帅 槐 怪 歪 坏 踹
摔坏 外快 怀揣 外踝 拽歪 乖乖 歪歪 怪怪

22. uei——中响三合元音韵母

为 催 对 会 最 水 贵 亏 岁 退
归队 汇兑 回味 水位 垂危 悔罪 退位 回归 坠毁 追随

23. an——前鼻韵母

安 山 满 餐 三 蓝 干 反 单 寒
展览 感染 谈判 汗衫 寒山 散漫 赞叹 湛蓝 难堪 善战

24. ian——前鼻韵母

边 片 免 点 连 田 年 千 现 贱
天边 绵延 鲜艳 渐变 变脸 偏见 前线 连绵 前面 检验

25. uan——前鼻韵母

传 换 关 软 专 万 短 乱 窜 酸
专管 转换 还款 婉转 传唤 专断 换算 酸软 乱窜 软缎

26. üan——前鼻韵母

卷 圈 远 轩 选 愿 倦 劝 原 捐
全权 圆圈 轩辕 涓涓 渊源 全员 远远 泉源 源远 圆全

27. en——前鼻韵母

本 人 臣 分 真 深 跟 肯 忍 恨
振奋 根本 认真 深沉 愤恨 沉闷 粉尘 妊娠 珍本 门诊

28. in——前鼻韵母

彬 近 林 音 亲 民 您 贫 引 心

辛勤　紧邻　贫民　亲近　濒临　拼音　薪金　殷勤　临近　民心

29. uen——前鼻韵母

文　滚　盾　论　孙　吞　准　顺　昏　春
论文　混沌　谆谆　昆仑　温存　伦敦　困顿　春笋　馄饨　滚滚

30. ün——前鼻韵母

均　训　云　俊　运　熏　群　允　询　韵
军训　均匀　循循　菌群　逡巡　群运　芸芸　熏熏

31. ang——后鼻韵母

张　脏　仓　方　堂　当　刚　航　朗　荡
商场　党章　帮忙　钢厂　沧桑　烫伤　浪荡　常常　行当　仓房

32. iang——后鼻韵母

两　响　姜　腔　杨　像　抢　样　靓　讲
洋相　想象　踉跄　强项　湘江　两江　良将　亮相　粮饷　向阳

33. uang——后鼻韵母

狂　黄　忘　窗　往　状　谎　创　装　王
汪汪　双簧　框框　狂妄　状况　网状　窗框　往往　装潢　黄庄

34. ing——后鼻韵母

病　评　明　定　听　宁　另　请　形　京
英明　清醒　定型　另行　明星　精明　性情　轻盈　应景　性命

35. eng——后鼻韵母

碰　灯　能　声　正　冷　梦　绷　铮　梗
征程　乘风　奉承　更正　风声　承蒙　声称　正逢　风筝　升腾

36. ueng——后鼻韵母

翁　嗡　瓮　蓊　滃　蕹
渔翁　老翁　水瓮　蕹菜　蓊郁　嗡嗡

37. ong——后鼻韵母

动　容　共　中　同　红　空　农　纵　虫
动容　恐龙　通融　共同　中东　轰动　童工　隆冬　浓重　洪钟

38. iong——后鼻韵母

用　永　炯　穷　凶
炯炯　汹涌　穷凶　熊熊　中庸　兄长　胸腔　永久　踊跃　应用

练习 2. 韵母发音对比练习

> 练习提示

认识和修正自身韵母发音中的难点音，注意细致体会不同韵母的差异，有针对性地改善自我的发音。

1. 前后鼻音

an—ang

| 担心——当心 | 产房——厂房 | 反问——访问 | 散失——丧失 |
| 烂漫——浪漫 | 开饭——开放 | 山口——伤口 | 施展——师长 |

ian—iang

| 试验——式样 | 鲜花——香花 | 坚硬——僵硬 | 简历——奖励 |
| 仙姑——香菇 | 浅显——抢险 | 老年——老娘 | 廉价——粮价 |

uan—uang

| 车船——车窗 | 关节——光洁 | 专车——装车 | 机关——激光 |
| 新欢——心慌 | 栓剂——霜剂 | 奉还——凤凰 | 晚年——往年 |

en—eng

| 沉积——乘机 | 粉刺——讽刺 | 申明——声明 | 终身——钟声 |
| 陈旧——成就 | 诊治——整治 | 绅士——声势 | 清真——清蒸 |

in—ing

| 亲生——轻生 | 频繁——平凡 | 弹琴——谈情 | 金银——晶莹 |
| 禁地——境地 | 临时——零食 | 民心——明星 | 贫民——平民 |

uen—ueng/ong

| 滚开——公开 | 春分——冲锋 | 炖肉——冻肉 | 轮子——笼子 |
| 吞并——通病 | 浑水——洪水 | 乡村——香葱 | 余温——渔翁 |

ün—iong

| 运费——用费 | 工运——公用 | 因循——英雄 | 勋章——胸章 |
| 巡幸——雄性 | 人群——人穷 | 群像——穷乡 | 寻机——雄鸡 |

2. 齐齿呼与撮口呼

i—ü

| 笔译——比喻 | 遗传——渔船 | 异地——玉帝 | 大姨——大鱼 |

ie—üe

| 协会——学会 | 夜色——月色 | 大写——大雪 | 茄子——瘸子 |

ian—üan

| 咸盐——轩辕 | 有钱——有权 | 闲心——悬心 | 前面——全面 |

in—ün

| 今人——军人 | 信誉——训育 | 心急——熏鸡 | 通信——通讯 |

练习 3. 绕口令练习

练习提示

绕口令练习对唇舌的力度、灵活性都有很高的要求,要求学生在韵母的舌位、唇形、舌位动程准确的基础上进行,大家开始训练时切忌只求速度,不问质量,很多音都抄近路,图省事。我们可以放慢速度,在不影响句意的情况下夸张一些,仔细体会发韵母时唇舌的状态,等唇舌的运动线路纯熟后再逐渐加快节奏。

a

白石塔,白石搭,白石搭白塔,白塔白石搭。搭好白石塔,白塔白又大。

o

打南坡走来个老婆婆,两手托着俩笸箩,左手的笸箩装着菠萝,右手的笸箩装着萝卜,不知是左手的笸箩装着的菠萝多,还是右手的笸箩装着的萝卜多?说得对送你菠萝和萝卜,说的不对让你扛着笸箩上山坡。

e

坡上立着一只鹅,坡下就是一条河。宽宽的河,肥肥的鹅,鹅要过河,河要渡鹅。不知是鹅过河,还是河渡鹅?

i

老毕篱下脱坯,老季窗西喂鸡。老毕脱坯怕碰跑了老季的鸡,老季喂鸡怕碰坏了老毕的坯。老毕顾及老季,老季顾及老毕。老季喂好鸡没碰坏老毕的坯,老毕脱完坯没碰跑老季的鸡。

u

山上五棵树,架上五壶醋,林中五只鹿,箱里五条裤。伐了山上树,搬下架上的醋,射死林中的鹿,取出箱中的裤。

ü

村里新开一条渠,弯弯曲曲上山去。河水雨水渠里流,满山庄稼绿油油。

-i(前)

四十四个字和词,组成了一首子词丝的绕口词。桃子李子梨子栗子橘子柿子槟子榛子,栽满院子村子和寨子。刀子斧子锯子凿子锤子刨子尺子做出桌子椅子和箱子。名词动词数词量词代词副词助词连词造成语词诗词和唱词。蚕丝生丝热丝缫丝染丝晒丝纺丝织丝自制粗细丝人造丝。

-i(后)

史老师,讲时事,常学时事长知识。时事学习看报纸,报纸登的是时事,心里装着天下事。

er

有个小孩儿叫小兰儿,口袋装着几个钱儿。又打醋,又买盐儿,还买了一个小饭碗儿。小饭碗儿,真好玩,红花绿叶镶金边儿,中间还有小红点儿。

ai

大柴和小柴,帮助爷爷晒白菜。大柴晒的是大白菜,小柴晒的是小白菜。大柴晒了四十四斤四两大白菜,小柴晒了三十三斤三两小白菜。大柴和小柴,一共晒了七十七斤七两大大小小的白菜。

ei

贝贝背水,水洒贝贝一背水;妹妹添煤,煤抹妹妹两眉煤。

ao

张果老,张果老,张果老的门前有棵白核枣,白的多,红的少,看的多,买的少,凭你说得快,一口气说不完一百个枣。一个枣,两个枣,三个枣……一百个枣。

ou

桥西走来一条狗,桥东跑来一只猴。走到桥心两碰头,狗望望猴,猴瞧瞧狗。狗跺跺脚向桥西跑,猴挠挠耳向桥东走。谁也不过桥,不知是狗怕猴,还是猴怕狗。

ia

小亚上午补了牙,邀请小贾去他家。小贾上街买了鸭,高高兴兴去了小亚家。谁知鸭肉碰掉了小亚的假牙,急得小亚怪小贾,急得小贾满地找假牙。

ie

一个小孩子,拿双布鞋子,出门看见紫茄子。小孩子急忙放下布鞋子,去拾紫茄子。拾了紫茄子,忘了布鞋子。

ua

一个胖娃娃,抓了三个大花活蛤蟆。三个胖娃娃,只抓了一个大花活蛤蟆。抓了一个大花活蛤蟆的三个胖娃娃,还不如抓了三个大花活蛤蟆的一个大胖娃娃。

uo

树上一个窝,树下一口锅。窝掉下来打着锅,窝和锅都破。锅要窝赔锅,窝要锅赔窝。闹了半天,不知该锅赔窝,还是窝赔锅。

üe

打南边来了个瘸子,手里托着个碟子,碟子里装着茄子。地上钉着个橛子,一下子绊倒了瘸子,砸了手里的碟子,撒了碟里的茄子,气得瘸子拔了橛子,撇了碟子,踩了茄子。

iao

高高山上有座庙,庙里住着俩老道。一个年纪老,一个年纪小。庙前长着许多草药,有时候老老道煮药,小老道采药,有时候小老道煮药,老老道采药。

iou

一葫芦酒九两六,一葫芦油六两九。六两九的油,要换九两六的酒,九两六的酒,不换六两九的油。

uai

槐树槐,槐树槐,槐树底下搭戏台。人家的姑娘都来了,我家的姑娘还没来。说着说着就来了,骑着驴,打着伞,歪着脑袋上戏台。

uei

南边来了个秃老眉,北边来了个小魔鬼。秃老眉打断了小魔鬼的腿,小魔鬼咬破了秃老眉的嘴。

an

谭家谭老汉,挑担到蛋摊。买了半担蛋,挑担到炭摊。买了半担炭,满担是蛋炭。老汉往回赶,回家炒蛋饭。进门跨门槛,脚下绊一绊,跌了谭老汉,破了半担蛋,翻了半担炭,脏了木门槛。老汉看一看,急得满头汗,连说怎么办,蛋炭完了蛋,老汉怎吃蛋炒饭。

ian

天连水,水连天,水天一色望无边。蓝蓝的天似绿水,绿绿的水如蓝天。到底是天连水,还是水连天?

uan

河里有只船,船上挂白帆。风吹帆张船向前,无风帆落停下船。

üan

圈圈圆,圈圆圈,圆圆娟娟画圆圈。娟娟画的圈连圈,圆圆画的圈套圈。娟娟圆圆比圆圈,看看谁的圆圈圆。

en

陈庄程庄都有城,陈庄城通程庄城。陈庄城和程庄城,两庄城墙都有门。陈庄城进程庄人,陈庄人进程庄城。请问陈程两庄城,两庄城门都进人,哪个城进陈庄人,程庄人进哪个城?

in

隔墙听见人分银,不知道多少人分多少银。只听见人说,人人分半斤银余银四两,人人分四两银余银半斤。

uen

孙村温村过新春,春雷一声响昆仑。竹林怀春出春笋,春联春雨处处春。

ün

蓝天上是片片白云,草原上银色的羊群。近处看,这是羊群,那是白云;远处看,分不清哪是白云,哪是羊群。

ang

三只牛儿上山冈,山冈上三个牛铃响。牛铃响,响山冈,山冈上三个铃铛响叮当,铃铛响山冈。

iang

杨家养了一只羊,蒋家修了一垛墙,杨家的羊撞倒了蒋家的墙,蒋家的墙压死了杨家的羊。杨家要蒋家赔杨家的羊,蒋家要杨家赔蒋家的墙。

uang

量窗量床又量墙,跳上床量窗,靠住墙量床,墙比床长,床又比窗长,窗长不过床,床又长不过墙,所以墙比床比窗长,读不顺就去撞墙。

ing

天上七颗星,树上七只鹰。梁上七个钉,台上七盏灯。拿扇扇了灯,用手拔了钉,举枪打了鹰,乌云盖了星。

eng

天上一个盆,地上一个棚。盆碰棚,棚碰盆,棚倒了,盆碎了,是棚赔盆,还是盆赔棚?

ueng

小蜜蜂,嗡嗡叫,吵得老翁心烦躁。喝口瓮中清泉水,老翁不再心烦躁。

ong

龚先生东方走来捡了一棵松,翁先生西方走来拿了一只钟。龚先生的松撞破了翁先生的钟,翁先生扭住了龚先生的一棵松。龚先生要翁先生放了他的松,翁先生要龚先生赔了他的钟。龚先生不肯赔还翁先生的钟,翁先生不肯放还龚先生的松。

iong

小涌勇敢学游泳,勇敢游泳是英雄。

练习 4. 韵母诗词练习

练习提示

由于古诗词言简义丰,所以朗诵古诗词的速度可相对于正常语速慢一些,这样更容易感知韵母的动程及唇形变化。坚持古诗词练习是非常有宜的练习韵母发音的方法,大家尤其要注意体会在表情达意的原则下,韵脚发音的饱满到位以及丰富多样的变化。

1. 发花辙(包含韵母为 a、ia、ua 的字,如"发、家、花")

泊秦淮

杜 牧

烟笼寒水月笼沙,夜泊秦淮近酒家。
商女不知亡国恨,隔江犹唱后庭花。

2. 梭波辙(包含韵母为 e、o、uo 的字,如"哥、波、梭")

湘 中

韩 愈

猿愁鱼踊水翻波,自古流传是汨罗。
苹藻满盘无处奠,空闻渔父叩舷歌。

3. 乜斜辙(包含韵母为 ê、ie、üe 的字,如"唉、斜、约")

江 雪

柳宗元

千山鸟飞绝,万径人踪灭。
孤舟蓑笠翁,独钓寒江雪。

4. 一七辙(包含韵母为 i、ü 的字,如"衣、十、鱼")

江畔独步寻花

杜 甫

黄四娘家花满蹊,千朵万朵压枝低。
留连戏蝶时时舞,自在娇莺恰恰啼。

5.姑苏辙(包含韵母为 u 的字,如"姑、苏")

芙蓉楼送辛渐
王昌龄

寒雨连江夜入吴,平明送客楚山孤。

洛阳亲友如相问,一片冰心在玉壶。

6.怀来辙(包含韵母为 ai、uai 的字,如"来、怀")

过华清宫绝句(其一)
杜 牧

长安回望绣成堆,山顶千门次第开。

一骑红尘妃子笑,无人知是荔枝来。

7.灰堆辙(包含韵母为 ei、uei 的字,如"悲、灰")

凉州词
王 瀚

葡萄美酒夜光杯,欲饮琵琶马上催。

醉卧沙场君莫笑,古来征战几人回?

8.遥条辙(包含韵母为 ao、iao 的字,如"高、遥")

春 晓
孟浩然

春眠不觉晓,处处闻啼鸟。

夜来风雨声,花落知多少。

9.由求辙(包含韵母为 ou、iou 的字,如"由、求")

送孟浩然之广陵
李 白

故人西辞黄鹤楼,烟花三月下扬州。

孤帆远影碧空尽,唯见长江天际流。

10.言前辙(包含韵母为 an、ian、uan、üan 的字,如"班、前、端、冤")

望庐山瀑布
李 白

日照香炉生紫烟,遥看瀑布挂前川。

飞流直下三千尺,疑是银河落九天。

11. 人辰辙(包含韵母为 en、in、uen、ün 的字,如"人、亲、春、君")

山园小梅
林　逋

众芳摇落独暄妍,占尽风情向小园。
疏影横斜水清浅,暗香浮动月黄昏。
霜禽欲下先偷眼,粉蝶如知合断魂。
幸有微吟可相狎,不须檀板共金樽。

12. 江阳辙(包含韵母为 ang、iang、uang 的字,如"刚、江、荒")

闻官军收河南河北
杜　甫

剑外忽传收蓟北,初闻涕泪满衣裳。
却看妻子愁何在?漫卷诗书喜欲狂。
白日放歌须纵酒,青春作伴好还乡。
即从巴峡穿巫峡,便下襄阳向洛阳。

13. 中东辙(包含韵母为 eng、ing、ueng、ong、iong 的字,如"灯、丁、翁、中、穷")

赋得古原草送别
白居易

离离原上草,一岁一枯荣。
野火烧不尽,春风吹又生。
远芳侵古道,晴翠接荒城。
又送王孙去,萋萋满别情。

练习5.句段练习

> 练习提示

检查进入语流后韵母发音的规范性以及自我调检能力。

(1)科学家发现茶叶有保护牙齿的作用。茶水中含有丰富的氟和茶多酚等成分,可以达到防龋固齿的功效。因此,饭后用茶水漱口可以保持口腔卫生。另外,茶叶中的糖、果胶等成分与唾液发生化学反应在滋润口腔的同时,还能增强口腔的自洁能力。

(2)天池是我们对神秘湖泊的称呼。与大多数湖泊不同的是,这种湖泊并没有坐落在山谷平原中的低洼地带,而是一反常态地出现在高山的顶端。远远望去,它就像高悬在人们头顶的一池碧水,因此被形象地称为"天池"。

(3)东南亚的热带雨林里生活着众多拥有神奇轻身功夫的动物——会飞的壁虎、会飞的蜥蜴、会飞的松鼠、会飞的鼯猴、会飞的树蛙。虽然所谓的飞不过是滑翔,但居然涉及如此众多的动物,依然令生物学家们惊奇。

(4)人们喜欢用一些象征不朽的东西来比附爱情。比如钻石,比如星辰。在西方国家,新婚夫妇在教堂里宣誓;在中国,喜酒摆上几十桌也是常见的事。人们对于婚礼的要求是它一定要有仪式感,要把当天的所有事情嵌入新人与宾客的记忆。人们也乐于见到一份爱情被事件化和公共化,汉语里我们说"沾喜气",可能是因为他人的爱情也给了我们自己一种超越平庸生活的勇气。

(5)春节,是我们从身体到精神的"回家",它比平常的回家,多了一份精神关怀、一份心理抚慰、一份和我们最初存在的相遇。我们暂时从工作中,从谋生中,从失业中抽身退回,让自己在这个充溢喜庆的时间段里,尽情地做一个儿女、一个父母亲、一个邻居、一个血缘——文化共同体的成员,情感、意义由此产生。

(6)"光盘"意即"吃光你盘子里的东西"。2013年1月16日,微博网友"徐侠客"发布一份名为"中国光盘节"宣言的倡议书,得到了网友们的响应,随即各大酒店、媒体也加入"光盘行动"的号召当中。

(7)任何文明都在与其他文明的互动中发展和变迁,在这个意义上,所有的文明都既吸收又给予。没有哪个文明是绝无仅有的,所有的文明都是混合物。我们越快认识到并接受这种复杂性,才能越好地寻求共存的方式。

(8)地理学家研究表明:最初的长白山是一片汪洋大海,后来由于地壳变动,再经历了四次火山爆发,这条庞大的山脉才拔地而起。至于那些林立在长白山主火山周围的群峰,也是火山活动形成的一些小的火山口。只是这些小火山口经过了数万年的阳光雨水、气候变化等外力作用影响,最终成型,化为群峰。

(9)南非位于非洲大陆的最南端,海水、山地、湖泊、丛林、平原和湿地在这里完美融合。令人陶醉的自然风光,各种族和谐共处的多元社会,快速发展的现代化都市,共同组成了这个生机勃勃的国度。享有"彩虹之国"美誉的新南非有着丰富多彩的文化历史传统,民族和文化多样性是这个充满活力的国家的动力来源。

(10)在中国,五谷始终是一个变化中的概念。大约两千年前,五谷的排序为稻、黍、稷、麦、菽。而今天,中国粮食产量的前三名已经变成稻谷、小麦和玉米。中国,从南到北,广袤的国土,自然地理的多样变化,让生活在不同地域的中国人,享受到截然不同的丰富主食。

练习6. 短文练习

练习提示

选取《普通话水平测试实施纲要》中的必读篇目,考查学生在语流中对普通话韵母的掌握情况。

作品22号

没有一片绿叶,没有一缕炊烟,没有一粒泥土,没有一丝花香,只有水的世界,云的海洋。

一阵台风袭过,一只孤单的小鸟无家可归,落到被卷到洋里的木板上,乘流而下,姗姗而来,近了,近了!……

忽然,小鸟张开翅膀,在人们头顶盘旋了几圈儿,"噗啦"一声落到了船上。许是累了?还是发现了"新大陆"?水手撵它它不走,抓它,它乖乖地落在掌心。可爱的小鸟和善良的水手结成了朋友。

瞧,它多美丽,娇巧的小嘴,啄理着绿色的羽毛,鸭子样的扁脚,呈现出春草的鹅黄。水手们把它带到舱里,给它"搭铺",让它在船上安家落户,每天,把分到的一塑料筒淡水匀给它喝,把从祖国带来的鲜美的鱼肉分给它吃,天长日久,小鸟和水手的感情日趋笃厚。清晨,当第一束阳光射进舷窗时,它便敞开美丽的歌喉,唱啊唱,嘤嘤有韵,宛如春水淙淙。人类给它以生命,它毫不悭吝地把自己的艺术青春奉献给了哺育它的人。可能都是这样?艺术家们的青春只会献给尊敬他们的人。

小鸟给远航生活蒙上了一层浪漫色调。返航时,人们爱不释手,恋恋不舍地想把它带到异乡。可小鸟憔悴了,给水,不喝!喂肉,不吃!油亮的羽毛失去了光泽。是啊,我们有自己的祖国,小鸟也有它的归宿,人和动物都是一样啊,哪儿也不如故乡好!

慈爱的水手们决定放开它,让它回到大海的摇篮去,回到蓝色的故乡去。离别前,这个大自然的朋友与水手们留影纪念。它站在许多人的头上,肩上,掌上,胳膊上,与喂养过它的人们,一起融进那蓝色的画面……

(节选自王文杰《可爱的小鸟》)

作品 26 号

我们家的后园有半亩空地,母亲说:"让它荒着怪可惜的,你们那么爱吃花生,就开辟出来种花生吧。"我们姐弟几个都很高兴,买种,翻地,播种,浇水,没过几个月,居然收获了。

母亲说:"今晚我们过一个收获节,请你们父亲也来尝尝我们的新花生,好不好?"我们都说好。母亲把花生做成了好几样食品,还吩咐就在后园的茅亭里过这个节。

晚上天色不太好,可是父亲也来了,实在很难得。

父亲说:"你们爱吃花生吗?"

我们争着答应:"爱!"

"谁能把花生的好处说出来?"

姐姐说:"花生的味美。"

哥哥说:"花生可以榨油。"

我说:"花生的价钱便宜,谁都可以买来吃,都喜欢吃。这就是它的好处。"

父亲说:"花生的好处很多,有一样最可贵:它的果实埋在地里,不像桃子、石榴、苹果那样,把鲜红嫩绿的果实高高地挂在枝头上,使人一见就生爱慕之心。你们看它矮矮地长在地上,等到成熟了,也不能立刻分辨出来它有没有果实,必须挖出来才知道。"

我们都说是,母亲也点点头。

父亲接下去说:"所以你们要像花生,它虽然不好看,可是很有用,不是外表好看而没有实用的东西。"

我说:"那么,人要做有用的人,不要做只讲体面,而对别人没有好处的人了。"

父亲说:"对。这是我对你们的希望。"

我们谈到夜深才散。花生做的食品都吃完了,父亲的话却深深地印在我的心上。

(节选自许地山《落花生》)

作品 42 号

　　记得我十三岁时,和母亲住在法国东南部的耐斯城。母亲没有丈夫,也没有亲戚,够清苦的,但她经常能拿出令人吃惊的东西,摆在我面前。她从来不吃肉,一再说自己是素食者。然而有一天,我发现母亲正仔细地用一小块碎面包擦那给我煎牛排用的油锅。我明白了她称自己为素食者的真正原因。

　　我十六岁时,母亲成了耐斯市美蒙旅馆的女经理。这时,她更忙碌了。一天,她瘫在椅子上,脸色苍白,嘴唇发灰。马上找来医生,做出诊断:她摄取了过多的胰岛素。直到这时我才知道母亲多年一直对我隐瞒的疾痛——糖尿病。

　　她的头歪向枕头一边,痛苦地用手抓挠胸口。床架上方,则挂着一枚我一九三二年赢得耐斯市少年乒乓球冠军的银质奖章。

　　啊,是对我的美好前途的憧憬支撑着她活下去,为了给她那荒唐的梦至少加一点真实的色彩,我只能继续努力,与时间竞争,直至一九三八年我被征入空军。巴黎很快失陷,我辗转调到英国皇家空军。刚到英国就接到了母亲的来信。这些信是由在瑞士的一个朋友秘密地转到伦敦,送到我手中的。

　　现在我要回家了,胸前佩戴着醒目的绿黑两色的解放十字绶带,上面挂着五六枚我终身难忘的勋章,肩上还佩戴着军官肩章。到达旅馆时,没有一个人跟我打招呼。原来,我母亲在三年半以前就已经离开人间了。

　　在她死前的几天中,她写了近二百五十封信,把这些信交给她在瑞士的朋友,请这个朋友定时寄给我。就这样,在母亲死后的三年半的时间里,我一直从她身上吸取着力量和勇气——这使我能够继续战斗到胜利那一天。

(节选自〔法〕罗曼·加里《我的母亲独一无二》)

第六章　普通话声调与音节结构

■ **本章要点：**

本章以五度标记法为核心，强调声调的分类、调值的把握，训练学生熟练掌握普通话四声的实际读法。学生应了解声调的性质和特点，准确区分听辨调类；了解普通话四声和方言声调的对应关系，解决自身声调发音中存在的问题。

音节是言语里最自然的最容易分辨出来的语音片段。在汉语普通话中，一般一个字就是一个音节。我们可以用两种方法对普通话音节的结构进行分析，即元辅音分析和声韵母分析。在普通话语音系统中，声母和韵母的拼合有一定规律。掌握普通话的拼合规律，对学好普通话有一定帮助。

第一节　声调的性质

一、什么是声调？

世界上的语言可分为两类：一类是声调语言，另一类是非声调语言或称语调语言。汉语及汉藏语系的其他语言属于声调语言。声调语言的最大特点，是声调可以区别词义。声调给语言增加了音乐美，声调多的和变化明显的语言，音乐性较强。声调在电声系统中抗干扰的能力很强，即使声母和韵母在传递过程中受到影响，声调也还能保持原来的高低起伏，使人们可借助声调来正确辨别语言的意义。因此，对播音员主持人来说，掌握好声调是正确发音的重要环节。

英语、法语、德语等都属于非声调语言或称语调语言，声调的变化不起区别词义的作用。如英语 one、two、three 既可念平调也可念上升调，但这些语言有语调，不同的句型（陈述、疑问、感叹）语调是不同的。由于非声调语言声调不起辨义作用，所以音节的数量较多，英语有两三千个音节，而汉语只有 400 多个（不包括声调）。声调语言中的声调类型主要是词的结构（包括单字和词）的一部分，而不是句子结构的一部分。语调语言中的旋律音调模式是句子结构的一部分，而不是词的一部分。

在现代汉语语音学中，声调是指汉语音节所固有的，能区别意义的声音的高低和升降。一个汉字就是一个音节，所以声调也叫字调。构成普通话音节有三个要素：声母、韵母和贯穿整个音节的声调。声调区别音节的功能与声母、韵母相同。声调虽然属于整个音节,但音高变化集中表现在韵母上。

声调是汉语音节结构中的重要组成部分,有区别语义的重要作用。声调是语音结构中最敏感的成分。普通话有 21 个声母,39 个韵母,可只有四个声调,声调的数目比声母和韵母少得多,在语音结构中的负担自然也就更重,出现频率很高,最易被人察觉。要想掌握音节的读音,必须把声、韵、调三者结合起来,忽略声调就会语义不明,引起误会。如"bao wei"包围和保卫,"wu li"武力和无理,每组的声母和韵母相同,只是声调不一样,因而意思也就不同,可见音节中的调值稍有变化就可能影响整个词的意思。

声调是语音韵律特征的具体表现,它是普通话富于音乐性的最基本、最活跃的因素。在播音中,声调鲜明,字音真切,给人以抑扬的音乐感,可以产生强烈的感染力和悦耳的美感。

在直接表达思想感情的语流里,同一声调的高低变化和幅度变化,可传达出不同的感情态度。例如,一般情况下,开朗的人,声调的变化幅度可能较大;内向的人,声调表现往往压缩幅度,趋于平稳。这些色彩也会在播音主持中有所流露,进而影响语言表达的效果。

实验证明,声调在普通话的传递中具有很强的抗干扰能力,在很强的噪音干扰及语音失真的情况下,声调仍可保持很高的清晰度。声调在提高语言可懂度方面可以发挥重要的作用。发音清晰是语言传播最基本的要求,也是播音员主持人应具备的基本条件,播音员主持人应重视声调的使用。

二、声调的性质和特点

虽然声调与音长、音强都有关系,但它的性质主要取决于音高。音高的变化,是由于发音时声带的变化。发音时声带在单位时间内振动的次数越多,声音的频率就越高,声调就越高;发音时声带在单位时间内振动的次数越少,声音的频率就越低,声调就越低。发音过程中,声带产生的不同音高变化,就构成了各种不同的声调。

声调的高低与音乐中音阶的音高有所不同。同样是音高的变化,声调的音高变化是相对的,不要求音高频率的绝对值。绝对音高的改变可能只是高喊和低语的区别,并不影响词义。

由于人的嗓音高低各不相同,声调高低并不要求人人发的同样高,只要能根据自己的嗓音分出适当比例的高低就行了。女性和儿童由于声带比成年男性要短和薄一些,他们的声调音高要比成年男性高;同一个人情绪紧张、激动时,声带会控制得紧一些,这时他的声调音高要比情绪平和时高。而音阶的高低变化则是绝对的、不变的。另外,声调的音高变化包括上升、下降等,升降变化的形式是逐渐滑动的变化。音乐中音阶的移动变化则常常表现为跳跃式的变化。

第二节 普通话声调的调类和调值

一、调类和调值

调类就是声调的类别,它是按声调的实际读法归纳的,调类的名称只代表声调的某种类型,而不表示实际的调值。普通话声调有四个调类"阴平、阳平、上声、去声",就是常说的四声。有时也称阴平是第一声,阳平是第二声,上声是第三声,去声是第四声。汉语方言中,调类最少的有三类(如河北滦县方言),最多的有11类(如广西博白方言)。现代汉语的声调系统是继承古汉语的声调系统而来的,古汉语中有"平上去入"四类,后来发生分化"平分阴阳,入派三声",因此我们常常看到这样的情况:不同方言里,调类名称相同的,调值往往不同;调值相同的,也不一定属于同一个调类。调类和调值的关系是:调值是声调的"实",调类是声调的"名"。

调值指的是声调高低、升降、曲直的变化,即声调的实际音值。例如,调类都是阴平,不同的地区调值并不相同。我们从"花"字的发音可以看出:

北京人把"花"读为高而平的调,调值55。

天津人把"花"读为最低调,调值11。

开封人把"花"读为中调,调值24。

普通话四声的调值分别为:55(阴平)、35(阳平)、214(上声)、51(去声)。

调类(四声)	调号	例字	调型	调值
阴平	—	妈 mā	高平	55
阳平	/	麻 má	中升	35
上声	∨	马 mǎ	降升	214
去声	\	骂 mà	全降	51

二、调值的标记法

通常采用五度标记法记录声调的调值,这种标记法比较清楚直观,使声音形象化,便于学习掌握。用一条竖线表示声音的高低,由下面最低点到上面最高点分为五度,低、半低、中、半高、高,分别用1、2、3、4、5依次来表示。

阴平——55,不升也不降,是高平调。

阳平——35,从中起音往上升,是高升调。

上声——214,先降再扬起,是降升调。

去声——51,从高降到最低,是全降调。

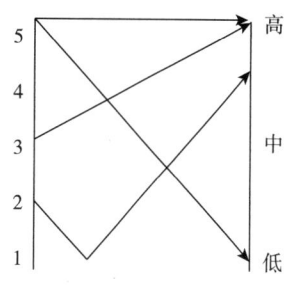

普通话调值示意图

三、普通话声调的发音要领

1. 阴平

高平调(55)音高最高,声音基本高而平,由 5 度到 5 度,大体没有升降变化。实际发音在起音后略升高一点,末尾稍有降的趋势,首尾差别不大。发音时气息压力较大,注意气息的平稳。阴平的发音很重要,如发得不准将影响其他声调的调值。容易出现的问题是:东北方言、天津方言里阴平较低;还有就是要么高不上去,要么低不下来,容易出现捏挤、劈裂等现象。

例如:bā——八、dī——低、cāi——猜、māo——猫。

2. 阳平

高升调(35)声音从中高音起音升到高音,由 3 度到 5 度。阳平发音起调略高,气息较弱,发音后逐渐上移,压力逐渐增强,达到阴平一样的高度。注意往高音走时声音不要挤压。发好阳平的关键在于起调要保持较高,直接上升不要拐弯曲线上升。

例如:hé——和、rén——人、tóng——彤、píng——平。

3. 上声

降升调(214)发音时由半低起,先降后升,由 2 度降到 1 度再升到 4 度。起音比阳平低 1 度,注意声音下降时气息要稳定,喉要放松。否则,可能会造成声音的挤压。上声调的降升变化是平滑的弯曲变化,尤其是由 1 度到 4 度的转折过程,不要有硬拐的感觉。上声是普通话四个声调中时值最长的,也是唯一有弯曲变化的声调,同时它也是较难掌握的,且在语流中变化较多。应先掌握好上声本调的发音。

例如:hǎo——好、jiǔ——九、mǎn——满、yǒng——勇。

4. 去声

全降调(51)的起音高度与阴平一样,发音后直落到最低。发音时注意气息的控制,不要到最后因气竭而造成声音的挤压。去声是普通话四个声调中时值最短的。发好去声的关键是起调要高,下降要迅速,不能拖沓。

例如:wàn——万、pà——怕、lì——利、suì——岁。

普通话声调发音要领中需要特别注意以下几个问题:

(1)普通话四个声调的发音比较容易出现的问题是阴平调值不够高;阳平拐弯上不去;上声硬拐不平滑;去声全降下不来。

(2)普通话四个声调的发音,还需要注意调值高低扬抑的变化要和气息控制结合起来。应做到:

起音高平莫低昂,气势平均不紧张。从中起音向上扬,用气弱起逐渐强。
上声先降转上挑,降时气稳扬时强。高扬直送向低唱,强起到弱气通畅。

四、普通话的动态声调

研究发现,声调的表现十分复杂,声调在单音节的孤立状态和语流的连续状态中会有很大的不同。在单音节的孤立状态,声调有稳定的调值。在连续发音的语音环境中,由于语音之间的相互影响,声调会发生很大的改变,变得不那么稳定,也就是我们所说的"变调"。

两字组合是汉语音节组合的最小单位,也是汉语句子结构中最常见的单位。四种声调可以组成16种声调搭配模式。

1. 阴平、阳平的动态变化

阴平、阳平在非同调音节前,保持本调。两字词同调相连,前一个音节的声调会发生变化。

阴阴相连,前一个音节调值可变为44。如:播音、丰收、鲜花、江山。

阳阳相连,前一个音节调值变为34。如:人民、银行、学习、儿童。

2. 上声的动态变化

上声音节在非上,即阴平、阳平、去声和轻声音节前,其调值214变为21,也记作211（即所谓"半上"）。如:北京、祖国、品味、好吧。

上声音节与上声音节相连,前面一个音节的调值由214变为接近35（即所谓阳上）。如:北纬、选取、感想、友好。

三个上声相连,变调规律如下：

(1) 单双格(211,35,214),如:党小组、纸老虎。

(2) 双单格(35,35,214),如:选举法、保守党。

3. 去声变调

去声音节在非去声音节前一律不变调。如:卫星、调查、治理。

在去声音节前则由全降变成半降（即调值由51变成53）。如:记录、摄像、电话、报告。

第三节　普通话音节结构划分

一、音节的划分

音节是言语里最自然、最容易分辨的语音片段。汉语普通话中,一般一个字就是一个音节。

汉字是书写单位,不能仅根据书写单位给语音划分音节,有时一个汉字并不代表一个音节,如"花儿 huār"、"盆儿 pénr"等,虽然写成两个汉字,实际上只是一个音节。

音节虽然可以直接凭听觉来划分,但是每种语言都有自己特有的音节结构,在划分音节时,总会受到自己原有音节结构的影响。即使说同一种语言的人,对音节的数目也可能会有不同的看法,所以,如何给音节下一个比较准确的定义,如何科学地说明音节的实质,如何确定音节之间的界限,一直是语音学中难以解决的问题。长期以来,语音学家从听觉和发音两个角度入手,不断提出各种不同的音节划分方法。

二、音节的结构

一般的音节都以元音作为音节的核心。以辅音作为音节核心的很少,即使有,也多半是浊辅音。在一般的音节里,元音处于核心地位,辅音在元音的前面或后面,依附于元音。

普通话中由元音和辅音构成的音节,共有以下四种基本类型:V、C-V、V-C、C-V-C。V代表元音(vowel),V和C-V不以辅音收尾,是"开音节"。C代表辅音(consonant),V-C和C-V-C以辅音收尾,是"闭音节"。这四种基本音节类型可以扩展成多种不同的音节结构。比如,V就可以扩展成两个或三个不同元音组成的元音组合,即VV或VVV。

三、普通话音节的一般结构

从完整结构来看,音节应当包括声、韵、调三部分,但声调笼罩在整个音节上,是超音段的。

我们可以用两种方法对普通话音节的结构进行分析,即元辅音分析和声韵母分析两种方法。

首先来看元辅音分析法。

根据元音和辅音的分布,普通话音节有如下规律:

(1)辅音只出现在音节开头和结尾。结尾辅音仅限鼻音。
(2)音节可以只有元音,没有辅音。
(3)辅音不能单独构成音节。
(4)音节开头、结尾的辅音是单辅音。
(5)音节中的元音最多三个。
(6)汉语普通话音节以元音为主。

普通话元音和辅音组合在一起构成的音节类型可以归纳为12种格式:

结构方式	声母	韵母			声调
例字		韵头	韵腹	韵尾	
	辅音	元音	元音	元音或辅音	调类
零声母 额			e		阳平
零声母 欧			o	u	阴平
零声母 页		i	e		去声
零声母 外		u	a	i	去声
零声母 昂			a	ng	阳平
零声母 远		ü	a	n	上声

续表

结构方式	声母	韵母			声调
		韵头	韵腹	韵尾	
例　字	辅音	元音	元音	元音或辅音	调类
辅音声母　低	d		i		阴平
手	sh		o	u	上声
节	j	i	e		阳平
快	k	u	a	i	去声
刚	g		a	ng	阴平
悬	x	u	a	n	阳平

中国传统音韵学将音节分为声母和韵母两部分，更符合汉语音节结构特点。这种划分，声母只有一个，韵母又可以再分为韵头、韵腹、韵尾三部分。音节可以没有声母，但不能没有韵母。韵母可以没有韵头、韵尾，但不能没有韵腹。辅音居于音节两端，是发音的明显着力点。最复杂的音节包括了声母、韵头、韵腹、韵尾四部分。最简单的音节只有韵腹。如下表所示：

例字	声母	韵母		
		韵头	韵腹	韵尾
标	b	i	a	o
阿			a	
好	h		a	o
去	q		ü	
万		u	a	n
化	h	u	a	
安			a	n
叶		i	e	

从声韵母角度分析，汉语普通话音节有八种形式：
(1)四个部分俱全。
(2)缺声母。
(3)缺韵头。
(4)缺韵尾。
(5)缺声母、韵头、韵尾。
(6)缺韵头、韵尾。
(7)缺声母、韵头。
(8)缺声母、韵尾。

第四节　普通话声母和韵母的拼合关系

普通话有 21 个声母，39 个韵母，实际出现的音节只有 410 个左右，可见声母和韵母的配合是有限制的，这种限制就体现在声母和韵母的配合关系上。

普通话声母和韵母的配合关系，主要体现在声母发音部位和韵母四呼的相互关系上。普通话声母和韵母的配合关系可以列成下表：

四呼 声母	开口呼	齐齿呼	合口呼	撮口呼
b、p、m	＋	＋	(u)	－
f	＋	－	(u)	－
d、t	＋	＋	＋	－
n、l	＋	＋	＋	＋
z、c、s	＋	－	＋	－
zh、ch、sh	＋	－	＋	－
j、q、x	－	＋	－	＋
g、k、h	＋	－	＋	－
∅	＋	＋	＋	＋

表内"－"号表示声韵不能配合，"＋"号表示可以配合，(u)表示这类声母只能和合口呼中的单韵母 u 配合。从声母看，普通话能够和四呼都配合的只有 n、l 和零声母。从韵母看，普通话开口呼韵母的配合能力最强，除三个舌面音声母外，和其他声母都能配合。开口呼韵母本来就多，因此在普通话里开口呼韵母的出现频率远高于其他韵母。撮口呼韵母本来就只有五个，又只能和六个声母配合，因此出现频率较低。

各方言的声母和韵母不同，配合关系也不完全相同。有的方言唇音声母可以和单韵母 u 以外的合口呼韵母配合。

上表只能说明普通话声韵母配合关系的概貌，并不能反映每个声母和每个韵母的配合细节，配合细节可以从普通话声韵配合表中（详见第 111 页）获知，普通话声韵配合表是一个非常好的掌握普通话音节结构的练习材料。

> **思考题**
>
> 1. 什么是声调？你怎样理解声调是相对音高的？
> 2. 普通话的声调有哪些特点？
> 3. 什么是调值？什么是调类？将普通话和你的方言进行对比，举例加以说明。
> 4. 单音节、音节组合不同层面的声调训练分别要注意些什么？

5. 请画出声调的五度标记图。

6. 从元辅音分析法和声韵母分析法两个角度,分别举例说明普通话里最复杂的音节结构包含哪些组成成分?最简单的音节包含哪些成分?

7. 举例说明普通话声母和韵母的配合关系主要由什么决定?

8. 根据声母和韵母的配合关系说明:为什么《汉语拼音方案》在 n 和 l 后边 ü 上两点不能省去,在 j、q、x 后边 ü 上的两点就能省去?

练习材料

练习 1. 普通话声调的字词练习

练习提示

普通话声调的训练应注意:不同的表达单位有不同的要求。单音节都有自己稳定的声调,单音节声调的练习一定要强调四声调值的准确、调型的完整,要符合一定的规格,这是基础。而在音节组合层面中,声音有轻重、高低、长短的变化,因此不能过分强调调值,要根据轻重格式和连读变调来具体处理,着重把握调域的伸缩变化和声调的基本调型。而对于更大的语音单位——有内容的句、段、文章表达时,则更要注意根据内容和感情色彩的不同,错落有致地安排对声调的处理,突显语句重音,明确语句目的。

1. 同声韵四声音节练习

练习提示

练习单个音节的延长四声练习,四声分别练。然后做一个音节的四声连发训练,要求声音连贯,气息控制自如。

(1)双唇音

巴 bā	拔 bá	把 bǎ	罢 bà
坡 pō	婆 pó	叵 pǒ	破 pò
猫 māo	毛 máo	卯 mǎo	帽 mào

唇齿音

方 fāng	房 fáng	仿 fǎng	放 fàng

舌尖中音

低 dī	敌 dí	底 dǐ	弟 dì
通 tōng	同 tóng	统 tǒng	痛 tòng
妞 niū	牛 niú	扭 niǔ	拗 niù
撩 liāo	聊 liáo	了 liǎo	料 liào

舌根音

姑 gū	骨 gú	古 gǔ	顾 gù
科 kē	咳 ké	可 kě	刻 kè
酣 hān	含 hán	喊 hǎn	汉 hàn

舌面音

居 jū	局 jú	举 jǔ	据 jù
青 qīng	情 qíng	请 qǐng	庆 qìng
香 xiāng	详 xiáng	想 xiǎng	象 xiàng

舌尖后音

知 zhī	职 zhí	止 zhǐ	至 zhì
称 chēng	成 chéng	逞 chěng	秤 chèng
申 shēn	神 shén	沈 shěn	甚 shèn
嚷 rāng	瓤 ráng	壤 rǎng	让 ràng

舌尖前音

作 zuō	昨 zuó	左 zuǒ	做 zuò
猜 cāi	才 cái	采 cǎi	菜 cài
虽 suī	随 suí	髓 suǐ	岁 suì

(2) 开口音

掰 bāi	白 bái	摆 bǎi	败 bài
抛 pāo	刨 páo	跑 pǎo	泡 pào
飞 fēi	肥 féi	匪 fěi	费 fèi
䁖 lōu	楼 lóu	篓 lǒu	漏 lòu

齐齿音

家 jiā	荚 jiá	甲 jiǎ	架 jià
亲 qīn	勤 qín	寝 qǐn	沁 qìn
些 xiē	斜 xié	写 xiě	谢 xiè
先 xiān	贤 xián	显 xiǎn	县 xiàn

合口音

窗 chuāng	床 chuáng	闯 chuǎng	创 chuàng
蛙 wā	娃 wá	瓦 wǎ	袜 wà
欢 huān	环 huán	缓 huǎn	幻 huàn
乖 guāi	△ guái	拐 guǎi	怪 guài

撮口音

薛 xuē	学 xué	雪 xuě	谑 xuè
氲 yūn	云 yún	允 yǔn	运 yùn
悛 quān	全 quán	犬 quǎn	劝 quàn

2. 两字词声调组合练习

> 练习提示

调值是无形的,把它寄托在有形的词语上就会使记忆更加牢固。注意同声调相连时,前字阴平的起始高度、阳平的上升高度和去声的下降幅度都有所减弱,上声则产生变调。

(1)阴阴
咖啡　香蕉　灯光　鲜花　端庄　江山
参加　西安　播音　工兵　拥军　丰收
(2)阴阳
中国　经营　森林　鲜明　飞翔　宣传
发言　加强　星球　新闻　签名　安全
(3)阴上
批准　发展　铅笔　青海　争取　歌曲
生产　艰苦　歌舞　公款　签署　方法
(4)阴去
帮助　欢笑　经济　规范　音乐　尊重
单位　希望　通信　中外　失事　加快
(5)阳阴
成功　南方　平安　革新　节约　财经
长江　航空　围巾　营私　农村　图书
(6)阳阳
灵活　学习　题材　儿童　石油　合格
联合　驰名　临时　吉祥　团结　豪华
(7)阳上
结果　明显　情感　民主　房产　黄海
勤恳　描写　难免　迷惘　平坦　旋转
(8)阳去
权利　防范　宁夏　悬念　勤奋　排练
革命　同志　局势　雄厚　行政　球赛
(9)上阴
广播　指挥　纺织　讲师　领先　转播
掌声　法医　演出　启发　北京　取消
(10)上阳
启程　统筹　敏捷　朗读　语言　解决
考察　里程　起航　软席　领衔　党员
(11)上上
选举　矮小　永远　舞蹈　展览　给予
友好　导演　首长　总理　感想　理想
(12)上去
法律　舞剧　典范　写作　想象　感谢
土地　广大　胆量　访问　选派　讲课
(13)去阴
卫星　健康　矿工　地方　竞争　信息

象征　　认真　　降低　　特征　　印刷　　气温

(14)去阳

调查　　政权　　地球　　特别　　自然　　凤凰

著名　　配合　　未来　　要闻　　化学　　辨别

(15)去上

治理　　剧本　　跳伞　　政府　　记者　　外语

办法　　信仰　　戏曲　　电影　　历史　　探险

(16)去去

报告　　复制　　跨度　　岁月　　建造　　电视

示范　　大会　　致意　　翠绿　　色素　　干部

3.三字词声调组合练习

> 练习提示

三字词的动态声调变化,与三字词的组合结构有关。着重上声练习。

(1)单双格(211,35,214)

党小组　　李厂长　　小拇指　　老保守　　很友好

纸老虎　　冷处理　　老古董　　纸雨伞　　水产品

(2)双单格(35,35,214)

选举法　　古典美　　勇敢者　　管理组　　洗脸水

演讲稿　　保守党　　领导组　　展览馆　　处理品

(3)多个上声字相连发音练习

我买把小雨伞给你。

请赶紧找点草稿纸给我打草稿。

4.去声变调发音练习

> 练习提示

去声变调也符合轻重格式的要求,注意保持后字调值的完满。

(1)两个去声相连,第一个去声调值变为53

备注　泡沫　庙会　复位　载客　翠绿　色素　大陆

特护　怒放　烙印　账户　倡议　少将　热线　降落

劝告　现状　顾问　看透　贺岁　报告　会议　复印

(2)去声多音节词语练习

重要的是切莫忘记过去的教训。

建立技术干部档案的重要性。

5.四字词声调组合练习

> 练习提示

一般来说,四字组动态声调变化遵循二字组和三字组变调规律。四音节词语的声调发音训练，一方面可检验四声在语流中的稳定程度，另一方面又可锻炼气息的控制。

(1)四声顺序

中国伟大	山河美丽	天然宝藏	资源满地
阶级友爱	中流砥柱	工农子弟	千锤百炼
身强体健	精神百倍	心明眼亮	光明磊落
山明水秀	花红柳绿	开渠引灌	风调雨顺
阴阳上去	非常好记	高扬转降	区别起落

(2)四声逆序

背井离乡	智勇无双	妙手回春	四海为家
万古长青	大显神通	逆水行舟	驷马难追
兔死狐悲	痛改前非	调虎离山	覆水难收
字里行间	具体而微	大有文章	寿比南山
刻苦读书	万古流芳	倒果为因	暮鼓晨钟

(3)同调四声

江山多娇	珍惜光阴	风吹花香	挖空心思	声东击西
含糊其辞	牛羊成群	名存实亡	文如其人	严格执行
处理稳妥	党委领导	选举厂长	勉强饮酒	岂有此理
变幻莫测	胜利闭幕	艺术概论	对症下药	见利忘义

(4)四声交错

语重心长	集思广益	教学相长	得心应手	以身作则
无可非议	万马奔腾	百炼成钢	画龙点睛	感同身受
不胫而走	所向无敌	高瞻远瞩	不堪回首	龙飞凤舞
超群绝伦	班门弄斧	始终不渝	和风细雨	气壮山河

(5)按声母顺序排列

b	百炼成钢	波澜壮阔	暴风骤雨	壁垒森严
p	排山倒海	喷薄欲出	鹏程万里	普天同庆
m	满园春色	名不虚传	满腔热情	目不转睛
f	发愤图强	翻江倒海	丰功伟绩	赴汤蹈火
d	大快人心	当机立断	颠扑不破	斗志昂扬
t	谈笑风生	滔滔不绝	天衣无缝	推陈出新
n	鸟语花香	逆水行舟	能者多劳	宁死不屈
l	老当益壮	雷厉风行	力挽狂澜	龙飞凤舞
g	盖世无双	高瞻远瞩	攻无不克	光彩夺目
k	开卷有益	慷慨激昂	克敌制胜	快马加鞭
h	豪言壮语	和风细雨	横扫千军	呼风唤雨
j	艰苦奋斗	锦绣河山	继往开来	举世无双
q	千军万马	气壮山河	晴天霹雳	群威群胆
x	喜笑颜开	响彻云霄	心潮澎湃	栩栩如生

zh	辗转反侧	朝气蓬勃	咫尺天涯	专心致志
ch	超群绝伦	称心如意	赤子之心	出奇制胜
sh	山水相连	舍生忘死	深情厚谊	生龙活虎
r	饶有风趣	人才辈出	日新月异	如火如荼
z	赞不绝口	责无旁贷	再接再厉	自知之明
c	沧海一粟	层出不穷	灿烂光明	从容就义
s	三思而行	所向披靡	四海为家	肃然起敬

练习 2. 语句中的声调练习

> **练习提示**

把声调放在具体的语言环境中去练习。首先不要说字话，在语流当中要注意前后音节声调的协调；其次要明确语句目的，突出语句重音。重音或诗词韵脚的声调通常更工整。

1. 绕口令

梨、栗（阳平、去声）

老罗拉了一车梨，老李拉了一车栗。老罗人称大力罗，老李人称李大力。老罗拉梨做梨酒，老李拉栗去换梨。

两个棋迷（阳平、上声）

两个棋迷，一个姓米，一个姓齐。米棋迷，齐棋迷，一起下棋。米棋迷要吃齐棋迷的车。齐棋迷要吃米棋迷的马。

老史捞石（阳平、上声）

老师老是叫老史去捞石，老史老是没有去捞石，老史老是骗老师，老师老是说老史不老实。

搬白布（阴平、阳平、上声、去声）

爸爸搬白布，伯伯搬柏木，爸爸不搬柏木搬白布，伯伯不搬白布搬柏木。

端汤（阴平、去声）

老唐端蛋汤，踏凳登宝塔，只因凳太滑，汤洒汤烫塔。

大嫂子和大小子（上声）

一个大嫂子，一个大小子，二人比赛包饺子。不知是大嫂子包的饺子不如大小子，还是大小子包的饺子不如大嫂子。

小猫和大猫（阴平、阳平）

小猫毛长，大猫毛短，大猫毛比小猫毛短，小猫毛比大猫毛长。

阿凡提，骑毛驴（阳平）

阿凡提，骑毛驴，手拿一条鱼。毛驴走路急，掉了手中鱼。阿凡提，下毛驴，下了毛驴去拾鱼,拾了鱼,跑了驴。阿凡提,心里急,拾起鱼,追毛驴。追上毛驴骑毛驴,骑上毛驴手提鱼。

九与酒(上声)

九月九,九个酒迷喝醉酒。九个酒杯九杯酒,九个酒迷喝九口。喝罢九口酒,又倒九杯酒。九个酒迷端起酒,"咕咚、咕咚"又九口。九杯酒,酒九口,喝罢九个酒迷醉了酒。

姥姥喝酪(阴平、阳平、上声、去声)

姥姥喝酪,酪落姥姥捞酪;舅舅捉鸠,鸠飞舅舅揪鸠;妈妈骑马,马慢妈妈骂马;妞妞扭牛,牛拗妞妞拧牛。

四声歌(阴平、阳平、上声、去声)

学好声韵辨四声,阴阳上去要分明。部位方法要找准,开齐合撮属口形。双唇班报必百波,舌面积结教坚精。翘舌主争真知照,平舌资则早在增。擦音发翻飞分复,送气查柴产彻称。合口呼午枯胡古,开口呼坡歌安康。撮口虚学寻徐剧,齐齿衣优摇业英。前鼻恩因烟弯稳,后鼻昂迎中拥生。咬紧字头归字尾,阴阳上去记变声。循序渐进坚持练,不难达到纯和清。

2.古诗词

(1)阴平

落　花
李商隐

高阁客竟去,小园花乱飞。
参差连曲陌,迢递送斜晖。
肠断未忍扫,眼穿仍欲稀。
芳心向春尽,所得是沾衣。

山中送别
王　维

山中相送罢,日暮掩柴扉。
春草明年绿,王孙归不归?

(2)阳平

望月怀远
张九龄

海上生明月,天涯共此时。
情人怨遥夜,竟夕起相思。
灭烛怜光满,披衣觉露滋。
不堪盈手赠,还寝梦佳期。

次北固山下
王　湾

客路青山外,行舟绿水前。
潮平两岸阔,风正一帆悬。
海日生残夜,江春入旧年。
乡书何处达,归雁洛阳边。

(3)上声

卜算子·咏梅
陆　游

驿外断桥边,寂寞开无主。
已是黄昏独自愁,更著风和雨。
无意苦争春,一任群芳妒。
零落成泥碾作尘,只有香如故。

望　岳
杜　甫

岱宗夫如何?齐鲁青未了。
造化钟神秀,阴阳割昏晓。
荡胸生层云,决眦入归鸟。
会当凌绝顶,一览众山小。

(3) 去声

寻隐者不遇

贾 岛

松下问童子，言师采药去。
只在此山中，云深不知处。

醉花阴

李清照

薄雾浓云愁永昼，瑞脑销金兽。
佳节又重阳，玉枕纱厨，半夜凉初透。
东篱把酒黄昏后，有暗香盈袖。
莫道不消魂，帘卷西风，人比黄花瘦。

3. 篇章训练

> 练习提示

选取《普通话水平测试实施纲要》中的必读篇目，考查学生对普通话声调的掌握情况。

作品 8 号

我爱月夜，但我也爱星天。从前在家乡七八月的夜晚在庭院里纳凉的时候，我最爱看天上密密麻麻的繁星。望着星天，我就会忘记一切，仿佛回到了母亲的怀里似的。

三年前在南京我住的地方有一道后门，每晚我打开后门，便看见一个静寂的夜。下面是一片菜园，上面是星群密布的蓝天。星光在我们的肉眼里虽然微小，然而它使我们觉得光明无处不在。那时候我正在读一些天文学的书，也认得一些星星，好像它们就是我的朋友，它们常常在和我谈话一样。

如今在海上，每晚和繁星相对，我把它们认得很熟了。我躺在舱面上，仰望天空。深蓝色的天空里悬着无数半明半昧的星。船在动，星也在动，它们是这样低，真是摇摇欲坠呢！渐渐地我的眼睛模糊了，我好像看见无数萤火虫在我的周围飞舞。海上的夜是柔和的，是静寂的，是梦幻的。我望着许多认识的星，我仿佛看见它们在对我眨眼，我仿佛听见它们在小声说话。这时我忘记了一切。在星的怀抱中我微笑着，我沉睡着。我觉得自己是一个小孩子，现在睡在母亲的怀里了。

有一夜，那个在哥伦波上船的英国人指给我看天上的巨人。他用手指着：那四颗明亮的星是头，下面的几颗是身子，这几颗是手，那几颗是腿和脚，还有三颗星算是腰带。经他这一番指点，我果然看清楚了那个天上的巨人。看，那个巨人还在跑呢！

（节选自巴金《繁星》）

练习 3. 声韵拼合练习

> 练习提示

声韵配合表中将普通话语音系统中所有的声韵配合关系都列出来了，将此表作为练习材料，可以练习普通话各个音节，还可以给音节加上不同声调进行综合练习。

普通话声韵配合表

		开口呼												齐齿呼										合口呼								撮口呼			
	a	o	e	ê	-i	er	ai	ei	ao	ou	an	en	ang	eng	i	ia	ie	iao	iu	ian	in	iang	ing	u	ua	uo	uai	ui	uan	un	uang	ueng	ong	ü	üe	ün	iong
双唇音 b	ba 巴	bo 玻					bai 拜	bei 杯	bao 包		ban 办	ben 本	bang 帮	beng 绷	bi 比		bie 别	biao 标		bian 边	bin 宾		bing 兵	bu 布													
p	pa 爬	po 坡					pai 拍	pei 陪	pao 跑	pou 剖	pan 攀	pen 喷	pang 旁	peng 碰	pi 皮		pie 瞥	piao 票		pian 偏	pin 贫		ping 评	pu 扑													
m	ma 妈	mo 摸	me 么				mai 买	mei 每	mao 毛	mou 某	man 蛮	men 闷	mang 芒	meng 萌	mi 米		mie 灭	miao 描	miu 谬	mian 面	min 民		ming 明	mu 牧													
唇齿音 f	fa 法	fo 佛						fei 飞		fou 否	fan 番	fen 分	fang 方	feng 峰										fu 府													
舌尖中音 d	da 大		de 得				dai 待	dei 嘚	dao 导	dou 豆	dan 丹	den 扽	dang 挡	deng 灯	di 地		die 爹	diao 吊	diu 丢	dian 电			ding 叮	du 堵		duo 朵		dui 对	duan 段	dun 顿			dong 冬				
t	ta 他		te 特				tai 太		tao 涛	tou 透	tan 探		tang 唐	teng 疼	ti 体		tie 帖	tiao 条		tian 天			ting 厅	tu 图		tuo 拖		tui 退	tuan 湍	tun 屯			tong 同				
n	na 那		ne 呐				nai 奈	nei 内	nao 闹	nou 耨	nan 难	nen 嫩	nang 囔	neng 能	ni 你		nie 聂	niao 鸟	niu 扭	nian 年	nin 您	niang 娘	ning 拧	nu 努		nuo 诺			nuan 暖				nong 农	nü 女	nüe 虐		
l	la 拉		le 勒				lai 来	lei 雷	lao 老	lou 楼	lan 兰		lang 浪	leng 冷	li 立	lia 俩	lie 列	liao 料	liu 流	lian 练	lin 林	liang 良	ling 玲	lu 鲁		luo 罗			luan 乱	lun 伦			long 龙	lü 吕	lüe 掠		
舌根音 g	ga 旮		ge 个				gai 概	gei 给	gao 搞	gou 狗	gan 干	gen 根	gang 钢	geng 梗										gu 古	gua 瓜	guo 过	guai 乖	gui 归	guan 官	gun 棍	guang 广		gong 工				
k	ka 卡		ke 可				kai 慨		kao 靠	kou 口	kan 看	ken 肯	kang 康	keng 吭										ku 苦	kua 夸	kuo 扩	kuai 块	kui 亏	kuan 宽	kun 困	kuang 矿		kong 孔				
h	ha 哈		he 和				hai 还	hei 黑	hao 好	hou 后	han 汉	hen 很	hang 航	heng 亨										hu 呼	hua 画	huo 或	huai 坏	hui 会	huan 还	hun 昏	huang 黄		hong 红				
舌面音 j															ji 鸡	jia 加	jie 接	jiao 交	jiu 就	jian 见	jin 金	jiang 将	jing 晶										ju 居	jue 觉	juan 卷	jun 君	jiong 炯
q															qi 七	qia 恰	qie 且	qiao 悄	qiu 丘	qian 谦	qin 勤	qiang 强	qing 青										qu 去	que 却	quan 全	qun 群	qiong 穷
x															xi 西	xia 下	xie 谢	xiao 小	xiu 修	xian 鲜	xin 心	xiang 乡	xing 星										xu 徐	xue 学	xuan 宣	xun 寻	xiong 兄
舌尖后音 zh	zha 扎		zhe 者		zhi 知		zhai 斋	zhei 这	zhao 找	zhou 周	zhan 占	zhen 珍	zhang 张	zheng 正										zhu 朱	zhua 爪	zhuo 卓	zhuai 拽	zhui 锥	zhuan 专	zhun 准	zhuang 壮		zhong 中				
ch	cha 插		che 车		chi 吃		chai 柴		chao 抄	chou 丑	chan 产	chen 尘	chang 唱	cheng 秤										chu 出	chua 欻	chuo 绰	chuai 踹	chui 吹	chuan 川	chun 纯	chuang 床		chong 冲				
sh	sha 沙		she 奢		shi 诗		shai 晒	shei 谁	shao 少	shou 手	shan 山	shen 身	shang 商	sheng 声										shu 书	shua 刷	shuo 说	shuai 帅	shui 水	shuan 拴	shun 顺	shuang 双						
r			re 热		ri 日				rao 扰	rou 柔	ran 染	ren 人	rang 嚷	reng 扔										ru 儒	rua 挼	ruo 若		rui 锐	ruan 软	run 闰			rong 容				
舌尖前音 z	za 杂		ze 则		zi 自		zai 在	zei 贼	zao 早	zou 走	zan 赞	zen 怎	zang 脏	zeng 憎										zu 足		zuo 左		zui 最	zuan 钻	zun 尊			zong 总				
c	ca 擦		ce 册		ci 次		cai 才		cao 草	cou 凑	can 餐	cen 岑	cang 仓	ceng 层										cu 粗		cuo 错		cui 脆	cuan 蹿	cun 寸			cong 从				
s	sa 洒		se 色		si 四		sai 赛		sao 扫	sou 嗖	san 三	sen 森	sang 桑	seng 僧										su 素		suo 所		sui 岁	suan 酸	sun 孙			song 松				
零声母	a 啊	o 哦	e 俄	ê 诶		er 儿	ai 爱	ei 欸	ao 熬	ou 欧	an 安	en 恩	ang 昂	eng 鞥	yi 衣	ya 牙	ye 也	yao 要	you 有	yan 言	yin 因	yang 羊	ying 英	wu 五	wa 娃	wo 我	wai 外	wei 为	wan 完	wen 文	wang 王	weng 翁		yu 与	yue 月	yuan 圆	yun 云	yong 用

其他音节：hm 噷；hng 哼；m 呣；n 嗯；ňg 嗯；ňg 嗯；o 哦，叱，yo 育，哟，喃。

111

第七章　普通话语流音变

■ **本章要点：**

掌握普通话音节声母、韵母和声调的标准发音，是普通话发音训练的基础。然而在语流中，发音过程不是一个个音节毫无变化地简单相加。发音一旦突破了单音节的语言单位，人们的咬字器官为了配合得更加协调、避免拗口，一些音节或音素的发音会产生相应的变化，这些变化使得有声语言的发音更流畅、更自然。除此之外，为了适应不同语言环境表情达意的需要，如表现喜爱、轻蔑等特定情感，有些音节音素也应有恰当的发音变化。在学习和掌握语言的过程中，衡量发音是否标准和纯正，一个重要的标志就是看他是否能够灵活掌握语流音变。本章的学习目的是帮助学生认识汉语普通话语流中的语音变化，在声母、韵母、声调发音标准的基础上，掌握普通话的语流音变，使发音纯正自然，更具表现力。

在语流中，由于受到相邻音节、音素或语言环境的影响，一些音节、音素会发生约定俗成的语音的变化，这种变化被称为"语流音变"。从语音学角度来看，世界上各种语言中的音变现象非常复杂，常见的有同化、异化、弱化、增音、减音、脱落、换位等。就普通话学习而言，应着重掌握普通话中最典型的语流音变现象：轻声、儿化、变调、词的轻重格式以及语气词"啊"的音变。

第一节　普通话轻声

一、普通话轻声及其作用

普通话每个音节都有声调，但在句子和词语当中，有些音节约定俗成失去原有的声调而念成一个较轻较短的音节，这种音变现象叫轻声。

轻声不是普通话的第五个声调，而是普通话四个声调的变体，是普通话音节的轻化现象。

音节的轻化现象和音强、音长、音高、音色都有关系，不过最突出的特征是音长的缩短和音强的减弱。同一个字音在读本调时发音时值比较长，音强比较重，在读轻声时比较短、比较轻。

下面是利用浪纹计进行描写的轻声语音特征示意图①。如 7-1、7-2 所示,轻声词和非轻声词在音长和音高方面都产生了变化。图中横线表示时间,每格为 25 毫秒;竖线表示声音振动的频率。实线表示本调,虚线表示后一个音节变读为轻声时两个音节的声调。在图中可以明显看到,同一个音节,读为轻声音节时,音长明显缩短。

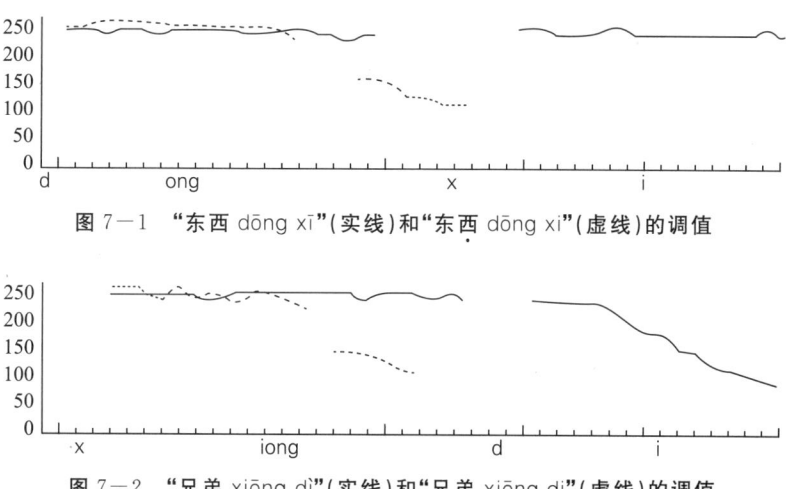

图 7-1 "东西 dōng xī"(实线)和"东西 dōng xi"(虚线)的调值

图 7-2 "兄弟 xiōng dì"(实线)和"兄弟 xiōng di"(虚线)的调值

所有的轻声音节发音都变得轻而短,但并非音高都相同。轻声音节在实际发音中有特定的音高表现,轻声音节在音高上的差别往往取决于前一个音节声调的高低。以"桌子椅子房子凳子"为例,同样都是轻声音节"子",由于前一个音节声调不同,在音高上也不一样,相对应阴平、阳平、上声和去声,后面的轻声音节的高度大致为半低(2 度)、中(3 度)、半高(4 度)和低(1 度)。播音主持的语言规范应以此为标准,保证其清晰度,避免吃字现象。如图 7-3 所示。

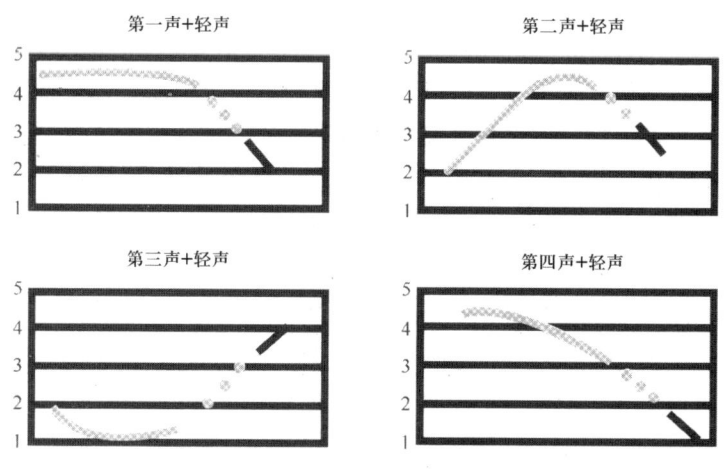

图 7-3 轻声音高示意图②

---

① 鲁允中:《轻声和儿化》,商务印书馆 2001 年版,第 5 页。
② 金晓达、刘广徽编著:《汉语普通话语音图解课本(教师用书)》,北京语言大学出版社 2006 年版,第 118 页。

轻声音节除了在音长、音强、音高方面的变化，在音色方面也会产生变化，具体表现为其引起的声母和韵母性质的改变。比如"哥哥"、"篱笆"两个词，第二个音节读为轻声，引起了声母浊音化。再比如"硬朗"、"哈欠"、"牡丹"等词，第二个音节读为轻声，它们的韵母会变模糊，发音动程减小，性质有微弱变化。

需要注意的是，这些音色上的变化哪些进入规范的普通话，哪些是不规范的，需要进行分辨。在播音主持语言中即便在强调口语化的前提下也不能太随意。

轻声的作用主要有以下几点：

1. 区别词性和词义

普通话轻声具有区别词性和词义的功能。如下表所示：

	非轻声	轻声
地道	地下坑道，名词。	真正的、纯粹的，形容词。
端详	详情，名词；端庄、安详，形容词。	仔细地看，动词。
言语	说的话，名词。	说话，动词。

此外我们可以通过轻声区分同音词的意义。下面几组双音节词，写出来一般不会理解错，但念出来，有些音节如果不注意轻化，就容易产生意义上的混淆，请试着朗读下面几组词，想想如何利用轻声来区分同音词：

莲子——帘子　包含——包涵　报仇——报酬　笔试——比试　字句——字据

上面列举的词中，是否读为轻声对于区分词义至关重要，在语言表达过程中，必须首先理解词义，然后判断是否读为轻声，避免由于轻声误读而产生歧义。

2. 使语句流畅自然，口语化色彩鲜明

在语句当中，一些虚词、助词等音节也应当轻化，使有声语言听起来自然流畅。在普通话语流当中，轻声的使用还可以让语言听起来更加口语化、更亲切自然。比如"起来"，其中"来"在日常生活里读为轻声显得很自然。但如果朗读国歌《义勇军进行曲》的歌词："起来，不愿做奴隶的人们！"在这样庄重严肃的语言环境里，"来"就不宜轻化。可见轻声发音可以增强有声语言的口语化色彩。

在普通话语流当中，有些轻声音节的出现是有规律可循的，这里总结如下，每一条规律后面附有短句，可供练习时选用。

(1) 语气词"吧、吗、啊、呢"等。例：好吧　是吗　你呢　走啦　来呀

他们由天上看到山上，便不知不觉地想起：明天也许就是春天了吧？这样的温暖，今天夜里山草也许就绿起来了吧？就是这点儿幻想不能一时实现，他们也并不着急，因为这样慈善的冬天，干什么还希望别的呢！

(节选自老舍《济南的冬天》)

(2) 助词"着、了、的、地、得、们"等。例：跑着　去了　好的　快速地说　跑得慢　你们

河中一道长虹，浴着朝霞熠熠闪光。哦，雄浑的大桥敞开胸怀，汽车的呼啸、摩托的笛音、自行车的叮铃，合奏着进行交响乐；南来的钢筋、花布，北往的甘橙、家禽，绘出交流欢悦图……

(节选自郑莹《家乡的桥》)

(3) 名词后缀"子、儿、头"等。例：孩子 鸟儿 石头

有经验的老农把雪比做是"麦子的棉被"。冬天"棉被"盖得越厚，明春麦子就长得越好，所以又有这样一句谚语："冬天麦盖三层被，来年枕着馒头睡"。

(节选自峻青《第一场雪》)

(4) 重叠式名词或动词、叠音亲属称谓（也可描述为"AA 式"）的后一个音节。例：

宝宝 看看 爸爸

假日到河滩上转转，看见许多孩子在放风筝。一根根长长的引线，一头系在天上，一头系在地上，孩子同风筝都在天与地之间悠荡，连心也被悠荡得恍恍惚惚了，好像又回到了童年……我们家前院就有位叔叔，擅扎风筝，远近闻名。

(节选自李恒瑞《风筝畅想曲》)

在此需要说明的是，另有一类词为双音节形容词或双音节动词重叠（也可描述为AABB 式），如：

密密麻麻 和和睦睦 方方正正 甜甜蜜蜜 零零碎碎
说说笑笑 吞吞吐吐 吵吵闹闹 缝缝补补 唠唠叨叨

一般而言，在口语色彩较强的语境中，上述"AABB 式"当中的第二个"A"可以轻化，读为轻声，整个词的发音呈现为"中轻中重"格式。但需要注意，并不是所有此类情况都必须轻化，应该具体情况具体分析。在较为严肃的语境里，"AABB 式"当中的"AA"就可以处理为"中重"格式，整个词的发音则呈现为"中重中重"格式。

(5) 表示趋向的动词、方位词或词素。例：头上 底下 快下来

大街上的积雪足有一尺多深，人踩上去，脚底下发出咯吱咯吱的响声。一群群孩子在雪地里堆雪人，掷雪球儿，那欢乐的叫喊声，把树枝上的雪都震落下来了。

(节选自峻青《第一场雪》)

(6) "一"、"不"夹在重叠动词或形容词中间。

看一看 瞧一瞧 尝一尝 同意不同意
好不好 忙不忙 高不高 整齐不整齐

(7) 口语色彩强的四音节词的第二个音节。

稀里糊涂 啰里啰唆 糊里糊涂 慌里慌张
小里小气 黑咕隆咚 黑不溜秋

(8) 作宾语的人称代词。例：叫他 请你

除了以上有规律出现的轻声音节，普通话当中还有一部分约定俗成的轻声词，没有规律可言，可参见《普通话水平测试实施纲要》的轻声词表进行学习和认识。举例如下：

巴掌 葡萄 马虎 风筝 在乎 裁缝 扫帚 豆腐 体面
年成 烙铁 状元 差事 芍药 热闹 芥末 清楚 相声
干粮 咳嗽 和尚 鹌鹑 钥匙 文凭 云彩

二、普通话轻声的使用规范

在播音主持的语言实践中，使用"轻声"应注意以下一些规范性原则：

1. 辨义原则

有区别词性、词义作用的轻声必须读为轻声。比如"买卖"一词的第二个音节,读本调意指买和卖经营双方,读轻声则为生意,因此,在表示"生意"之义时,必须读为轻声。

2. 约定俗成原则

体现普通话特征的轻声必须读为轻声,否则就不像普通话。如"葡萄、石头、漂亮、聪明、厉害"等,这类词虽没有区别词性、词义的作用,即使不读轻声人们也能明白什么意思,但是听起来就不大像普通话。

3. 简化原则

有一类词第二个音节的轻重不是很稳定,在这句话里轻读,在那句话里可能就重读;或者这个人重读,另一个人轻读。这些对于词义和感情的表达并没有什么影响的词,应遵循简化原则,不使发音复杂化,能不读轻声的,尽量使用本调。例如"天津、颠倒、严禁、桂花、阶级、金针"等。

4. 清晰度原则

轻声音节有音强、音长、音高和音色的变化,播音主持语言应保证其清晰度,不可过于随意,避免造成"吃字"。例如,过去很多人在北京的公交车上听不清售票员所报站名,主要原因就是售票员发音过快过轻,造成严重的"吃字"现象。如果播音员主持人在发音中不注意轻声音节的清晰度,当语速偏快时,势必产生严重的"吃字",从而影响传播效果。

5. 语境原则

在媒体有声语言中,轻声的实际使用受到语境和语体的限制。语言环境和语体越庄重、越严肃,轻声的使用越少。这时只保留必需的轻声,凡可轻可不轻的,就不读轻声,以保证语言的庄重感和权威感。相反,轻松随意的语言环境和语体中,轻声的使用会有所增加,但使用时也应以清晰为原则,不能像生活口语一样随意。

第二节 普通话儿化

一、普通话儿化及其作用

儿化又称儿化韵,是普通话和某些汉语方言中的一种语音变化现象。发音时,后缀"儿"字不自成音节,通过卷舌与前面的韵母结合在一起形成儿化韵。如"花儿"写出来是两个汉字,但读音时只是一个音节 huār。

常见的儿化音节是在词的末尾,如"土豆儿、冰棍儿"等;也有一些儿化音节嵌在多音节词的中间,如:"馅儿饼、小人儿书、甜丝儿丝儿"等。这些都统称为儿化词。

儿化丰富了普通话的词汇,在普通话里起着修辞和表示语法功能的作用。

1. 区分词性

儿化具有区分词性的功能。比如"盖"为"由上而下地遮掩；蒙上"、"由上而下按压"、"超过压倒"、"建筑（房屋）"等，为动词，儿化之后"盖儿"则变为了名词。"零碎"形容琐碎、零散的样子，"零碎儿"则指零碎的东西，变为了名词。

2. 区分词义及同音词

儿化具有区分词义的功能。比如"头"指头部，"头儿"则指领导、上司、终点。"信"指信件，"信儿"意为消息。儿化之后词义发生改变。

儿化还可以区分同音词。如"拉练"指部队训练，儿化之后写为"拉链儿"，指拉锁。"邮票"是邮资已付的凭证，儿化之后的"油票儿"则指过去购买汽油、食油的凭证。

3. 表示少、小的意思

像"头发丝、米粒、小葱、针尖、雨点"这样的词，儿化之后，变成"头发丝儿、米粒儿、小葱儿、针尖儿、雨点儿"，意思不变，但更能体现出物体细、小、薄、少的特点。

4. 表示喜爱、亲切或轻蔑、鄙视等感情色彩

比如"宝贝儿、热心肠儿、机灵鬼儿"，儿化的发音使得事物更加可爱。有时人们喜欢在呼喊别人名字的时候加儿化，显得特别亲切。人们在表示厌恶、鄙视等色彩的时候也会运用儿化，比如"小偷儿、小丑儿"一类的词语。有时随意在别人的职业后面加儿化，如"演员儿、教员儿"等，会透露出说话人对对方轻视或不尊重的态度倾向。

二、普通话儿化的使用规范

普通话中的儿化与各方言当中的儿化有不同程度的差异，普通话儿化的使用随着语境的改变，也会有所调整。播音员主持人在发音时要遵循儿化的使用原则。

1. 辨义表情原则

凡是有区别词性、词义作用的儿化必须保留。例如在"盖与盖儿、零碎与零碎儿"这类词当中，儿化改变了词性或词义，如果不儿化就会引起歧义。另外，由于儿化有加强感情色彩的作用，因此在语言表达过程中，表情达意需要的儿化一定要保留。

2. 约定俗成原则

有一类儿化词虽没有区别词性、词义的作用，例如，冰棍儿、好玩儿、玩意儿、遛弯儿、土豆儿、碱面儿等，但是如果不儿化，听起来就不像普通话了，影响语音的纯正，应按照通常的发音，使用儿化。

3. 禁忌原则

在学习普通话过程中，有人故意在许多词后面加儿化，以显示自己普通话标准，这是一种误解。有些词，比如"肝脏"决不能发成"肝儿脏"，"葡萄"也不能发成"葡萄儿"，"大肠杆菌"不能说成"大肠杆儿菌"。不该用儿化的词，切忌乱用儿化。

4.语境、语体原则

与轻声的使用类似,在播音主持语言中,儿化的实际使用也受到语境和语体的限制。语言环境和语体越庄重、越严肃,儿化的使用越少。除了必须使用的儿化,可加可不加儿化的,就不儿化,以保证语言的庄重性。比如"清早儿"、"绕口令儿"一类的词都可以不儿化。相反,轻松、随意的语言环境和语体中,儿化的使用会有所增加,但在使用时应注意把握儿化的度,舌太卷,或儿化过多,会使受众感到主持人过于随便。

第三节 普通话变调

语流中连读发音时,相邻音节声调发生变化的现象叫变调。

一、"一"的变调

"一"单念或在序数词中仍读本调阴平,例如:"一、第一"。

"一"在非去声音节前变去声,如:"一心、一同、一口"。

"一"在去声音节前变阳平,如:"一律、一概"。

"一"夹在重叠词中间念轻声,如:"笑一笑、等一等"。

特例:

(1)长数字里"一"的念法。

读长数字时,在"百、千、万、亿、兆"这些单位前,"一"字要根据上述规则变调,如"一百、一千、一万、一亿、一兆"。但是在长数字中,只有位于开头的"一"才变调,位于中间和末尾的"一"不需变调,例如"一百一十一万一千一百一拾一",只有第一个"百"前面的"一"需变读为去声,其余的"一"则仍读本调。

另外,在量词之前的"一",如:"一间、一条、一种、一位"的"一"要根据上述规律变调,但在"十一间、二十一条、三十一种、四十一位"里,"一"是数字词尾,所以不需变调。

(2)同样的词如何确定"一"的念法?

有的词看上去没有区别,但由于语境不同,意思不同,念法也会不一样。比如"一线"当中的"一"是否变调要根据具体语言环境来确定。当出现在"广播电视一线"当中时,"一"是作为序数词出现的,仍读原调。当出现在"命悬一线"、"一线天"当中时,"一"已经不是序数词,须根据规则变调。

总之,"一"的变调情况较为复杂,在学习中应结合语法规律、语境原则进行把握。

二、"不"的变调

"不"字单用或在词句末尾,以及在阴平、阳平、上声前念本调,例如:"不、我不、不说、不能"。

"不"在去声音节前变阳平,如:"不便、不料"。

"不"夹在词语中间念轻声,如:"去不去、好不好"。

三、重叠形容词、动词的变调

1. AA 式单音节形容词重叠的变调

AA 式单音节形容词重叠部分,即第二个"A"的读音,有些情况不能变调,如"茫茫、密密、甜甜"等。有些情况可变成阴平,也可不变调,如"慢慢的、远远的"等。如果第二个"A"带儿化有时可变为阴平,显得自然上口,如"慢慢儿的、远远儿的、好好儿的"。

2. ABB 式形容词重叠的变调

ABB 式形容词的重叠部分,根据普通话的语感,有些变为阴平自然上口,读本调也不算错,如"孤零零、慢腾腾、湿淋淋、黑糊糊"等。但有些词的重叠部分变为阴平则不合适,如"气鼓鼓、金灿灿、甜蜜蜜、红艳艳"等。

3. AABB 式双音节形容词或动词重叠的变调

AABB 式双音节形容词或动词重叠,后一个音节及其重叠部分根据普通话的语感,有必须变为阴平的情况,比如"马马虎虎",如果"虎虎"在这里读本调就失去了普通话的特点,因此必须变调。而有些情况不变调也合理,变为阴平则更加自然上口,如"漂漂亮亮、热热闹闹、支支吾吾、老老实实"等,在普通话水平测试当中,这类词变调与否都是正确的。另有一种情况则不适宜变调,如"密密麻麻、鬼鬼祟祟、恩恩爱爱、工工整整"等。

总之,重叠形容词、动词的变调规则不能一概而论,这也是学习当中的难点,须根据普通话发音的语感仔细斟酌。

第四节　普通话词的轻重格式

一旦发音突破单音节进入语流,音节之间势必会产生疏密度的变化,有声语言不是一个个音节同等长度和同等轻重的叠加。我们把汉语普通话及各方言中,由于词义或情感表达的需要,词语中的各个音节约定俗成的轻重、长短差别,称为词的轻重格式。为了描述词的轻重格式,我们将弱而短的音节称为"轻",强而长的音节称为"重",介于二者之间的称为"中",比如"播音"一词可描述为"中重"格式,"播音员"一词可描述为"中中重"格式。

要使发音纯正自然,就必须掌握词的轻重格式,符合普通话的要求。普通话词的轻重格式与一些方言词轻重格式差异较大,因此,在学习普通话的过程中,来自方言区的学生往往受原来发音习惯的影响,出现轻重格式的偏误,致使普通话发音出现方言语调。对轻重格式的准确认知,建立在良好的普通话语感基础上,尽管普通话中词的轻重格式有一定规律,但使用中的变化很灵活,因此,多听标准普通话发音示范及标准普通话节目,培养良好的语感是非常必要的。

词的轻重格式表现在声音上,是音节和音节之间轻重、长短、快慢、疏密度的变化,这些变化恰恰是构成语言节奏的基础。有的同学在大段语流中表现出来的拖沓、呆板,究其原因可能与对词的轻重格式把握不好有关。

需要注意的是，词的轻重格式虽然是约定俗成的，但它不是绝对不变的。由于受语句目的的制约，在语流中我们往往会遇到原来的轻重格式被改变的情况，这是正常的。在学习的过程中，既要掌握基本规律，又要特别注意这些灵活的变化。

一、双音节词的轻重格式

在普通话中，双音节词轻重格式有三种，其中以中重格式最多，如"波浪、跑道"；第二种为重中格式，如"变化、僻静"；第三种为重轻格式，如"扁担、盘算"。值得注意的是，随着语言的发展，普通话里许多重中格式的双音节词现在已发生变化，也可读为中重或重轻格式。

二、三音节词的轻重格式

普通话三音节词轻重格式一般有三种。第一种为最常见的中中重格式，如"白兰地、抛物线"；第二种为中重轻格式，如"没商量、犯嘀咕"；第三种为中轻重格式，如"豆腐渣、筒子楼"。

三、四音节词的轻重格式

四音节词的轻重格式，一般认为与其语法结构有关。普通话四音节词轻重格式一般可分为三种。中重中重格式的四音节词以联合式（并列式）语法关系为多，如"南腔北调、厉兵秣马"；重中中重格式四音节词以主谓式或偏正式语法关系为多，如"不约而同、疲于奔命"；第三类是口语化色彩较强的词，我们习惯于把这类词处理为中轻中重格式，如"老实巴交、稀里糊涂"。

四、多音节专有名词的轻重格式

多音节专有名词是指由两个以上的双音节词或三音节词构成的专有名词，多音节专有名词轻重格式的规律比较复杂。首先，专有名词中每个小的组成单位有自己的轻重格式。比如"中国传媒大学"一词，由三个双音节词组成，一般分别处理为中重格式。其次，在播读时，不能将专有名词处理为几个零散的词，必须有机整合为一个明确的单位，注意专有名词的整体轻重格式。比如"中国传媒大学"一词，如没有特指含义，一般会打破原先三个"中重"格式的叠加，处理为"后重式"的格式。另外，由于情感表达和逻辑的需要，多音节专有名词的轻重格式常常会在一般格式的基础上有所改变。仍以"中国传媒大学"一词为例，当强调学校特色时，通常重读放在"传媒"一词上，较之其一般表达样态的基本格式有所变化。

第五节　普通话语气词"啊"的音变

"啊"作为语气词用在句首,仍发"a"的本音。如果用在句尾,因受它前面音节收尾音素的影响会发生不同音变,变化的原则是依据前一个字的收尾音素顺势而发。"啊"的音变现在呈现出较为灵活的使用趋势,只要听起来顺耳,念起来上口,在使用中不必苛求统一。

"啊"的音变主要有以下六种:

1. 前一音节收尾音素是 a、o(ao、iao 除外)、e、ê、i、ü 时,"啊"读作 ya

喝茶啊　快划啊　回家啊　种花啊　上坡啊　菠萝啊　广播啊　大伙啊
合格啊　祝贺啊　唱歌啊　黄河啊　早起啊　可爱啊　快来啊　喝水啊
逛街啊　快写啊　白雪啊　节约啊　你去啊　金鱼啊　有余啊　扫雪啊

2. 前一音节收尾音素是 u 时(包括 ao、iao),"啊"读成 wa

别哭啊　好笑啊　跳舞啊　快走啊

3. 前一音节收尾音素是 n 时,读成"na"

咱们啊　真准啊　好人啊　弹琴啊

4. 前一音节收尾音素是 ng 时,"啊"读成 nga

小熊啊　好清啊　动听啊　是冷啊

5. 前一音节收尾音是 -i(前)时,"啊"读成 za

写字啊　几次啊　自私啊　工资啊

6. 前一音节收尾音素是 -i(后)、r 和 er(包括儿化韵)时,"啊"读成 ra

节日啊　老师啊　小曲儿啊　女儿啊

思考题

1. 请举例说明"轻声"的作用。
2. 请举例说明"儿化"的作用。
3. 请举例说明双音节词常见的轻重格式。

练习材料

练习1. 普通话轻声发音练习

1. 双音节轻声词发音练习

阴平＋轻声

> 练习提示

阴平后面的轻声音节应为半低调（2度）。

包袱	铺盖	眯缝	吩咐	作坊	村子	塞子
答应	挑剔	妞妞	溜达	扎实	窗户	烧饼
扔了	交情	欺负	稀罕	甘蔗	窟窿	花哨

阳平＋轻声

> 练习提示

阳平后面的轻声音节应为中调（3度）。

白净	盘算	苗条	福气	琢磨	财主	俗气
笛子	头发	能耐	累赘	宅子	柴火	石榴
人家	橘子	勤快	行李	格子	咳嗽	合同

上声＋轻声

> 练习提示

上声后面的轻声音节应为半高调（4度）。

本事	笸箩	牡丹	斧子	祖宗	跺着	嫂子
打量	妥当	女婿	领子	枕头	场子	使唤
软和	脊梁	曲子	喜欢	骨头	口袋	火候

去声＋轻声

> 练习提示

去声后面的轻声音节应为低调（1度）。

棒槌	漂亮	木匠	废物	自在	刺猬	岁数
动静	特务	念叨	利索	栅栏	畜生	世故
认识	嫁妆	亲家	秀才	告诉	快活	厚道

2. 多音节词语中连续两个轻声音节练习

> 练习提示

如果轻声后边再接一个轻声，第二个轻声依据第一个轻声字调的高低逐级下降一度。

下来吧	上头的	出去吧	起来了	看看吧	累得慌	拿起来
说出来	抬下去	站起来	熬过去	憋得慌	朋友们	免不得
没什么	走进去	坐下来	跳下去	听见了	女人家	吃不得
乡亲们	告诉他	怪不得				

3. 轻声发音绕口令练习

> 练习提示

注意下面句段练习轻声发音的辨义性。另外，通过轻声句段练习，体会和掌握普通话的语言节奏。

做买卖

买卖人做买卖，买卖不公没买卖，没买卖没钱做买卖，买卖人做买卖得实在。

屋子里有箱子

屋子里有箱子，箱子里有匣子，匣子里有盒子，盒子里有镯子，镯子外面有盒子，盒子外面有匣子，匣子外面有箱子，箱子外面有屋子。

4. 轻声发音段落练习

盼望着，盼望着，东风来了，春天的脚步近了。一切都像刚睡醒的样子，欣欣然张开了眼。山，朗润起来了；水，涨起来了；太阳的脸，红起来了。

（节选自朱自清《春》）

秋天一定要住北平。天堂是什么样子，我不知道，但是从我的生活经验去判断，北平之秋便是天堂。论天气，不冷不热。论吃的，苹果、梨、柿子、枣儿、葡萄，每样都有若干种。论花草，菊花种类之多，花式之奇，可以甲天下。西山有红叶可见，北海可以划船——虽然荷花已残，荷叶可还有一片清香。衣食住行，在北平的秋天，是没有一项不使人满意的。

（节选自老舍《住的梦》）

正在午后一点的时候，他又拉上个买卖。这是一天里最热的时候，又赶上这一夏里最热的一天，可是他决定去跑一趟。他不管太阳下是怎样的热了：假若拉完一趟而并不怎样呢，那就证明自己的身子并没坏；设若拉不下来这个买卖呢，那还有什么可说的，一个跟头栽死在那发着火的地上也好。

（节选自老舍《骆驼祥子》）

练习2. 普通话儿化发音练习

1. 儿化的音变规律及练习

(1) 韵母或韵尾音素是 a、o、e、u 的音节，儿化时只在原韵母后加卷舌动作。

a—ar	刀把儿	戏法儿	找茬儿	腊八儿	号码儿
ia—iar	豆芽儿	掉价儿	脚丫儿	人家儿	书架儿
ua—uar	麻花儿	牙刷儿	笑话儿	香瓜儿	画画儿
o—or	耳膜儿	粉末儿	山坡儿	歪脖儿	薄膜儿
uo—uor	火锅儿	邮戳儿	被窝儿	花朵儿	大伙儿
ao—aor	红包儿	手套儿	口哨儿	熊猫儿	半道儿
iao—iaor	火苗儿	跑调儿	开窍儿	豆角儿	线条儿
e—er	模特儿	饭盒儿	方格儿	风车儿	逗乐儿

u—ur	火炉儿	碎步儿	泪珠儿	括弧儿	小屋儿
ou—our	纽扣儿	门口儿	小丑儿	网兜儿	派头儿
iou—iour	加油儿	棉球儿	顶牛儿	套袖儿	没救儿

(2)韵尾是 i、n(除 in、ün 外)的音节,儿化时失落韵尾,在主要元音上加卷舌动作。

ai—ar	名牌儿	鞋带儿	小孩儿	窗台儿	活塞儿
ei—er	刀背儿	摸黑儿	宝贝儿	眼泪儿	倍儿棒
an—ar	快板儿	老伴儿	脸蛋儿	心肝儿	纽襻儿
ian—iar	小辫儿	雨点儿	聊天儿	心眼儿	冒烟儿
en—er	老本儿	别针儿	杏仁儿	后门儿	评分儿
uei—uer	土堆儿	跑腿儿	墨水儿	烟灰儿	小鬼儿
uen—uer	打盹儿	冰棍儿	开春儿	保准儿	条文儿
uai—uar	土块儿	乖乖儿	一块儿		
uan—uar	茶馆儿	火罐儿	落款儿	遛弯儿	门环儿
üan—üar	汤圆儿	烟卷儿	人缘儿	绕远儿	眼圈儿

(3)韵尾是 ng 的音节,儿化时失落韵尾,韵腹鼻化。发元音软腭下降,口腔、鼻腔同时共鸣,并加卷舌动作。在元音上加 ~ 表示元音鼻化。

ang—ãr	药方儿	赶趟儿	香肠儿	肩膀儿	帮忙儿
iang—iãr	鼻梁儿	透亮儿	花样儿	官腔儿	信箱儿
uang—uãr	蛋黄儿	天窗儿	打晃儿	眼光儿	镜框儿
eng—ẽr	钢镚儿	板凳儿	提成儿	门缝儿	脖颈儿
ing—iẽr	水瓶儿	图钉儿	打鸣儿	电影儿	眼镜儿
ueng/ong—õr	小瓮儿	果冻儿	胡同儿	酒盅儿	抽空儿
iong—üẽr	小熊儿	叫穷儿			

(4)韵母是 i、ü 的音节,包括韵母为-i(前)、-i(后)的音节,儿化时韵母不变,加卷舌音 er。

i—ier	玩意儿	针鼻儿	垫底儿	眼皮儿	警笛儿
ü—üer	有趣儿	毛驴儿	小曲儿	金鱼儿	小雨儿
-i(前)—ier	瓜子儿	没词儿	挑刺儿	铁丝儿	写字儿
-i(后)—ier	记事儿	墨汁儿	锯齿儿	夜市儿	戒指儿

(5)韵腹实际音是 ê 的音节,儿化时 ê 变为卷舌音 er。

ie—ier	半截儿	小鞋儿	台阶儿	树叶儿	麦秸儿
üe—üer	主角儿	皮靴儿	正月儿	空缺儿	木橛儿

(6)韵母是 in、ün 的音节,儿化时失落韵尾鼻音,i、ü 后加卷舌音 er。

in—ier	有劲儿	水印儿	送信儿	树荫儿	今儿
ün—üer	花裙儿	合群儿	喜讯儿		

2.儿化发音对照练习

> 练习提示

应特别注意,韵尾是 ng 的音节儿化时,如果元音不鼻化会造成歧义。

绳儿—神儿	棚儿—盆儿	杏儿—信儿	瓶儿—皮儿
缝儿—份儿	亮儿—链儿	腔儿—签儿	凉儿—帘儿
缸儿—肝儿	汤儿—摊儿	光儿—官儿	肠儿—苍儿

3.儿化发音绕口令练习

奶奶想说

圆桌儿、方桌儿没有腿儿，墨水瓶儿里没有水儿，花瓶里有花儿没有叶儿，练习本儿上写字儿没有准儿，甘蔗好吃净是节儿，西瓜挺大没有味儿，坛儿里的小米儿长了虫儿，鸡毛掸子成了棍儿，水缸沿儿上系围裙儿，耗子打更猫打盹儿，新买的小褂儿没钉扣儿，奶奶想说没有劲儿。

乐得我合不上嘴儿

乐得我天天儿合不上嘴儿，忙得我早晚儿歇不了腿儿，东家请我描花样儿，西家让我挑桶水儿，老太太短不了我帮忙儿，小孩儿们缠着我讲故事儿，哪家婆媳拌了嘴儿，我还得去当个调停人儿。

4.儿化发音段落练习

> 练习提示

在段落练习当中，应注意儿化韵与非儿化韵的灵活运用。最后一段练习，节选自北方鼓曲单弦牌子曲的唱词，本段唱词是小辙口，极具北京特色，虽然有些儿化现象在普通话里不常见，但通过这个唱词，可以非常好地练习儿化发音，培养普通话的语感。

茅檐下的雨水，一滴一滴的落到衣上来。土阶边的水泡儿，泛来泛去的乱转。门前的麦垅和葡萄架子，都濯得新黄嫩绿的非常鲜丽。——一会儿好容易雨晴了，连忙走下坡儿去。迎头看见月儿从海面上来了，猛然记得有件东西忘下了，站住了，回过头来。这茅屋的老妇人——她倚着门儿，抱着花儿，向着我微微的笑。

(节选自冰心《笑》)

最妙的是下点儿小雪呀。看吧，山上的矮松越发的青黑，树尖儿上顶着一髻儿白花，好像日本看护妇。山尖儿全白了，给蓝天镶上一道银边。山坡上，有的地方雪厚点儿，有的地方草色还露着；这样，一道儿白，一道儿暗黄，给山们穿上一件带水纹儿的花衣；看着看着，这件花衣好像被风儿吹动，叫你希望看见一点儿更美的山的肌肤。等到快回落的时候，微黄的阳光斜射在山腰上，那点儿薄雪好像忽然害了羞，微微露出点儿粉色。就是下小雪吧，济南是受不住大雪的，那些小山太秀气。

(节选自老舍《济南的冬天》)

桃树、杏树、梨树，你不让我，我不让你，都开满了花赶趟儿。红的像火，粉的像霞，白的像雪。花里带着甜味；闭了眼，树上仿佛已经满是桃儿、杏儿、梨儿。花下成千成百的蜜蜂嗡嗡地闹着，大小的蝴蝶飞来飞去。野花遍地是：杂样儿，有名字的，没名字的，散在草丛里，像眼睛，像星星，还眨呀眨的。

(节选自朱自清《春》)

【曲头】北京城有小吃儿，做法奇特有绝门儿，万紫千红各有其味儿。有凉又有热，有块儿又有丝儿，一碗碗儿一碟碟儿，五花八门真叫爱人儿。

【打新春】您进了小吃儿店,得先来碗豆汁儿,喝它离不开辣咸菜丝儿,买几个焦圈又叫油炸滚儿来巴呀儿哟,又酥又脆颜色像枣皮儿依个呀儿哟。呲儿喽喝了一口,酸到了脚后跟儿,细一咂摸还有点甜不几儿,就一口咸菜丝儿真叫够味儿来巴呀儿哟,不喝它三大碗都不愿出门儿依个呀儿哟。

【太平年】喝完了豆汁儿您那一扭身儿,爆肚儿锅前那就挤满了人儿,先来一碟那牛百叶儿,再来一碟爆肚仁儿,那作料给得多小碗赛过盆儿,又香又美像蹄筋儿,再来碟肚领儿葫芦那蘑菇是心儿,爆肚儿它还能帮咱们消化食儿。

【南罗北鼓】豆腐脑赛雪花儿,满登登在缸里边儿,用铜片儿勺儿盛进了碗儿,羊肉打卤口磨渣儿,肉不多就几块儿,那提味儿的可就在,就在那烂蒜儿。

【罗江怨】还有那什锦的元宵,蜜麻团糖耳朵脆麻花儿,绿豆面炸丸子多加粉头儿,炸豆泡儿煮得透那味儿在里边儿,喝一碗您香三天,今儿个明儿个后儿。

……

【流水板】我一言唱不尽,北京城风味小吃儿说来不下几十样儿,它好像朵朵小花儿开满了枝儿,欢迎您亲口品尝方知其味儿,保证您满意而归,您是面带笑纹儿。

(节选自单弦牌子曲唱词《北京小吃》)

练习 3. "一"的变调发音练习

1. "一"在非去声音节前变去声

一心　一身　一杯　一边　一根　一般　一同　一旁　一直
一时　一齐　一盒　一本　一口　一手　一统　一准　一体

2. "一"在去声音节前变阳平

一气　一律　一共　一旦　一样　一再　一定　一路　一道
一切　一半　一概

3. "一"夹在重叠词中间念轻声

唱一唱　跳一跳　说一说　笑一笑　来一碗

4. "一"的变调绕口令练习

一心一意

干什么工作都要一心一意,表里如一,言行一致,一丝不苟。情绪不能一高一低,一好一坏,一落千丈,一蹶不振。做事必须一是一,二是二,一清二楚,说一不二,以一当十,即便一无所有,也要一分为二,要一不做,二不休;一不怕苦,二不怕累,不屈不挠,一切从零开始;决不能一而再,再而三地叫人摇头说不字。

5. "一"的变调古诗练习

"一"字诗

〔清〕陈沆

一帆一桨一渔舟,一个渔翁一钓钩。
一俯一仰一场笑,一江明月一江秋。

练习 4."不"的变调发音练习

1."不"在去声音节前变阳平

不便　不过　不幸　不够　不屑　不当　不适　不备
不必　不测　不快　不愧　不力　不料　不妙　不配

2."不"夹在词语中间念轻声

去不去　　行不行　　走不走　　看不见　　吃不完

3."不"的变调四音节词练习

不负众望　　不尴不尬　　不管不顾　　不哼不哈　　不卑不亢
不偏不倚　　不破不立　　不屈不挠　　不三不四　　不声不响
不痛不痒　　不闻不问　　不折不扣

练习 5.重叠形容词、动词的变调发音练习

> 练习提示

重叠的后字在较口语语境下可变成阴平,但也可不变。带儿化重叠后字有时变为阴平。

1.单音节形容词重叠

高高的　空空的　甜甜的　凉凉的　美美的　暖暖的　淡淡的
硬硬的　远远儿的　慢慢儿的　好好儿的　满满儿的　饱饱儿的

2.ABB 式形容词

亮堂堂　软绵绵　香喷喷　热腾腾　红彤彤　蓝莹莹　绿油油
黑洞洞　懒洋洋　毛茸茸　沉甸甸　火辣辣　笑吟吟　明晃晃
慢腾腾　孤零零　笑咧咧　水淋淋　雾茫茫　灰蒙蒙　黑黝黝

3.双音节形容词或动词重叠 AABB 式

> 练习提示

第一个音节重叠后字轻读,后一个音节及其重叠部分在较口语语境下可变成阴平。

鼓鼓囊囊　老老实实　亮亮堂堂　大大咧咧　严严实实
马马虎虎　客客气气　高高兴兴　热热闹闹　嘻嘻哈哈
打打闹闹　蹦蹦跳跳　说说笑笑　密密麻麻　大大小小

4.变调发音综合练习

大雪整整下了一夜。今天早晨,天放晴了,太阳出来了。推开门一看,嗬!好大的雪啊!山川、河流、树木、房屋,全都罩上了一层厚厚的雪,万里江山,变成了粉妆玉砌的世界。落光了叶子的柳树上挂满了毛茸茸亮晶晶的银条儿;而那些冬夏常青的松树和柏树上,则挂满了蓬松松沉甸甸的雪球儿。一阵风吹来,树枝轻轻地摇晃,美丽的银条儿和雪球儿簌簌地落下来,玉屑似的雪末儿随风飘扬,映着清晨的阳光,显出一道道五光十色的彩虹。

(节选自峻青《第一场雪》)

练习6.普通话词的轻重格式发音练习

练习提示

本部分的练习材料尽可能选择的是典型轻重格式的词汇,但在句段当中则应根据具体的语境灵活运用。

1.双音节词的轻重格式发音练习

(1)中重格式

波浪　跑道　马帮　附录　再会　草原　赛跑　冬眠
停泊　农耕　隆冬　专稿　畅游　视频　日报　剪彩
契税　雪莲　轨道　空白　汉字

(2)重中格式

变化　僻静　脉络　风气　错误　素材　动力　特色
主人　颤动　设备　节目　气味　消化　干部

(3)重轻格式

扁担　盘算　名堂　废物　作坊　凑合　思量　打量
头发　暖和　篱笆　帐篷　称呼　石榴　认识　街坊
清楚　秀才　甘蔗　快活　活泼

2.三音节词的轻重格式发音练习

(1)中中重

白兰地　抛物线　马后炮　风景线　赞美诗　踩高跷　三字经
短平快　檀香扇　年夜饭　立交桥　中华鲟　石拱桥　润滑油
甲骨文　潜台词　向日葵　高蛋白　口头禅　红绿灯

(2)中重轻

摆架子　票贩子　没商量　犯嘀咕　做买卖　凑热闹　腮帮子
电烙铁　糖葫芦　扭秧歌　癞蛤蟆　找麻烦　车轱辘　说笑话
软骨头　卷铺盖　秋庄稼　小便宜　鬼主意　扣帽子　胡萝卜

(3)中轻重

拨浪鼓　泡泡糖　蘑菇云　犯不着　走着瞧　裁缝铺　扫帚星
豆腐渣　筒子楼　娘娘腔　喇叭花　芝麻官　差不多　势利眼
认识论　机灵鬼　俏皮话　乡巴佬　功夫茶　窟窿眼儿　狐狸精

3.四音节词的轻重格式发音练习

(1)中重中重

标新立异　旁征博引　美轮美奂　纷至沓来　载歌载舞　粗茶淡饭　四通八达

刀耕火种　　天涯海角　　南腔北调　　厉兵秣马　　张灯结彩　　唇亡齿寒　　善始善终
人杰地灵　　价廉物美　　弃暗投明　　心驰神往　　国泰民安　　开源节流　　鹤发童颜

(2) 重中中重

不约而同　　疲于奔命　　木已成舟　　付之东流　　在所不辞　　词不达意　　死得其所
多此一举　　天伦之乐　　耐人寻味　　了如指掌　　朝不保夕　　赤子之心　　身不由己
如虎添翼　　寄人篱下　　前所未有　　喜出望外　　过犹不及　　刻不容缓　　狐假虎威

(3) 中轻中重

迫不及待　　说不过去　　老实巴交　　稀里糊涂　　嘀里嘟噜　　慌里慌张
大大方方　　说说笑笑

4. 多音节专有名词轻重格式发音练习

中华人民共和国　　中国共产党中央委员会　　全国人民代表大会
中国人民政治协商会议　　中国人民革命军事博物馆　　中国人民解放军
春节联欢晚会　　中央电视台　　联合国安理会　　世界卫生组织
国际货币基金组织

练习 7. 语气词"啊"的音变练习

> 练习提示

语气词"啊"的音变,是根据前面结尾音节的韵尾顺势而发的。在句段当中不必过分拘泥规则,避免发音呆板。

1."啊"的音变绕口令练习

鸡鸭猫狗

鸡啊、鸭啊、猫啊、狗啊,一块儿在水里游啊!牛啊、羊啊、马啊、骡啊,一块进鸡窝啊!狼啊、虎啊、熊啊、豹啊,一块儿在街上跑啊!兔儿啊、鼠儿啊、虫儿啊、鸟儿啊,一块儿上窗台儿啊!

张果老

啪!啪!啪!谁啊?张果老啊!怎么不进来啊?怕狗咬啊!衣兜里装的是什么啊?大酸枣啊!怎么不吃啊?怕牙倒啊!胳肢窝里夹的什么啊?破棉袄啊!怎么不穿上啊?怕虱子咬啊!怎么不叫你老伴儿拿拿啊?老伴儿早死了!你怎么不哭啊?盆儿啊!罐儿啊!我的老伴儿啊!

2."啊"的音变段落练习

这些孩子啊,真是可爱啊!你看啊,他们多高兴啊!他们写字啊,作诗啊,画画儿啊,还有各种运动啊,老师教得多好啊!下了课啊,他们唱啊、跳啊,多幸福啊!简直像一群小鸟儿啊!

第八章　普通话读音问题分析

■ **本章要点：**

　　在普通话语音问题当中，声母、韵母、声调以及语流音变章节讲解的是普通话的发音方法、发音部位及标准等发音问题，本章讲解普通话的读音问题，主要目的是帮助学习者掌握汉字的正确读音，避免读错字。学生应特别注意播音员主持人产生读音问题的原因以及避免各类误读的方法。

　　此外，本章还对普通话读音与台湾"国语"读音的差异进行了比较，以便了解两者发音的不同。在台湾和祖国大陆交往日益频繁的今天，双方在广播电视中的语言交流也越来越多，了解这些语音差异可以避免由于发音不同而可能产生的理解和沟通障碍。

第一节　播音主持专业人员的读音问题

一、什么是读音问题

　　读音就是字的念法。读音问题指由于不知道一个汉字的念法而产生的字音误读的现象，包括疑难生僻字误读、多音字误读、形近字误读、古今音误读、形声字误读、专有名词误读、习惯性误读等情况。又如，一些方言区的人学习普通话表现出来的语音问题，有时候不是因为发音不准，而是不知道究竟哪些字是前鼻音、哪些字是后鼻音，不查字典就会读错，此类认读问题也是读音问题。

　　读音问题区别于发音问题，发音问题是指发音人在知道正确读音的情况下仍然不会发音或发错音，包括发音部位、发音方法、舌位等不准确而产生的发音问题。读音问题和发音问题可统称为语音问题。

二、播音员主持人误读原因分析及对策

　　汉字是世界上最古老和优美的文字之一。在《汉文学史纲要》中，鲁迅提到，汉字具有"三美"："意美以感心，一也；音美以感耳，二也；形美以感目，三也。"这是对汉字美的经典概括。同时，汉字具有"三难"，难写、难认、难读。汉字不同于拼音文字，它是意音文

字,由形、音、义三个要素组成。由于汉字的字形不直接表示读音,往往容易导致读音问题的出现。大量字音误读现象与汉字的这一特点密切相关。播音主持中常见的误读主要有以下几大类:

1. 形近字误读

汉字笔画复杂,不易书写,有的字形十分相近,容易认错而造成误读。比如"辍、缀、掇、啜",只是偏旁不同,但是读音差异较大。有的人把"夙愿"读为"凤愿"也是由于两个字字形相近造成的字音误读现象。对于形近字误读,可行的对策是认真辨析字形,了解不同的偏旁或者笔画代表的不同意义,以此入手记准读音。

2. 多音字误读

多音字是指不止一个读音的字,包括多音多义字和多音同义字。多音字误读也是由汉字的特点决定的,多音字在现代汉字中占相当比例。据统计,《现代汉语常用字表》所收的 3500 个常用字中,多音字占 13.65%。由此可见,汉字一字多音的现象大量存在。

具体说来,多音字首先具有区分词义、词性的作用。例如"奔",读为阴平意为"奔走、急跑;紧赶",可组词为"奔波"、"奔驰"、"奔走"等;读为去声意为"直向目的地走去",可组词为"投奔"、"直奔工地"等。再比如"劲",在读为前鼻音"jìn"时是名词性语素,意为"力气;神情;趣味",可组词为"干劲"、"劲头"、"有劲"等;而读为后鼻音"jìng"时是形容词性语素,意为"坚强有力",可组词为"稳劲"、"刚劲"、"劲敌"等。

播音员主持人须把握这些多音多义字词义、词性的区别,根据意义、词性的不同确定正确的读音。概言之,对于多音多义字误读,我们可以"据义定音"。

其次,多音字还具有区分书面语和口语语体色彩的作用。具有这样区别作用的多音字也叫"多音同义字",多音同义字在词义、词性方面并没有区别,只是读音不同,语体色彩不同。例如:"薄",读为 báo 时常出现在口语语体中,如"薄饼"、"薄脆"、"纸很薄"等;读为 bó 时常出现在书面语体中,如"单薄"、"稀薄"、"薄弱"等。再例如,"桑葚"的"葚",书面语体中读为 shèn;口语语体常读为 rèn,常说成"桑葚儿(rèr)"。

播音员主持人应根据多音同义字出现的语言环境或语体色彩确定合适的读音。概言之,对于这类多音同义字引起的误读,可以依据语体确定读音。

3. 形声字误读

许慎《说文解字·叙》中把形声字解释为:"形声者,以事为名,取譬相成,江河是也。"形声字是两个字组成的复合文字,其中的一个字表示事物的类别,称为形旁;另一个表示事物的读音,称为声旁。比如"江"字,从水,工声。"河"字从水,可声。

形声字是最能产的造字形式,在整个汉字系统中占 90% 以上。形声字的声旁是用来表示字音的,但由于长久以来语音和字形的演变,四分之三的形声字的声旁已经不能准确表音了,而哪些声旁可以准确表音也没有规律可循,因此很容易造成误读。所谓"秀才念字读半边",就是指完全按声旁读音来读形声字的读法。

在广播电视节目中,形声字的误读大量存在。例如,有播音员将"水獭"的"獭"读为 lǎn,"锲而不舍"的"锲"读为 qì,"莘莘学子"的"莘"读为 xīn 等。有时,误读之怪异会让受众哭笑不得。因此,播音员主持人对形声字决不可贸然"读半边",须查看工具书确认。

4. 古今音误读

在文言文和古诗词朗读中,有些字的读音产生了古今异读的现象。对于播音员主持人而言,究竟应该从古音还是从今音,是应该特别注意的问题。这里所说的古音,泛指古代的语音,不是音韵学所指周秦时期的语音;今音,泛指现代的语音,不是音韵学中的隋唐音。

例如"暴虎冯河"一词当中的"冯",古同"憑(凭)",借助之意,应遵从古音读为 píng。王维的诗《鹿柴》,其中"柴"同"寨"意为有篱落的村子,因此应从古音读为 zhài。在这两个词中,之所以遵从古音,是因为古今词义产生了变化,词义是古义,读音也应遵从古音。播音员主持人对于避免古今音误读的对策,应该从语法以及词义入手来确定究竟应读古音还是今音。

还有一种现象值得注意。对于一些不产生任何古今意义区别的字音,而且约定俗成被大众读为今音的,可以从今音。例如"仁者乐山"当中的"乐",在《王力古汉语字典》中,注音为 yào,意为"喜好、喜爱"。而该字今音读为 lè,也有"喜好、喜爱"的意思,读为 lè 不会造成意义的改变,并且大众已经普遍接受读为 lè,在这种情况下,可从今音。

另外,如"坐骑"的"骑",根据《现代汉语词典》第六版,应读为 qí,解释为:泛指人骑的动物。这个字古音读为 jì,意义不变。"白蛇传"的"白",今音读为 bái,古音读为 bó,意思也相同。一般情况下,在现代文稿的朗读时,这类词的读音都可遵从今音。但是,在朗读古诗词、文言文时,可以遵从古音。特别是这类词放在句尾因韵律的要求,最好遵从古音,比如"曲终收拨当心画,四弦一声如裂帛。东船西舫悄无言,唯见江心秋月白。"在这里,为了押韵,"白"应读为 bó。

5. 专有名词误读

专有名词误读包括地名误读、姓氏、人名误读及专用术语误读等。专有名词当中的一些读音有特殊性,属于特定地域、特定人群、特定专业领域约定俗成的读音规则,有时,这些读音和字典标注的读音不同。面对读音的分歧,播音员主持人应多方考证读音依据,提出科学的读音标准。

(1)地名误读

有一些地名很容易被误读,比如山西的"洪洞",第二个字常被误读为 dòng,《现代汉语词典》第五版也未能将这一词条收录进来,在该词典中"洞"只有一个读音 dòng。再比如河北的"乐亭",第一个字常被误读为 lè,《辞海》也将该字注音为 lè。值得注意的是,最近出版的《现代汉语词典》第六版(2012年版),已经对这两个字的读音进行了修订,分别标注为 tóng 和 lào。

国家权威词典注音的变化,表明了国家规范读音标准对于地名读音"名从主人"原则的重视。因此,播音员主持人确定地名读音时,应充分考证和尊重当地人的习惯念法。

(2)姓氏、人名误读

姓氏和人名误读的现象也比较多。播音员主持人应特别注意有些司空见惯的汉字,作为姓氏出现时读音会有变化。比如"过"作为姓氏出现应读为 guō,念阴平,而非去声。

"纪"作为姓氏出现应读为 jǐ,为上声,而非去声。

在人名当中,有一些特殊读音,比如历史学家"陈寅恪",第三个字常被读为 kè,而历史学界尊重陈寅恪本人的发音习惯,读为 què。类似这样的情况,播音员主持人应该尊重其本人及学界的读音习惯。

(3)专用术语误读

专用术语涉及各行各业,包罗万象,有些常用字在专业术语当中读音会发生改变。这里仅以中药名为例。比如"白术"第二个字常被误读为 shù,正确读音为 zhú。再如,常有人把"桔梗"中第一个字读为 jú,正确读音为 jié。

概言之,播音员主持人对于专有名词误读的对策是,原则上可遵从"名从主人"的原则,但也应根据不同情况区别对待。

6. 习惯性误读

有些字音的误读是发音人长期以来的错误习惯造成的,比如有人常常说"乘 chèng 客",这是错误的,应读为"乘 chéng 客"。再比如"教室 shì",常被误读为"教室 shǐ"、"潜 qián 伏"常被误读为"潜 qiǎn 伏"、"相 xiāng 扑"常被误读为"相 xiàng 扑"等等。这类字音误读或许是由方音带来的,或许是从小受家人或老师影响造成的,习惯成自然,发音人往往不觉得此类读音会出现问题。一些出版物把易读错的字词收集到一起,这些书籍应该成为播音员主持人的常备工具书。

7. 读音标准改变造成的误读

有些读音错误来自读音标准的更改。比如,"呆板"中的"呆"一度被字典注音为 ái,现又改为 dāi。"确凿"一词中的"凿",读音标准由 záo 变为 zuó,现又改为 záo。

另外有一个字值得注意,"戛纳"这一外国地名,在生活里、广播电视节目中,人们依照该地名的英语发音读为 gā,这也便于区别另一外国地名"加纳"。但是依照《现代汉语词典》第五版及以前版本,"戛"统读为 jiá,没有别的读音。直到《现代汉语词典》第六版才增加了 gā 这一读音,从此"戛"变成了多音字,解决了字典注音与大众实际读音不一致的矛盾。

读音标准频繁更改造成了读音的混乱,播音员主持人应对字典、词典的修订保持职业敏感,遵从最近修订的权威工具书的注音。

上面分析了造成字音误读的诸多原因,也给出了避免误读的对策。在广播电视节目当中,播音员主持人念错字、念白字的现象经常出现。那些查查字典就能解决的小小读音问题,却总是由于播音员主持人的疏忽和懈怠而引起受众及各方专家的强烈反应,受到批评。播音员主持人的职业素质也因此屡屡受到质疑。语言文字方面的问题从来都是全社会关注的大问题,播音员主持人应重视读音问题,加强自己的语言文字修养,避免各类读音问题的出现。

第二节　台湾"国语"与普通话读音的异同

一、台湾"国语"及其发音特点

"国语"在台湾推行的历史源头可追溯到清政府时期。当时清政府通过在台湾设置正音书院来推广北京官话。1894年《马关条约》签订后,台湾被割让给日本,日本禁止台湾人民使用自己的母语,强制推行日语,实行严格的奴化教育。经过长达50年的殖民统治,有些年轻人甚至不会讲台湾话,致使台湾的语言十分混乱。1945年台湾光复,1946年成立台湾"国语"推行委员会,随之在台湾各地设立"国语"推行所,举办各类"国语"培训班,大量培训"国语"师资。编订了《国音标准汇编》作为推行标准"国语"的依据,由台湾省行政长官公署公布,作为地方政府法令施行,并在电台作标准的读音示范广播,掀起了学习"国语"的热潮。1948年创刊的《国语日报》采用注音汉字印刷,主要针对中小学生,对台湾推行"国语"起了很大作用。经过十几年的努力,"国语"推行工作取得显著效果,进入20世纪五六十年代,"国语"基本达到了普及程度。自1949年以来,台湾和祖国大陆在不同的政治、经济、文化条件下发展,读音的差异不可避免。到1978年改革初期,语言的差异达到最远点,此后由于双方交往增多,语言开始逐渐靠拢。

台湾是个多民族地区,除汉族外还有蒙古族、回族、苗族、高山族等民族,其中高山族是台湾的主要少数民族。历史变迁和人口构成等因素使台湾"国语"受闽南语和客家语影响最多,台湾人口97%以上是汉族,其中闽南人和客家人最多。据不完全统计,在台湾2000多万人口中,讲闽南语的人约占1400多万,讲客家语的人约450万人,讲其他汉语的约10%左右。

台湾的主要方言是闽南语和客家语,还有高山族各部落语言,同时还有战后从内地移民到台湾的各地方言。结合了当地方言并受其他外来语的影响,再加上两岸多年的隔绝,台湾"国语"与普通话已有很大不同。

在台湾,标准"国语"指法定的"官方语言"。但日常生活中讲标准"国语"的人较少,只用于一些教学机构。非标准"国语"是受各种方言的影响,声、韵、调、词汇、语法都发生变化的台湾"国语"。台湾的广播电视等大众传媒也都使用这种国语。它在台湾有着广泛的使用人群。人们感觉生活中使用这种"国语"更易交流,更易被接受。

二、台湾"国语"和普通话的读音比较

历史变迁、方言影响等诸多原因使两岸对同一个字的读音有所不同,这些不同日积月累,逐渐成为标准收录在辞书里,进而产生持久的影响。其中有些字的读音差别不大,可能仅声调不同;而有些字的读音差异却很大。比如,"企"字,普通话读音为 qǐ,台湾读音为 qì;"括",普通话读音为 kuò,台湾读音为 guā。李青梅曾经比较《新华字典》(1990年版)和台湾《国语辞典》(1981年版)中3500个常用字的注音,发现注音相同的2711个,注音不同或不完全相同的789个。她在《海峡两岸字音比较》一文中对两部辞书注音不

同的原因进行了分析,认为两部辞书注音原则略有差异。相对来说,《新华字典》更多本着从今、从众、从俗的原则,《国语辞典》比较注重传统读音,更多是传统音和现代音并存。比如"和"字,《国语辞典》既标注了 hé 的音,也收录了老北京俗音 hàn。

一些字受偏旁和字形的影响被误读,如"哮"本来读 xiāo,受"孝"影响读成了 xiào。这种读音有着较广泛的群众基础和较长的积累过程,逐渐习非成是。《新华字典》就采用了 xiào,而《国语辞典》仍标为 xiāo。"酵"字普通话读音为 jiào,台湾"国语"既有 jiào 还有 xiào 的读音。还有"驯"字,普通话读音为 xùn,台湾"国语"读音为 xún。类似的还有:

刽:普通话读音 guì,台湾"国语"读音 kuài。

曙:普通话读音 shǔ,台湾"国语"读音 shù。

萎:普通话读音 wěi,台湾"国语"读音 wēi。

贮:普通话读音 zhù,台湾"国语"读音 zhǔ。

暂:普通话读音 zàn,台湾"国语"读音 zhàn。

综:普通话读音 zōng,台湾"国语"读音 zòng。

淆:普通话采用了传统音 xiáo,如"混淆",台湾"国语"采用了变异音 yáo。

古今字音有一定的演变规律,有些字音变化不符合演变规律,但使用广泛,约定俗成变成了现在的读音。《新华字典》注重现代读音和口语音,《国语辞典》更注重传统读音,例如"播"普通话读音为变异音 bō,台湾国语仍采用传统读音 bó,类似的还有很多:

蹈:普通话读音 dǎo,台湾"国语"读音 dào。

帆:普通话读音 fān,台湾"国语"读音 fán。

讽:普通话读音 fěng,台湾"国语"读音 fèng。

危:普通话读音 wēi,台湾"国语"读音 wéi。

巍:普通话读音 wēi,台湾"国语"读音 wéi。

伪:普通话读音 wěi,台湾"国语"读音 wèi。

紊:普通话读音 wěn,台湾"国语"读音 wèn。

蜗:普通话读音 wō,台湾"国语"读音 guā。

崖:普通话读音 yá,台湾"国语"读音 yái。

椰:普通话读音 yē,台湾"国语"读音 yé。

很多我们熟悉的字词台湾"国语"读音多读为阳平,是因为普通话顺应现代口语音,而台湾"国语"按照字音演变规律,如"下跌",普通话读 xiàdiē,台湾"国语"读 xiàdié,其他的还有:

突:普通话读音 tū,台湾"国语"读音 tú。

淑:普通话读音 shū,台湾"国语"读音 shú。

凸:普通话读音 tū,台湾"国语"读音 tú。

掷:普通话读音 zhì,台湾"国语"读音 zhí。

击:普通话读音 jī,台湾"国语"读音 jí。

绩:普通话读音 jì,台湾"国语"读音 jī。

鞠:普通话读音 jū,台湾"国语"读音 jú。

叔:普通话读音 shū,台湾"国语"读音 shú。

昔:普通话读音 xī,台湾"国语"读音 xí。
惜:普通话读音 xī,台湾"国语"读音 xí。
锡:普通话读音 xī,台湾"国语"读音 xí。
熄:普通话读音 xī,台湾"国语"读音 xí。
息:普通话读音 xī,台湾"国语"读音 xí。
储:普通话读音 chǔ,台湾"国语"读音 chú。
迹:普通话读音 jì,台湾"国语"读音 jī。
究:普通话读音 jiū,台湾"国语"读音 jiù。
朴:普通话读音 pǔ,台湾"国语"读音 pú。
期:普通话读音 qī,台湾"国语"读音 qí。
缚:普通话读音 fù,台湾"国语"读音 fú。
微:普通话读音 wēi,台湾"国语"读音 wéi。
薇:普通话读音 wēi,台湾"国语"读音 wéi。
诬:普通话读音 wū,台湾"国语"读音 wú。
夕:普通话读音 xī,台湾"国语"读音 xì。
筑:普通话读音 zhù,台湾"国语"读音 zhú。

经过几十年的变迁,两岸或采用传统读音,或依照字音演变规律,或照顾各自的方言读音,或照顾文言文里的读音,以及书面语和口语音的差别,字典修订,繁简字不同等诸多差异造成了两岸读音的种种不同,如普通话吸收了一些北方方言读音,脖颈子的"颈"普通话读为 gěng,台湾"国语"则只有 jǐng 一个读音;"猫腰"中 máo 的音也是台湾"国语"里没有的;"垃圾"普通话读音为 lājī,台湾"国语"依照方言读音为 lèsè。

由于书面语和口语的差异,两岸选用的读音不同,也是造成读音差异的一个原因。如"避风"的"避"普通话读 bì,台湾国语既有 bì 的音,也保留了口语音 beì 作为又读音;"胆怯"中的"怯"qiè,台湾也保留了口语音 què。

由于闽南话中没有 ü 的音,相应都发成了 i,于是在台湾"履"既有和普通话相同的读音 lǚ,又有 lǐ 的读音,"剧"既有 jù 又有 jí 的读音。由于一些方言中没有平翘舌差别,"骤"zhòu 被读为 zòu,台湾"国语"就采用了这个变异读音。

为了避免"卓 zhuó 见"与"拙见"混淆,《新华字典》中"拙"改为 zhuō,台湾"国语"读音仍为 zhuó。

如"发"字,"发财"一词台湾用"發财",两岸"发"的读音都为 fā,而"烫发、发型"中的"发"字普通话读音为 fà,台湾用"髮"字,读音为 fǎ。

"叠"普通话只有一个 dié 的音,在台湾为多音字,用于"一叠纸"时,读音为"dá"。

台湾"国语"中轻声读音较少,如"嘱咐"zhǔfu、"玻璃"bōli,台湾"国语"分别读为 zhǔfù、bōlí。

台湾教育部门为了解决一字多音以及两岸字音不同给汉字教学和"国语"推广造成的困扰,1987 年进行多音字整理与审定工作,并公布了《"国语"一字多音审定表》征求意见并试用,对多音字删除的幅度较大,大部分以前与普通话不同的音变得相同了,两岸的读音差距进一步缩小。

在语言的变化过程中,读音的变化较缓慢,相比之下词汇较活跃、变化较快。随着台湾和内地交流的增多,以及影视剧等文化产品的影响,许多台湾词汇对我们来说已不陌生,如"短信"称"简讯","地铁"称"捷运","空调"是"冷气机","录像带"称"录影带","幼儿园"为"幼稚园","出租车"是"计程车","方便面"称"速食面";受闽南语影响"丢人"称"现世","庆祝生日"为"庆生"等等。台湾文化中还保留了较多的传统色彩,一些汉字仍采用中国传统的繁体字,且书面语喜好使用具有文言文色彩的词汇及句式。台湾"国语"仍保留一些古旧词语,如"税收"称"税赋"、"邮递员"称"邮差"。外来文化的影响也反映在词汇中,比如,受日语词汇的影响"盒饭"叫"便当",时尚词汇"拉风"是根据日语对法国品牌 LAFONT 的发音再音译而来的。而"宝特瓶"(bottle)、"脱口秀"(talkshow)、"黑客"(hacker)、"马克杯"(mark)则是受英语的影响。这些词汇虽有差异,但可通过语境判断出词汇的意义。

语言词汇的发展过程也是语言相互渗透的过程,"作秀"、"派对"、"赞"等台湾词汇现在已频繁出现在内地很多人的日常交流中。同时,台湾"国语"也吸收了一些普通话的词汇。

另外由于翻译习惯和发音差异,台湾和内地的一些人名、地名、专有名词的英文音译也有差别,例如旅游胜地马尔代夫在台湾被译为马尔蒂夫;新西兰被称为纽西兰;新泽西为纽泽西;悉尼叫雪梨;戛纳译为坎城;索马里是索马索利亚;加拿大首都渥太华译为奥太瓦。大画家梵·高被译为梵·谷;毕加索是毕卡索;达芬奇被译为达文西;美国前总统里根译为雷根,布什称作布希;希拉里称作希拉蕊;奥巴马译为欧巴马等等。洗发水品牌"飘柔"在台湾被称为"飞柔";"强生"则被译为"娇生"。运动品牌"阿迪达斯"被译为"爱迪达"。芬兰语 sanuna,汉语译为"桑拿",在台湾被称作"三温暖"。由于没有统一的标准,不同词采用音译、直译或意译等不同方法造成了两岸的译音不同。

由于历史的原因,台湾"国语"与普通话读音以及词汇的差异不可避免地存在着,但依然有着很多的一致性。随着台湾与内地交往的增进,经贸、文化等各方面的交流不断深入,长年隔绝造成的文化和语言差异也会随之逐步改变。我们探究现存的差异是为了更好地交流和理解,遇到有差异的发音和词汇时能够明白对方所指,尊重对方的使用习惯。

思考题

1.什么是读音问题?播音员主持人误读的原因及其相应对策有哪些?

练习材料

练习 1.字词练习

练习提示

古诗词当中有古今异读、多音字等容易读错的字音,请查找工具书,确认正确读音。

清平乐·村居

辛弃疾

茅檐低小,溪上青青草。

醉里吴音相媚好,白发谁家翁媪?

大儿锄豆溪东,中儿正织鸡笼。

最喜小儿无赖,溪头卧剥莲蓬。

鹿　柴

王　维

空山不见人,但闻人语响。

返景入深林,复照青苔上。

练习2.消息播读

> 练习提示

请分析加点字的字音和字义,确定准确的读音

(1)伊拉克警方22日说,一名自杀袭击者当天在西部城市拉马迪引爆汽车炸弹,袭击当地军事目标,造成至少14人死亡。

(2)5月16日,我国境内将发生"月掩金星"天象。当天,我国新疆、西藏、云南、贵州、广西、广东、海南以及香港、澳门地区均可见这一天象。

(3)据事发当天的第一个目击者村民梁某描述,当天正午,他正在距引发火灾的一棵古枫树600多米处干活,突然发现枫树下开始冒火烟,紧接着出现火苗,风助火势,瞬间蔓延开来。

(4)护理队的领队刘明宝告诉记者,他们到西宁后,一下飞机就感受到了当地非常恶劣的天气。当天风刮得非常大,漫天的黄沙,人根本就睁不开眼睛。

练习3.容易读错的字词朗读练习

> 练习提示

从广播电视播音员主持人出错频率较高语料中选取,可作为朗读材料经常练习,对照字典查找字义,读准字音。

(1)易读错的字

b

畚箕(běn jī)　　　匕(bǐ)首　　　泌(bì)阳　　　秘(bì)鲁

胳臂(bei)　　　　臂(bì)膀　　　针砭(biān)

c

谄(chǎn)媚　　　　孱(chàn)水氹　　　霓裳(cháng)羽衣

一场(cháng)雨　　三场比赛(chǎng,用于文体活动)

匀称、对称、称职(chèn)　憧(chōng)憬　　驰骋(chěng)

鞭笞(chī)　　　　处暑、处理(chǔ)　　揣(chuāi)着书

啜（chuài，姓氏）　　　　　氽（cuān）丸子

d

档（dàng）案　　　　　　订（dìng）正　　　　　胴（dòng）体

句读（dòu）　　　　　　拾掇（duo）

f

菲（fěi）薄　　　　　　　氛（fēn）围　　　　　　果脯（fǔ）

g

准噶（gá）尔　　　　　　勾（gòu）当　　　　　　呱呱（gū）坠地

h

薅（hāo）草　　　　　　契诃夫、堂·吉诃德（hē）

道行（héng）　　　　　　飞来横祸、蛮横、发横财（hèng）

哄抬、哄堂大笑（hōng）　哄逗、哄骗（hǒng）　　　一哄（hòng）而散

白桦（huà）树　　　　　和泥、和面（huó）　　　和（huò）稀泥

溃（huì）脓　　　　　　馄饨（hún tun）

j

通缉（jī）　　　　　　　窗明几（jī）净　　　　　嫉（jí）妒

给（jǐ）予　　　　　　　人才济济（jǐ）　　　　　脊背、脊梁、脊柱（jǐ）

成绩（jì）　　　　　　　里脊（ji）　　　　　　　渐染、东渐入海（jiān）

眼睑（jiǎn）　　　　　　请柬（jiǎn）　　　　　　矫（jiǎo）枉过正

缴纳、缴费（jiǎo）　　　发酵（jiào）　　　　　　粳（jīng）米

腈（jīng）纶　　　　　　根茎（jīng）　　　　　　颈（jǐng）部

以儆（jǐng）效尤　　　　强劲、劲敌、劲旅（jìng）　靓（jìng）妆

解送、押解（jiè）　　　循规蹈矩、矩形（jǔ）　　前倨（jù）后恭

绢（juàn）花　　　　　　配角儿、角色（jué）　　　龟（jūn）裂

k

倥偬（kǒng zǒng）　　　　内窥（kuī）镜　　　　　傀（kuǐ）儡

l

落（lào）不是　　　　　　琅琅（láng）书声　　　　硕果累累（léi）

伤痕累累（lěi）　　　　　连篇累牍（lěi dú）　　　连累（lěi）

量（liáng）杯　　　　　　度量衡、量体裁衣（liàng）

淋病（lìn）　　　　　　　绿（lù）林好汉　　　　　棕榈（lǘ）

m

草莽（mǎng）　　　　　　扪（mén）心自问　　　　披靡（mǐ）

腼腆（miǎn tiǎn）　　　　酩酊（mǐng dǐng）　　　　抹（mò）墙

模（mú）样

n

泥（ní）淖　　　　　　　拘泥、泥古不化、泥子（nì）

忸怩（niǔ ní）　　　　　驽（nú）马　　　　　　　弩（nǔ）弓

p

喷(pèn)香	土坯、坯胎(pī)	砒(pī)霜
癖好、洁癖(pǐ)	媲(pì)美	睥睨(pì nì)
大腹便便(pián)	剽窃、剽悍(piāo)	骠(piào)勇
娉婷(pīng tíng)	湖泊(pō)	开封繁(pó)塔
曝晒、一曝十寒(pù)		

q

菜畦(qí)	绮(qǐ)丽	蹊跷(qī qiāo)
哨卡(qiǎ)	地壳、金蝉脱壳、甲壳(qiào)	
牵强(qiǎng)附会	襁褓(qiǎng bǎo)	龋(qǔ)齿
蜷(quán)缩		

r

绕(rào)	妊娠(rèn shēn)

s

禅让、封禅(shàn)	搭讪、讪笑(shàn)	教室、办公室(shì)
狩(shòu)猎	箪食(shí)壶浆	精髓(suǐ)

t

体己(tī ji)	轻佻(tiāo)	妥帖(tiē)
请帖、一帖药(tiě)	字帖(tiè)	上吐(tù)下泻

w

海参崴(wǎi)	龌龊(wò chuò)

x

新潟(xì)	纤维(xiān wéi)	嫌(xián)弃
鲜(xiǎn)见	骁勇、骁将(xiāo)	相(xiāng)扑
相(xiàng)机行事	叶(xié)韵	挟(xié)制
浑身解(xiè)数	乳臭、铜臭(xiù)	眩晕(xuàn yùn)

y

倾轧(yà)	殷(yān)红	筵(yán)席
梦魇(yǎn)	窈窕(yǎo tiǎo)	笑靥(yè)
迤逦(yǐ lǐ)	旖旎(yǐ nǐ)	荫凉、树荫(yìn)
应(yīng)届	佣工、佣人(yōng)	佣金(yòng)
迂回、迂腐(yū)	年逾(yú)古稀	鹬(yù)蚌相争
伛偻(yǔ lǚ)	熨帖(yù tiē)	头晕、晕厥(yūn)
晕车、晕船、晕机、晕针(yùn)		

z

包扎、扎小辫(zā)	拒载、载人、载体、载运、怨声载道、载歌载舞(zài)	
谮(zèn)言	驻扎(zhā)	札(zhá)记
择(zhái)菜	占卜、占星术(zhān)	棋高一着(zhāo)

着(zháo)慌	召开、号召(zhào)	动辄(zhé)
症(zhēng)结	踯躅(zhí zhú)	抵(zhǐ)掌
趾(zhǐ)甲	卷帙(zhì)浩繁	博闻强识、标识(zhì)
中(zhòng)肯	压轴(zhòu)	白术(zhú)
莺啼鸟啭(zhuàn)	琢磨(zhuó mó,加工义)	琢磨(zuó mo,思索义)
涿(zhuō)州	渣滓(zǐ)	编纂(zuǎn)

（2）易读错的成语

一画

一丘之貉(hé)	一气呵(hē)成	一筹(chóu)莫展
一曝(pù)十寒	一蹴(cù)而就	

二画

十恶(è)不赦

三画

力能扛(gāng)鼎	义愤填膺(yīng)	大放厥(jué)词
飞扬跋扈(hù)		

四画

户枢(shū)不蠹(dù)	斗转参(shēn)横	心怀叵(pǒ)测
为(wèi)虎作伥(chāng)	火中取栗(lì)	天崩地坼(chè)
开门揖(yī)盗	无懈(xiè)可击	不辨菽(shū)麦
不容置喙(huì)	以讹传讹(é)	分道扬镳(biāo)
毛骨悚(sǒng)然	毛遂(suì)自荐	风驰电掣(chè)
风声鹤唳(lì)	反躬自省(xǐng)	

五画

未雨绸缪(chóu móu)	功亏一篑(kuì)	厉兵秣(mò)马
叱咤(chì zhà)风云	皮开肉绽(zhàn)	奴颜婢膝(bì xī)
发人深省(xǐng)		

六画

汗流浃(jiā)背	安土重(zhòng)迁	安步当(dàng)车
并行不悖(bèi)	关山迢递(tiáo dì)	动辄(zhé)得咎(jiù)
有加无已(yǐ)	亘(gèn)古未有	吃一堑(qiàn)长一智
因噎(yē)废食	同仇敌忾(dí kài)	同出一辙(zhé)
杀一儆(jǐng)百	众目睽睽(kuí)	年高德劭(shào)
色厉内荏(rěn)	自惭(cán)形秽(huì)	自吹自擂(léi)
自作(zuō)自受	如火如荼(tú)	

七画

沐雨栉(zhì)风	穷奢(shē)极侈(chǐ)	忧心忡忡(chōng)
言简意赅(gāi)	良莠(yǒu)不齐	杞(qǐ)人忧天
囫囵(hú lún)吞枣	时乖命蹇(jiǎn)	岌岌(jí)可危

馀勇可贾(gǔ)

八画

怙(hù)恶不悛(quān)　　放荡不羁(jī)　　玩火自焚(fén)
直言贾祸(gǔ huò)　　虎视眈眈(dān)　　咄咄(duō)逼人
图穷匕(bǐ)见(xiàn)　　乳臭(xiù)未干　　侃侃(kǎn)而谈
所向披靡(mǐ)　　　　参差(cēn cī)不齐

九画

恬(tián)不知耻　　　　苦心孤诣(yì)　　相形见绌(chù)
枵腹(xiāo fù)从公　　咫(zhǐ)尺天涯　　冒天下之大不韪(wěi)
迥(jiǒng)然不同　　　咬文嚼(jiáo)字　　垂涎(xián)三尺

十画

称(chèn)心如意　　　　海市蜃(shèn)楼　　神采奕奕(yì)
神差(chāi)鬼使　　　　剜(wān)肉补疮(chuāng)　高瞻(zhān)远瞩(zhǔ)
病入膏肓(gāo huāng)　　草菅(jiān)人命　　栩栩(xǔ)如生
厝(cuò)火积薪(xīn)　　破绽(zhàn)百出　　刚愎(bì)自用
蚍蜉(pí fú)撼大树　　鬼蜮伎俩(yù jì liǎng)　纷至沓(tà)来
娓娓(wěi)动听

十一画

深恶(wù)痛绝　　　　造谣中(zhòng)伤　　得不偿(cháng)失

十二画

惴惴(zhuì)不安　　　　越俎(zǔ)代庖(páo)　　煮豆燃萁(qí)
揠(yà)苗助长　　　　提纲挈(qiè)领　　轶(yì)群超伦
朝(zhāo)不保夕　　　　确凿(záo)不移　　屡见不鲜(xiān)
啼饥号(háo)寒　　　　喋喋(dié)不休　　唾(tuò)手可得
量(liàng)才录用　　　量(liàng)入为出　　短小精悍(hàn)

十三画

数(shǔ)典忘祖　　　　趑趄(zī jū)不前　　嗤(chī)之以鼻
饮鸩(zhèn)止渴　　　　解(jiě)甲归田

十四画

诲(huì)淫诲盗　　　　绰绰(chuò)有余

十五画

模棱(léng)两可　　　　横(héng)征暴敛(liǎn)　暴戾(lì)恣睢(suī)
暴殄(tiǎn)天物　　　　暴虎冯(píng)河　　瞋(chēn)目而视
销声匿(nì)迹　　　　剑拔弩(nǔ)张　　缓(huǎn)兵之计

十六画

讳(huì)疾忌(jì)医　　　骇(hài)人听闻　　瞠(chēng)目结舌
蹉跎(cuō tuó)岁月　　遗臭(chòu)万年

十七画

罄(qìng)竹难书　　　　　脍炙(kuài zhì)人口　　　邂逅(xiè hòu)相遇

十八画

翻箱倒箧(qiè)

二十一画

踌躇(chóu chú)满志　　　魑魅魍魉(chī mèi wǎng liǎng)

二十三画

鳞次栉(zhì)比

(3) 易读错的姓氏、少数民族名称

① 姓氏

种(chóng)　 乜(niè)　 仇(qiú)　 殳(shū)　 乐(yuè/lè,两音分别为来源不同的两个姓)

朴(piáo)　 华(huà)　 曲(qū)　 任(rén)　 那(nā)　 冼(xiǎn)　 柏(bǎi)

哈(hǎ)　 员(yùn)　 查(zhā)　 过(guō)　 郄(qiè)　 区(ōu)　 盛(shèng)

单(shàn/dān,两音分别为来源不同的两个姓,今 shàn 姓居多)

解(xiè)　 葛(gě/gài,某些姓葛的也读 gài)

燕(yān)　 缪(miào)　 盖(gě)　 褚(chǔ)　 戚(qī)　 邹(zōu)

韦(wéi)　 酆(fēng)　 岑(cén)　 卞(biàn)　 卜(bǔ)　 尹(yǐn)

邵(shào)　 臧(zāng)　 纪(jǐ)　 樊(fán)　 昝(zǎn)　 应(yīng)

干(gān)　 诸(zhū)　 於(yū)　 长孙(zhǎng sūn)　 尉迟(yù chí)

澹台(tán tái)　　　　诸葛(zhū gé)　　　　万俟(mò qí)

② 少数民族名称

僮(zhuàng)　 侗(dòng)　 傣(dǎi)　 彝(yí)　 佤(kǎ wǎ)

柯尔克孜(kē ěr kè zī)　 傈僳(lì sù)　 侬(nóng)　 拉祜(lā hù)

羌(qiāng)　 仫佬(mù lǎo)　 达斡尔(dá wò ěr)　 仡佬(gē lǎo)

③ 历史上的民族

吐蕃(tǔ bō)

第九章 普通话水平测试

■ **本章要点：**

本章介绍了普通话水平测试的性质、测试的方式、评分标准、如何应对普通话水平测试和普通话水平测试中的常见问题。

开展普通话水平测试，是我国推广普通话的重要措施。这项工作的开展有力地提高了全社会的语言规范意识，有效地促进了语言运用的规范化、标准化。播音员主持人应了解普通话水平测试的具体内容、测试方式和评分标准，避免出现影响测试成绩的常见问题，达到行业规定的普通话等级要求。

第一节 普通话水平测试简介

一、什么是普通话水平测试

普通话是国家通用语言。推广和普及普通话是国家的基本语言政策。开展普通话水平测试，是推广普通话的重要措施之一。

普通话水平测试（PUTONGHUA SHUIPING CESHI，简称PSC）是我国为加快共同语普及进程、提高全社会普通话水平而设置的一种语言口语测试，全部测试内容均以口头方式进行。普通话水平测试不是口才的评定，而是对应试人掌握和运用普通话所达到的规范程度的测查和评定。

普通话水平测试采用口试方式进行。应试人在运用普通话口语进行表达过程中所表现的语音、词汇、语法规范程度，是评定其所达到的水平等级的重要依据。

普通话水平测试是我国现阶段普及普通话工作的一项重大举措。在一定范围内对某些岗位的人员进行普通话水平测试，并逐步实行普通话等级证书上岗制度，标志着我国普及普通话工作走上了制度化、规范化、科学化的新阶段。开展普通话水平测试工作，将大大加强推广普通话工作的力度，加快速度，使"大力推行、积极普及、逐步提高"的方针落到实处，极大地提高全社会的普通话水平和汉语规范化水平。

新中国成立以后，国家大力推广普通话，奠定了普通话作为国家通用语言的基础。1982年，我国宪法载入"国家推广全国通用的普通话"的条款，更加明确了普通话作为国家通用语言的法定地位。从1992年年底开始,国家语委组织了专门的学术委员会和课题组,开始论证和编写《普通话水平测试大纲》,1994年6月定稿,10月正式出版。1994年10月,国家语委、国家教委、广电部发布《关于开展普通话水平测试工作的决定》,这个决定在我国推广普通话的历程中具有里程碑意义。

自1994年10月三部委发布《关于开展普通话水平测试工作的决定》以来,这项工作在全国各地逐步展开。2000年10月,全国人大常委会通过《中华人民共和国国家通用语言文字法》,并于2001年1月1日颁布实施。该法明确规定"凡以普通话作为工作语言的岗位,其工作人员应当具备说普通话的能力。""以普通话为工作语言的播音员、节目主持人和影视话剧演员、教师、国家机关工作人员的普通话水平,应当分别达到国家规定的等级标准;对尚未达到国家规定的普通话等级标准的,分别情况进行培训。"这是国家以法律的形式明确规定了必须进行普通话培训和测试的人员范围。

二、播音员和主持人要进行普通话水平测试

1994年10月,国家语委、国家教委、广电部发布的《关于开展普通话水平测试工作的决定》,把播音员和节目主持人列为主要测试对象,并且要求播音员和节目主持人的普通话等级应达到一级水平。三部委在《关于开展普通话水平测试工作的决定》中指出:"掌握并使用一定水平的普通话是社会各行各业人员,特别是教师、播音员、节目主持人、演员等专业人员必备的职业素质。因此,有必要在一定范围内对某些岗位的人员进行普通话水平测试。"

1997年6月26日,国家语委发布《关于普通话水平测试管理工作的若干规定》(试行),再次明确了播音员和主持人的普通话水平等级要求,规定第二十一条指出:"国家级和省级广播电台、电视台的播音员和节目主持人,普通话水平必须达到一级甲等,其他广播电台、电视台的播音员和节目主持人的达标要求由广播电影电视部另行规定。"

当前,我国广播电视事业飞速发展,播音员和主持人队伍急剧扩大,其中有相当一部分人员是非专业人员。播音员和主持人在节目中出现语言不规范、语音不标准的现象时有发生。在播音主持专业人员中开展普通话水平测试,是非常必要的。普通话水平测试的开展,更好地推进了广播电视行业对全社会的普通话示范作用;有力地提高了全社会的语言规范意识;有效地促进了语言运用的规范化和标准化。这项测试也是对在岗的播音主持专业人员和即将走上这些岗位的人员的督促和帮助。普通话等级作为播音员主持人上岗的基本条件,特别是最高等级的"一级甲等",已成为进入省级电台、电视台担任播音员主持人的必备条件。

三、普通话水平测试的等级划分

国家语委、国家教委和广电部颁布的《普通话水平测试等级标准(试行)》(国语〔1997〕64号)把普通话水平分为三个级别(一级可称为标准的普通话,二级可称为比较标准的普通话,三级可称为一般水平的普通话),每个级别内划分甲、乙两个等次。共三级六等。

一级(标准的普通话):

一级甲等(测试得分:97分及以上)朗读和自由交谈时,语音标准,词语、语法正确无误,语调自然,表达流畅。

一级乙等(测试得分:92分及以上但不足97分)朗读和自由交谈时,语音标准,词语、语法正确无误,语调自然,表达流畅。偶然有字音、字调失误。

二级(比较标准的普通话):

二级甲等(测试得分:87分及以上但不足92分)朗读和自由交谈时,声韵调发音基本标准,语调自然,表达流畅。少数难点音有时出现失误。词语、语法极少有误。

二级乙等(测试得分:80分及以上但不足87分)朗读和自由交谈时,个别调值不准,声韵母发音有不到位现象。难点音失误较多。方言语调不明显。有使用方言词、方言语法的情况。

三级(一般水平的普通话):

三级甲等(测试得分:70分及以上但不足80分)朗读和自由交谈时,声韵母发音失误较多,难点音超出常见范围,声调调值多不准。方言语调较明显。词语、语法有失误。

三级乙等(测试得分:60分及以上但不足70分)朗读和自由交谈时,声韵调发音失误多,方音特征突出。方言语调明显。词语、语法失误较多。外地人听其谈话有听不懂的情况。

第二节 普通话水平测试内容及评分标准

根据《普通话水平测试大纲》的规定,普通话水平测试包括五个部分,满分为100分。

一、读单音节字词

读单音节字词是普通话水平测试的第一项内容,该检测项要求应试人依据给出的文字,在3.5分钟内读单音节字词100个,其中不包括轻声、儿化音节。目的在于考查应试人普通话声母、韵母和声调的发音。应试人应该清晰、准确、音量适中地读出所给的100个单音节字词。读的顺序是,从左到右自上而下地横向依次扫读,不能不读、跳读、漏读、增读。

这一项成绩满分是10分,测试中对应试人语音的评判按错误和缺陷两种情况分别记评。

读错一个字的声母、韵母或声调,扣0.1分;

读音有缺陷的,每个字扣0.05分;应试人读某一个字音时如果出现口误,允许读第二遍,按第二次读音记评。

这一项规定用时3.5分钟。如果超时,1分钟以内,扣0.5分;1分钟以上(含1分钟),扣1分。

语音错误,主要是指发音过程中,把一个音误读作另一个音,产生意义变化的音位错误。例如,把字音中声母"zh"读作"z";把字音中韵母"an"读作"ang"的;把字音的声调阴平读成阳平等。语音缺陷是指发音没有达到发音标准。这种情况,从声音方面分析,存在明显的偏差,但它一般不会在交际中造成理解困难。因此,将这类情况判定为介于"正确"与"错误"之间的"缺陷"。例如,字音中舌尖后音 zh、ch、sh 的发音部位靠前,大体是舌尖与上齿龈的部位构成阻碍,但还没有读作舌尖前音 z、c、s;字音中前响复合韵母发音时舌的活动幅度很小,但还没有读作单元音等。

100 个音节中,70% 选自《普通话水平测试用普通话词语表》"表一",30% 选自"表二"。每个声母出现的次数一般不少于 3 次,不超过 6 次;每个韵母出现次数一般不少于 2 次,不超过 4 次;4 个声调出现次数大致均衡。

二、读多音节词语

这一项要求应试人依据试卷文字,读多音节词语。音节总数 100 个。其中含双音节词语 45—47 个,三音节词语 2 个,4 音节词语 0—1 个。除了考查应试人的声母、韵母和声调的发音外,还要考查变调、轻声、儿化读音的标准程度。其中上声与上声相连的词语不少于 3 个,上声与非上声相连的词语不少于 4 个,轻声不少于 3 个,儿化不少于 4 个(应为不同的儿化韵母)。

这一项成绩满分是 20 分,占总分的 20%。应试人在做到读音清晰、准确的同时,还应力求自然流畅,双音节词语的两个音节之间,语势是连贯的,不能有明显的停顿。

测试中对应试人的语音的评判,仍按错误和缺陷两种情况分别记评。读错一个音节的声母、韵母或声调扣 0.2 分,读音缺陷每次扣 0.1 分。这一项规定用时 2.5 分钟。超时 1 分钟以内,扣 0.5 分;超时 1 分钟以上(含 1 分钟),扣 1 分。

这一项的词语也是 70% 选自《普通话水平测试用普通话词语表》"表一",30% 选自"表二"。声母、韵母、声调出现的次数与单音节字词的要求相同。

三、选择判断

这一项由 10 组词语判断,10 组量词、名词搭配,5 组语序或表达形式判断三部分组成。满分 10 分。

词语判断项是根据《普通话水平测试用普通话与方言词语对照表》,列举 10 组普通话与方言意义相对应但说法不同的词语,由应试人判断并读出普通话的词语。目的是测查应试人掌握普通话词语的规范程度。每组分值 0.25 分。

量词、名词搭配项是根据《普通话水平测试用普通话与方言常见语法差异对照表》,列举 10 个名词和若干量词,由应试人搭配并读出符合普通话规范的 10 组名量短语。目的是测查应试人掌握普通话量词和名词搭配的规范程度。每组分值 0.5 分。

语序或表达形式判断是根据《普通话水平测试用普通话与方言常见语法差异对照表》,列举 5 组普通话和方言意义相对应,但语序或表达习惯不同的短语或短句,由应试人判断并读出符合普通话语法规范的表达形式。目的是测查应试人掌握普通话语法的规范程度。每组分值 0.5 分。

选择判断合计限时 3 分钟。超时 1 分钟以内,扣 0.5 分;超时 1 分钟以上(含 1 分钟),扣1分。答题时语音错误,每个音节扣0.1分,如判断错误已经扣分,不重复扣分。

四、朗读短文

这一项主要考查应试人使用普通话朗读书面作品的水平。在测查声母、韵母、声调读音标准程度的同时,重点测查语流音变、停连、语调以及流畅程度。要求准确、熟练运用普通话,做到字音规范,语流音变正确;领会作品内容,正确把握思想感情,读出真情实感;忠于原作品,不漏字、不增字或任意改字;语调自然,停连、断句恰当,重音处理正确,语速快慢得当。

这项测试短文从《普通话水平测试用朗读作品》中选取。评分以朗读作品的前400个音节(不含标点符号和括注的音节)为限。满分30分。

每错1个音节,扣0.1分;

漏读或增读1个音节,扣0.1分。

声母或韵母的系统性语音缺陷,视程度扣0.5分、1分。

语调偏误,视程度扣0.5分、1分、2分。

停连不当,视程度扣0.5分、1分、2分。

朗读不流畅(包括回读),视程度扣0.5分、1分、2分。

限时4分钟,超时扣1分。

五、命题说话

这项测试限时3分钟,共30分。测试的目的是测查应试人在不借助文字的情况下,使用普通话的能力。重点测查语音标准程度、词汇语法规范程度和自然流畅程度。应试人采用单向表述方式,如果应试人有明显背稿、离题、说话难以继续等表现时,主试人可提示或引导。

这项测试要求应试人语音准确,吐字清楚,能正确处理轻声、儿化、变调等音变现象;语调正确,既符合生活口语特点,又根据内容需要具有一定变化;紧扣话题,中心突出,条理清晰,表达方式恰当;词汇、语法使用合乎规范,选词用语准确恰当;语句连贯,停顿得当,快慢适度,表达自然流畅。

说话题目从《普通话水平测试用话题》中选取,由应试人从给定的两个话题中选定1个话题,连续说一段话。

这一项满分30分,其中语音标准程度20分。分为六档:

一档:语音标准或极少有失误。扣0分、0.5分、1分;

二档:语音错误在10次以下,有方音但不明显。扣1.5分、2分;

三档:语音错误在10次以下,但方音比较明显;或语音错误在10—15次之间,有方音但不明显。扣3分、4分;

四档:语音错误在10—15次之间,方音比较明显。扣5分、6分;

五档:语音错误超过15次,方音明显。扣7分、8分、9分;

六档:语音错误多,方音重。扣10分、11分、12分。

词汇语法规范程度 5 分。分为三档：

一档：词汇、语法规范。扣 0 分；

二档：词汇、语法偶有不规范的情况。扣 0.5 分、1 分；

三档：词汇、语法屡有不规范的情况。扣 2 分、3 分。

自然流畅程度 5 分。也分为三档：

一档：语言自然流畅。扣 0 分；

二档：语言基本流畅，口语化较差，有背稿子的表现。扣 0.5 分、1 分；

三档：语言不连贯，语调生硬。扣 2 分、3 分。

说话要求时长达到 3 分钟。不足 3 分钟，酌情扣分：缺时 1 分钟以内（含 1 分钟），扣 1 分、2 分、3 分；缺时 1 分钟以上，扣 4 分、5 分、6 分；说话不满 30 秒（含 30 秒），本测试项成绩计为 0 分。

《普通话水平测试大纲》对第三项"选择判断"作了说明，要求各地可以根据测试对象或本地区的实际情况，决定是否免测"选择判断"测试项。如免测此项，"命题说话"测试项的分值由 30 分调整为 40 分。评分档次不变，具体分值调整为：

(1) 语音标准程度的分值，由 20 分调整为 25 分。

一档：扣 0 分、1 分、2 分；

二档：扣 3 分、4 分；

三档：扣 5 分、6 分；

四档：扣 7 分、8 分；

五档：扣 9 分、10 分、11 分；

六档：扣 12 分、13 分、14 分。

(2) 词汇语法规范程度的分值，由 5 分调整为 10 分。

一档：扣 0 分；

二档：扣 1 分、2 分；

三档：扣 3 分、4 分。

(3) 自然流畅程度，仍为 5 分，各档分值不变。

第三节　如何准备和参加普通话水平测试

一、调整心理状态

普通话水平测试不仅涉及应试者的语言应用能力，还涉及应试者的心理调控能力。测试过程中的许多因素都可能引发应试者产生焦虑情绪，影响测试成绩。如在考试准备时看到不认识的字词、考试中担心出错、测试员的频繁记录、考试录音等，都可能使应试者产生焦虑情绪。所以考生一定要注意克服过分紧张的情绪，以免影响考试水平的正常发挥。受紧张情绪的影响，考试中有时会出现一些不常见的错误。包括：

读错字形相近的字，比如"乒"读成"乓"、"凹"读成"凸"、把"爪子"读成"瓜子"等等。

有些字脱离了语言环境,很多人就可能不认识了,比如"犄"这个字,如果在"犄角"这个词中出现,大部分人都能读对,但是以单音节形式出现,就有很多人不认识了。

由于心理暗示,看着"甲"读成"乙"。如有人将"公共"读成"厕所"。

一些词语容易读颠倒。如"典雅"读成"雅典";"力气"读成"气力"。

应试者除了积极做好普通话测试知识、技能的充分准备之外,还应该加强心理状态的自我调节。良好的心理状态是保证各种能力正常发挥的重要条件,语言测试主要依靠心理活动完成,应试者的心理状态更为重要。

二、做好复习规划

如果准备参加普通话水平测试,最好提前进行准备。因为许多语音问题需要经过较长时间才能解决。可以从字词、朗读、说话这三个方面做好复习规划。

普通话水平测试中有单音节和多音节词语测试,使用的字词都是从《普通话水平测试用普通话词语表》表中选取的。70%选自《普通话水平测试用普通话词语表》"表一",30%选自"表二"。我们在准备参加测试前,要先通读"表一"、"表二",找出不认识的字词、拿不准的字词,然后重点复习这些字词。还要注意"表一"的6593个词条里,带＊号的是4000个最常用词,这些常用词在试题中往往占的比重更大。解决了认读问题,接下来就可以结合自己的语音状况重点复习上述表中自己可能发不好的字音了,这里会涉及语音问题。语音问题因人而异,解决语音问题除了找对方法外,更重要的是假以时日,不断练习。

复习朗读部分,要做到熟读60篇朗读作品,争取做到对每一篇作品都非常熟悉,这样才能保证在考试中朗读项少失分。朗读项的评分虽然没有涉及文章思想感情的表达,但是如果我们在练习阶段机械地去准备这些文章,每篇都按照一个固定的朗读模式,不用任何情感去读,虽然能读得非常纯熟,却有碍于朗读素质的整体提高,也违背了我们学习普通话的初衷。正确的朗读状态,除了发音准确,还要做到精神状态积极,思维活跃,表达生动,不使用固定腔调。

说话项的复习要从提高自己的即兴口语表达能力入手,从思考、语言组织等方面进行训练,熟练掌握各种口语表达形式,全面提高即兴口语水平。例如,同一个题目,可以从不同的角度思考,用不同的语言形式表达。也可以通过控制语速边想边说,使口语更加自然流畅。准备考试时还要熟悉规定的30个话题,可以把这些话题进行分类,为每一类话题准备素材,素材可多准备一些,以避免出现规定时间未到,但已无话可说的尴尬情况。

准备话题时不要写成稿子去背。背稿和伴随思考的说话是有区别的,很容易影响发音的自然流畅度,造成失分。普通话水平测试的说话项是测查应试人在没有文字提示的情况下使用普通话的水平,除了测查语音标准程度、词汇语法规范程度以外,自然流畅程度也是重要的考查项,如果说话不口语,类似背稿子,会扣掉0.5分或1分。一般来说,说话像背稿是由两方面原因造成的:一是应试人把这个测试项理解成了要说成书面化的语言,书面化的语言有时听起来像背稿。第二个原因是应试人的发音能力有限。应试者中有些人能够清晰准确地发单音节和多音节,朗读也能比较准确到位,但是在自然的语流状态下,应试者因为对语流音变等发音规律不熟悉,在整段的表达中只能保证字音的准确,而无法顾及语句的流畅。

三、掌握易于出现问题的轻声、儿化和异读

普通话的轻声、儿化和异读很容易出现发音问题。要避免产生这类问题,就要熟悉《普通话水平测试用必读轻声词语表》、《普通话水平测试儿化词语表》、《普通话异读词审音表》,掌握这三个表中所列词语的发音。

《普通话水平测试用必读轻声词语表》列出了在普通话水平测试试卷中可能出现的必读轻声词语,熟悉这个表可以帮助我们在测试中很快地确定轻声词,避免失分;《普通话水平测试儿化词语表》列出了在普通话水平测试试卷中可能出现的儿化词语,熟悉这个表可以帮助我们在测试中读好带有儿化韵的词语;《普通话异读词审音表》则列出了普通话的异读词,并提供规范读音,是关于异读词读音规范的法定标准,是我们确定异读词正确读音的主要依据。

四、重视测试细节

测试过程中的一些细节也需要应试者加以注意。忽视这些细节,可能会直接或间接地影响测试成绩。

1. 读单音节字词和多音节词语要横向朗读

在测试中经常出现应试者纵向朗读单音节和多音节字词的情况,这样是要被扣分的。测试中这两项在发音时出现错误可以回读,主考会以应试者的最后读音为准。测试时,应试者不要纠缠在个别字词上,以免影响朗读速度,因为超时也是要扣分的。

朗读短文时严禁回读。朗读短文的测试评分标准中有朗读不流畅的扣分项,回读就会被扣分。如果朗读中出现读错的地方,只能读下去,不要再改正。

2. 读单音节字词时要使用常用音

比如"顿",有两个读音,常用音"dùn"和不常用音"dú"。大多数人都不知道"dú"这个音,如果在考试过程中应试者将"顿"读成"dú",就有可能造成误判。

3. 把握规定时间

读单音节字词限时 3.5 分钟;读多音节词语限时 2.5 分钟;朗读短文限时 4 分钟;命题说话要求说满 3 分钟。

我们在实测过程中发现,读单音节词这一项经常有人超时,这往往是因为考生希望把字音发得完整、到位,故意拉长字音,同时字与字之间停顿时间过长造成的。

读多音节词语和朗读短文两项,绝大多数考生都能在限定时间内读完,但命题说话项不满 3 分钟在考试中很常见。一般有两种情况:一种情况是应试者自己因为情绪紧张等原因说不下去了。还有一种情况是应试者在考前准备得很充分,但只准备了 3 分钟的

内容,有时内容说完了,但考场计时却还没有满3分钟。命题说话应尽可能多地准备说话内容,主考不打断,不要自行停止,这样才能保证说满3分钟。

4.注意词汇和语法规范

普通话水平测试的内容包括普通话语音、词汇、语法。我们在学习普通话语音的过程中不能忽视对普通话词汇和语法的学习,以避免造成虽然语音标准,但词汇和语法不符合使用要求的情况出现。比如近些年流行的"我走先"、"我有看"等句式,是不符合现代汉语语法规范的。这种句子如果出现在普通话水平测试中,将会被扣分。

5.合理分配备测时间

参加测试时,应试者进入备测环节就会拿到考题,备测时间通常是10分钟。拿到考题后,应高效率地利用这10分钟。首先我们可以看看命题说话的题目,在提供的题目中快速选定一个,用2-3分钟的时间想好话题的素材;然后浏览一遍单音节字词和多音节词语,重点解决拿不准的和不认识的字词,这大概需要4-5分钟;剩下的时间可用来通读两遍短文,争取做到在测试中朗读流畅,不出错。

■ 思考题

1.普通话水平测试分为几级几等?对应的分数各是多少?
2.普通话水平测试对播音员主持人的要求是什么?

■ 练习材料

练习1.普通话水平测试用必读轻声词语

> 练习提示

本表根据《普通话水平测试用普通话词语表》编制。朗读下列轻声词,有助于了解和掌握常用轻声词的读音。条目中的非轻声音节只标本调,不标变调;条目中的轻声音节,注音不标调号,如:"明白 míngbai"。

1	爱人 àiren	11	梆子 bāngzi	21	本事 běnshi
2	案子 ànzi	12	膀子 bǎngzi	22	本子 běnzi
3	巴掌 bāzhang	13	棒槌 bàngchui	23	鼻子 bízi
4	把子 bǎzi	14	棒子 bàngzi	24	比方 bǐfang
5	把子 bàzi	15	包袱 bāofu	25	鞭子 biānzi
6	爸爸 bàba	16	包涵 bāohan	26	扁担 biǎndan
7	白净 báijing	17	包子 bāozi	27	辫子 biànzi
8	班子 bānzi	18	豹子 bàozi	28	别扭 bièniu
9	板子 bǎnzi	19	杯子 bēizi	29	饼子 bǐngzi
10	帮手 bāngshou	20	被子 bèizi	30	拨弄 bōnong

31 脖子 bózi	69 大方 dàfang	107 多么 duōme
32 簸箕 bòji	70 大爷 dàye	108 蛾子 ézi
33 补丁 bǔding	71 大夫 dàifu	109 儿子 érzi
34 不由得 bùyóude	72 带子 dàizi	110 耳朵 ěrduo
35 不在乎 bùzàihu	73 袋子 dàizi	111 贩子 fànzi
36 步子 bùzi	74 耽搁 dānge	112 房子 fángzi
37 部分 bùfen	75 耽误 dānwu	113 废物 fèiwu
38 裁缝 cáifeng	76 单子 dānzi	114 份子 fènzi
39 财主 cáizhu	77 胆子 dǎnzi	115 风筝 fēngzheng
40 苍蝇 cāngying	78 担子 dànzi	116 疯子 fēngzi
41 差事 chāishi	79 刀子 dāozi	117 福气 fúqi
42 柴火 cháihuo	80 道士 dàoshi	118 斧子 fǔzi
43 肠子 chángzi	81 稻子 dàozi	119 盖子 gàizi
44 厂子 chǎngzi	82 灯笼 dēnglong	120 甘蔗 gānzhe
45 场子 chǎngzi	83 凳子 dèngzi	121 杆子 gānzi
46 车子 chēzi	84 提防 dīfang	122 杆子 gǎnzi
47 称呼 chēnghu	85 笛子 dízi	123 干事 gànshi
48 池子 chízi	86 底子 dǐzi	124 杠子 gàngzi
49 尺子 chǐzi	87 地道 dìdao	125 高粱 gāoliang
50 虫子 chóngzi	88 地方 dìfang	126 膏药 gāoyao
51 绸子 chóuzi	89 弟弟 dìdi	127 稿子 gǎozi
52 除了 chúle	90 弟兄 dìxiong	128 告诉 gàosu
53 锄头 chútou	91 点心 diǎnxin	129 疙瘩 gēda
54 畜生 chùsheng	92 调子 diàozi	130 哥哥 gēge
55 窗户 chuānghu	93 钉子 dīngzi	131 胳膊 gēbo
56 窗子 chuāngzi	94 东家 dōngjia	132 鸽子 gēzi
57 锤子 chuízi	95 东西 dōngxi	133 格子 gézi
58 刺猬 cìwei	96 动静 dòngjing	134 个子 gèzi
59 凑合 còuhe	97 动弹 dòngtan	135 根子 gēnzi
60 村子 cūnzi	98 豆腐 dòufu	136 跟头 gēntou
61 耷拉 dāla	99 豆子 dòuzi	137 工夫 gōngfu
62 答应 dāying	100 嘟囔 dūnang	138 弓子 gōngzi
63 打扮 dǎban	101 肚子 dǔzi	139 公公 gōnggong
64 打点 dǎdian	102 肚子 dùzi	140 功夫 gōngfu
65 打发 dǎfa	103 缎子 duànzi	141 钩子 gōuzi
66 打量 dǎliang	104 队伍 duìwu	142 姑姑 gūgu
67 打算 dǎsuan	105 对付 duìfu	143 姑娘 gūniang
68 打听 dǎting	106 对头 duìtou	144 谷子 gǔzi

145	骨头 gǔtou	183	伙计 huǒji	221	窟窿 kūlong
146	故事 gùshi	184	机灵 jīling	222	裤子 kùzi
147	寡妇 guǎfu	185	脊梁 jǐliang	223	快活 kuàihuo
148	褂子 guàzi	186	记号 jìhao	224	筷子 kuàizi
149	怪物 guàiwu	187	记性 jìxing	225	框子 kuàngzi
150	关系 guānxi	188	夹子 jiāzi	226	阔气 kuòqi
151	官司 guānsi	189	家伙 jiāhuo	227	喇叭 lǎba
152	罐头 guàntou	190	架势 jiàshi	228	喇嘛 lǎma
153	罐子 guànzi	191	架子 jiàzi	229	篮子 lánzi
154	规矩 guīju	192	嫁妆 jiàzhuang	230	懒得 lǎnde
155	闺女 guīnü	193	尖子 jiānzi	231	浪头 làngtou
156	鬼子 guǐzi	194	茧子 jiǎnzi	232	老婆 lǎopo
157	柜子 guìzi	195	剪子 jiǎnzi	233	老实 lǎoshi
158	棍子 gùnzi	196	见识 jiànshi	234	老太太 lǎotàitai
159	锅子 guōzi	197	毽子 jiànzi	235	老头子 lǎotóuzi
160	果子 guǒzi	198	将就 jiāngjiu	236	老爷 lǎoye
161	蛤蟆 háma	199	交情 jiāoqing	237	老子 lǎozi
162	孩子 háizi	200	饺子 jiǎozi	238	姥姥 lǎolao
163	含糊 hánhu	201	叫唤 jiàohuan	239	累赘 léizhui
164	汉子 hànzi	202	轿子 jiàozi	240	篱笆 líba
165	行当 hángdang	203	结实 jiēshi	241	里头 lǐtou
166	合同 hétong	204	街坊 jiēfang	242	力气 lìqi
167	和尚 héshang	205	姐夫 jiěfu	243	厉害 lìhai
168	核桃 hétao	206	姐姐 jiějie	244	利落 lìluo
169	盒子 hézi	207	戒指 jièzhi	245	利索 lìsuo
170	红火 hónghuo	208	金子 jīnzi	246	例子 lìzi
171	猴子 hóuzi	209	精神 jīngshen	247	栗子 lìzi
172	后头 hòutou	210	镜子 jìngzi	248	痢疾 lìji
173	厚道 hòudao	211	舅舅 jiùjiu	249	连累 liánlei
174	狐狸 húli	212	橘子 júzi	250	帘子 liánzi
175	胡萝卜 húluóbo	213	句子 jùzi	251	凉快 liángkuai
176	胡琴 húqin	214	卷子 juànzi	252	粮食 liángshi
177	糊涂 hútu	215	咳嗽 késou	253	两口子 liǎngkǒuzi
178	护士 hùshi	216	客气 kèqi	254	料子 liàozi
179	皇上 huángshang	217	空子 kòngzi	255	林子 línzi
180	幌子 huǎngzi	218	口袋 kǒudai	256	翎子 língzi
181	活泼 huópo	219	口子 kǒuzi	257	领子 lǐngzi
182	火候 huǒhou	220	扣子 kòuzi	258	溜达 liūda

259	聋子 lóngzi	297	难为 nánwei	335	前头 qiántou
260	笼子 lóngzi	298	脑袋 nǎodài	336	钳子 qiánzi
261	炉子 lúzi	299	脑子 nǎozi	337	茄子 qiézi
262	路子 lùzi	300	能耐 néngnai	338	亲戚 qīnqi
263	轮子 lúnzi	301	你们 nǐmen	339	勤快 qínkuai
264	萝卜 luóbo	302	念叨 niàndao	340	清楚 qīngchu
265	骡子 luózi	303	念头 niàntou	341	亲家 qìngjia
266	骆驼 luòtuo	304	娘家 niángjia	342	曲子 qǔzi
267	妈妈 māma	305	镊子 nièzi	343	圈子 quānzi
268	麻烦 máfan	306	奴才 núcai	344	拳头 quántou
269	麻利 máli	307	女婿 nǚxu	345	裙子 qúnzi
270	麻子 mázi	308	暖和 nuǎnhuo	346	热闹 rènào
271	马虎 mǎhu	309	疟疾 nüèji	347	人家 rénjia
272	码头 mǎtou	310	拍子 pāizi	348	人们 rénmen
273	买卖 mǎimai	311	牌楼 páilou	349	认识 rènshi
274	麦子 màizi	312	牌子 páizi	350	日子 rìzi
275	馒头 mántou	313	盘算 pánsuan	351	褥子 rùzi
276	忙活 mánghuo	314	盘子 pánzi	352	塞子 sāizi
277	冒失 màoshi	315	胖子 pàngzi	353	嗓子 sǎngzi
278	帽子 màozi	316	狍子 páozi	354	嫂子 sǎozi
279	眉毛 méimao	317	盆子 pénzi	355	扫帚 sàozhou
280	媒人 méiren	318	朋友 péngyou	356	沙子 shāzi
281	妹妹 mèimei	319	棚子 péngzi	357	傻子 shǎzi
282	门道 méndao	320	脾气 píqi	358	扇子 shànzi
283	眯缝 mīfeng	321	皮子 pízi	359	商量 shāngliang
284	迷糊 míhu	322	痞子 pǐzi	360	晌午 shǎngwu
285	面子 miànzi	323	屁股 pìgu	361	上司 shàngsi
286	苗条 miáotiao	324	片子 piānzi	362	上头 shàngtou
287	苗头 miáotou	325	便宜 piányi	363	烧饼 shāobing
288	名堂 míngtang	326	骗子 piànzi	364	勺子 sháozi
289	名字 míngzi	327	票子 piàozi	365	少爷 shàoye
290	明白 míngbai	328	漂亮 piàoliang	366	哨子 shàozi
291	蘑菇 mógu	329	瓶子 píngzi	367	舌头 shétou
292	模糊 móhu	330	婆家 pójia	368	身子 shēnzi
293	木匠 mùjiang	331	婆婆 pópo	369	什么 shénme
294	木头 mùtou	332	铺盖 pūgai	370	婶子 shěnzi
295	那么 name	333	欺负 qīfu	371	生意 shēngyi
296	奶奶 nǎinai	334	旗子 qízi	372	牲口 shēngkou

373	绳子 shéngzi	411	特务 tèwu	449	相声 xiàngsheng
374	师父 shīfu	412	梯子 tīzi	450	消息 xiāoxi
375	师傅 shīfu	413	蹄子 tízi	451	小伙子 xiǎohuǒzi
376	虱子 shīzi	414	挑剔 tiāoti	452	小气 xiǎoqi
377	狮子 shīzi	415	挑子 tiāozi	453	小子 xiǎozi
378	石匠 shíjiang	416	条子 tiáozi	454	笑话 xiàohua
379	石榴 shíliu	417	跳蚤 tiàozao	455	谢谢 xièxie
380	石头 shítou	418	铁匠 tiějiang	456	心思 xīnsi
381	时候 shíhou	419	亭子 tíngzi	457	星星 xīngxing
382	实在 shízai	420	头发 tóufa	458	猩猩 xīngxing
383	拾掇 shíduo	421	头子 tóuzi	459	行李 xíngli
384	使唤 shǐhuan	422	兔子 tùzi	460	性子 xìngzi
385	世故 shìgu	423	妥当 tuǒdang	461	兄弟 xiōngdi
386	似的 shìde	424	唾沫 tuòmo	462	休息 xiūxi
387	事情 shìqing	425	挖苦 wāku	463	秀才 xiùcai
388	柿子 shìzi	426	娃娃 wáwa	464	秀气 xiùqi
389	收成 shōucheng	427	袜子 wàzi	465	袖子 xiùzi
390	收拾 shōushi	428	晚上 wǎnshang	466	靴子 xuēzi
391	首饰 shǒushi	429	尾巴 wěiba	467	学生 xuésheng
392	叔叔 shūshu	430	委屈 wěiqu	468	学问 xuéwen
393	梳子 shūzi	431	为了 wèile	469	丫头 yātou
394	舒服 shūfu	432	位置 wèizhi	470	鸭子 yāzi
395	舒坦 shūtan	433	位子 wèizi	471	衙门 yámen
396	疏忽 shūhu	434	蚊子 wénzi	472	哑巴 yǎba
397	爽快 shuǎngkuai	435	稳当 wěndang	473	胭脂 yānzhi
398	思量 sīliang	436	我们 wǒmen	474	烟筒 yāntong
399	算计 suànji	437	屋子 wūzi	475	眼睛 yǎnjing
400	岁数 suìshu	438	稀罕 xīhan	476	燕子 yànzi
401	孙子 sūnzi	439	席子 xízi	477	秧歌 yāngge
402	他们 tāmen	440	媳妇 xífu	478	养活 yǎnghuo
403	它们 tāmen	441	喜欢 xǐhuan	479	样子 yàngzi
404	她们 tāmen	442	瞎子 xiāzi	480	吆喝 yāohe
405	台子 táizi	443	匣子 xiázi	481	妖精 yāojing
406	太太 tàitai	444	下巴 xiàba	482	钥匙 yàoshi
407	摊子 tānzi	445	吓唬 xiàhu	483	椰子 yēzi
408	坛子 tánzi	446	先生 xiānsheng	484	爷爷 yéye
409	毯子 tǎnzi	447	乡下 xiāngxia	485	叶子 yèzi
410	桃子 táozi	448	箱子 xiāngzi	486	一辈子 yībèizi

487	衣服 yīfu	508	宅子 zháizi	527	珠子 zhūzi
488	衣裳 yīshang	509	寨子 zhàizi	528	竹子 zhúzi
489	椅子 yǐzi	510	张罗 zhāngluo	529	主意 zhǔyi
490	意思 yìsi	511	丈夫 zhàngfu		（zhúyi）
491	银子 yínzi	512	帐篷 zhàngpeng	530	主子 zhǔzi
492	影子 yǐngzi	513	丈人 zhàngren	531	柱子 zhùzi
493	应酬 yìngchou	514	帐子 zhàngzi	532	爪子 zhuǎzi
494	柚子 yòuzi	515	招呼 zhāohu	533	转悠 zhuànyou
495	冤枉 yuānwang	516	招牌 zhāopai	534	庄稼 zhuāngjia
496	院子 yuànzi	517	折腾 zhēteng	535	庄子 zhuāngzi
497	月饼 yuèbing	518	这个 zhège	536	壮实 zhuàngshi
498	月亮 yuèliang	519	这么 zhème	537	状元 zhuàngyuan
499	云彩 yúncai	520	枕头 zhěntou	538	锥子 zhuīzi
500	运气 yùnqi	521	芝麻 zhīma	539	桌子 zhuōzi
501	在乎 zàihu	522	知识 zhīshi	540	字号 zìhao
502	咱们 zánmen	523	侄子 zhízi	541	自在 zìzai
503	早上 zǎoshang	524	指甲 zhǐjia	542	粽子 zòngzi
504	怎么 zěnme		（zhījia）	543	祖宗 zǔzong
505	扎实 zhāshi	525	指头 zhǐtou	544	嘴巴 zuǐba
506	眨巴 zhǎba		（zhítou）	545	作坊 zuōfang
507	栅栏 zhàlan	526	种子 zhǒngzi	546	琢磨 zuómo

练习 2. 普通话水平测试用儿化词语

练习提示

本表参照《普通话水平测试用普通话词语表》及《现代汉语词典》编制，加 * 的是以上二者未收，根据测试需要而酌增的条目。朗读下列儿化词语，了解和掌握常用儿化词语读音。本表儿化音节，在书面上一律加"儿"，但并不表明所列词语在任何语用场合都必须儿化。

本表列出原形韵母和所对应的儿化韵，用＞表示条目中儿化音节的注音，只在基本形式后面加 r，如"一会儿 yīhuìr"，不标语音的实际变化。

一

a＞ar	刀把儿	dāobàr	号码儿	hàomǎr
	戏法儿	xìfǎr	在哪儿	zàinǎr
	找茬儿	zhǎochár	打杂儿	dǎzár
	板擦儿	bǎncār		
ai＞ar	名牌儿	míngpáir	鞋带儿	xiédàir

		壶盖儿	húgàir	小孩儿	xiǎoháir
		加塞儿	jiāsāir		
an>ar		快板儿	kuàibǎnr	老伴儿	lǎobànr
		蒜瓣儿	suànbànr	脸盘儿	liǎnpánr
		脸蛋儿	liǎndànr	收摊儿	shōutānr
		栅栏儿	zhàlanr	包干儿	bāogānr
		笔杆儿	bǐgǎnr	门槛儿	ménkǎnr

二
ang>ãr	药方儿	yàofāngr	赶趟儿	gǎntàngr
	香肠儿	xiāngchángr	瓜瓤儿	guārángr

三
ia>iar	掉价儿	diàojiàr	一下儿	yīxiàr
	豆芽儿	dòuyár		
ian>iar	小辫儿	xiǎobiànr	照片儿	zhàopiānr
	扇面儿	shànmiànr	差点儿	chàdiǎnr
	一点儿	yīdiǎnr	雨点儿	yǔdiǎnr
	聊天儿	liáotiānr	拉链儿	lāliànr
	冒尖儿	màojiānr	坎肩儿	kǎnjiānr
	牙签儿	yáqiānr	露馅儿	lòuxiànr
	心眼儿	xīnyǎnr		

四
iang>iãr	鼻梁儿	bíliángr	透亮儿	tòuliàngr
	花样儿	huāyàngr		

五
ua>uar	脑瓜儿	nǎoguār	大褂儿	dàguàr
	麻花儿	máhuār	笑话儿	xiàohuar
	牙刷儿	yáshuār		
uai>uar	一块儿	yīkuàir		
uan>uar	茶馆儿	cháguǎnr	饭馆儿	fànguǎnr
	火罐儿	huǒguànr	落款儿	luòkuǎnr
	打转儿	dǎzhuànr	拐弯儿	guǎiwānr
	好玩儿	hǎowánr	大腕儿	dàwànr

六
uang>uãr	蛋黄儿	dànhuángr	打晃儿	dǎhuàngr
	天窗儿	tiānchuāngr		

七
üan>üar	烟卷儿	yānjuǎnr	手绢儿	shǒujuànr
	出圈儿	chūquānr	包圆儿	bāoyuánr

	人缘儿	rényuánr	绕远儿	ràoyuǎnr
	杂院儿	záyuànr		
八				
ei＞er	刀背儿	dāobèir	摸黑儿	mōhēir
en＞er	老本儿	lǎoběnr	花盆儿	huāpénr
	嗓门儿	sǎngménr	把门儿	bǎménr
	哥们儿	gēmenr	纳闷儿	nàmènr
	后跟儿	hòugēnr	高跟儿鞋	gāogēnrxié
	别针儿	biézhēnr	一阵儿	yīzhènr
	走神儿	zǒushénr	大婶儿	dàshěnr
	小人儿书	xiǎorénrshū	杏仁儿	xìngrénr
	刀刃儿	dāorènr		
九				
eng＞ẽr	钢镚儿	gāngbèngr	夹缝儿	jiāfèngr
	脖颈儿	bógěngr	提成儿	tíchéngr
十				
ie＞ier	半截儿	bànjiér	小鞋儿	xiǎoxiér
üe＞üer	旦角儿	dànjuér	主角儿	zhǔjuér
十一				
uei＞uer	跑腿儿	pǎotuǐr	一会儿	yīhuìr
	耳垂儿	ěrchuír	墨水儿	mòshuǐr
	围嘴儿	wéizuǐr	走味儿	zǒuwèir
uen＞uer	打盹儿	dǎdǔnr	胖墩儿	pàngdūnr
	砂轮儿	shālúnr	冰棍儿	bīnggùnr
	没准儿	méizhǔnr	开春儿	kāichūnr
ueng＞uẽr	*小瓮儿	xiǎowèngr		
十二				
-i(前)＞er	瓜子儿	guāzǐr	石子儿	shízǐr
	没词儿	méicír	挑刺儿	tiāocìr
-i(后)＞er	墨汁儿	mòzhīr	锯齿儿	jùchǐr
	记事儿	jìshìr		
十三				
i＞iːer	针鼻儿	zhēnbír	垫底儿	diàndǐr
	肚脐儿	dùqír	玩意儿	wányìr
in＞iːer	有劲儿	yǒujìnr	送信儿	sòngxìnr
	脚印儿	jiǎoyìnr		
十四				
ing＞iːẽr	花瓶儿	huāpíngr	打鸣儿	dǎmíngr

	图钉儿	túdīngr	门铃儿	ménlíngr
	眼镜儿	yǎnjìngr	蛋清儿	dànqīngr
	火星儿	huǒxīngr	人影儿	rényǐngr

十五

ü＞ü:er 　毛驴儿　máolǘr　　小曲儿　xiǎoqǔr
　　　　　痰盂儿　tányúr

üe＞ü:er 　合群儿　héqúnr

十六

e＞er 　模特儿　mótèr　　逗乐儿　dòulèr
　　　　唱歌儿　chànggēr　挨个儿　āigèr
　　　　打嗝儿　dǎgér　　饭盒儿　fànhér
　　　　在这儿　zàizhèr

十七

u＞ur 　碎步儿　suìbùr　　没谱儿　méipǔr
　　　　儿媳妇儿　érxífur　梨核儿　líhúr
　　　　泪珠儿　lèizhūr　　有数儿　yǒushùr

十八

ong＞õr 　果冻儿　guǒdòngr　门洞儿　méndòngr
　　　　　胡同儿　hútòngr　　抽空儿　chōukòngr
　　　　　酒盅儿　jiǔzhōngr　小葱儿　xiǎocōngr

iong＞iõr 　*小熊儿　xiǎoxióngr

十九

ao＞aor 　红包儿　hóngbāor　灯泡儿　dēngpàor
　　　　　半道儿　bàndàor　　手套儿　shǒutàor
　　　　　跳高儿　tiàogāor　　叫好儿　jiàohǎor
　　　　　口罩儿　kǒuzhàor　　绝着儿　juézhāor
　　　　　口哨儿　kǒushàor　　蜜枣儿　mìzǎor

二十

iao＞iaor 　鱼漂儿　yúpiāor　　火苗儿　huǒmiáor
　　　　　 跑调儿　pǎodiàor　 面条儿　miàntiáor
　　　　　 豆角儿　dòujiǎor　　开窍儿　kāiqiàor

二十一

ou＞our 　衣兜儿　yīdōur　　老头儿　lǎotóur
　　　　　年头儿　niántóur　 小偷儿　xiǎotōur
　　　　　门口儿　ménkǒur　 纽扣儿　niǔkòur
　　　　　线轴儿　xiànzhóur　小丑儿　xiǎochǒur
　　　　　加油儿　jiāyóur

二十二

| iou>iour | 顶牛儿 | dǐngniúr | 抓阄儿 | zhuājiūr |
| | 棉球儿 | miánqiúr | 加油儿 | jiāyóur |

二十三

uo>uor	火锅儿	huǒguōr	做活儿	zuòhuór
	大伙儿	dàhuǒr	邮戳儿	yóuchuōr
	小说儿	xiǎoshuōr	被窝儿	bèiwōr
(o)>or	耳膜儿	ěrmór	粉末儿	fěnmòr

练习 3. 朗读作品

练习提示

挑选部分作品播读录音,按照普通话水平测试要求,检查出现的问题,加以改进。

作品 4 号

在达瑞八岁的时候,有一天他想去看电影。因为没有钱,他想是向爸妈要钱,还是自己挣钱。最后他选择了后者。他自己调制了一种汽水,向过路的行人出售。可那时正是寒冷的冬天,没有人买,只有两个人例外——他的爸爸和妈妈。

他偶然有一个和非常成功的商人谈话的机会。当他对商人讲述了自己的"破产史"后,商人给了他两个重要的建议:一是尝试为别人解决一个难题;二是把精力集中在你知道的、你会的和你拥有的东西上。

这两个建议很关键。因为对于一个八岁的孩子而言,他不会做的事情很多。于是他穿过大街小巷,不停地思考:人们会有什么难题,他又如何利用这个机会?

一天,吃早饭时父亲让达瑞去取报纸。美国的送报员总是把报纸从花园篱笆的一个特制的管子里塞进来。假如你想穿着睡衣舒舒服服地吃早饭和看报纸,就必须离开温暖的房间,冒着寒风,到花园去取。虽然路短,但十分麻烦。

当达瑞为父亲取报纸的时候,一个主意诞生了。当天他就按响邻居的门铃,对他们说,每个月只需付给他一美元,他就每天早上把报纸塞到他们的房门底下。大多数人都同意了,很快他有 // 了七十多个顾客。……

(节选自〔德〕博多·舍费尔《达瑞的故事》,刘志明译)

作品 11 号

一个大问题一直盘踞在我脑袋里:

世界杯怎么会有如此巨大的吸引力?除去足球本身的魅力之外,还有什么超乎其上而更伟大的东西?

近来观看世界杯,忽然从中得到了答案:是由于一种无上崇高的精神情感——国家荣誉感!

地球上的人都会有国家的概念,但未必时时都有国家的感情。往往人到异国,思念家乡,心怀故国,这国家概念就变得有血有肉,爱国之情来得非常具体。而现代社会,科技昌达,信息快捷,事事上网,世界真是太小太小,国家的界限似乎也不那么清晰了。再说足球正在快速世界化,平日里各国球员频繁转会,往来随意,致使越来越多的国家联赛都具有国际的因素。球员们不论国籍,只效力于自己的俱乐部,他们比赛时的激情中完全没有爱国主义的因子。

然而,到了世界杯大赛,天下大变。各国球员都回国效力,穿上与光荣的国旗同样色彩的服装。在每一场比赛前,还高唱国歌以宣誓对自己祖国的挚爱与忠诚。一种血缘情感开始在全身的血管里燃烧起来,而且立刻热血沸腾。

在历史时代,国家间经常发生对抗,好男儿戎装卫国。国家的荣誉往往需要以自己的生命去换//取。……

(节选自冯骥才《国家荣誉感》)

作品 12 号

夕阳落山不久,西方的天空,还燃烧着一片橘红色的晚霞。大海,也被这霞光染成了红色,而且比天空的景色更要壮观。因为它是活动的,每当一排排波浪涌起的时候,那映照在浪峰上的霞光,又红又亮,简直就像一片片霍霍燃烧着的火焰,闪烁着,消失了。而后面的一排,又闪烁着,滚动着,涌了过来。

天空的霞光渐渐地淡下去了,深红的颜色变成了绯红,绯红又变为浅红。最后,当这一切红光都消失了的时候,那突然显得高而远了的天空,则呈现出一片肃穆的神色。最早出现的启明星,在这蓝色的天幕上闪烁起来了。它是那么大,那么亮,整个广漠的天幕上只有它在那里放射着令人注目的光辉,活像一盏悬挂在高空的明灯。

夜色加浓,苍空中的"明灯"越来越多了。而城市各处的真的灯火也次第亮了起来,尤其是围绕在海港周围山坡上的那一片灯光,从半空倒映在乌蓝的海面上,随着波浪,晃动着,闪烁着,像一串流动着的珍珠,和那一片片密布在苍穹里的星斗互相辉映,煞是好看。

在这幽美的夜色中,我踏着软绵绵的沙滩,沿着海边,慢慢地向前走去。海水,轻轻地抚摸着细软的沙滩,发出温柔的//刷刷声。……

(节选自峻青《海滨仲夏夜》)

作品 16 号

很久以前,在一个漆黑的秋天的夜晚,我泛舟在西伯利亚一条阴森森的河上。船到一个转弯处,只见前面黑黢黢的山峰下面一星火光蓦地一闪。

火光又明又亮,好像就在眼前……

"好啦,谢天谢地!"我高兴地说,"马上就到过夜的地方啦!"

船夫扭头朝身后的火光望了一眼,又不以为然地划起桨来。

"远着呢!"

我不相信他的话,因为火光冲破朦胧的夜色,明明在那儿闪烁。不过船夫是对的,事实上,火光的确还远着呢。

这些黑夜的火光的特点是:驱散黑暗,闪闪发亮,近在眼前,令人神往。乍一看,再划几下就到了……其实却还远着呢!……

我们在漆黑如墨的河上又划了很久。一个个峡谷和悬崖,迎面驶来,又向后移去,仿佛消失在茫茫的远方,而火光却依然停在前头,闪闪发亮,令人神往——依然是这么近,又依然是那么远……

现在,无论是这条被悬崖峭壁的阴影笼罩的漆黑的河流,还是那一星明亮的火光,都经常浮现在我的脑际,在这以前和在这以后,曾有许多火光,似乎近在咫尺,不止使我一人心驰神往。可是生活之河却仍然在那阴森森的两岸之间流着,而火光也依旧非常遥远。因此,必须加劲划桨……

然而,火光啊……毕竟……毕竟就//在前头!……

[节选自〔俄〕柯罗连科《火光》,张铁夫译]

作品33号

我们在田野散步:我,我的母亲,我的妻子和儿子。

母亲本不愿出来的。她老了,身体不好,走远一点儿就觉得很累。我说,正因为如此,才应该多走走。母亲信服地点点头,便去拿外套。她现在很听我的话,就像我小时候很听她的话一样。

这南方初春的田野,大块小块的新绿随意地铺着,有的浓,有的淡,树上的嫩芽也密了,田里的冬水也咕咕地起着水泡。这一切都使人想着一样东西——生命。

我和母亲走在前面,我的妻子和儿子走在后面。小家伙突然叫起来:"前面是妈妈和儿子,后面也是妈妈和儿子。"我们都笑了。

后来发生了分歧:母亲要走大路,大路平顺;我的儿子要走小路,小路有意思。不过,一切都取决于我。我的母亲老了,她早已习惯听从她强壮的儿子;我的儿子还小,他还习惯听从他高大的父亲;妻子呢,在外面,她总是听我的。一霎时我感到了责任的重大。我想找一个两全的办法,找不出;我想拆散一家人,分成两路,各得其所,终不愿意。我决定委屈儿子,因为我伴同他的时日还长。我说:"走大路。"

但是母亲摸摸孙儿的小脑瓜,变了主意:"还是走小路吧。"她的眼随小路望去:那里有金色的菜花,两行整齐的桑树,//尽头一口水波粼粼的鱼塘。……

(节选自莫怀戚《散步》)

作品44号

我为什么非要教书不可?是因为我喜欢当教师的时间安排表和生活节奏。七、八、九三个月给我提供了进行回顾、研究、写作的良机,并将三者有机融合,而善于回顾、研究和总结正是优秀教师素质中不可缺少的成分。

干这行给了我多种多样的"甘泉"去品尝,找优秀的书籍去研读,到"象牙塔"和实际世界里去发现。教学工作给我提供了继续学习的时间保证,以及多种途径、机遇和挑战。

然而,我爱这一行的真正原因,是爱我的学生。学生们在我的眼前成长、变化。当教师意味着亲历"创造"过程的发生——恰似亲手赋予一团泥土以生命,没有什么比目睹它开始呼吸更激动人心的了。

权利我也有了:我有权利去启发诱导,去激发智慧的火花,去问费心思考的问题,去赞扬回答的尝试,去推荐书籍,去指点迷津。还有什么别的权利能与之相比呢?

而且,教书还给我金钱和权利之外的东西,那就是爱心。不仅有对学生的爱,对书籍的爱,对知识的爱,还有教师才能感受到的对"特别"学生的爱。这些学生,有如冥顽不灵的泥块,由于接受了老师的炽爱才勃发了生机。

所以,我爱教书,还因为,在那些勃发生机的"特别"学//生身上,……

〔节选自〔美〕彼得·基·贝得勒《我为什么当教师》〕

作品 53 号

在繁华的巴黎大街的路旁,站着一个衣衫褴褛、头发斑白、双目失明的老人。他不像其他乞丐那样伸手向过路行人乞讨,而是在身旁立一块木牌,上面写着:"我什么也看不见!"街上过往的行人很多,看了木牌上的字都无动于衷,有的还淡淡一笑,便姗姗而去了。

这天中午,法国著名诗人让·彼浩勒也经过这里。他看看木牌上的字,问盲老人:"老人家,今天上午有人给你钱吗?"

盲老人叹息着回答:"我,我什么也没有得到。"说着,脸上的神情非常悲伤。

让·彼浩勒听了,拿起笔悄悄地在那行字的前面添上了"春天到了,可是"几个字,就匆匆地离开了。

晚上,让·彼浩勒又经过这里,问那个盲老人下午的情况。盲老人笑着回答说:"先生,不知为什么,下午给我钱的人多极了!"让·彼浩勒听了,摸着胡子满意地笑了。

"春天到了,可是我什么也看不见!"这富有诗意的语言,产生这么大的作用,就在于它有非常浓厚的感情色彩。是的,春天是美好的,那蓝天白云,那绿树红花,那莺歌燕舞,那流水人家,怎么不叫人陶醉呢?但这良辰美景,对于一个双目失明的人来说,只是一片漆黑。当人们想到这个盲老人,一生中竟连万紫千红的春天//都不曾看到,……

(节选自小学《语文》第六册中《语言的魅力》)

练习 4. 普通话水平测试话题

> 练习提示

挑选下列话题,按照普通话水平测试要求进行讲述录音,检查出现的问题,加以改正。

1. 我的愿望(或理想)
2. 我的学习生活
3. 我尊敬的人
4. 我喜爱的动物(或植物)
5. 童年的记忆
6. 我喜爱的职业
7. 难忘的旅行
8. 我的朋友
9. 我喜爱的文学(或其他)艺术形式
10. 谈谈卫生与健康
11. 我的业余生活
12. 我喜欢的季节(或天气)

13. 学习普通话的体会

14. 谈谈服饰

15. 我的假日生活

16. 我的成长之路

17. 谈谈科技发展与社会生活

18. 我知道的风俗

19. 我和体育

20. 我的家乡(或熟悉的地方)

21. 谈谈美食

22. 我喜欢的节日

23. 我所在的集体(学校、机关、公司等)

24. 谈谈社会公德(或职业道德)

25. 谈谈个人修养

26. 我喜欢的明星(或其他知名人士)

27. 我喜爱的书刊

28. 谈谈对环境保护的认识

29. 我向往的地方

30. 购物(消费)的感受

练习5. 普通话水平模拟测试

> 练习提示

按照普通话水平测试的要求,模拟整个测试过程。通过录音,检查自己测试各环节存在的问题。

普通话水平测试样卷①

一、读单音节字词(100个音节,共10分,限时3.5分钟)

融 跃 究 哄 苗 央 冷 填 颖 捞 额 锶 肯 度 尊 按
苟 外 宝 藏 熊 正 观 鞋 黑 卷 伟 恰 培 苍 粪 魔
曲 曹 润 国 蹲 民 桌 罢 厨 俏 怎 斑 嗓 没 播 成
湿 谬 偏 骏 返 敌 允 赛 您 钻 扯 占 钉 随 拿 寺
怕 癣 爵 觉 尔 虾 蕊 骑 脸 挖 炕 引 耕 怀 周 灵
透 词 柄 柔 猜 拢 枯 晒 冬 贴 夫 幌 拴 琼 抓 翔
褪 批 逛 举

二、读多音节词语(100个音节,共20分,限时2.5分钟)

闺女 捏造 广阔 耳朵 捐款 没事儿 丢人 难过 瓦解 热爱
打量 恰当 允许 批准 产生 科学界 下游 能力 品种 曾经
抹杀 轮船 被子 年头儿 婚姻 飞跃 通讯 如今 微笑 日期

否决　聊天儿　考虑　展望　　创作　饼干　纳闷儿　永远　而且
苍蝇　率领　玩意儿　伯父　思潮　农民　征求　强化　岂有此理

四、朗读短文(400个音节,共30分,限时4分钟)

作品44号(见本书第163—164页)

五、命题说话(请在下列话题中任选一个,共30分,限时3分钟)

1. 我尊敬的人
2. 我向往的地方

普通话水平测试样卷②

一、读单音节字词(100个音节,共10分,限时3.5分钟)

踹　撇　腾　音　没　架　踏　祝　昆　巴　烈　将　灵　寨　正　玄
亲　百　雷　存　怪　怎　思　娘　伟　蹲　此　感　掉　塔　泥　平
爱　唐　缩　炯　戳　甩　抓　粘　卖　约　到　撒　啃　皇　内　漂
咱　罪　转　桶　伤　究　局　床　也　热　访　播　扰　鸟　谬　风
地　拴　袜　协　迫　熬　歪　靠　我　酸　奇　母　荣　区　台　雪
群　估　浅　韵　兄　虾　卷　日　租　回　拢　丑　厚　而　宇　迷
拈　果　持　法

二、读多音节词语(100个音节,共20分,限时2.5分钟)

沙漠　聪明　球场　迫切　抓紧　化学　榜样　苹果　参加　选择
表演　小曲儿　耐用　外交　耳朵　分析　热烈　周到　轮船　自觉
疯狂　木头　损坏　围嘴儿　杂志　穷苦　给以　坦白　锐利　陪同
少女　岛屿　测算　虐待　审讯　毗邻　成员　流逝　耕耘　反响
张贴　死扣儿　宋词　小朋友　困惑　心眼儿　恰如　关卡　公务员

四、朗读短文(400个音节,共30分,限时4分钟)

作品53号(见本书第164页)

五、命题说话(请在下列话题中任选一个,共30分,限时3分钟)

1. 谈谈卫生与健康
2. 购物(消费)的感受

第十章　播音主持吐字方式

■ **本章要点：**

本章主要讲解播音员主持人的吐字发音能力，要求吐字准确清晰、圆润集中、流畅自如。"吐字归音"的理论及动作要领、发音过程中口腔控制的状态也是本章的重要内容。学习吐字归音可以帮助我们实现播音主持对吐字的要求，使音节发音饱满圆润。注意在不同语体和话语方式当中，吐字状态的变化和调整。练习吐字的时候，要注意下功夫提高吐字的工整度，使用的时候，要结合不同的稿件灵活变化。

第一节　播音员主持人要重视吐字

在广播电视当中，播音员主持人很多情况下是面对话筒和摄像机进行语言表达的，不同于日常面对面的语言交流，眼前常常没有听众或观众。播音和主持语言需要通过广播电视媒介的放大和延伸才能传递给受众，而在这个过程中，传播媒介也会影响播音主持语言的效果。因此，播音主持的语言表达具有自身的一些特点，在语言发声当中对吐字的要求也更高。

一、吐字、咬字和咬字器官

所谓"吐字"是一种传统的比喻性的说法，就是指字的实际发音，并带有一定强调、突出发音的重要性的意味。在一些曲艺说唱、朗诵、话剧等语言艺术的专业领域，为了突出字音发音的重要性，强调吐字的力度，吐字常常又叫"咬字"。由肺呼出的气流通过声带发出声音，经咽腔到达口腔，在口腔内受到各种节制而形成了不同的字音，这个节制的过程就是咬字的过程。口腔内对声音起节制作用的各个部位，就是咬字器官。它包括双唇、舌（舌又分为舌尖、舌面和舌根）、上下齿、上下齿龈、上腭（包括硬腭、软腭）和下腭。其中唇和舌在咬字的过程中动作最积极，起的作用最大。

锻炼咬字器官，增强唇舌力度可以通过一些"口部操"训练来实现。如练习双唇的"喷、咧、撇、绕"，练习舌的"刮舌、顶舌、伸舌、绕舌、立舌、舌打响"等。

二、播音主持对吐字的基本要求

播音员主持人只有掌握了正确的吐字方法,才能更好地进行语言表达,更好地传播信息,表达思想情感。具体来讲,在播音主持当中吐字的要求主要包括以下三个方面:

1. 准确清晰

准确清晰是播音主持语言的基本要求。准确就是指发音符合普通话的语音规范;清晰也就是字音要清楚,在媒介传播当中很容易被听众辨识。语音符合规范、发音清晰能更有效地被受众接受,提高传播的效果。同时,播音主持语言又常常是群众学习普通话的样板,因此播音员主持人应该以高标准要求自己,自觉遵从语言规范,说好普通话。

2. 圆润集中

圆润集中既是播音主持语言美感的要求,也是媒介特性的要求。圆润是指泛音丰富、悦耳动听;集中是指声音具有一定的"声束"的感觉,容易被话筒拾取,电声效果好。圆润一部分是由嗓音决定的,一部分是由字音决定的,播音主持语言应该力求吐字圆润、饱满。有人形容好的吐字如"珠走玉盘",这应当是播音主持语言追求的境界。字音集中会给人以全神贯注的感觉,更容易传入人耳,打动人心。播音主持面对话筒,如果声束集中,用较小的气力就能收到较好的电声效果,可提高语言发声的效率。

3. 流畅自如

流畅自如是对发音的总体要求。流畅是指字音的衔接转换不生硬,语流自然、轻松、和谐;自如就是听感上自然、熟练,没有刻意、呆板、机械的感觉。这里提出吐字"流畅自如"主要是针对两种情况而言的:一是在吐字训练中,只练字音而忽略了字音和语流的关系,导致语流有"字化"的倾向;二是在播音主持实践当中,咬字过狠过死,使得播音主持语言带有明显的雕琢痕迹,听起来吃力且不自然。须知,播音主持语言虽具有一定的艺术性,但与舞台表演等艺术的语言相比还是有较大差别的。播音主持语言是与人们进行现实交流的语言,其夸张变形的空间要小得多,不能脱离真实的生活语境。因此,经过严格训练的吐字技巧最后必须要返璞归真,完全化入自然、生动的语言表达之中,追求"不工之工"的境界。

三、吐字清晰、圆润和集中的问题

一个字的字音要发得清晰,就要强化与其他字音的区别度,区别度越高越清晰,因此声、韵、调都要相应强化。要发得圆润,就要使得韵母乐音更加丰满,泛音更加丰富。吐字集中才能有效地改善、调节语言的声音效果,要做到吐字集中就要使得字音的发音位置相对集中、稳定,在发音过程中要学会加强口腔控制以及唇舌力量的集中度。

声母的发音对于字音的清晰度影响较大。增强声母发音的力度可以增强辅音的响度,使得声母之间的区别更明显,从而增强字音的清晰度。同时也需要注意,声母多数为不悦耳的噪音,噪音过强容易刺耳,因此声母的力度还需要适度。声母发音大多与气流的阻碍和突破有关系,因此要声母清晰而又不刺耳就需要控制气息和成阻力度的关系。

韵母的发音关系到吐字的清晰,更关系到字音的圆润。元音的清晰圆润与口腔的开度有较大关系。口腔开度大,舌在口腔中的活动距离就越大,元音就容易发得清晰、饱满。对于单元音韵母来说,舌位低会使 a 音更清晰、更响亮,由于带有 a 音的音节数量较多,a 音的发音效果会直接影响语流的听感;对于复元音韵母来说,口腔开度大,容易扩大舌位动程,使得复韵母更加清晰圆润。因此,韵母的发音要特别注意口腔开度和舌位动程。

汉语是声调语言,发音过程中适当扩大声调的幅度可以使得字音得到强化,同时也增加了字音的清晰度。发音越慢,越需要增加声调的幅度,否则字音就会显得拖沓。这个道理不难明白,假如把一个字的规则发音看成是一个正方形,横向是时长,纵向是声调变化的幅度。如果我们只在时长上延长,声调幅度不变,那么我们会得到一个长方形,字音的形状改变了,发音也变得不规则了;而如果我们在时长上延长,同时在声调幅度上也扩大的话,那么我们则有可能得到一个扩大了的正方形,即字音的形状没有变化,发音仍然是规则的,只不过扩大了、强化了而已。所以适当增加声调的幅度,可以强化字音,还可以在不改变字音规则的同时,增加吐字的清晰度。

吐字集中也是播音主持语言的一项重要要求。所谓吐字集中在听感上是指字音清晰、明确、集中,能形成一定的声束;在口腔状态的感觉上是指发音位置准确、发音力度集中。播音员主持人的语言是通过话筒转换成电声传播的,对于电声传播来说语声的音量意义并不大,而音色、音高却更有价值,吐字集中可以有效地改善、调节音色。很多播音员面对面讲话的时候,你不觉得他的声音有什么,但是通过话筒传出来的声音却显得非常洪亮、大气,有时候甚至判若两人。这主要是由于他们掌握了话筒前语言发声的基本规律,善于运用发声技巧,使得吐字非常集中,提高了话筒拾音的效率,再加上气息、共鸣等元素的配合,有效地改进了自己的电声形象。要做到吐字集中,就要在吐字的过程中加强口腔的控制和唇舌的力度。

第二节 口腔控制和吐字归音

播音主持中要保证吐字的质量就要注意对口腔状态的控制,懂得"吐字归音"的要求。口腔控制是从发音时口腔一般状态的角度来分析如何提高发音的质量;吐字归音是依据汉语的特点,从音节结构的角度来分析如何提高发音的质量。二者各有侧重,又相辅相成。

一、播音主持中的口腔控制

1. 扩大口腔空间

口腔状态对字音的发音质量有很大的影响,口腔状态松懒会导致字音含混不清,并且缺乏一定的表现力,影响语言的传播效果。口腔状态和上腭以及唇舌、下巴等器官的运动状态有很大关系,我国播音界的前辈们已经总结出了一套行之有效的口腔控制要领,用以调整口腔状态,提高发音质量。这些要领可以概括为:"提颧肌、打牙关、挺软腭、松下巴"。另外还要注意力量的集中,并且明确声音发出的路线和字音着力的位置。

颧肌是人的面部表情肌肉,起止点基本是人的颧骨和上唇外侧及嘴角部位,颧肌收缩可以拉动嘴角向上,使人的表情呈现笑容。播音当中的"提颧肌"并不是指简单地上提、收缩颧肌,呈"微笑状",而是指在播音的过程中,以颧肌为主,保持口面部肌肉的适度紧张。主观感觉上,颧肌"提起"时,口腔前部以及上腭顶部有展宽的感觉,鼻孔也会有略微扩张的感觉,同时唇尤其是上唇展开贴住上齿,使唇的运动有了依托,容易发挥力量。因此"提颧肌"可以增强唇齿的力度,改善声母和韵母的发音状态,使声音具有积极、集中、明亮的色彩。在训练当中,可以想象类似谈话中"插话"的感觉来体会颧肌的提起。比如,想象在听别人谈话,自己想说话,插入一句:"哎,我觉得……"这个时候很容易体会到颧肌提起的感觉,因为你主观上有比较强的吸引别人注意的愿望,容易使得面部表情肌产生一种适度紧张的积极状态。

牙关是指下颌和头骨的连接点,它能使口腔开合。"打牙关"是打开牙关,指在吐字的过程中,适当增加下颌开度,比日常谈话开得略大一些。需要注意的是,"打牙关"并不是指增大门齿间的距离,简单地张大嘴巴,而是指打开"后槽牙",也就是打开口腔的后部。整个状态是下巴放松而略微向后退,上下槽牙间像嚼着口香糖一样,保持一定距离地打开、闭拢。"打牙关"扩大了口腔后部的容积,可以为舌体的活动提供更充足的空间,同时利于形成好的口腔共鸣。在训练当中,可以借助的方法有"咬筷子",想象上下后槽牙之间插入了一根筷子,并在吐字发音的过程中尽量保持这种感觉;还可以借助"啃苹果"的动作,想象啃苹果的时候,上牙用力下牙放松的感觉。

软腭连接在硬腭的后部,软硬腭的前后比例大约为1:2。在播音发声当中"挺软腭"是指软腭适度抬起,并保持适度紧张的状态,但也要注意不可过分挺起。播音当中"挺软腭"可以扩大口腔容积,改善口腔共鸣的状态,使声音更清晰。在训练当中可以借助"半打哈欠"的动作体会软腭的挺起;也可借助困倦时,张嘴打哈欠的感觉来寻找挺软腭的感觉。同时注意软腭抬起过高、动作过大,会使得声音听起来太靠后,显得不自然,这是要避免的。

下颌骨是颅骨中唯一的可动骨。"松下巴"就是主动放松下颌骨。放松下巴也是为了打开口腔,扩大口腔的容积。同时放松下巴也可以使得喉头放松,从而减轻喉部的负担,使得嗓音更加松弛、持久。

在口腔状态的改善过程中,"提颧肌"和"挺软腭"是向上的动作;"打牙关"和"松下巴"是向下的动作。这是两组方向完全相反的动作,初学者很不容易把握它们之间的平衡关系。常见的问题是:一提俱提,一松俱松。前者是指"提"和"挺"导致牙关和下巴紧张,带动喉部紧张,使得声音窄涩、僵持,缺少变化;后者是指"打开"和"松"的过程中,颧肌和软腭跟着一块儿松垮,因而使得声音松散,字音含混。因此,提、打、挺、松的练习最重要的是整体的配合,逐渐掌握各方面的平衡关系。

总之,通过提、打、挺、松的调整,使得整个口腔形成一种"前紧后松,上提下松"的状态,扩大口腔的容积,改善口腔内壁对声波的反射条件,为字音的清晰、圆润打下基础。

同时,通过这样的调整,口腔的状态更有利于发音,改善了口腔与话筒的关系,使得声音更容易被拾入话筒,从而获得良好的电声效果。

2. 唇舌力量集中

咬字器官力量的集中是使吐字和声音集中的重要一环,而咬字器官力量的集中主要体现在声母发音时使用的唇舌上。

唇的力量分散是造成字音"散"的主要原因。在发音的过程中,声母双唇音和唇齿音的力量要集中到唇的中部,这样可以在气息力度不大的情况下获得清晰的发音效果。唇在发音中,除了力量集中之外,唇齿适当接近也是改善发音的手段,"唇齿相依"可以减少双唇松弛而形成的唇齿间的腔体所造成的气息的"湍流",使得声音干净、明亮而集中。

舌的力量的集中,首先体现在发音过程中舌的力量要集中在舌的前后中纵线上;其次,声母发音时,舌的有关部位要力量集中,成阻部位要呈点状接触而不是片状接触,这样字音才不松散。

在普通话的所有音素中,除去声母中的双唇音和唇齿音以外,其他音都与舌的活动有关;以音节而论,每个音节都离不开舌的积极活动。因此,加强舌的力度,促进发音时舌力量的集中,是改善口腔状况,使得播音主持语言吐字和声音集中的关键。

3. 明确声音发出的路线和字音着力的位置

发音清晰有力时,声音沿着软腭、硬腭的中纵线推到硬腭的前部,这条中纵线,就是声音发出的路线。由喉部发出的声束经咽腔沿着上腭中纵线前行,向硬腭前部流动冲击,从而使整个字音形成着力点,声音好像"挂"在硬腭前部一样。

了解声音发出的路线和字音着力的位置,可以帮助我们体会发音时的感觉,进而利用感觉改善发音。但人们对感觉会有个体差异,感觉只是改善发音的手段,不要将其作为目的去过分追求。

二、"吐字归音"的由来

我国古典戏曲声乐艺术源远流长,在演唱当中非常讲究"吐字归音",也形成了一套行之有效的理论和方法。实践证明,这套方法对于播音主持中的吐字也是很有帮助的,值得我们深入研究和学习。

我国古典戏曲声乐研究的著述很多。主要的著作有:元代燕南之庵的《唱论》;明初宁献王朱权的《太和正音谱·词林须知》、魏良辅的《曲律》、王骥德的《方诸馆曲律》、沈宠绥的《度曲须知》;清代李渔的《闲情偶记》、徐大椿的《乐府传声》,晚清王德晖与徐沅征合著的《顾误录》等。这些著作记述了传统戏曲声乐艺术对吐字归音一些非常有价值的认识。

一般认为,沈宠绥最为完备地提出了"头、腹、尾"之说。他在《度曲须知》中称赞唱者:"发调高华,出口雅丽,吐字归音,个个绝顶。"又说:"凡敷演一字,各有字头、字腹、字尾之音。"王德晖、徐沅征所著《顾误录》"度曲八法"中有"出字"一节,专讲字头的处理。"每字到口,须用力从其字母发音,然后收到本韵,字面自无不准。"

沈宠绥在《度曲须知》中认为，字腹、字尾处理得好，会给人感觉整个字音"从微达著，鹤膝蜂腰，颠落摆宕，真如明珠走盘，晶莹圆转，绝无颓浊偏歪之疵矣"。吐字与行腔之间的关系处理得如何，也是评价一个歌者艺术水平高低的重要标志。王骥德在《方诸馆曲律》"论腔调"一节中提出了善歌者与不善歌者艺术水平的差异："古人语唱者曰：……当使字字轻圆，悉融入声中，令转换处无垒块，古人谓之'如贯珠'，今谓之'善过渡'是也。"王德晖、徐沅征在《顾误录》中提出"字为主，腔为宾。字宜重，腔宜轻。字宜刚，腔宜柔"等见解。谈到"度曲十病"之八就是"包音"，"即音包字是也。出字不清，腔又太重，故字为音所包，旁人听去，有声无辞，竟至唱完，不知何曲。此系仅能用喉，不能用口之病"。可以说从对字头、字腹、字尾的划分，到各自的处理技巧，再到字和声的关系，古人都一一考究，形成了一套独特的理论和方法。

需要指出的是，古人对吐字归音的研究也有其局限性。如对字头、字腹、字尾划分时，用"反切"等办法来划分头、腹、尾，显然是希望从音节结构上将之解释清楚，但由于缺少音素概念分析，这种划分最终是各家依据直观经验自说自话，难有定论。由于这些局限性，传统的吐字归音只能局限于"口传心授"，不利于在更大的范围内进行教学和应用。

另外，传统的吐字归音理论是为戏曲演唱服务的，播音持语言是"说"，而非"唱"，这就有三个方面需要注意：首先，歌唱在吐字方面的夸张幅度较大，咬字的力度较强。字头讲究"喷口"，字腹的开度尽可能宽，曲艺艺人常有"嘴里竖起个鸭蛋"的要求。播音主持不能这样咬字，否则会影响语言的自然流畅度。其次，歌唱的音节长，拖腔多，要求在字腹字尾上拖腔，但在播音主持时就不能这样了；在歌唱当中除了字音本身的声调外，主要还要依据一定旋律行腔，而说话中声调若带了某种特定的旋律，则变成"唱书调"了。最后，歌唱为了便于音高的大幅度升降并取得充分共鸣，元音的舌位一般都向后移。播音主持语言不能采取这种方式，否则听起来很不自然。

吐字归音是我国传统戏曲声乐艺术留给我们的宝贵财富，对于播音主持语言发声训练和实际工作很有价值，值得我们借鉴、学习和研究。

三、吐字归音的概念

吐字归音是源于我国古典戏曲声乐艺术的一种发音方法，它根据汉语语音的特点，把一个字的字音分为字头、字腹、字尾三个部分，并分别提出了发音要领，在出字、立字、归音的过程中分别加以控制，从而达到字音清晰、圆润动听的目的。

1. 从音节结构的角度划分字头、字腹、字尾

音节发音的"头、腹、尾"之说是吐字归音理论的精髓，从音韵学的角度来分析一个汉字音节的"头、腹、尾"，相对就比较清楚：字头相当于声母和韵头（介音）；字腹相当于韵腹（主要元音）；字尾相当于韵尾（尾音）。普通话中并不是每个音节都有完整的"头、腹、尾"，音节中除字腹必不可缺外，其余部分都有可能会缺失，大致可以分为全、类全、无字头、无字尾、无头尾五种情况，具体例子可参照下表：

例字	字头	字腹		字尾	字神	类别标号
	声母	韵 母			声调	
		韵头	韵腹	韵尾		
强(全)	q	i	a	ng	阳平	1.1
班(全)	b		a	n	阴平	1.2
烟(类全)		i	a	n	阴平	2
安(无字头)			a	n	阴平	3
别(无字尾)	b	i	e		阳平	4.1
怕(无字尾)	p		a		去声	4.2
午(无头尾)			u		上声	5

从表中我们可以看到,在给一个字的音节划分字头、字腹、字尾时有五种类型。第一类是头腹尾俱全的音节,这一类又可分为两种情况:一是该音节由声母、韵头、韵腹、韵尾构成(标号1.1);二是缺少韵头,只有声母、韵腹和韵尾(标号1.2)。第二类是类全音节,这类字音由韵头、韵腹和韵尾构成。这种音节虽然没有辅音声母,但是在实际发音当中用作韵头的介音部分改变元音性质,变成了带有摩擦性质的半元音,已经接近辅音,所以可以看作是具有非标准字头的类全音节(标号2)。第三类是无字头音节,该类音节没有声母和韵头,只有韵腹和韵尾(标号3)。第四类是无字尾音节,又分两种情况:一是有韵头但无韵尾(标号4.1);二是既无韵头也无韵尾(标号4.2)。这两种情况如果单从韵尾的角度考虑,也可以不加区分。第五类是无头、无尾,只有韵腹的字音(标号5)。

2.结合发音过程和动作来分析字头、字腹和字尾

如果单从音节结构的角度看,汉语的400多个音节中,有8个音节是无头无尾的;有8个音节是无头有尾的;有124个音节是有头无尾的。这样看,建立在头、腹、尾划分基础上的吐字归音理论的指导性似乎降低了很多。因此,除了从音节结构的角度来理解字头、字腹和字尾之外,还应该结合实际的发音过程来考虑。如果从实际的发音过程来看,每一个汉字音节的发音都有一个起始、持续和结束的过程。即使是单元音音节,从音节的角度上看虽不存在头、腹、尾的结构,但依然有一个起始、持续和结束的实际发音过程。我们可以把实际发音过程的这三个阶段看作是字音的头、腹、尾。这样一来,所有的汉字音节就都有头有尾了,正如沈宠绥所言:"凡敷演一字,各有字头、字腹、字尾之音。"

即使是从音节结构的角度看,缺少"字头"或"字尾"的音节,在实际的发音过程中,起始和结束也是不难体会到的。在i、u、ü起头的零声母音节中,如音(yīn)、月(yuè)、无(wú)等音节的发音中,实际上都附加了半摩擦的"字头",这些半摩擦的字头与辅音字头有同样的作用;而在非i、u、ü起头的音节,如安(ān)、鹅(é)、欧(ōu)等,实际发音过程中,韵母前有一个喉塞音[ʔ],即发音的过程中喉部闭拢,然后打开,气流冲出,相当于一个辅音字头。而对于一些结构上无"字尾"的音节,如巴(bā)、比(bǐ)、别(bié)等,在实际发音中,字腹之后都会有一个喉咙闭拢的结束动作,实际是一个不发出声音的喉塞音[ʔ],则可以看作是实际的字尾。比如"西安(Xī'ān)"一词的发音,如果不用喉塞音作为前一字的结束和后一字的开始,那就很容易读成"先(xiān)"。

在音节结构分析的基础上,结合发音过程和发音动作,可以帮助我们更好地理解和体会汉字音节的发音特点,从而更好地掌握吐字归音的要领。

3."枣核形"

字头、字腹、字尾三部分构成了字音的整体,民间说唱艺人形象地把头、腹、尾完整的音节的发音描述为"枣核形",这个说法与汉语音节的发音特点是一致的。如果用V代表元音,用C代表辅音,那么汉语的音节结构大致可以归纳为(C)+(V)V(V)+(C)。从在音节中所占的数量比来看,元音音素要大于辅音音素,从时值上来看元音也要大于辅音。也就是说,一个音节必须有元音的存在,因此在汉语的音节中元音占优势。从结构上来看,整个音节元音居中,由于元音响亮,所占时值较长,听感上中间大、两头小,很像一枚"枣核"的形状。这样的音节结构是汉语所特有的,因此汉语具有响亮、富于歌唱性,朗朗上口的特点。但是具体到每个发音的人来说,"枣核形"也不一定都是比较明晰的,没有经过训练的人往往就是比较模糊的。在现代语音学的指导下,通过分解动作和整体连贯的训练,"枣核形"才会更饱满,字音的颗粒感才会增强。

4.字神

传统戏曲演唱中讲究吐字归音,但对声调的分析比较简略,这是因为演唱具有旋律性,音节本身的声调要服从行腔的需要。然而对于一些"说"的艺术来说,比如评书、相声等曲艺艺术,声调则具有重要意义,是传情达意、进行创作的必不可少的手段,因此有人又把声调称为"字神",与字头、字腹、字尾相并列。播音主持是一种艺术性的语言传播活动,讲吐字归音不能忽视声调的作用。在播音主持的吐字归音训练当中,声调首先是要求准确到位,阴阳上去四声分明;其次是要注意语流音变的影响,使得声调和语调完美结合;最后还要注意结合气息控制等发声要领,利用汉语声调变化丰富的特点,提高发音质量,加强传播效果。

四、吐字归音的要领

吐字归音的要领是学习的重点。在播音主持语言当中,要求发音能够字头有力,叼住弹出;字腹饱满,拉开立起;字尾归音,趋向鲜明;整个字音成"枣核形",注意声调的到位。而吐字归音在语流中的体现,是各个步骤融会贯通,服从语流整体变化需要,做到既字正腔圆又自如流畅。

1.字头有力,叼住弹出

字头的处理,又叫"出字"。出字要有一定力度,要能够"叼住弹出"。"叼住"是对声母的成阻与持阻阶段而言的,也叫咬字阶段,主要包含这样几个意思:第一,声母发音的过程中形成阻碍的肌肉要有一定的紧张度,阻气有力;第二,咬字的力量要集中在相应部位的中纵线而不是满口用力;第三,在音节发音中,韵母起头的元音的唇形会"前移"到声母上,成为声母的"临时唇形",声母的唇形要合适、着力,特别是与"齐、合、撮"三呼结合的声母;第四,要有"叼"东西的巧劲儿,不能咬得过紧,但也不能咬得过松。戏曲界讲叼字就像大老虎叼着小老虎跳山涧一样,叼得太紧,会把小老虎咬死;叼得太松,就会把小老虎掉下去。即,叼字的力度要控制得当。"弹出"是指声母除阻阶段的控制,要求轻捷而有力,像弹出弹丸,不黏不滞。这个阶段需要控制好声母和韵母的关系,主观感觉是:把声母发音咬字的力度,巧妙地"传导"到韵母上去,把字音"弹"出去。

在字头的处理上,声母和介音(韵头)的关系很重要。介音是介于声母和主要元音(韵腹)之间的过渡性音素,在实际吐字的过程中,它直接影响声母的唇形,与声母的结合十分密切。比如"电(diàn)"和"段(duàn)"声母虽然相同,但实际发音过程中却是不同的,前者受介音的影响唇形是扁的,后者则是圆的。因此在咬字的过程中,在重视成阻部位肌肉控制的同时,还必须格外重视唇形的作用,开、齐、合、撮不同,咬字的要领也各异。

零声母音节的出字也需要附加字头一定的力度,才能使整个音节鲜明清晰。

2. 字腹饱满,拉开立起

对字腹的处理又叫"立字",要求字腹饱满、拉开立起。字腹饱满是指主要元音发音清晰完整、共鸣充分,在听感上有较为饱满的感觉。拉开立起是指主要元音开度足够大,时值够长,使其响亮、圆润,有字音在口腔中竖着展开的感觉,仿佛整个字音在口腔当中"立"起来了。立字的过程实际上就是在一个音节里突出字腹的过程。

有几类韵母的立字应该给予应有的注意。一是字腹为 i、u、ü、e 的韵母,这些元音属于窄元音,立字的过程中,口腔的开度一定要比生活语言开度大一些,尤其是 in、ün 中的 i、ü 更要注意。否则舌位动程太小,声音就会缺乏圆润感。二是韵母 ian、üan 的发音,这类韵母字腹前后的两个音素口形都很窄且舌位相距又很近,容易把字腹带窄,拉不开,使字立不起来。很多时候会把 ian 发得近于 in,把 üan 发得近于 ün,因此需要在立字的过程中,尽可能加大舌位的动程。三是韵母 uei、uen 的发音,书写时这些韵母虽然会省略 e,但发音时却不能省略 e 的发音,这样才会有相应的开度变化。

吐字过程中,口腔是随着字腹的立起而打开的。立字方面,实践中存在的问题主要是拉不开,致使字音发扁,不够饱满,因此要特别注意口腔的开度。还需要指出的是,字腹的发音是在滑动中完成的,即使是单元音韵母,其发音动作在本音之内也应有一定的移动,不是僵死不变的。复合元音韵母中,这种滑动的感觉更加明显。另外,字腹的发音口形动作不要有横向用力的感觉,那样口腔难以拉开,字音会发扁;字腹的发音也不可以过分拉长,否则很容易造成拖腔、唱调。

3. 字尾归音,到位弱收

归音是吐字归音过程中对字尾的处理,字尾处于口腔由开到闭,肌肉由紧渐松的阶段,因此要求字尾要归音,要到位弱收、趋向鲜明。"到位"是针对不收而言的,意思是尾音要归到应有的位置上。充当尾音的元音有 i、u 和鼻辅音 n、ng,我们所说的到位不是要求这几个音像单发时那样舌位高紧、闭合完全,而是要求舌的动作和趋向明确,口腔有个渐闭的过程。i 尾音发到 i 即可,u 尾音发到 u 即可,n、ng 韵尾舌的有关部位要趋向或轻微接触腭的相应部位,尾音不要拖长。"弱收"是针对强收而言的,有人在吐字过程中矫枉过正,把尾音收得过紧,违反了音节发音的规律,让人听起来僵硬呆板,影响了语流的顺畅。在字尾的归音过程中既要到位,又不能过分着力、收音过强。把握发音动作的趋向很重要,也就是要做到趋向鲜明。咬字器官在归音的过程中要保持足够的动程和力度,到位即停,但要让这种动势略有延续,有一种向外的弹动感,不要给人一种马上变懈怠的感觉。

开尾音节,即没有字尾的音节的归音需要格外留意。事实上开尾音节发音时,肌肉紧张度同样是增而复减的。开尾音节是在主要元音,也就是口腔最大开度上结束的,随着肌肉紧张度的减弱,口形很容易也随之变小,这样就会使音色变暗,不够丰满,因此发音时要注意保持音色与口形,声音渐弱,声门渐闭,直至音节结束。

在生活语言中比较常见的现象是归音不到位。这是因为字尾多为开口度较小的音素,且在音节中所处位置较为弱势,在发音的过程中容易被弱化。另外在日常交际中,音节发音时只需大致显露出字尾去向就能使人明白,一般不致引起误解,因此在生活语言中,尾音弱化、结尾元音不到位或用元音鼻化等代替鼻尾音的现象比较普遍。在播音主持发音中,因为广播电视媒介语境的需要,应该强调积极的吐字状态,克服日常生活语言中归音不到位的现象。

4."枣核形"的塑造和应用

在播音主持时,如果能恰当地运用吐字归音技巧,做到字头有力、字腹饱满、字尾归音到位,而且头、腹、尾之间衔接自然、过渡流畅,就会使整个字音准确、清晰和圆润,自然形成一个"枣核形"。在播音主持实践当中,我们还需要强调"枣核形"本身是一个整体,整个字音不能被机械地分割,而是在咬字器官互相协调、自如滑动的过程中完成的,整个发音过程要有滑动感、整体感。

需要指出的是,在传统说唱艺术中,"枣核形"表现得比较充分、较为明显,甚至较为夸张。这是因为:首先,舞台艺术表演的现场观众较多,空间较大,需要演员加强吐字力度,以保证后排观众也能听得清楚;其次,由于艺术创作的需要,有些语言表达需要也允许一定程度的夸张变形;最后,在说唱艺术中有比较充分的时间使整个字音得以展现。播音主持则有很大的不同,没有舞台的空间感,不能脱离现实生活的语境,语速比较快,这些特点决定了播音主持当中的"枣核形"总体上是小颗粒的,而且变化丰富。

在播音主持当中,"枣核形"是随着语言内容和情感的变化,随着语流中音节的疏密变化而不断变化的,其大小、浓淡、虚实都是不一样的。实际运用时,在追求吐字相对整齐的同时,又要错落有致,适合具体的语旨情境,才能更好地传情达意。否则容易导致刻板、机械,给人以"字话"的感觉,反而会影响表达和传播。

第三节 吐字归音在播音主持常见语体中的应用

讲究吐字归音是保障播音主持语言"字正腔圆"、"珠圆玉润"的重要基础,既是为了满足信息传播中对语言清晰度的要求,也是为了满足受众对语言美感的要求。当然,在学习吐字归音的过程中,要正确把握发音要领,避免出现机械、呆板的"字化"倾向。在实际的运用过程中,也要注意不同语体的区别,注意吐字力度的变化,使发音既清晰有力,又自然流畅,符合传播的具体语境特点和要求。

一、新闻播报中的应用

播音语言具有规范性、庄重性和鼓动性的特点,新闻播报是口语当中的书面语,是较为正式的语体,是规范性和庄重性最强的一种播音语言样式。这种规范性和庄重性对于新闻播音当中的吐字归音状态有一定要求,具体来说主要体现在以下几个方面:第一,咬字具有一定颗粒度,也就是"枣核形"的形状要求比较明显,也较为工整;第二,咬字的力度较大,字头喷弹的感觉较强,字腹展开充分,字尾归音到位,尤其是句尾音节的归音较为明显;第三,新闻的信息容量比较大,语速较快,播音员在完成吐字动作的同时不能降低语速,因此新闻播音的吐字要求准确、敏捷。例如下面的新闻稿:

新华网北京11月15号电 一些国家和政党领导人15日纷纷致电或致函,热烈祝贺习近平当选中国共产党第十八届中央委员会总书记。

致电和致函的有:美国总统奥巴马,俄罗斯统一俄罗斯党主席、总理梅德韦杰夫,非洲联盟轮值主席、贝宁总统博尼·亚伊,哈萨克斯坦"祖国之光"人民民主党主席、总统纳扎尔巴耶夫,乌克兰地区党荣誉主席、总统亚努科维奇,白俄罗斯总统卢卡申科,亚美尼亚共和党主席、总统萨尔基相,巴林国王哈马德·本·伊萨·阿勒哈利法,土耳其正义与发展党主席、总理埃尔多安,马来西亚马来民族统一机构主席、总理纳吉布,泰国为泰党主席乍鲁蓬,俄罗斯联邦共产党主席久加诺夫,俄罗斯公正俄罗斯党主席列维切夫,俄罗斯自由民主党主席日里诺夫斯基,德国社会民主党主席加布里尔,葡萄牙社会党总书记塞古罗,布隆迪保卫民主力量主席帕斯卡尔·尼亚邦达,秘鲁阿普拉党主席、前总统加西亚,哥斯达黎加民族解放党主席希门内斯。

这篇新闻稿中韵母开口音比较多,如"哈萨克斯坦"、"纳扎尔巴耶夫"、"哥斯达黎加"等,在播读当中可以体会口腔的打开的感觉和字音的颗粒度。鼻音韵尾的字也比较多,特别是处于停顿前或句尾的时候,归音的过程比较明显,要求呈现出比较明显的"枣核形"的感觉。整体练习的过程中,可以先慢速,按照记录新闻的要求来播读,然后逐渐恢复正常语速,体会吐字过程的完满,并逐渐和语流的自如结合起来。

二、文艺性作品播读中的应用

在播音主持艺术当中文艺性作品的播读也是一项重要内容,比如文学作品朗诵、演播,专题片、纪录片配音等等。文艺性作品播读往往更重视情感的表达,常常要求有声语言具有一定的韵味、情致,具有一定的意境美,因此在吐字归音方面有自己的特殊要求。首先是语速往往较慢,特别是一些专题片、纪录片的配音,因此有比较充分的时间展现整个字音的"枣核形";其次,文艺性作品播读中吐字归音的控制较为精巧细致,字头和字尾更为干净利落,字腹除了开度大之外,还往往具有一定的韵律感;最后,文艺性作品播读因为艺术性较强,因此比较看重个人风格,包括吐字归音的运用风格。比如有的人追求工整,有的人追求淡远,有的人追求酣畅,在吐字归音的运用上就会表现出或拘谨、或圆融、或洒脱、或舒展等等各种状态。例如纪录片《百年中国·开篇》的解说:

20世纪,正从我们的视野中慢慢消失。对于中华民族来说,这是一个从屈辱走向自豪的世纪,眼泪与欢笑都在我们心间;这是一个从贫弱走向富裕的世纪,祈求与满足我们全都记忆犹新;这是一个从封闭走向开放的世纪,善良与宽容是我们永恒的情怀;这是一个从专制走向民主的世纪,呐喊与探寻是我们不变的性格;这是一个从分裂走向统一的世纪,战争与和平我们曾历尽沧桑。

穿越一个世纪的风雨,让我们做一次深情的回望。20世纪正渐渐远去,那一幕幕交织着中国人痛苦与欢乐的瞬间却变得越来越清晰。一百年的中国经历了无数的狂风巨浪,每次她都在痛苦中奋起,在烈火中涅槃。站在新千年的门前,中国人终于可以掌握自己的命运,终于可以从容规划未来。一百年了,中国的容颜从来没有像现在这样绚丽灿烂。历史是一条隔不断的长河,我们不妨将时针倒转,回到十九世纪,回到二十世纪的前夜,那是一个黎明前的漫漫长夜。

这段解说将叙述、议论和抒情融为一体,语气舒展,具有一定的开合度。在吐字上要注意字音的颗粒度,同时又要结合具体内容有所变化,既要"字字珠玑",又要"大珠小珠落玉盘",不能机械、呆板,力求呈现出一定的韵律感。另外,还要注意将稿件所蕴含的思想感情灌注在字音当中,通过吐字来传情达意。

三、广播电视口语表达中的应用

广播电视中的口语表达是在有简单提纲或完全没有文字凭借情况下现场组织语言的"现想现说"。这种类型的口语表达和有稿的播读状态不同,它没有现成的稿件支持,需要边想边说,很多时候难以字斟句酌,在语言表达的咬字过程中也有自己的特点。第一,就咬字的整体状态来说,颗粒度较小,咬字的动作幅度要小很多,更强调咬字部位的准确集中,整体感觉是小巧、灵动;第二,注意力的单位常常是词,在边想边说的状态下,人的头脑中出现的最小单位只可能是词,而不是字,现代汉语中多音节词占多数,因此咬字当中注意力的单位扩大了;第三,即兴口语表达语流样态和有稿播读不同,即兴口语的语速变化较大,不像有稿播读那样基本是匀速的,因此咬字的力度要随着语速变化而变化,慢的时候紧一些,快的时候松一些;第四,即兴口语中咬字力度的变化较大,语义和语句重音往往是最强的,表现上可以是力度大,也可以是开度大、时值长。在广播电视口语表达中,以上是需要特别注意的,同时也需要更强的吐字功力。例如下面的新闻稿,可以试着用口语加以复述:

深圳市三名初中生用五个月时间调查深圳洗车浪费水的现象,并得出结论认为:"全市洗车棚每年喷出的清洁水足够60万市民使用一年"。他们的调研引起了社会和政府的关注。

今年年初,初中二年级的吴嘉瑜同学在上学时发现,洗车用的大量自来水被直接排到下水道。于是,他和同学李文朗、欧文煜商量做一个调查报告,测算一下深圳每年洗车要用掉多少水。今年暑假,三名初中生共调查了深圳的60多个洗车场。最终,他们拿出了一份6000余字的调查报告,并得出结论:深圳市每月用于洗车的水量约261万立方米,全年用于洗车的用水量约3141万立方米。若按深圳市每人每月的用水量4立方米计算,深圳市每年用于洗车的清洁水可供60万人使用一年。

在运用口语复述的过程中,首先要慢慢熟悉、适应"边想边说"的语言状态;其次,要注意吐字清晰,"嘴皮子"不能过松,不要"吃字",特别是在思维不流畅的时候,更要有意识地加以注意;再次,语速上可以先慢后快,逐步解决"吐字"和"措辞"不能兼顾的问题,逐渐做到"心口相随",做到既要想得精彩,又要说得干脆、扎实;最后,要逐渐加大复述训练的分量和难度,练习口语说话和吐字能力的持久性与稳定性。

思考题

1. 播音主持对吐字有哪些基本要求?
2. 播音主持发声中口腔控制的要领有哪些?
3. 谈谈你对吐字归音的认识。
4. 播音主持当中吐字归音的要领有哪些?
5. 新闻播音、文艺性作品播读以及广播电视口语表达在吐字上各有什么特点?

练习材料

练习1. 唇舌及咬字力量练习

1. 唇的练习

喷——也称作双唇打响。双唇紧闭,将唇的力量集中于唇中央,阻住气流,然后突然喷气出声,发出p音。此练习可提高双唇的闭合力量。

咧——将双唇闭紧尽力向前噘起,然后嘴角用力向两边伸展咧嘴,反复进行。此练习可加强唇的圆展变化能力。

撇——双唇闭紧向前噘起,然后向左歪、向右歪、向上抬、向下压。此练习可提高唇部的力量。

绕——双唇闭紧向前噘起,然后向左或向右作360度的转圈运动。此练习可增加唇的灵活性。

2. 舌的练习

刮舌——舌尖抵下齿背,舌体贴住齿背,随着张嘴,用上门齿齿沿刮舌叶、舌面,使舌面能逐渐上挺隆起,然后,将舌面后移向上贴住硬腭前部。这一练习可增加舌面隆起力量,也可扩大口腔开度。

顶舌——闭唇,用舌尖顶住左内颊,用力顶;然后,用舌尖顶住右内颊,做同样练习。反复练习可提高舌的接触力度。

伸舌——将舌伸出唇外,舌尖向前、向左右、向上下尽力伸展。这一练习可提高舌的伸展能力。

绕舌——闭唇,把舌尖伸到齿前唇后,向顺时针方向环绕360度,然后向逆时针方向环绕360度,交替进行。此练习可提高舌的灵活性。

舌打响

(1)舌尖打响。舌尖抵住上齿龈,阻挡气流,然后突然打开,发出类似"ta"的送气音。此练习可增加舌尖的力量。

(2)舌根打响。舌根抵住软腭,阻挡气流,然后突然打开,发出类似"ka"的送气音。此练习可增加舌根的力量。

3. 打开口腔的练习

朗读所给出的成语,体会吐字时的口腔开度。这些成语的第一个音节都是容易体会打开口腔感觉的音节,在朗读时以第一音节打开口腔的感觉,带发后面的音节,使后面的音节也能尽量打开口腔发音。

来龙去脉　来日方长　狼狈不堪　浪子回头　牢不可破　老当益壮
老生常谈　雷厉风行　冷嘲热讽　两袖清风　量力而行　燎原烈火

4. 咬字力度练习

玲珑塔

玲珑塔,塔玲珑,玲珑宝塔第一层,一张高桌四条腿,一个和尚一本经。一个铙钹一口磬,一个木鱼一盏灯。一个金钟,整四两,风儿一刮响哗愣。

玲珑塔,塔玲珑,隔过两层数三层,三张高桌十二条腿,三个和尚三本经。三个铙钹三口磬,三个木鱼三盏灯。三个金钟,十二两,风儿一刮响哗愣。

玲珑塔,塔玲珑,玲珑宝塔第五层,五张高桌二十条腿,五个和尚五本经。五个铙钹五口磬,五个木鱼五盏灯。五个金钟,二十两,风儿一刮响哗愣。

玲珑塔,塔玲珑,玲珑宝塔第七层,七张高桌二十八条腿,七个和尚七本经。七个铙钹七口磬,七个木鱼七盏灯。七个金钟,二十八两,风儿一刮响哗愣。

玲珑塔,塔玲珑,玲珑宝塔第九层,九张高桌三十六条腿,九个和尚九本经。九个铙钹九口磬,九个木鱼九盏灯。九个金钟,三十六两,风儿一刮响哗愣。

练习2. 吐字归音练习

> 练习提示

采用慢速播报记录新闻和朗读古诗词的方式,体会并掌握音节的吐字归音。练习时应放慢发音速度,以加深对音节发音过程的细微体验。

1. 记录新闻

中国原创歌剧《赵氏孤儿》近日在香港文化中心大剧院上演。歌剧讲述了春秋时期晋国贵族赵氏孤儿赵武长大后为家族复仇的故事。国家大剧院邀请众多海内外艺术家们联手,将这个经典故事赋予新貌,呈15度倾斜的独特舞台设计,优美的唱段等都让香港观众感受到了中国原创歌剧的魅力。

(2012年3月27日中央电视台《新闻联播》)

当地时间 25 号晚上 7 点 37 分,智利中部发生里氏 7.1 级地震。震中位于中部城镇塔尔卡附近,震源深度 35 公里。一名妇女因地震引发心脏病死亡,6 人轻伤。地震发生时,距震中 200 多公里的智利首都圣地亚哥震感明显。智利政府一度要求马乌莱等沿海地区的 7000 多名居民撤离,以防海啸袭击。中国驻智利大使馆 25 号说,目前还没有收到中国人在地震中伤亡的报告。鉴于近期智利地震活动频繁,使馆提醒我驻智利机构及华侨华人做好安全保护。

(2012 年 3 月 26 日中央电视台《新闻联播》)

2. 诗词练习

望庐山瀑布
李 白

日照香炉生紫烟,遥看瀑布挂前川。
飞流直下三千尺,疑是银河落九天。

凉州词
王之涣

黄河远上白云间,一片孤城万仞山。
羌笛何须怨杨柳,春风不度玉门关。

九月九日忆山东兄弟
王 维

独在异乡为异客,每逢佳节倍思亲。
遥知兄弟登高处,遍插茱萸少一人。

游子吟
孟 郊

慈母手中线,游子身上衣。
临行密密缝,意恐迟迟归。
谁言寸草心,报得三春晖。

清 明
杜 牧

清明时节雨纷纷,路上行人欲断魂。
借问酒家何处有,牧童遥指杏花村。

题西林壁
苏 轼

横看成岭侧成峰,远近高低各不同。
不识庐山真面目,只缘身在此山中。

闻官军收河南河北

杜 甫

剑外忽传收蓟北,初闻涕泪满衣裳。
却看妻子愁何在,漫卷诗书喜欲狂。
白日放歌须纵酒,青春作伴好还乡。
即从巴峡穿巫峡,便下襄阳向洛阳。

江南春

杜 牧

千里莺啼绿映红,水村山郭酒旗风。
南朝四百八十寺,多少楼台烟雨中。

江城子·乙卯正月二十日夜记梦

苏 轼

十年生死两茫茫。不思量,自难忘。千里孤坟,无处话凄凉。纵使相逢应不识,尘满面,鬓如霜。

夜来幽梦忽还乡。小轩窗,正梳妆。相顾无言,唯有泪千行。料得年年肠断处,明月夜,短松冈。

赤壁怀古

苏 轼

大江东去,浪淘尽、千古风流人物。故垒西边,人道是、三国周郎赤壁。乱石穿空,惊涛拍岸,卷起千堆雪。江山如画,一时多少豪杰!

遥想公瑾当年,小乔初嫁了,雄姿英发。羽扇纶巾,谈笑间、樯橹灰飞烟灭。故国神游,多情应笑我,早生华发。人生如梦,一樽还酹江月。

破阵子·为陈同甫赋壮词以寄之

辛弃疾

醉里挑灯看剑,梦回吹角连营。八百里分麾下炙,五十弦翻塞外声。沙场秋点兵。
马作的卢飞快,弓如霹雳弦惊。了却君王天下事,赢得生前身后名。可怜白发生!

虞美人

李 煜

春花秋月何时了?往事知多少!小楼昨夜又东风,故国不堪回首月明中。
雕栏玉砌应犹在,只是朱颜改。问君能有几多愁?恰似一江春水向东流。

练习 3. 吐字工整度练习

> 练习提示

新闻播报是吐字幅度相对较大、吐字力度较均匀的一种话语样式。练习吐字要注意咬字的力度,字头要有力。在稳定持重的同时,吐字随语势的流动有一定的跳跃感。

海南省全面加快洋浦开发区的建设,实现国际旅游岛新型工业与现代服务业的"双轮驱动"。海南省将开发区外以及填海形成的89平方公里规划区划入洋浦经济开发区,面积从原来的31平方公里增加到120平方公里;授予洋浦经济开发区管委会行使省级行政管理权,实行集经济、社会、行政等职能于一体的管理模式。最新数据显示,在这片不足海南岛陆地面积千分之一的土地上,已经创造了占海南全省42%的工业产值和30%左右的财政收入。而连续多年的环保监测表明,洋浦的空气优良率始终达到百分之百。目前,洋浦在建和拟建重大项目有15个,其中7个新型工业生产项目、8个油气储备项目,加上基础设施配套,预计总投资近1600亿元。

(2012年3月26日中央电视台《新闻联播》)

备受关注的奥巴马医改法案会举行为期3天的听证会。最后的结果预计在今年6月份作出裁决。由于审理的时间长,议题多,所以这次听证是美国近四十年来花费时间最长的一次听证会。在听证会上,控辩双方就四个主要议题进行口头辩论,其中最核心、也最有争议的议题是医改法案中的"强制医保"条款是否违宪。作为医改法案的核心内容之一,该条款要求绝大多数美国公民必须购买医疗保险,否则将被处以罚款。反对者认为强制医保条款超越了宪法赋予国会管理经济的权力范围,因而违反宪法。医疗改革是美国社会保障领域的一项重大变革,高法如何裁决将在美国社会、政治、法律等层面产生深远影响。

(2012年3月27日中央电视台《新闻联播》)

"2012东京国际动漫节"22号到25号在东京国际展览中心举行。作为动漫节的重要组成部分,第11届东京动画大奖颁奖典礼于24号举行。"东京动画大奖"从过去一年中在日本国内播放、上映和销售的动画作品中选出最优秀的作品给予表彰,同时面向全球征召作品,并从382部公募作品中挑出最优秀的动画给予表彰。本次动漫节有4位中国动画制作人获奖。来自中国深圳的陈西峰凭借原创动画《卖猪》获得最佳公募作品奖。《卖猪》民族风格浓郁,让人看过之后笑中带泪,受到观众和13名评审的一致青睐。其他3名中国获奖者分别来自中国传媒大学和南京艺术学院。

(2012年3月25日中央电视台《新闻联播》)

练习 4. 吐字力度变化练习

> 练习提示

慢速朗读下列作品,体会并逐渐掌握语句之中重音和非重音之间的吐字力度变化。

1. 现代诗

雨 巷
戴望舒

撑着油纸伞,独自
彷徨在悠长、悠长
又寂寥的雨巷
我希望逢着
一个丁香一样地
结着愁怨的姑娘

她是有
丁香一样的颜色
丁香一样的芬芳
丁香一样的忧愁
在雨中哀怨
哀怨又彷徨

她彷徨在寂寥的雨巷
撑着油纸伞
像我一样
像我一样地
默默彳亍着
冷漠、凄清,又惆怅

她静默地走近
走近,又投出
太息一般的眼光

她飘过
像梦一般地
像梦一般地凄婉迷茫

像梦中飘过
一枝丁香地
我身旁飘过这个女郎
她静默地远了,远了
到了颓圮的篱墙
走尽这雨巷

在雨的哀曲里
消了她的颜色
散了她的芬芳
消散了,甚至她的
太息般的眼光
丁香般的惆怅

撑着油纸伞,独自
彷徨在悠长、悠长
又寂寥的雨巷
我希望飘过
一个丁香一样地
结着愁怨的姑娘

祖国啊,我亲爱的祖国
舒 婷

我是你河边上破旧的老水车,
数百年来纺着疲惫的歌;
我是你额上熏黑的矿灯,
照你在历史的隧洞里蜗行摸索;
我是干瘪的稻穗,是失修的路基;
是淤滩上的驳船,
把纤绳深深
勒进你的肩膊

——祖国啊!

我是贫困,
我是悲哀,
我是你祖祖辈辈痛苦的希望啊,
是"飞天"袖间
千百年来未落到地面的花朵
——祖国啊!

我是你簇新的理想，
刚从神话的蛛网里挣脱；
我是你雪被下古莲的胚芽；
我是你挂着眼泪的笑窝；
我是新刷出的雪白的起跑线；
是绯红的黎明
正在喷薄
——祖国啊！

我是你十亿分之一，

是你九百六十万平方的总和；
你以伤痕累累的乳房，
喂养了
迷惘的我，深思的我，沸腾的我；
那就从我的血肉之躯上
去取得
你的富饶，你的荣光，你的自由
——祖国啊，我亲爱的祖国！

相信未来
食　指

当蜘蛛网无情地查封了我的炉台，
当灰烬的余烟叹息着贫穷的悲哀，
我依然固执地铺平失望的灰烬，
用美丽的雪花写下：相信未来。

当我的紫葡萄化为深秋的露水，
当我的鲜花依偎在别人的情怀，
我依然固执地用凝霜的枯藤，
在凄凉的大地上写下：相信未来。

我要用手指那通向天边的排浪，
我要用手掌那托住太阳的大海，
摇曳着曙光那枝温暖漂亮的笔杆，
用孩子的笔体写下：相信未来。

我之所以坚定地相信未来，
是我相信未来人们的眼睛——

她有拨开历史风尘的睫毛，
她有看透岁月篇章的瞳孔。

不管人们对于我们腐烂的皮肉，
那些迷途的惆怅、失败的苦痛，
是给予感动的热泪、深切的同情，
还是给以轻蔑的微笑、辛辣的嘲讽。

我坚信人们对于我们的脊骨，
那无数次的探索、迷途、失败和成功，
一定会给予热情、客观、公正和评定。
是的，我焦急地等待着他们的评定。

朋友，坚定地相信未来吧，
相信不屈不挠的努力，
相信战胜死亡的年轻，
相信未来，热爱生命！

再别康桥
徐志摩

轻轻的我走了，
正如我轻轻的来；
我轻轻的招手，
作别西天的云彩。
那河畔的金柳，
是夕阳中的新娘；

波光里的艳影，
在我的心头荡漾。

软泥上的青荇，
油油的在水底招摇；
在康河的柔波里，
我甘心做一条水草！

那榆荫下的一潭，
不是清泉，
是天上虹；
揉碎在浮藻间，
沉淀着彩虹似的梦。

寻梦？撑一支长篙，
向青草更青处漫溯；
满载一船星辉，
在星辉斑斓里放歌。

但我不能放歌，
悄悄是别离的笙箫；
夏虫也为我沉默，
沉默是今晚的康桥！

悄悄的我走了，
正如我悄悄的来；
我挥一挥衣袖，
不带走一片云彩。

乡　愁
余光中

小时候，
乡愁是一枚小小的邮票。
我在这头，
母亲在那头。

长大后，
乡愁是一张窄窄的船票。
我在这头，
新娘在那头。

后来啊，
乡愁是一方矮矮的坟墓。
我在外头，
母亲在里头。

而现在，
乡愁是一湾浅浅的海峡。
我在这头，
大陆在那头。

纸　船
冰　心

我从不肯妄弃一张纸，
总是留着——留着，
叠成一只只很小的船儿，
从舟上抛下在海里。

有的被天风吹卷到舟中的窗里，
有的被海浪打湿，沾在船头上。

我仍是不灰心的每天的叠着，
总希望有一只能流到我要它到的地方去。

母亲，倘若你梦中看见一只很小的白船儿，
不要惊讶它无端入梦。
这是你至爱的女儿含着泪叠的，
万水千山，求它载着她的爱和悲哀归去。

草原上升起不落的太阳
美丽其格 作词

蓝蓝的天上白云飘，白云下面马儿跑。挥动鞭儿响四方，百鸟齐飞翔。要是有人来问我，这是什么地方？我就骄傲地告诉他，这是我的家乡。

这里的人们爱和平，也热爱家乡，歌唱自己的新生活，歌唱共产党。毛主席啊共产党，抚育我们成长，草原上升起不落的太阳。

长江之歌

胡宏伟 作词

你从雪山走来,春潮是你的风采;你向东海奔去,惊涛是你的气概。
你用甘甜的乳汁,哺育各族儿女;你用健美的臂膀,挽起高山大海。
我们赞美长江,你是无穷的源泉;我们依恋长江,你有母亲的情怀。
你从远古走来,巨浪荡涤着尘埃;你向未来奔去,涛声回荡在天外。
你用纯洁的清流,灌溉花的国土;你用磅礴的力量,推动新的时代。
我们赞美长江,你是无穷的源泉;我们依恋长江,你有母亲的情怀。

2.散文片段

其实你在很久以前并不喜欢牡丹,因为它总被人作为富贵膜拜。后来你目睹了一次牡丹的落花,你相信所有的人都会为之感动:一阵清风徐来,娇艳鲜嫩的盛期牡丹忽然整朵整朵地坠落,铺撒一地绚丽的花瓣。那花瓣落地时依然鲜艳夺目,如同一只奉上祭坛的大鸟脱落的羽毛,低吟着壮烈的悲歌离去。

牡丹没有花谢花败之时,要么烁于枝头,要么归于泥土,它跨越委顿和衰老,由青春而死亡,由美丽而消遁。它虽美却不吝惜生命,即使告别也要展示给人最后一次的惊心动魄。

所以在这阴冷的四月里,奇迹不会发生。任凭游人扫兴和诅咒,牡丹依然安之若素。它不苟且、不俯就、不妥协、不媚俗,甘愿自己冷落自己。它遵循自己的花期自己的规律,它有权利为自己选择每年一度的盛大节日。它为什么不拒绝寒冷?

(节选自张抗抗《牡丹的拒绝》)

春天必然曾经是这样的:从绿意内敛的山头,一把雪再也撑不住了,噗嗤的一声,将冷面笑成花面,一首澌澌然的歌便从云端唱到山麓,从山麓唱到低低的荒村,唱入篱落,唱入一只小鸭的黄蹼,唱入软溶溶的春泥——软如一床新翻的棉被的春泥。

那样娇,那样敏感,却又那样混沌无涯。一声雷,可以无端地惹哭满天的云,一阵杜鹃啼,可以斗急了一城杜鹃花,一阵风起,每一棵柳都会吟出一则则白茫茫、虚飘飘说也说不清、听也听不清的飞絮,每一丝飞絮都是一株柳的分号。反正,春天就是这样不讲理,不逻辑,而仍可以好得让人心平气和的。

春天必然会是这样的:满塘叶黯花残的枯梗抵死苦守一截老根,北地里千宅万户的屋梁受尽风欺雪扰自温柔地抱着一团小小的空虚的燕巢。然后,忽然有一天,桃花把所有的山村水廓都攻陷了。柳树把皇室的御沟和民间的江头都控制住了——春天有如旌旗鲜明的王师,因为长期虔诚的企盼祝祷而美丽起来。

(节选自张晓风《春之怀古》)

3.纪录片解说词片段

《再说长江》片段

就从它落下的那一瞬间,这一滴水便开始了一条大江的万里行程。这滴水就在青藏高原的冰雪中,就在各拉丹冬的冰川里。正是从这一滴水开始,我们追溯长江的身世。

历史上规模最大的一次探源行动开始了,时间是 2004 年的 8 月,从长江第一镇出发,我们向着峰峰相连的雪山深处走去。奔向江源那圣洁的一滴水。壮观的探源之旅,正将记录时代变迁的视角投向大江的源头。为了一探大江的源流,中国人在万里长江沿线努力探索了至少两千年。直到大约三千年前,才有人攀上了青藏高原,望到了现在的江源地带。但只见河网交错蜿蜒直到天边,至于源头何在,却依然是千古悬疑。

第十一章　播音主持呼吸方式

■ **本章要点：**

本章主要介绍了播音主持对呼吸的总的要求，重点分析了播音主持需要掌握的基本功之一——胸腹联合式呼吸的特点及动作要领。本章还讲解了气息与感情、吐字及声音的关系，以帮助学习者了解正确的呼吸方式。最后，本章从播音主持气息的使用角度，讲解了换气的方法以及不同感情色彩、不同场合/环境之中的气息使用。

希望学习者在了解呼吸基本原理的基础上，通过练习，掌握胸腹联合式呼吸，增强呼吸控制能力和使用能力。气息的练习，离不开对播音主持内容以及感情、吐字和用声的关注，练习中要注意整体配合的协调性。基本功的训练要和实际使用相结合，在使用中要注意换气的方法，注意气息随感情色彩、场合环境不同而有所变化，防止发音过程中呼吸状态的单一化，以免影响表达的准确与生动。

第一节　播音主持的呼吸特点和呼吸方法

播音主持以口语为主要交流手段，但是它又不同于一般的生活口语。因为播音主持涉及的语言形式和内容多种多样，对气息的要求并不完全相同。播音主持的呼吸量常常大于一般的生活口语，呼吸的样式及分寸变化也比生活口语复杂。因此，播音员主持人应当具备灵活使用呼吸的能力，以适应语言表达的需求。

在播音主持过程中，注意力往往专注于所表达的内容，不能对呼吸保持更多的注意，这就需要对呼吸进行反复练习，做到习惯成自然，达到不用有意注意的"自动化"程度，这样才能自如使用。

正确、合理的呼吸在语言表达中能够促进感情的表达，使语言流畅自如。

一、播音主持呼吸与一般生活口语呼吸的不同

一般生活口语的呼吸是个人依据自己的语言习惯形成的呼吸方式。播音主持呼吸要适应各种稿件及不同节目的语言要求。具体分析，有下列因素促使播音员主持人要提高自己的呼吸能力：

其一，播音员主持人面对的是广大的受众，且声音需通过电子设备传输，因此对字音

的清晰度要求比较高,所以吐字力度要适度加大。吐字时,气息作用于吐字器官的呼吸控制能力就显得非常重要。

其二,播音主持对有声语言的生动性有一定要求,播音员主持人的感情投入和表现力度一般也要适度增加。在播音主持过程中,感情变化比较丰富,而丰富的感情需要多层次的气息状态来表现。

其三,在播音主持中,文稿中的文字比较规整,长句子比较多,这就要求播音员主持人的气息能够支持比较持久的发音。

总之,播音主持的呼吸虽然和生活口语的呼吸方式同样类型多样,但是由于播音员主持人的语言表达在节目中需要表现得更加准确、更加丰富,变化更加自如,因而呼吸的强度和控制方式也变得更为复杂,需要我们学习和掌握更多的呼吸方法。

二、播音主持对呼吸的要求

播音主持对呼吸总的要求可以概括为稳劲、持久和变化自如。

1. 稳劲

在播音员主持人的工作中,有相当一部分任务是新闻报道的有稿播报。新闻稿件的播读,要求吐字清晰,字音保持一定的力度,而字音的清楚和吐字的力度都需要一定的气息强度,同时,语流中字音的连缀和流畅,又需要气息的稳定来支持。主持中还有些时候需要大音量,音量的扩大主要依靠气息量的扩大和气息强度的增加,这也都需要气息保持一定的强度,并且保持相对的稳定。因此,稳劲的呼吸是播音主持对呼吸的要求之一。稳劲的呼吸能够使吐字有力、声音稳定、音色饱满。

当然,这里所说的稳定是相对于一般口语而言的。在播音主持过程中,播音员主持人根据稿件和节目的需要,在不同的表达内容和表达形式中,气息始终处于变化状态。

2. 持久

呼吸的持久是指一口气能维持较长时间、发出较多的音节,在较长的时间内保持良好的呼吸状态。

播音主持的语言一般组织比较严密,特别是文字稿件,大多经过仔细推敲和组织,不像生活口语那样松散。另外,句子也比较长,为了使语句连贯,播音员主持人应当有较多的气息供发音使用,因此要求呼吸持久。有的时候,播音主持时间较长,或者用气量较大,也需要呼吸能够持久支持发声。

未经训练的人常会产生这种遗憾:心中本来是一个完整、集中的意思,说出来后却因气力不支而变得支离破碎,甚至言不达意。一句如此,句句如此,最终遍及全篇。造成这种遗憾的主要原因不外乎吸气量小、呼气浪费或者补充气息不够及时。

3. 变化自如

语言的表现力是靠声音色彩的变化来实现的,而声音色彩的变化在很大程度上又要依赖于富有活力的气息运动,因此,在获得稳劲、持久的呼吸控制能力的基础上,还应进一步掌握运动着的气息的控制规律,做到能随内容和感情的发展而变化。

播音主持涉及的语句和感情色彩多种多样，呼吸的类型和气息量不会一成不变，丰富的感情色彩需要不同的气息状态来体现，播音员主持人应当根据需要使用各种呼吸方式。前面所讲的腹式呼吸、胸腹联合式呼吸等各种呼吸方式都有其用途，其中也包括被人认为不太好的胸式呼吸。为了使表达自然，接近口语用声，不同的呼吸方式及呼吸状态的变化应自如。播音员主持人不仅要会使用不同的呼吸方式，还要根据表达的需要灵活使用。

三、胸腹联合式呼吸的特点

胸腹联合式呼吸是常见的呼吸方式之一。它是膈肌升降和胸廓扩张、收缩相结合的呼吸方式。胸腹联合式呼吸的呼吸原理是胸式呼吸和腹式呼吸两种呼吸方式的结合。在呼吸过程中采用肌肉对抗原理控制气流。呼气发音时，吸气肌肉群仍保持一定的力量与呼气肌肉群形成对抗，控制气流呼出的速度与强度。

胸腹联合式呼吸的特点是：吸气量较大，控制精细，气息较为均匀，适合长时间稳定的发音。

首先，胸腹联合式呼吸时吸气从前后、左右、上下全面扩大了胸腔的容积，吸气量最大；其次，从动作特征来看，胸腹联合式呼吸建立了胸、膈、腹之间的关系，增强了呼吸的稳健感，有利于控制；最后，采用胸腹联合式呼吸后，易于产生坚实、响亮的音色，它是多种音色变化的基础。正因为胸腹联合式呼吸可以使发音维持较长的时间、呼气均匀，因此它是播音员主持人应当掌握的重要呼吸方式。

我国传统戏曲艺术，讲究运用"丹田气"。唐代《乐府杂录》中有这样的记载："善歌者，必先调其气，氤氲自脐间出……""脐间"就是我们所说的"丹田"。

"丹田"一词本源于道家，他们把眉心处称"上丹田"，心窝处称"中丹田"，下腹部称"下丹田"，这三个部位是"真气"运行的汇聚处。我们所说的"丹田"指的是"下丹田"。"下丹田"位于脐下二三指间。所谓"丹田气"，就是今人所说的胸腹联合式呼吸或者较深的腹式呼吸。

四、胸腹联合式呼吸的动作要领

胸腹联合式呼吸方式，从训练的角度讲，关键是在理解呼吸原理的基础上，抓住符合要领的实际感觉，并在反复的练习中加强和稳定这种感觉。

胸腹联合式呼吸的吸气和呼气动作要领可以分为五个步骤：

第一，小腹略微收缩，保持稳定，形成准备状态。

小腹收缩会压迫膈肌上升，这本是呼气动作。我们在吸气之前做这个动作是为了提前为呼气做好准备。但要注意，小腹不要收得过紧，否则，会影响气息的吸入。

第二，口鼻同时进气。

口鼻同时进气，这样可以使吸气速度加快。吸气动作可以与发音的节奏融合，成为一个拍节。

第三，膈肌下降，胸廓张开，肋下两侧扩张。

以吸到肺底的感觉，引导气息通达体内深部，使膈肌明显收缩下降，有效地增加进气量。同时，应在肩胸放松的情况下使两肋得到较充分的扩展。

膈肌下降是一般腹式呼吸的动作，胸廓张开是胸式呼吸的动作，它是对腹式呼吸的补充。当感到两肋展开的时候，就是气息吸满的标志。要注意，呼吸练习时应加大吸气量。实际使用时，则吸到七八成即可，过足的气息会影响控制。

第四，小腹收缩，膈肌及其他吸气肌肉群不放松。在力量对抗中，膈肌有控制地上升。

这是呼气动作。小腹收缩，膈肌却不马上回弹，两肋也不马上回收，这样，在呼气的时候，吸气肌肉群仍然没有放松，它们和呼气肌肉群形成一定对抗，使呼气动作的控制力得到加强。

第五，气流有控制地呼出，推动发音器官发出声音，产生连续语流，完成发音过程。

以上五个动作要领是连贯的，不要变成分段动作。可通过练习逐步熟练。

在呼吸练习中，往往可以体会到发音时气息饱满的感觉。这种感觉经常被称为"气息支点"或"胸部支点"。它是指发音的时候，胸部有一种饱满的感觉。这种感觉来自于声门之下的气息压力。呼气发音时气息不断上升，喉和吐字器官积极控制、阻挡，胸中得以保持一定的气息压力，因而产生了这样的感觉。

第二节　气息与感情、吐字、用声的关系

用气是为了支持声音，是为了表达。若对呼吸思虑过多，负担过重，反而会使呼吸运动失去平衡，造成被动。所以，在话筒前应该将注意力集中于所要表达的内容上。思想感情积极运动，气息随之运行得较为自如，才可能长时间地保持良好的呼吸状态。

一、气息和感情的关系

气息与感情有密切的关系。描写感情的词有很多是通过气息状态来描写的，比如气势汹汹、心高气傲、低声下气等。

气息是人的内心感受的外部体现。人们在面对各种事物的时候，基于自己的判断，会产生各种各样的内心感受。这些内心感受会通过身体变化表现出来，包括动作、表情，当然也包括气息变化。比如，呼吸急促可能是愤怒的表现，呼吸舒缓大多是平和的表现。

具体来说，呼吸表达内心感受，一般通过动作、声音和语言三方面被人感知。

呼吸动作表达内心感受。有的时候，电视播音员主持人不出声的呼吸状态，可以被观众看到，观众由此可以判断出播音员主持人的情绪状态。比如，呼吸的从容、紧张或深重，可以传递出内心的不同感受。

呼吸的声音是表达感情的手段。叹气、抽泣等各种气息状态可以作为表情的手段；一个短暂的哽咽，可以传递内心的悲痛。这种利用气息表情的方式在话筒作用下会被放大，用以传递所需要传递的思想感情变化或状态。

伴随语言的呼吸状态能够表达各种感情色彩。例如，语言使用类似叹气的呼吸状

态,可能会增加失望色彩的表达,而倒抽一口凉气的呼吸状态可能有利于表达某种惊恐,鼻孔出气伴随的语言则可能易于表达轻视的色彩。也就是说,除了语言本身的情感指向,气息状态会产生加强或削弱语言感情色彩的效果。

还有,在使用话筒的时候,播音员主持人距离话筒越近,声音越虚,就会显得越亲切。这种"亲切效应"就是利用人们对气息声的感受特点,起到表达感情的作用。

表演也比较讲究用气息状态来表达感情。戏剧界认为感情和气息有直接的联系,例如:

喜:愉快,呼吸舒畅自如。

怒:生气,气在胸中转圈。

悲:悲痛,呼吸短促,用上胸呼吸。

欢:非常高兴,前胸呼吸,身体高昂。

忧:烦闷,口鼻深吸气,用鼻子出气。

思:思考,吸气不动。边抬头边吸气,是遐想;边低头边吸气,是沉思。

惊:骤然吸一口气。

恐:骤然吸一口气,气向后背灌,向下沉,不放松。

癫:不能正确控制呼吸,口吸口呼。

狂:用口鼻吸,保持在胸中。

病:松气,头部、面部、背部松弛,面肌下垂。

民族声乐唱法对气息也有自己的要求。民族声乐教育家王嘉祥把民族声乐用气方法编成如下口诀:

吸气提神口诀——头如顶碗立如松,直背收臀要展胸,眉宇舒展心畅快,凝目远视神志清。

吸气开肋口诀——兴奋从容两肋开,展胸垂肘肩莫抬,胸围腰背八分满,不觉吸气气自来。

用气收腹口诀——重吹半口缩小腹,脐作中心紧收住,开肋绷胃稳如钟,力如爆竹声如柱。

气息是感情到声音的桥梁。我们内心的思想感情,要转变成人们可以感受到的声音,可以通过气息的变化来完成。气息处在声音的源头,当气息变化时,声音的各个要素也都可能发生变化,如音高、音色、音强、节奏等。

感情和气息有密切的关联,而且会影响到声音的效果,所以,在练习播音主持呼吸的时候,可以结合感情色彩的变化进行练习,这样既符合日常语言表达的规律,又便于练习者掌握之后用于实践。

二、气息与吐字的关系

气息与吐字也有密切的关系。吐字清晰需要气息力度的支持,特别是字音的字头。字头的辅音大多由塞音、塞擦音或擦音构成,发音过程中破除阻碍的时候要依靠气息的力量。就是在发音部位准确成阻的前提下,持阻的时候气息集中于发音部位,然后气流集中冲击成阻部位,迅速除阻。除阻时候气流的力度和集中度,决定了吐字的清晰度。所以说,这些音发得是否清晰,主要依靠气息的力量。

吐字松散会浪费气息。因为阻碍形成和破除的过程,可对气流形成节制。倘若不加节制,任气流流出,那么一定会造成浪费。有人认为,吐字松散能节省气息。在气流小的时候可能是这样,一旦气流较强,吐字器官松散无力则会使气息无节制地流失,造成气息的浪费。

稳定的气息可以使吐字工整。反过来说,工整的吐字需要较为稳定的气息状态,需要对气息进行适当控制。字头的力度、字腹的开度、字尾的归音,不仅需要口腔中吐字器官的到位,还需要气息的支持,才能使得字音工整饱满。当然,这种稳定是相对的,句子中的音节都会由于所处地位不同、发音不同而存在气息强度、气息长度和气息用量的变化。

三、气息与声音的关系

气息与声音的关系也较为密切,尤其是响亮的声音、大音量的声音、气声与气息的关系更为紧密。

响亮的声音主要依靠气息力度。响亮声音的发出,气息使用量不一定最大,关键在于气息力度。因为响亮的声音声门关闭较紧,通过的气息不会太多,但是气息冲击声门的力度会比较强。同样的气息量,响亮的声音可以维持的时间较长。

大音量需要更强的气息。强气流在单位时间内的流速快,损失的气息多,所以大音量需要更多气息的支持。音量的扩大最好不要采用声门闭合过紧的方法,应该在保持喉部放松的前提下,加大气息量,增加气息强度。调节腹肌的用力状态是实现这种变化的重要手段。如果腹肌的支持力加强,就可以通过与膈肌的对抗使胸腔内的气息压力加大,发出较强的声音;相反,腹肌的支持力减弱,就使胸腔内的气息压力减小,发出较弱的声音。我们可将第一种声音强度较大的控制方式称为强控制,将第二种声音强度较小的控制方式称为弱控制。气息压力和声音的这种关系,就如同水压机一样,给的压力大,水就喷得高,给的压力小,水就喷得低。对腹肌的调节如果适度灵活,便会给气息造成一种有活力的控制,形成强弱之间的多层次变化。

气声的发声效率低,声音弱,但消耗的气息量大。因为它的声门开度比实声和虚声都要大,气流通过当然也更多。气息虽然浪费了,但是有的时候可以表现特殊情绪,所以在播音主持中有时也会使用气声。

亲切、自然的发音,在呼吸状态上,常使用对比度较小的弱控制。弱控制是具有一定难度的精细控制。发音的软弱无力与弱控制有本质区别。

正因为气息和感情、吐字、声音存在一定的连带关系,所以在练习和使用中,气息要结合感情、吐字、声音来使用和调整。

第三节　播音主持中的气息使用

播音主持中的气息使用主要包括播读中的换气和不同感情色彩、不同场合环境的气息运用。

一、换气方法

一般口语状态的时候，人们会根据说话习惯自动调整呼吸，不用有意识地注意。但是，文稿播读有的时候则需要调整呼吸方式，以适应非自我习惯的表达方式。掌握正确的换气方法，可以使语言流畅自然。

换气不仅是人们正常的生理需求，也是延续语言表达的必要手段。人们可以通过练习增加气息的持续长度。但在语言表达时，不要有意识地用憋气维持发音，这不仅对身体健康不利，也会使语言的流畅度受到影响。

从换气能力来看，换气时应能做到：句首换气无声到位；句子中间少量补气；句子之间从容换气；句子结尾余气托送。

换气的方式主要有：正常换气、偷气和抢气。

1. 正常换气

播音主持的正常换气，要求播讲者打破原有标点符号的限制，根据内容、感情的需要进行换气。不要见到标点就换气，要确定合适的气口。

气口是语言或歌唱中换气的地方。通常，换气是以一个完整的意思为单位，可以是句子，也可以是句群。气口会因人、因表达而异，并没有固定标准。

例如：

和中国的大多数城市一样，吉林市也有一条商业繁华的步行街，这条街叫河南街。一百多年前，河南街因建在一条不知名的小河南岸而得名。

上面这段话中，"一百多年前"的前面可以正常换气，因为前后意思比较完整。

2. 偷气

偷气是发音过程中一种无声补充气息的方式。在长句子中，往往没有较大的停顿来换气，这时可以利用短暂的顿挫无声地补充气息。偷气通常补充的气息较少。

例如：

保障性住房是与商品性住房相对应的一个概念。保障性住房是指政府为中低收入住房困难家庭所提供的限定标准、限定价格或租金的住房，一般由廉租住房、经济适用住房和政策性租赁住房构成。

在"保障性住房是指政府为中低收入住房困难家庭所提供的限定标准、限定价格或租金的住房"这个长句子中，可以在"所提供的"之后利用短暂的顿挫补充少量气息。偷气之后不会影响句子的完整与连贯。

3. 抢气

抢气是发音过程中一种带有吸气声的补气方式。在长句子、节奏急促或感情强烈的时候，常用抢气方式来补充气息。抢气不仅可以补充气息，气流的摩擦声也可以作为表达感情的一种手段。抢气用得好可以使语言更具表现力，使用不当会破坏语言的完整性。

例如：

你从雪山走来，春潮是你的风采；你向东海奔去，惊涛是你的气概。

在朗诵这段歌词的时候,可以在"春潮"和"惊涛"之前,用一个抢气的方式,表达情感的激动。

还有一种方式是就气。就气虽然像换气,但是实际上并没有补充进来气息。它是虽有停顿,但由于表达连贯性的需要,不急于补气,而是利用肺中的余气将话说完,这样可以使表达连贯。

例如:

到底要不要走上前去和他解释清楚,她思索着。

在这句话中,"解释清楚"之后需稍作停顿,但是不换气,用余气继续说完"她思索着"。这样使用气息,不但整句意思连贯,语句节奏也与思考状态相吻合。

二、不同感情色彩的气息运用

感情色彩变化,气息状态也会随着变化,发出不同语气的声音。播音主持中遇到不同的感情色彩,气息也应该随之变化,这样,听起来才生动自然。下面我们以常见的几种感情色彩为例来分析语言中不同感情色彩的气息变化。

1. 平和的色彩

感情色彩比较平和的时候,呼吸比较放松,气息通畅。这个时候,如果使用压力比较大的气息下沉状态,会显得过于严肃和呆板,缺少平和和灵动。播音主持中介绍性的语言一般都使用这种气息状态。

例如:

流行性感冒是一种常见的传染病,特别是冬春季节,由于气温冷暖反差比较大,更是常有发生。

2. 愉快的色彩

人们在愉快的时候,一般气息都比较浅,气息呈上浮的状态。因此在播音主持中要表达愉快的色彩,气息不宜过深,有的时候可能还会使用胸式呼吸。

例如:

一个十六七岁的姑娘,活灵活现地站在我的眼前了。

3. 凝重的色彩

凝重的感情,一般气息比较沉稳,气息的力度比较大,播音主持中常使用较深的腹式呼吸或胸腹联合式呼吸。

例如:

在病床上,面临着比死亡还要严峻的考验:双目失明,断臂截腿,皮肉的苦痛,精神的折磨,这是常人难以想象、难以忍受的煎熬。

4. 紧张的色彩

人们在紧张的时候,全身会绷紧,这个时候,气息压力大,常呈现胸式呼吸状态,呼吸比较急促。播音主持中要注意这类气息状态的使用。

例如：

一堆堆的乌云像青色的火焰，在无底的大海上燃烧。大海抓住金箭似的闪电，把它熄灭在自己的深渊里。

5.沉痛的色彩

人们在沉痛的时候会感到气息沉闷压抑，呼吸的间隔时间长，常伴有大口的吸气。

例如：

汽笛呜咽，警报齐鸣，天地同悲，山河动容。默哀3分钟，举国上下一片肃穆，为了数万名在汶川大地震中遇难的同胞，为了数十万名痛失亲人的人，2008年5月19日14时28分，我们把这一刻作为永远的记忆，定格在心灵深处。

以上气息使用方式，能够帮助播音员主持人在语言中较准确地表达出相应的感情色彩，也可帮助初学者体验感情和气息之间的关系。有时，播音员主持人由于生活体验不足、缺少感受，可适当使用一些用气发声的方法加以弥补。但是我们并不提倡依赖技巧，而是提倡寻找内心感受。生活是提高感受力的源泉，播音员主持人要经常观察和体验生活语言中丰富多彩的表达方式，尝试将其中适用的用气发声方法移至播音主持中去。

三、不同场合环境中的气息运用

在进行播音主持的气息练习和运用的过程中，除了关注不同感情色彩对呼吸的影响外，还要注意用声的场合与环境。

在较大的舞台上用声，呼吸应该能够支持大音量、强控制用声的需要。这时，吸气量要大，呼出时候的气息力度相对比较强，吐字力度也比较大。例如大型晚会或者重大仪式的主持。

如果在较大的演播室主持日常节目，现场有观众和嘉宾，说话时要注意气息转换。面对现场观众的时候，气息的力度相对较强，气息量较大；而面对嘉宾近距离交流的时候，要适度减弱气息力度。

当在小演播室里播音或主持时，一般以小音量的弱控制为主，气息比较稳定、灵活，气息力度不宜过大，吐字轻巧而清晰。新闻播报大多采用这种呼吸方式。

如果是在录音间里进行讲述性的配音，可采用不影响观看画面的较轻的旁述式，声音略偏虚，气息控制更精细，声音音量不大，但吐字圆润，感情更为细腻。

当播音员主持人身处新闻现场进行现场报道的时候，报道者的用声要注意环境对发声的影响。如果环境比较嘈杂，播音员主持人要用好话筒，注意气息力度的支撑，吐字要清晰集中，声音具有穿透力，减少环境噪音的影响。如果身处较为安静的环境，如会议现场，报道者音量不能过大，气息要相对平和，吐字力度集中，字音清晰。

四、播音主持中常见的呼吸问题

播音主持中常见的呼吸问题主要有气息较浅、气息不够用、气息沉不下去和屏气等。

1.气息较浅

当我们的表达需要气息下沉，需要深呼吸的时候，如果仍然采用胸式呼吸，那么气息就比较浅,声音听感比较柔弱。这一问题一般在女声中更为常见。

解决这个问题的方法是要增大吸气量。练习中可以使用心理引导的方式帮助进入适当呼吸状态。例如用"闻花香"来引导深呼吸。可以想象我们身处空气清新的自然环境中,希望把充满花草清香的气息吸进来。这种意念会帮助我们吸入更多的气息,两肋会随之打开。其次是从动作要领上加以控制,注意运用前面所说的胸腹联合式呼吸的动作要领。

还有的人,气息浅声音弱,是与这些人的个人气质有关。如果过分坚持自己的个人气质,要改变语言中柔弱的气息状态就很难。对于这种由于性格气质形成的呼吸问题,从个性改善上加以调整效果会更好。

2. 气息不够用

有的人在呼气发声的过程中总觉得气息不够用。出现这种情况一般有两种原因:一是因为吸的量过少;第二是使用过程中浪费较多,用得不好。

第一种情况应注意"开源",增加吸气量。第二种情况是使用中的浪费,不仅要"开源",还要在呼气的过程中"节流",堵塞浪费渠道。

胸腹联合式呼吸的要领中,小腹和两肋的三角支撑能够帮助呼气时进行精细控制。在呼气过程中,吸气肌肉群也要发挥作用,和呼气的肌肉力量形成对抗,利用对抗的压力差控制呼气,避免气息急速流出,使用这种控制方式可以节省气息。

吐字松散也是造成气息不够用的重要原因。在咬字过程中,唇的启闭,舌的抬落,都会不同程度地影响呼出的气流。因此,加强唇舌控制力度,也可以起到节省气息的作用。

另外,避免过虚的声音也能够减少气息的浪费。在使用低音,尤其是虚弱的低音时,由于声带松弛并留有较大间隙,耗气量最大。使用高强音时,由于声带绷紧,闭合严密,耗气量大大降低,但声音紧张、挤压。略带明亮的中音,声带张力和气息压力都处于适中状态,既可以节省气息,又可使声音放松自然。

3. 气息沉不下去

在气息使用中,有时气息沉不下去。这种情况有可能是由于精神过于紧张、肌肉僵持所致。有的时候,小腹过紧或者喉部紧张也会影响气息下沉。在呼吸练习时,应注意精神的放松,保持小腹的适度紧张和喉部的适当放松。

4. 屏气

有些人有吸气后屏气发声的习惯,这会造成喉部紧张,影响气息的通畅和声音的饱满。使用气息的时候,要注意吸气和呼气的连贯性,不要将吸气和呼气用屏气的方式隔开。屏气会造成声音的紧张和挤压。

五、气息使用中要注意的问题

1. 注意思想感情对气息的激发和引领

我们不是为了用气而用气,用气是为了支持声音,是为了表达。若对呼吸思虑过多,负担过重,反而会使呼吸运动失去平衡,造成被动。所以,在话筒前应将注意力集中于所要表达的内容上。思想感情积极运动,气息也会紧紧跟随,运行自如。

在进行播音主持有声语言表达的时候,首先要在理解、明确所应表达的思想和真切感受到其中的情绪、情感之后,激发气息运动,再由此带动声音的发出。在实践中增强语言的理解力和感受力,是正确运用气息,增强表达效果的基础。

2.注意呼吸的开源节流

在呼吸控制中,要注意适当增大吸气量,做到"开源",但也并不是吸得越多越好,吸气主要是为了支持发音,发音需要多少气息就吸入多少气息,过多的气息会影响语言的自然流畅。呼气时候的"节流",即控制声音所需要的气流的强弱、急缓、疏密,也并非节省越多越好,气流过于节省会影响声音的下沉,影响感情力度。应当让气息与声音相互配合,自如"挂钩"。

3.呼吸与其他发音过程的配合

人的语言发声,是在大脑和发音器官整体活动中形成的。因此,在气息使用中,一定要注意和心理活动、口腔吐字器官活动、喉部发声器官活动相配合。呼吸是否正确、到位,要放到语言表达效果中检验,不能只凭感觉,也不能仅以静态的呼吸标准来衡量。

4.注意科学训练和灵活使用

气息练习要注意科学性。呼吸肌的力量和灵活程度,是呼吸控制达到"自动化"运动的物质条件。在呼吸肌的训练中,日常生活中得不到充分活动的肌肉,像腹肌、膈肌,应列为锻炼的重点。

胸腹联合式呼吸是播音员主持人需要掌握的重要的呼吸方式,但并不是唯一的方式。要注意根据表达的需要灵活使用不同的呼吸方式,不能脱离语言表达内容和感情需要单纯使用一种呼吸方式。

六、播音主持呼吸练习

练习的目的主要在于增加气息的吸入量,掌握气息的控制能力,练习气息与吐字发音、与感情表达、与场合环境相结合等几个方面。

练习的内容和方法可以包括:

(1)增强呼吸肌力量练习。像仰卧起坐、俯卧撑、杠上抬腿等运动可以帮助锻炼呼吸肌。

(2)增强膈肌力量练习。可以用弹发"hei"音,或者弹发"一、二、三、四"的方法锻炼膈肌力量。

(3)胸腹联合式呼吸练习。可以练习长元音"a",用双手叉腰体会两肋的张开情况;也可以用一些平和的新闻稿来练习。

(4)呼气与吐字结合练习。可以采用单音节的延长音、数数儿和数葫芦等来练习。

(5)换气练习。用不同的稿件练习正常换气、偷气、抢气等。

(6)气息变化练习。用不同的感情色彩及不同环境中的稿件练习不同的气息使用方式,做到气息随感情和环境的变化而变化。

思考题

1. 播音主持呼吸与一般言语呼吸有何不同？
2. 什么是胸腹联合式呼吸？请分析胸腹联合式呼吸的原理及要领。
3. 为什么说气息是内心感受的外部体现？
4. 气息和吐字、声音有什么样的关系？
5. 常见的换气方式有哪几种，如何使用？
6. 不同感情色彩的气息变化有何不同？
7. 播音主持中常见的呼吸问题有哪些？
8. 气息运用要注意哪些问题？
9. 播音主持的呼吸练习应从哪些方面入手？

练习材料

练习1. 气息下沉

练习提示

用心体会下列稿件，可以用发自内心的感叹的用气状态来提示自己。注意深吸气，两肋打开。呼气发声的时候，发力的支点在下腹。

我们抵达高昌故城废墟时，薄暮的夕阳将这座古城染成橘红色。这里所有故城的建材都是坚实的黄土。城楼与城墙依然在苦撑着这一卷历史的沧桑。两千年的风沙并没有将这座古城埋葬。二十个世纪的岁月，也没有使城墙的黄坯泛白。残留的宫殿似仍在夕照中述说无数朝代的兴替。在一片寂然的宫阙陈迹中，只响着两个万里游子的疲惫的脚步声，古城愈显得沉郁而且沉重。

我们由宫阙的废墟中走出来，无言地爬上了黄土垒积的城头，夕阳衔在火焰山上，将余晖洒满了这座古城的城堞，也为我披下了一条长长的身影。不知道为什么，一股悲凉的滋味涌上心头，在历史的重压下，四周是一片死寂，我低下头来倾听，听不见攻城略地的厮杀，听不见唐玄奘的木鱼，只听见自己凝重的呼吸与心跳。

（殷颖：《经路·丝路·风沙路》节选）

这次袭击共造成三名警员死亡，三名警员负伤。由于山高路远，急救措施不够，一位因失血过多牺牲的警员的临终遗言是"这路怎么这么长……"

对于牺牲的民警，云南省公安厅一负责人负疚良久。这位参加过越战的大嗓门的高级警官说，他至今仍记得去年一个教导员在抓捕行动时和毒贩一起坠崖，遗体找到时，手还紧紧抠着毒贩的胳膊。

他说，民警的牺牲换来的是，破案25万起，抓获犯罪嫌疑人32万余名，缴获毒品200余吨。

（崔木杨：《云南缉毒警的血色生活》节选）

练习 2.胸腹联合式呼吸

> 练习提示

　　练习中,吸气的时候注意保证一定的吸气量,以准备表达较长的句子,同时注意吐字的清晰、集中以节省气息。呼气发声的时候,两肋、腹肌和膈肌形成一定的抗衡,气流稳劲支持发声。

　　虽然饱受内涝之苦的武汉等城市已经开始试行透水砖等提高雨水渗透的措施,但刘波认为这还只是小打小闹。他认为市长们应该都有决心把自己治下的城市变成"海绵体城市"。通过有步骤地开展城市生态修复工作,推进截污、控污工程,建立雨水收集和利用系统,开发、改造城市社区建筑物、道路、绿化带、停车场、广场、公园等公共设施蓄留雨水的生态功能,尽可能恢复城市原有河道、水塘、沟渠,减弱城市热岛效应,提高城市雨水渗透率,并重视城市地下管网的普查、检测和修复工作,防止城市地质灾害。

（彭利国:《一位基层官员想对80位市长说"要破解中国城市水患,有必要'师夷长技'"》节选 ）

　　7月12日,首届中国公益慈善项目交流展示会在深圳开幕,这也意味着"公益慈善"的极端重要性已经开始有了一个全方位的体现。据悉,此次慈展会吸引了全国各地的544家公益慈善组织、企业设台参展,其中公益慈善组织260家(含香港机构1家、公益市集17家)、企业142家、基金会104家、省市组团26家、科研媒体机构12家。除此之外,首届慈展会还安排了10场峰会或论坛、41场公益沙龙、18场公众体验活动等多种活动。

（南都社论《助推社会崛起,创造可期未来》节选）

　　中央要求厉行勤俭节约、反对铺张浪费,得到了广大干部群众衷心拥护。后续工作要不断跟上,坚决防止走过场、一阵风,切实做到一抓到底、善始善终。抓而不紧,抓而不实,抓而不常,等于白抓。一段时间以来,社会各方面就此积极建言献策,不少意见值得重视。要梳理采纳合理意见,总结我们自己的经验教训,借鉴国内外有益做法。下一步,关键是要抓住制度建设这个重点,以完善公务接待、财务预算和审计、考核问责、监督保障等制度为抓手,努力建立健全立体式、全方位的制度体系,以刚性的制度约束、严格的制度执行、强有力的监督检查、严厉的惩戒机制,切实遏制公款消费中的各种违规违纪违法现象。

（习近平在人民日报《专家学者对遏制公款吃喝的分析和建议》等材料上的批示,2013年2月22日）

　　首先是加强警示教育,要在建立公务考察和公款出国(境)考察责任追究机制的前提下,将责任追究的条款提前进行宣传,用警示教育的形式对领导干部行为进行警示和预防式的监督。其次是建立领导干部公务考察、出国(境)等信息公开和听证评估制度。除了自上而下的审核之外,更要结合实际建立阳光公开制度,每次领导公务考察学习等出行之前,要将出行的目的、路线、费用预算、参与人数等在本单位或者本系统进行公开,同时由纪检监察、审计、财政、检察等职能部门在监督审核的前提下,对该事项进行科学的听证论证,并建立听证论证审核责任机制,对不符合条件的可以通过听证论证进行取缔,对听证论证把关不严导致出现借公务考察之名暗行公款挥霍之实的,除了追究当事人责任之外,更要追究听证论证审核把关责任,从根本上强化对领导干部出国(境)行为的监督。其三是建立健全领导干部出国(境)行为监督平台,并公开举报投诉电话,引导机关一线党员干部和社会民众对领导干部的违规出国(境)行为或者变相出国(境)旅游行为进行监督,从源头上遏制违规公务考察和公款出国(境)考察行为的发生。其四是严格实行事后问责。对公务考察开支超标和随意报销费用、借公务考察暗行外出旅游和出国(境)旅游、随意更改路线增加考察成本的,一经发现或接到举报,立刻介入调查,并依据实际情况追究当事人、责任人和单位财务开支人员责任,严重的移交司法机关从重从严处理。这样构建了一个立体的、事先预防与事后问责相结合的监督网络,公务考察才不会"走偏",而这与"晒报告"相比,显然更具可操作性和现实期待价值。

(许朝军:《规范公务考察,晒报告不如预防与问责》节选)

——实现中国梦必须走中国道路。这就是中国特色社会主义道路。这条道路来之不易,它是在改革开放30多年的伟大实践中走出来的,是在中华人民共和国成立60多年的持续探索中走出来的,是在对近代以来170多年中华民族发展历程的深刻总结中走出来的,是在对中华民族5000多年悠久文明的传承中走出来的,具有深厚的历史渊源和广泛的现实基础。中华民族是具有非凡创造力的民族,我们创造了伟大的中华文明,我们也能够继续拓展和走好适合中国国情的发展道路。全国各族人民一定要增强对中国特色社会主义的理论自信、道路自信、制度自信,坚定不移沿着正确的中国道路奋勇前进。

——实现中国梦必须弘扬中国精神。这就是以爱国主义为核心的民族精神,以改革创新为核心的时代精神。这种精神是凝心聚力的兴国之魂、强国之魂。爱国主义始终是把中华民族坚强团结在一起的精神力量,改革创新始终是鞭策我们在改革开放中与时俱进的精神力量。全国各族人民一定要弘扬伟大的民族精神和时代精神,不断增强团结一心的精神纽带、自强不息的精神动力,永远朝气蓬勃迈向未来。

——实现中国梦必须凝聚中国力量。这就是中国各族人民大团结的力量。中国梦是民族的梦,也是每个中国人的梦。只要我们紧密团结,万众一心,为实现共同梦想而奋斗,实现梦想的力量就无比强大,我们每个人为实现自己梦想的努力就拥有广阔的空间。生活在我们伟大祖国和伟大时代的中国人民,共同享有人生出彩的机会,共同享有梦想成真的机会,共同享有同祖国和时代一起成长与进步的机会。有梦想,有机会,有奋斗,一切美好的东西都能够创造出来。全国各族人民一定要牢记使命,心往一处想,劲往一处使,用13亿人的智慧和力量汇集起不可战胜的磅礴力量。

(习近平:《在第十二届全国人民代表大会第一次会议上的讲话》节选,2013年3月17日)

一枝独秀不是春,百花齐放春满园。短短十年,不仅中国桥梁实现了新跨度,"世界之最"的美誉在公路、铁路、隧道、港口等交通事业的各个领域,俯拾皆是。

十年间,我国高速公路里程跃居世界第二,其中36.04公里的秦岭终南山隧道是世界最长的双洞高速公路隧道。我国公路总里程由176.52万公里增长到410.64万公里,"五纵七横"12条国道主干线提前13年全部建成,一个覆盖城乡、便捷高效的公路交通网络初步形成。

十年间,我国在世界十大港口中占据七席,全国港口货物吞吐量由2002年的27.99亿吨迅猛增长到2011年的100.41亿吨。每天,数以千万吨计的货物搭乘大小船舶进出各色港口,码头上装卸的货柜、岸边巍峨的轮船,如一道流动的风景,令人百看不厌。

十年间,我国城市公交迎来历史上规模最大、效率最高的建设时期。截至2011年,全国拥有轨道交通运营线路58条,线路总长1699公里。而在2002年底,中国仅有北京、上海、广州三座城市的6条地铁线通车运营。

十年间,中国铁路后来居上,铁路营业里程、电气化铁路运营里程均跃居世界第二;高速铁路从无到有,运营里程和运营速度均居世界第一;高原铁路海拔最高、线路最长,公认世界一流;重载铁路屡次打破世界纪录,铁路运输效率和铁路能力利用率均居世界第一。

(陆娅楠:《"中国跨度"越天堑》节选)

练习3.换气方式

> 练习提示

下列稿件中,句子和句子之间,可以从容换气的,注意正常换气。

1. 正常换气

永兴岛的面积不大,两平方公里的土地上居住着近千名市民。这些来自琼海、文昌等地的居住者操着不同口音。

岛上是大片椰子树,呈放射状的公路将小岛各处相连。这里除超市每天会营业到22点以外,其余机构平时多是大门紧闭。"大家都很熟,有事打个电话,人就来了。"一位岛民说。

据了解,整个西沙岛礁上生活着600多位渔民,较为集中的是永兴岛、七连屿、鸭公岛、晋卿岛和羚羊礁。

走进永兴岛的永兴村,这里的民房仍以木屋为主,房子简陋甚至有些破烂。

一位姓符的渔民告诉记者,他们祖祖辈辈以在南海打鱼为生,习惯了这样的辛苦,只是希望自己的下一代能够生活得好。

目前在永兴岛上还没有教学设施,永兴村里的孩子在学龄前基本在家由大人照管,此后去海南岛上学。

记者在一个小小的高脚屋里看到,五六名不同家庭的孩子挤在一间木屋里看电视。已经6岁的胡杰告诉记者,他没有上过幼儿园,也不知道学校是什么。

西沙工委一位工作人员介绍,为改善岛上生活条件,西沙工委、办事处于1994年至2006年,投入400余万元,建造雨水净化厂和1500吨级的蓄水池,解决用水难问题。

2009年,200千瓦一期屋顶太阳能发电站建成投产。

2012年2月,工委、办事处又多方争取,投入220余万元购置两台500千瓦的柴油发电机组。这个中国人口最少的地级市,终于解决了"用电难"问题。

(崔木杨:《带您走进神秘的三沙市:中国陆地面积最小的城市》节选)

蓝思观察团是由《21世纪经济报道》主办、上海大众汽车全程战略支持,组建由专家、媒体、社会志愿者构成的团队,对中国生态敏感点进行舆论聚焦的一种全新的环保行动。2012年5月,蓝思观察团将第一站选在广西漓江,而继长白山之后,观察团还将继续就气候变化与人类活动的异变态势,对内蒙古呼伦贝尔、长江江豚栖息地、黑龙江三江平原等地展开科研式观察研究。

亿万年前,长白山区曾是一片汪洋大海,由于地壳上升及气候的变迁,海水逐渐退却,地表重新露出水面。此后,在经历了多次火山喷发和冰川雕塑之后,长白山形成今天的地貌景观,成了今天广袤悠密、变化万千的生灵之源。

本次长白山站的考察活动历时6天,观察团将由满族发源地圆池展开考察,探讨山人关系及文化起源;再深入长白山北坡到达天池、长白山花海,考察国家濒危动物——中华秋沙鸭的分布及变化,探讨气候变迁对四大垂直植物带、生物多样性的影响;最后到访孤顶子村,探访森林中"最后的小木屋"及其背后的伐木文化。

(平亦凡:《气候观察团长白山站启动:探寻生态变迁》节选)

完成了中国7000米级海试的蛟龙号,目前正在从太平洋马里亚纳海沟返回祖国的途中。15天六次下潜,三次突破7000米深度,创造世界同类潜器最大下潜深度7062.68米,并带回大量科学采样,——中国载人深潜依靠技术创新,用10年时间走过了世界同行半个多世纪走过的路。

这是6月24日,蛟龙成功下潜到7020米后,成功实现了海底与海面直接通话的情形。在完成通讯联络后,蛟龙号深潜器成功传回了人类历史上第一张7000米海底图像。与电磁波在空间的传播相比,声波在海水中的传输要复杂得多。

其实,从蛟龙号开始研制的第一天,突破技术壁垒就成了科研人员面前唯一的一条路。自上世纪60年代起,美、日、法等国家相继制造出了4000米到6500米级的载人深潜器。但国际深潜界对潜器的设计却讳莫如深。

载人球舱上的舱口盖和观察窗口之间的密封是开展载人深潜研究开始后的第一难题。在7000米海底,潜器承受着每平方米7000吨的海水压力。如果载人舱和舱口盖受压变形不同步,载人舱就不能密封。

仅这一个课题,设计团队就花掉了两年时间,进行了几百次试验。如今由我国自主设计的大深度载人潜水器载人舱结构安全设计标准已经成为国际上认可的标准。7000米深海无情地考验着潜器的每一个零件。在最后一次下潜前,蛟龙号换上了新研制的国产推力器,潜器顺利下到了7035米。

(见红蕊:《创新造就"蛟龙"深度纪录》节选)

近年来随着文化体制改革的不断深入,文化产品的创作日益活跃,不断涌现出的精品佳作,丰富了我们的生活。

在国家大剧院歌剧厅,来自意大利、法国、西班牙、中国等六个国家的艺术家,正在同台排练大剧院版歌剧《灰姑娘》,一部戏之所以能吸引如此众多国家的艺术家加盟,源于大剧院开放的创作平台。

这是大剧院版本的京剧《赤壁》、歌剧《西施》、话剧《王府井》,这是本土化的世界经典歌剧《图兰朵》、《卡门》、《托斯卡》。国家大剧院开幕运营三年来,融汇东西方文化经典,创作剧目已达到20个,平均一年六部半,这在一些世界级的剧院也是很少见的。再过两天,京剧《赤壁》将迎来第八轮演出,这部集合国内20多家艺术院团的艺术家们创排的剧目,三年来已经演出几十场、每场观众上座率都达到95%以上,创下近年来京剧演出的多个纪录。

(《创作繁荣 原创更精彩》,引自中央电视台《新闻联播》)

2. 偷气

> 练习提示

在长句子中,找到合适的气口,迅速无声换气。

宇宙速度是指物体达到 11.2 千米/秒的运动速度时能摆脱地球引力束缚的一种速度。在摆脱地球束缚的过程中,在地球引力的作用下它并不是直线飞离地球,而是按抛物线飞行。脱离地球引力后在太阳引力作用下绕太阳运行。若要摆脱太阳引力的束缚飞出太阳系,物体的运动速度必须达到 16.7 千米/秒。那时将按双曲线轨迹飞离地球,而相对太阳来说它将沿抛物线飞离太阳。

(《宇宙速度》,摘自《百度百科》)

空间交会对接是指两个航天器在空间轨道上会合并在结构上连成一个整体的技术,是实现航天站、航天飞机、太空平台和空间运输系统的空间装配、回收、补给、维修、航天员交换及营救等在轨道上服务的先决条件。交会对接过程有四个阶段,同时,根据航天员介入的程度和智能控制水平可分为四种操作方式。2011 年 11 月 3 日凌晨,神舟八号飞船与天宫一号实现中国首次空间交会对接。

(《空间交会对接》,摘自《百度百科》)

保障性住房是与商品性住房相对应的一个概念,保障性住房是指政府为中低收入住房困难家庭所提供的限定标准、限定价格或租金的住房,一般由廉租住房、经济适用住房和政策性租赁住房构成。近年来,我国已大力加强保障性住房建设力度,进一步改善人民群众的居住条件,促进房地产市场健康发展。我国 2011 年的 1000 万套保障性住房开工计划已宣告完成。

(《保障性住房》,摘自《百度百科》)

3. 抢气

> 练习提示

在情感比较激烈的时候,适当使用带声的换气,就是抢气。

在打开前门的一刹那,他俩都吓得往后跳了一步。屋里冒出滚滚浓烟,向他俩扑面而来,呛得他们又往后退了几步。

拉姆首先明白过来发生了什么事。他大叫道:"是沙发,靠火炉太近了。弗朗西斯,快去打报警电话,我去救塔拉。"

拉姆冲向楼梯,但是被浓烟逼了回来,眼睛什么也看不见,呛得直咳嗽。他连着冲了三次都没有成功,明白这条路是行不通的。他抬眼去看窗户,发现窗户也都关得紧紧的。现在沙发还只是冒着浓烟,还没有看到一丝火焰,必须赶紧找邻居帮忙,必须马上叫救火车!

(帕特里夏·圣约翰:《大河之源》节选)

14 时 37 分 19 秒,离陆地仅 16 米的战机突然嘭的一声巨响,飞行现场所有官兵的心都为之一紧。坐镇塔台指挥的参谋长李国华敏锐地观察到一团火苗从战机右发动机尾部喷射而出。与此同时,叶江感到战机猛然一震,随之不停地剧烈抖动,手中的驾驶杆也变得越来越沉……

右发动机停车！飞行2000多小时的特级飞行员叶江头一次遇到如此超低高度的空中停车特情。但他没有丝毫慌乱,他知道处境越是危险越是要保持清醒。一旦处置不当,战机随时可能失去控制。

特情处置预案在叶江的脑海里闪过。他稳住仍在急剧抖动的战机,把右发动机油门收至停车位置,利用左发动机全部推力控制高度和速度。平时"家常便饭"式的起飞,此刻变得非常危险。

叶江迅速稳住操纵杆减小迎角,以高度换取速度,等速度上来后再上升高度。由于飞机前方是居民密集区,左侧是群山,他果断调整状态右转下滑,驾驶战机向某水域飞去。

空中生死一线,地面气氛紧张。塔台指挥员一边指挥空中其他战机紧急避让,一边指挥救护车、消防车、牵引车等各种保障车辆到指定位置集结就位。

主液压系统压力还在不停下降,紧急着陆迫在眉睫。14时43分14秒,叶江驾驶战机艰难上升到2230米。此时,叶江一边检查左发动机的工作情况,一边尽量消耗燃油,减少飞机重量,加入起落航线。

在地面塔台的准确指挥下,叶江屏住呼吸,努力保持战机平稳,对准跑道下滑,30米、20米、10米……接地,关左发动机,滑跑,放阻力伞……战机像脱缰的野马,向跑道尽头冲去。叶江连续拉三次应急刹车手柄,同时不断修正战机滑跑方向。终于,战机稳稳停在跑道尽头100米处。此时,指针指向14时50分。

(伍轶、程福明、祖六四：《战机在16米低空突停车 飞行员13分钟后迫降》)

练习4. 不同感情状态下的气息变化

1. 平和状态

> 练习提示

气息放松,呼吸自然。

听众朋友,下面,我要跟您说说：预防流感。

流行性感冒是一种常见的传染病,特别是冬春季节,由于气温冷暖反差比较大,更是常有发生。

患有流感的病人大多会感到浑身乏力,没有精神,有些较重的病人还会伴有咳嗽、发高烧等症状。

如果您得了流感,也不要惊慌失措,不要自作主张乱吃药,特别注意不要盲目使用抗生素。因为抗生素对流感病毒无效,反而会给身体带来副作用,引起机体的抗药性。服多了抗生素还会使体内肠道菌群失调,导致其他疾病发生。因此一定要在医生的指导下服用药品。病情没有大的变化,反复上医院容易引起交叉感染,不利于身体的康复。

(选自《实用播音教程第1册——普通话语音和播音发声》,中国传媒大学出版社2002年版)

如今,慢餐运动正在席卷世界,很多地方正在掀起一个摈弃美式快餐模式、回归悠闲传统、宣导慢餐文化的运动。……慢餐运动之所以如此生机勃勃,呈现霸权之势,其中自有道理。

1. 帮助消化,预防胃病

轻松、愉快的进餐可以使食物得到充分地咀嚼和研磨,经过充分研磨的食物能够减轻胃肠的负担,特别是有肠胃疾病的人更应该注意饮食的速度。食物在你愉快地进餐过程中能够与消化液充分地混合搅拌,更好地帮助消化、吸收食物中的营养成分。

2. 预防溃疡疾病,美容养颜

轻松、愉快的饮食可以增加唾液量的分泌,唾液进入胃后能够形成一层保护膜。这层保护膜是能够保护胃功能的蛋白膜,它不但可以保护胃功能,还可以有效地预防溃疡等疾病。

快乐的进餐可使得食物中的养分得到充分地吸收,多种养分的吸收可以有效地补充肾气。健康的身体才会有红润的肤色和光滑的肌肤。频繁地咀嚼还可以有效地锻炼脸部肌肉,减少皱纹的产生。

3. 改善人际关系

轻松、愉快的进餐不但可以充分地享受美食,还可以使人心态平和、心情宁静、减少忧虑,让人们变得更容易沟通,让疏远的人际关系得到改善。

(洪昭光《慢生活》节选,新浪网读书频道2008年1月11日)

好,材料都准备齐全了,第一步就是和面。三小碗面粉加一小勺的干酵母,用温水把酵母化开,加到面粉里,然后再加点泡打粉,这样做出来的面比较香甜,当然不加也可以。逐步往面里加温水,并且揉成不粘手的团子,多揉一会儿,这样酵母比较均匀。

揉好了面团,下面就是让它发酵了,夏天大概一个小时左右就能发起来,冬天的时间要长点,一般发一个小时,饧半个小时。

趁着发酵的时间,开始拌馅儿了。一般都先把鸡蛋炒熟,要是放生的鸡蛋出水会比较多;韭菜切得短一点,不能像炒韭菜时那么长。食盐在开始包的时候放,放早了也会出水;然后加油,一定要加熟油,这样比较香,要是实在没有也没办法了!馅儿拌好了,估计面也发得差不多了。

一个半小时,咱们的面团发好了,看上去比之前的面团大了不少。

第二步就开始擀包子皮了。先揪剂子,把面揉成长条,然后切剂子。

擀皮开始包了。别忘了在馅儿里放食盐。以前没包过的可以少放点馅儿,放多了包不上的话就会露馅儿。

(《手把手教你包包子》)

中国人说:靠山吃山,靠海吃海。这不仅是一种因地制宜的变通,更是顺应自然的中国式生存之道。从古到今,这个农耕民族精心使用着脚下的每一寸土地,获取食物的活动和非凡智慧,无处不在。

贵州省从江县,侗族、苗族和壮族聚居的山区,这里的人自古以糯米为主食,在高山梯田里种植着近百种原始的糯稻。远离现代文明的喧嚣,散落的村寨像一个个孤岛,深藏在大山深处。

十月,是糯稻成熟的季节,壮族聚居的下尧村,正在迎接一个专为稻谷丰收设置的节日——新米节。但糯稻并不是村民们唯一的收获,水田里还藏着其他的秘密。水稻田里可以同时养鲤鱼和鸭子,这种稻、鱼、鸭共作的古老体系,已被列入全球重要农业文化遗产。

(电视专题片《舌尖上的中国》节选)

2.愉快状态

练习提示

气息上浮,呼吸较浅。

一个十六七岁的姑娘,活灵活现地站在我的眼前了。她疏眉细眼,故意眯缝着瞧我,小鼻子微微地朝上翘着,薄薄的两片小嘴唇因为忍住笑而紧闭着,两颗小酒窝儿,在那又红又结实的腮上陷得很深。

(浩然:《红枣林》节选)

猫的性格实在有些古怪。说它老实吧,它的确有时候很乖。它会找个暖和的地方,成天睡大觉,无忧无虑,什么事也不过问。可是,它决定要出去玩玩,就会出走一天一夜,任凭谁怎么呼唤,它也不肯回来。说它贪玩吧,的确是呀,要不怎么会一天一夜不回家呢?可是,它听到老鼠的一点响动,又是多么尽职。它闭息凝视,一连就是几个钟头,非把老鼠等出来不可!

……

小猫满月的时候更可爱,腿脚还不稳,可是已经学会淘气。一根鸡毛,一个线团,都是它的好玩具,要个没完没了。一玩起来,它不知要摔多少跟头,但是跌倒了马上起来,再跑再跌。它的头撞在门上、桌腿上,撞疼了也不哭。它们的胆子越来越大,逐渐开辟新的游戏场所。它到院子里来了,院中的花草可遭了殃。它在花盆里摔跤,抱着花枝打秋千,所到之处,枝折花落。你见了,绝不会责打它,它是那么生机勃勃,天真可爱!

(老舍:《猫》节选)

福娃是五个可爱的亲密小伙伴,每个娃娃都有一个朗朗上口的名字:"贝贝"、"晶晶"、"欢欢"、"迎迎"和"妮妮",在中国,叠音名字是对孩子表达喜爱的一种传统方式。当把五个娃娃的名字连在一起,你会读出北京对世界的盛情邀请"北京欢迎您"。

贝贝传递的祝福是繁荣。在中国传统文化艺术中,"鱼"和"水"的图案是繁荣与收获的象征,人们用"鲤鱼跳龙门"寓意事业有成和梦想的实现,"鱼"还有吉庆有余、年年有余的蕴涵。

贝贝的头部纹饰使用了中国新石器时代的鱼纹图案。贝贝温柔纯洁,是水上运动的高手,和奥林匹克五环中的蓝环相互辉映。

晶晶是一只憨态可掬的大熊猫,无论走到哪里都会带给人们欢乐。作为中国国宝,大熊猫深得世界人民的喜爱。

晶晶来自广袤的森林,象征着人与自然的和谐共存。它的头部纹饰源自宋瓷上的莲花瓣造型。晶晶憨厚乐观,充满力量,代表奥林匹克五环中黑色的一环。

(引自北京奥组委网站)

3. 凝重状态

练习提示

气息沉稳,力度较大。

疆场上,他们是无畏的英雄,随时准备为祖国献出宝贵的生命。他们为国尽了力,流了血。然而,疆场上可歌可泣的事迹,不过是他们在人生舞台上的一个序幕。在病床上,面临着比死亡还要严峻的考验:双目失明,断臂截腿,皮肉的苦痛,精神的折磨,这是常人难以想象难以忍受的煎熬。……但是,英雄毕竟是英雄,他们挺过来了,斗志昂扬意气风发地重新走上生活之路。他们不仅满怀希望地规划自己的未来,而且毫不犹豫地在人生的征途上开始新的攀登。

(节选自《人民日报》1985年7月4日评论《伟大理想的力量》)

有人这样比喻:从事禁毒工作就像在"刀尖"上走步,这次,年仅30岁的缉毒民警柯占军没能躲过歹徒的"刀尖",倒在了毒贩的枪口下,在他生命的最后瞬间,心脏中弹却仍死死抱住毒贩的脚不放,他用生命书写了一名缉毒警察的忠诚。30岁,正是旭日东升的年龄。而他却把短短的一生献给了挚爱的禁毒事业,用不朽的灵魂,树立起了一座丰碑。

翻阅柯占军的档案,在短短9年的从警生涯里,他主办毒品案件33起,参与协助侦办毒品案件101起,缴获毒品837.763公斤,缴获毒资1000多万元,缴获各类枪支7支,三次荣获个人嘉奖,2011年参与侦破"2011—241"部级禁毒案荣记个人三等功一次。

(《缉毒英雄柯占军:刀尖上的忠诚　缉毒战线的丰碑》节选　记者:赵岗　通讯员:罗力生)

汽笛鸣咽,警报齐鸣,天地同悲,山河动容。默哀3分钟,举国上下一片肃穆,为了数万名在汶川大地震中遇难的同胞,为了数十万名痛失亲人的人,2008年5月19日14时28分,我们把这一刻作为永远的记忆,定格在心灵深处。

3分钟默哀不算长,但我们分明感觉到心灵中难以承受的沉重。一场强烈的大地震,使7天前的这一刻成了中华民族永远的痛。我们在心底向命运之神发出愤怒的追问:何以无情地夺走我们兄弟姐妹的生命?

3分钟默哀不算长,默默告诉自己:不要哭、不要哭,可泪水还是夺眶而出。那只伤痕累累却仍握紧一支笔的小手、那位张开双臂俯身护住4个学生的老师、那个临终前给怀中的婴儿留下"亲爱的宝贝,如果你能活着,一定要记住我爱你"手机短信的母亲……这一个个发生在灾区的情景,无不震撼着我们的心灵。

3分钟默哀不算长,但我们还是为前方"决不放弃"的救援行动焦急。为了抢救废墟中幸存的生命,7天来,我们以举国之力、不惜一切代价与死神搏斗。希望正在日趋渺茫,但我们依然渴望奇迹。19日9时38分,汶川县61岁的卖菜妇女被埋164个小时后得救,这让我们的渴望再一次延长。

(《这一刻,我们用泪水浇灌希望》,引自新华网北京5月19日电,新华社记者:万一)

4. 紧张状态

练习提示

气息压力大,呼吸急促。

风在狂吼……雷在轰响……

一堆堆的乌云像青色的火焰,在无底的大海上燃烧。大海抓住金箭似的闪电,把它熄灭在自己的深渊里。闪电的影子,像一条条的火舌,在大海里蜿蜒浮动,一晃就消失了。

——暴风雨!暴风雨就要来啦!

这是勇敢的海燕,在闪电之间,在怒吼的大海上高傲地飞翔。这是胜利的预言家在叫喊:

——让暴风雨来得更猛烈些吧!……

(高尔基:《海燕》节选)

2008年8月13日中午12时18分,在激昂的音乐声中,中国小丫们赢得了北京奥运会女子体操团体比赛的金牌!这是一场在钢丝上赢得的比赛,这也是一场悬崖边的战斗。中国队和美国队这两大高手,从一开始就"咬"在一起,分数始终未拉开。

平衡木是女子体操团体决赛中最难比的项目,率先出场的中国队如果发挥出色,势必给美国队以极大的压力,反之,对手就会看到机会。可惜,中国队第一个出场的程菲,在动作中不慎落地。刹那间,体操馆内陷入了沉静。紧张与揪心,出现在人们的脸上。虽然程菲顺利地完成了随后的动作,仍被扣去了0.8分。

(《小丫向前冲 雏燕衔金牌——中国女子体操队团体夺金记》节选,《新民晚报》2008年8月13日)

那天深夜,陈阵突然被嘎斯迈急促的呼叫声和狗群的狂吼声惊醒,当他急匆匆穿上毡靴和皮袍,拿着手电筒和马棒冲出包的时候,他的双腿又剧烈地颤抖起来。透过雪花乱飞的手电光亮,他竟然看到嘎斯迈正拽着一条大狼的长尾巴。这条狼从头到尾差不多有一个成年人的身长,而她居然想把狼从挤得密不透风的羊群里拔出来。狼拼命地想回头咬人,可是吓破胆的傻羊肥羊们前扑后拥,也把狼的前身挤得动弹不得。陈阵想上前帮嘎斯迈,可两腿抖得就是迈不开步。他原先想亲手触摸一下活狼的热望,早被吓得结成了冰。

(姜戎:《狼图腾》节选)

绳结的最后一扣被解开,小船脱离了束缚,随着不远处一个旋涡卷起的水流滑向大河的中间。拉姆眼看自己就要被孤零零地丢下,害怕极了,用力纵身一跃,跳进了船里,正好落在弗朗西斯的身边。小船猛地左右乱晃了几下,好在没有翻。宁静的小水湾转眼不见了,他们猛地被湍流带着冲向河中间。

这会儿,弗朗西斯脸色煞白,一句话也说不出来了。他可没想到事情会变成这样。他以为自己能一直抓着岸边的树枝,贴着河岸来一次有趣又安全的乘船旅行,但是现在小船已经完全失去控制,随着翻滚着白沫的水流摇来晃去。身后的拉姆已经哭起来了,嘟囔着说自己这回可要丧命了,弗朗西斯也这么觉得。他紧紧抓住船帮,想着倘若他能使船靠向岸边,抓住一根树枝或者跳进一片芦苇地就好了,但是船的速度太快了,这样的想法根本做不到。现在他只能死死地抓住船帮。

(帕特里夏·圣约翰:《大河之源》节选)

5. 沉痛状态

> 练习提示

气息沉闷压抑,呼吸间隔长,常伴有大口的吸气。

总理的灵车徐徐开来。灵车四周挂着黑黄两色的挽幛,上面配着大白花,庄重、肃穆。人们怀着沉痛的心情,尾随着灵车移动。灵车所到之处,像是有一个无声的指挥,老人、孩子、青年都不约而同地站直了身体,摘下了帽子,向灵车致敬。哭泣着,顾不上擦去腮边的泪水,舍不得眨一眨眼睛。

(吴瑛:《十里长街送总理》节选一)

天灰蒙蒙的,又阴又冷。长安街两旁的人行道上挤满了男女老少。路那样长,人那样多,向东望不见头,向西望不见尾。人们臂上都缠着黑纱,胸前都佩着白花,眼睛都望着周总理的灵车将要开来的方向。一位满头银发的老奶奶拄着拐杖,背靠着一棵洋槐树,焦急而又耐心地等待着。一对青年夫妇,丈夫抱着小女儿,妻子领着六七岁的儿子,他们挤下了人行道,探着身子张望。一群泪痕满面的红领巾,相互扶着肩,踮着脚望着,望着……

(吴瑛:《十里长街送总理》节选二)

唐山第一次失去了它的黎明,天地间被一座城市毁灭时所产生的一切死亡物质笼罩着。

唐山矿冶学院图书馆的第一层楼面整个向西剪切滑动,原来三层的建筑像被地壳吞没了一层。唐山第十中学前的水泥马路被拦腰震断,一截向左,一截向右,错位达一米多。而这次大地震地裂缝穿过的地方:唐山地委党校、东京街小学、地区农研所以及整个路南居民区,都像被一只巨手从地面上抹去了似的,不见了。在陆军二五五医院,一个女兵被一根水泥梁柱横穿了胸膛,胸口血肉模糊;一个八九岁的男孩冲人喊着:"救救我哥哥吧,我的爸妈全没了,救救我哥哥吧……"在他的旁边,一个十二三岁的男孩正大口大口地吐血,胸前一片殷红。

和历史上许多大震之后的情景一样,无休无止的暴雨开始了,唐山的废墟中涌出了混着泥土和碎石的红色水流。剧痛中的唐山城在凄苦地呻吟着。

(钱钢:《唐山大地震》)

练习5.不同播讲场景的气息状态

1. 晚会仪式主持

> 练习提示

大的场合中的强控制练习。

董卿:观众朋友,您现在正在收看的是,中央电视台综合频道、中文国际频道、英语国际频道、西班牙语国际频道、法语国际频道和中央人民广播电台同步直播的2009年春节联欢晚会。

朱军:另外,今晚央视网还联合了中国台湾网、搜狐网、腾讯网、新浪网和全国的百余家网站,向全球华人同步直播我们今天的春节联欢晚会。

董卿:除夕团圆夜,守岁亲情浓。其实每年到了这个时候啊,对于咱们中国人来说,最高兴的事情,莫过于一家老小其乐融融,围坐在一起吃个团圆饭,唠唠家常,说说这一年身边的变化。

朱军:要说起身边的变化,改革开放30年,年年都有新变化。而这些变化啊,咱老百姓都看得见,摸得着。因为咱们老百姓是实实在在地感受得到这些变化带给我们的福祉和实惠。那么说到细微之处,到底有些什么变化呢?让我们有请姜昆、戴志诚为大家合说相声——《我有点晕》

(2009年春节联欢晚会开场部分)

朱军:一元复始,金牛贺岁报春来!

董卿:万象更新,紫气满堂迎锐志!

白岩松:这一刻,普天同庆,家家福临门!

周涛:这一刻,大地回春,处处春光美!

张泽群:这一刻,我们要祝福我们伟大的祖国,在新的一年里,政通人和,国泰民安!

朱迅:此刻,让我们共同祝福在新的一年中,风调雨顺,五谷丰登!

朱军:亲爱的朋友们,在欢声笑语中,2009年春节联欢晚会就要和您说再见了。

董卿:难忘今宵,难忘这团圆的时刻。

白岩松:在鞭炮声声中,我们又迎来了新的一年。但是让我们在歌声中再度出发,去收获我们新的耕耘。

周涛:让我们在歌声中祝愿,祝愿每一位朋友——和谐美满——

合:牛年大吉!

(2009年春节晚会结束语)

王小丫:这个二十四节气歌,我想电视机前的很多观众朋友都是非常熟悉的,传统的二十四节气是我们的老祖先给我们留下的,这个代表了一年当中,气候冷暖变化的24个非常关键的时间点,对于农业生产来说,是非常的重要。今天呢,我带来一本皇历,我们一起来看一下今天。2007年的2月4号,今日立春,这也是2007年的第一个节气。

陈伟鸿:是的,立春,它也标志着冬天的结束和春天的开始。正如小丫刚才说的,立春是我们24个节气中的第一个节气,所以它在中国传统的文化当中有着深刻的寓意,据说在这一天撒下的种子是最具有活力的,所以人们经常说:"一年之计在于春",立春也是我们迎接希望的一个节日。我手中有一本书,叫《东京梦华录》,这本书呢是写于宋朝,在里面有很多关于"立春"的风俗习惯的描写。我们来看一看,在这本书当中呢,写到:立春这一天,无论官民都要像过节一样,载歌载舞,举行"迎春礼、打春牛",互相道贺,欢快地迎接春天的到来。

("春暖2007——大型公益活动启动仪式"开场白)

2.小演播室播音主持及配音

练习提示

小演播室中,口播的时候,面对镜头,注意声音平和,音量适中。配音的时候,要注意音量的控制，音色可以偏虚，采用弱控制。

（演播室口播）和中国的大多数城市一样，吉林市也有一条商业繁华的步行街，这条街叫河南街。一百多年前，河南街因建在一条不知名的小河南岸而得名。但不知何时，小河已被填平，而商业街和它的老店却延传至今。

（配音）经营药材生意的"世一堂"坐落于河南街244号，建于清朝道光七年，距今已有168年的历史了。"世一堂"建立之初，主要是以加工人参、鹿茸为主，另外还诊病、抓药。"世一堂"的药品，因为质地优良、加工细腻而销往全国各地，尤以上海、香港为窗口，远销东南亚。据说当时贴了"世一堂"标签的黄芪，每箱可多卖40港币，每年"世一堂"仅此一项就获利200万两白银。

"福源馆"是吉林市一家出名的食品店坊。据说该店始业于明末清初，300多年来一直生意兴隆。"福源馆"生产的食品味美质优，颇具特色，特别是提浆月饼、蛋糕、油茶、绿豆糕一直流传至今。

在"福源馆"大堂的正面墙上，悬挂着一幅描绘河南街百年前繁华景象的长卷。从画卷中，人们可以看出当年的河南街是一个商城林立、人丁兴旺的商业中心。如今，100多年过去了，河南街和它的众多百年老店一样，仍然经营有道，历久不衰。

（电视专题片《走遍中国·世一堂》节选）

（演播室口播）在壮乡南宁，抛绣球、唱山歌是青年男女表达爱情最传统的一种方式了。早在宋代的时候，壮族妇女就用绣球求婚，用歌声来传递情感，这一习俗，壮乡人千百年来都没有改变。一段山歌、一支绣球融进了人们对生活的美好追求。

（配音）在广西，要讲述做绣球的历史就要从旧州说起，这要追溯到一千多年前的宋代。那时候，这里的壮族妇女就开始做绣球了。

在旧州，壮族妇女缝制的绣球有两种。一种是在球心里包上棉子和豆粟，外面用丝线缝上各种吉祥物和彩绸，这是在歌会上抛绣球时用的。传说绣球里包的棉子和豆粟，是为了遥赠刘三姐到仙境去播种，实际上，它是姑娘们心中的爱情种子。还有一种绣球是姑娘送给自己心上人的绣球，这样的绣球，姑娘一定会精心缝制，有时候一个绣球就要缝一个月。

在旧州，从几十岁的老人到几岁的小孩，家家户户都会做绣球，图案和形状没有固定的模式，全凭千年来传承下来的一种记忆，一种情感。今天，古老的形式被旧州人传承下来，内容没变，制作工艺却有了很大变化，过去一个姑娘要用十天半月才会缝好的一个绣球，现在只用一天就可以做出一个，绣球也从这小山村走出了国门，走向了世界。

（电视专题片《走遍中国·抛绣球》节选）

3.现场报道练习

练习提示

现场报道，注意吐字清晰，声音稳定。

提示：背景在室外，比较嘈杂。

2010年5月1日，备受瞩目的上海世博会正式对公众开放，截至今天5月4日，已经累计接纳70多万游客入园参观。

世博会园区共有八个地面常规出入口、一个轨道交通专用线出入口和四个水上出入口,其中轨道交通耀华路站、西藏南路和长清路站的入园客流分列前三。为了尽早入园,并预约中国馆的参观,记者在7点前就抵达了半淞园路出入口,那时排队的人还比较稀少,而等到9点开园时排队人数已经上千。好在游客入园时,工作人员会立即发放纸质的中国馆预约券,这是一项很人性化的措施,也让记者焦虑的心情为之一松,终于不会错过对中国馆的报道了。

　　在这次世博会中,显示技术、人机互动技术、信息通信技术,以及低碳环保和新能源都得到了充分的应用和展示,是不是已经迫不及待想要一探究竟了?那么就让我们迈开脚步,开始这段令人难忘的世博之旅吧!

(冯亮:《世博会报道之入场》,改编自《微型计算机》2010年5月下期)

提示:背景比较安静。

　　为了提高游客的观展乐趣,世博会的各个展馆都各出奇招,提供给游客丰富多彩的人机互动体验。这些人机互动系统综合应用了显示、音响、触摸和影像识别等多种技术,让游客在虚拟现实中流连忘返。

　　这是城市未来馆中的虚拟图书,看上去就像是霍格沃兹魔法学校中的魔法书。当我们用手在空中做出"翻书"的动作时,屏幕上的图书就会随之翻页,还附有翻书的声音,相当逼真。仔细观察后你就会发现,显示图书画面的实际上是两块相邻的非触摸式显示屏。当你的手在空中挥动时,就会触发屏幕下方的红外感应器,内部的计算机获取信号并识别出游客挥手的方向后,就会显示相应的画面。

(冯亮:《世博会报道之互动之妙》,改编自《微型计算机》2010年5月下期)

第十二章 播音主持发声方式

■ **本章要点：**

本章主要介绍播音主持的声音使用方式。第一节介绍播音主持的发声特点和播音员主持人应具有的发声能力。播音主持的发声特点是决定播音主持发声方式的重要因素，了解播音主持的发声特点可以有针对性地确定学习和训练的方向。第二、三、四、五节对常见的发声类型和播音主持发声中音高、音色、音量、音长的使用做了比较细致的分析，介绍了各声音要素的使用方式。学习者可以通过学习，逐步掌握正确的用声方法。在学习过程中，原有发声习惯常常会影响新声音的使用，有些人对细微的声音变化不够敏感，类似认识和感觉问题可能会影响学习效果，需加以注意。本章第六节和第七节，介绍了发声训练常见问题的解决方法和嗓音保护知识。

本章提供的练习材料可帮助大家有针对性地进行训练，以便掌握播音主持的主要用声方法。

第一节 播音主持发声特点和播音员主持人发声能力

这里所谈的播音主持发声特点，是播音员主持人在文稿播读、即兴表达时的一般发声特点，即多数播音主持都具有的发声共性特征。

播音员主持人用有声语言进行表达，要依靠发声器官发出声音。播音员主持人使用的声音与一般人的声音有所不同，给人的感觉是发音更为动听。究其原因，除了播音员主持人自身的声音条件大多比较好以外，还与他们使用一些发声方法美化声音有关。

这种在发音时对喉部进行适当调整，以取得较好声音的做法，被称为播音发声或播音用声，有时也被称作"喉部控制"。在理解喉部控制时，如果仅从字面认识其含义，强调对喉部进行控制，发音时有意识加强喉部力量，反而不易获得放松和动听的声音。在接触和使用"喉部控制"一词时，要正确理解其含义。

播音主持的发声特点主要体现在声音的音高、音质、音强和音长上。这四个要素是语音所具有的基本要素。它们是物理学声音四要声音高、音质、音强和音长在语音听感上的体现。这四个要素都与喉的活动有关。

与其他艺术语言相比，播音主持在发声上更接近人们的日常口语发音。播音主持在发声上具有音高适中、音色柔和、音量不大和发音时间较长的特点。

不同的发音方式对这四个声音要素有不同的要求。各种艺术化的语言，如歌唱、戏剧表演、话剧表演等，对声音都有自己的要求。例如，歌唱对音高有要求，不同声部的歌唱演员要具有该声部要求的音高范围；话剧演员为适应舞台需要，要求演员的声音具有穿透力，有较大音量；不同戏剧和戏剧的不同行当、不同流派，对声音音色有不同要求。

播音主持的发声特点，是由播音主持工作的性质、播音主持使用的工具及表达方式决定的。

播音主持是一种传播信息，表达感情的语言活动，其主要功能与生活语言接近。日常生活口语交谈中，人们使用放松的声音，这种声音具有音高适中、音色柔和的声音特点。

播音员主持人多借助电子设备发音，声音可以被话筒等电子设备放大，因此不必使用较大音量。播音员主持人的表达多以节目形式出现，节目时间往往较长，播音员主持人的连续发音时间比一般口语交谈要长。

在发声能力上，播音员主持人应当做到音高错落有致；音色虚实结合；声音色彩丰富，变化自如，以适应各种表达方式的需要。

播音员主持人的发声能力是指作为播音员主持人为完成自己的工作所应具有的声音使用能力（也是专业学习时应当通过训练达到的能力）。播音员主持人通常会在工作中涉及各种语言材料，表达的感情色彩也多种多样。播音员主持人应当具有使用多样声音进行表达的能力。

播音员主持人的发声能力主要体现在以下几个方面：

音高的高低变化能力。其声音应当具有高、中、低多层次音高变化。

音色的虚实变化能力。其声音应有虚、虚实、实多层次音色变化。

音量的大小变化能力。其声音应有大、中、小多层次音量变化。

发音速度的快慢变化能力。包括吐字快慢和语速节奏的多层次变化。

在具备这些声音变化能力之后，播音员主持人还要将这些单独的声音变化能力转化为与表达内容和感情色彩变化相协调的声音综合变化能力。这种声音综合变化是结合了音高、音色、音量和速度等多个要素的声音变化，可以表达语言中更为深刻和复杂的感情色彩。

在播音员主持人的一般的语言表达中，会使用声音对比作为感情表现手段。由于播音员主持人使用的话筒等电子传播设备具有放大功能，这种声音对比往往是细微的，并非一味使用较强的音高或音色对比变化，或者较大的音量和音长对比变化。但是，较大的音高、音色、音量、速度变化有时可以产生强烈的对比效果，是增强语言表现力的重要手段。因此，播音员主持人不仅应当具有声音的细微变化能力，也应当具有较强烈的声音变化能力。

现在的广播电视节目类型多样，不同节目对播音员主持人的声音要求也各不相同，每个播音员主持人对声音的使用也有所不同。除了掌握播音主持的一般发声特点外，播音员主持人还应当根据节目需要和自己的个人风格，灵活运用自己的声音。

第二节 常见的发声类型

人们在发声时，喉的状态并非固定不变。喉中的两侧声带可以相互并拢，也可以打开；声带本身可以被拉长，或者缩短。由两侧声带构成的声门可以产生形态变化，进而形成不同的声音。

在气息推动下，声门形态变化可以产生不同的声音音色，形成不同的声音类型。由特定声门形态产生的声音类型被称为发声类型。

以下是常见的六种发声类型：

1. 正常嗓音

正常嗓音听起来明亮放松，是发音中最自然的发声方式。在正常发音状态下，声门通常是关闭的，声带呈周期性振动，空气通过声门的时候，较少出现气流摩擦产生的噪音。

正常嗓音发声时，控制发声的肌肉都处在适当调节的程度，并不过分用力。与此相关，声音高低和声音音量也处在音域和音量的中间区域。

这种声音类型通常出现在较平和的日常口语对话中。

2. 气声

气声的声音中带有气流摩擦声。这是一种混合音色的声音类型，由气流摩擦声和声带振动混合而成。

气声在发声时声门关闭不紧，气流在发声时会不断泄漏，因此气声的发声效率较低。同时，气流在泄漏时会形成摩擦噪声，与声带振动的声音混合，形成伴有气流声的音色。

气声的音色可有程度变化。不明显的气声还带有声带振动的明亮音色，较强的气声则可能完全没有明亮音色。较强的气声虽然没有声带振动的亮音，但与声带完全不振动的耳语声仍有所不同。气声在发声时声带放松，声音听起来比较柔和，不那么紧张。耳语声声带紧绷，音色带有紧张的神秘色彩。

气声在日常生活口语中也经常使用，较为亲切的话语常伴有气声色彩。

3. 耳语声

耳语声音色暗哑、紧张，带有神秘色彩。发耳语声的时候，声门形态比较特殊。声带后三分之一的软骨部分呈现一个可以通过气流的三角形开口，而声带的前三分之二紧闭。

耳语声是喉中产生的气流摩擦声，声带本身并不发生振动。这种声音很少被用于正常的语言表达，人们只在处于特殊环境和表达特殊感情色彩时才会使用，如怕别人听到、表现神秘色彩等。

4. 喉音

喉音音色听起来低沉而粗糙。喉音在发音时声带强烈并拢并用力收缩，这两个因素造成声带边缘挤压变厚，产生粗糙的声音。有时，声带过分用力还会使声带边缘与喉室上端的假声带挤压，构成一种特殊的加厚结构，使声音变得更加粗糙。喉音的产生与声音过低有密切关系。过低的声音使声带容易受到挤压，声带振动不好，产生粗糙音色。

发音时过分压低声音，语流中声调、语调较低的声音都容易产生喉音。

5. 挤压嗓音

挤压嗓子出来的声音带有强烈的紧张感，令人感到不适。挤压嗓音是发声时非常强烈的声带挤压造成的。尤其是声带关闭过紧，造成两侧声带相互挤压时，容易产生挤压嗓音。喉一旦进入挤压状态，声带便会变得高度紧张，声音会变得尖利刺耳。

挤压嗓音会出现在各种音高上，高音的挤压会使音色尖利刺耳，中低音的挤压会造成声音的粗糙，过低的挤压会形成喉音。

挤压嗓音往往与紧张的情绪状态有关，生活语言中表达紧张、强烈的感情色彩时常使用这种发声方式。

6. 假声

假声高而轻飘，它的明显特点是音高高于正常嗓音。假声在发声时声带被纵向拉长，声带边缘变薄，振动方式为声带部分振动，声音比声带整体振动的真声高。通常在真声不能达到的高度发音时，会出现假声。发假声时，声门轻微打开，伴有气流摩擦声。

发音时音高过高容易产生假声，尤其是发音过程中声调和语调较高的个别部分，容易使用假声。一般的口语交谈，如果使用假声会使人感到反常和做作。

以上这些发声类型是对发声方式的粗略划分，在每一种发声类型中都存在着细微的程度变化，还可以再细分成不同类型。对发声类型可依据不同标准进行不同划分。

发声类型产生的音色变化，一般不会影响语言的意义。声音音色更多影响语言的非意义层面，如感情色彩的表现和语言的特殊意味等。

通过这些发声类型，我们可以看到喉是一个具有多样发声能力的器官，喉的形态变化可以产生许多种不同的声音。这些声音的产生与人的心理状态和语言感情色彩有着密切的关系。尽管有些声音本身并不好听，但它与某种特定情绪相关，是表达这种情绪的工具，因此仍然具有使用价值。对于播音员主持人来说，自然动听的正常嗓音是工作中使用的主要发声类型，但其他发声类型如果使用得当，也有丰富表达效果的作用。

第三节　播音主持发声中音高的使用

音高变化是喉的基本功能。借助声音的高低变化，可以使发音变得生动，吸引听众的注意力和保持收听兴趣。声音的高低变化还有助于感情的表达。对于汉语这样的声调语言，音高变化还是声调的主要表现形式，它对吐字的准确和清晰具有重要影响。良好的音高变化能力是播音员主持人应当具备的基本发声能力。

一、音高变化机制和音高使用

影响音高的主要机制是声带的长度和声带的厚度。当声带本身收缩,声带长度会变短,与此同时,声带的边缘会变厚,声音会随之降低。当声带被拉长,声带边缘变薄时,声音会随之升高。如果声带处于没有明显收缩或明显拉长的相对放松状态,发出的声音就是宽松的中音。如果声带采取部分振动的发声方式,会产生比正常嗓音高得多的假声。

过去很长一段时间,人们一直误以为发低音时声带被拉长。这种看法被后来的实际观察所否定。通常音高与振动体的长度有关,长的振动体产生低音,短的振动体产生高音。但考虑到物体的厚度变化,这种关联性就不一定准确了。一个短而厚的振动体可以发出比一个长而薄的振动体更低的声音。声带的振动就是这样。声带收缩变短,但声带边缘变厚,声音变低。声带虽然被拉长,但边缘变薄,声音不会变低,反而会变高。

从音域范围看,未经训练的人一般也可以达到一个半八度的音高,而训练有素的人可以达到三个八度的音高。歌唱对音域范围有严格要求,男高音、男中音、女高音、女中音等各声部对音域范围都有严格要求。作曲家按照规定的音域范围谱曲,歌唱家按照曲谱规定音高去演唱。播音主持对发音的音域范围没有严格要求,播音员主持人在表达中使用的音高范围也不尽相同。不过,较宽的音域可以使发音有较明显的高低变化,能使表达更生动。为了避免发音单调,播音员主持人应当有较宽的音域供发音使用。

对播音员主持人来讲,更重要的是使用好自己现有的声音。音高的使用与人们的说话习惯有关。很多人说话时并没有充分运用自己现有的音域。如果声音使用范围较窄,则语言表达中声音单调,缺少明显的音高变化,因而最好能改进说话习惯,用好现有的音域。

二、音高的作用

音高在语言表达中有重要的作用。在汉语声调语言中,音高变化形成的不同调值有区别意义的作用。除此之外,音高还有标示个人特征、表达感情、适应语言环境和改善表达效果等作用。音高的这些作用,可在播音主持语言中更鲜明地体现出来。

男性和女性的音高明显不同。男声音高较低,女声音高较高,男女的声音高度相差约一个八度,两者有明显的音高差别。发音时有意识地利用这种音高区别可以强化性别特征,而不合规律地反向使用会异化性别特征。女声使用过低的声音可能产生男性化倾向,男声音高使用过高可能造成"女气"。如果没有特殊需要,男女声不要一味拔高或压低自己的声音。

音高会随着感情的变化而发生改变。通常,正向加强的感情色彩声音可能会提高;负面的感情色彩声音可能会变得低沉。

音高还会随语言交流环境而改变。在日常生活环境中,说话人会根据与听者的交流距离调整发音音量和声音高度。在播音室没有真实听众的虚拟环境中,播音员主持人可以利用音高"制造"出说话的环境。声音提高一些,可以拉大与听众之间的对话距离;声音低一些,可以缩小与听众的对话距离。有经验的播音员主持人,可以通过调整音高,确立与表达内容、表达方式相符的交流距离和交流环境。比如,播音员主持人如果是在空间较大、距离受众较远的场地进行现场播出,就会有意识地强化音高、增加音量。

音高变化可使语言更生动。播音员主持人在语言表达中,即使语言本身的感情色彩并没有明确的音高要求,也应当利用音高变化获得语言的生动感。语流中音高的抑扬变化是克服单调、吸引听众的重要手段。

在汉语普通话中,加大声调的音高变化幅度,还是增加发音清晰度、突出强调重音的手段。另外,加强语句中音节声调的幅度变化,可以使语句的语调更鲜明,让语言表达变得更生动,更富有意味。

假声是一个特殊的高音区,正常的语言很少完全使用假声。但在语言表达中,有时适当使用假声可以获得特殊意味,产生意外效果。例如:"太不可思议了!"中的"太"字,声调是由高到低的去声,起声如果从较高的假声开始,可以加强整个句子所蕴含的令人无法相信的意味,强化表达效果。

三、播音主持的音高使用特点

音高适中是播音主持的音高使用特点。音高适中是指播音员主持人在平和状态的语言表达主要使用音域的中音区域。人们在发音时,如果心情处在平和状态,包括喉部肌肉在内的整个身体会相对放松,此时的声音高度通常会大体处于音域的中间位置。

可以用三种方法来确定中音区。它们是音阶法、对比法和紧张度法。

第一种方法是音阶法。这种方法是借助音乐手段来确定中音区。我们知道,通常听起来比较放松的声音都处于中间偏下的位置,了解自己的音域范围就可以知道自己放松声音的大致位置。具体方法是:从低到高唱出自己音域内的所有音,如果可能用键盘乐器确定音准,用录音机录下这些音。一般来说,整个音域一半左右的几个音就是较为放松的中音区。可以用这几个音的音高去播讲一些感情平和的内容,听听效果如何;并且核对一下这个声音与自己平常使用的声音在音高上有什么不同。

第二种方法是对比法。找一篇讲述类稿件,先用播音的方式播一遍,然后再用说的方式说一遍,将它们录下来,仔细听一听,看看它们在音高上有什么不同。如果你的发音习惯较好,而且两种方法使用的音高大体相同,那你播音时使用的就是中音区。如果两者差别较大,那就表明你可能存在音高使用问题。使用这一方法的前提,是你平时说话就有良好自然的发音习惯。

还有一种方法是通过发音的紧张程度来判断是否存在用声问题。通常用声过高或过低时,声带都处于紧张状态,声音会表现出紧张感,有经验的人可以根据声音紧张程度判断音高使用是否适当,然后通过调整找到放松的中音区。如果自己无法判断,可以寻求老师或发音良好且有播音主持经验的人的帮助。

播音使用中音区,只是一个平均概念,它并不否定高音和低音的使用,也不排除在语言中声音的高低变化。语言有高低变化,才能不单调,才能表达出各种各样的感情色彩。

通常,发音使用中音区是舒适的。这个音区也是多数人在日常生活中愉快交谈时使用的声音区域。对于大多数播音员主持人来说,播音主持中经常使用的声音高度,不应当是脱离生活语言另行创造或模仿的音高,而应当是自己在日常生活中经常使用的音高,这样的声音才更有利于与自己的个性化表达相结合,形成不同于他人的声音特点。

使用自己放松的中音貌似很简单,实际上做起来并不容易。播音员主持人的特殊工作环境很容易造成心理状态的紧张,心理紧张极易引发喉部肌肉的紧张,讲话的声音往往会不自觉地拔高。另外,职业语言工作对吐字发音的各种要求,也容易成为心理负担,造成发音紧张,使话筒前的声音不自觉地抬高。

简单讲,中音区通常就是日常口语常用的音区,但这只适用于发声习惯好的人。有些人生活语言的发声习惯并不好,声音挤压、紧张,音高过高或过低,这样的声音则需要调整,不能照搬生活语言的发声方式。他们应当通过学习,建立新的发声习惯。对于音高使用不当的人,降低或提高音高可能会使喉部产生不适,只有在习惯新的发声方式之后,这种不适才会逐渐消除。因此,尽管多数人使用中音区是舒适的,但对已习惯不良发声方式的人而言,不能仅从自我感觉是否舒适来判断声音使用正确与否。

播音员主持人在确立音高时,起声很重要。起声是发声开始时第一个字的发声状态。起声的高度对音高使用有引领作用,起声高度会直接影响语句、段落,甚至全篇的音高状态。

四、如何加强音高变化能力

播音员主持人的音高使用能力,除了确认自己的中音区,建立一个听众可接受的自然放松的声音基础之外,还应进一步提高音高变化能力。播音主持的各种语言表达,都需要使用音高变化来丰富表达效果。

通常,人们在生活语言中对音高变化的使用有限,需要通过训练强化自己的音高感觉,改进使用习惯。音高变化的训练需分步骤循序渐进,可采用以下具体方法:

1. 单一音高练习

分别用高、中、低三种音高播读诗词或句段,体会不同高度的声音和喉部感觉,加深对不同音高的体会。注意三个高度的区别应尽量加大,以扩展使用范围。使用相同材料练习更容易体会音高不同时声音感觉和喉部感觉的不同。

2. 音高变化练习

可使用诗歌做练习,将全诗各句分别使用高、中、低不同音高发音,进行朗读练习。可按顺序确定音高,也可打乱顺序随机确定音高进行练习,以体会连贯语流中音高变化的发音感觉。

3. 音域扩展练习

向高音和低音两端扩展自己的音域。有人错误地认为,扩展音域只能拔高声音,低音是不能训练的。这种说法是不准确的。通过增强相关肌肉力量的发声练习,高音和低音都可以得到扩展。

练习时可以中间放松的音高,即自己的中音区为出发点,向高音和低音方向扩展音域范围。可以用唱的方式,发延长单音,也可以用数数儿,或读字词的方式向上、向下扩展音域。

4.篇章音高变化练习

使用文稿播读方式,利用文稿各段的起声高度变化,有意识地加大音高变化幅度,使播读产生跌宕起伏的声音变化,增加表达的生动性。通过练习,可逐渐形成善于使用音高对比变化的发声能力。

播音主持中的音高使用是与语言表达紧密联系在一起的,没有固定不变的统一用法。这些练习目的主要是为了让初学者熟悉和掌握音高变化,为语言表达做好声音准备。音高的正确使用要结合语言表达的具体需要。

第四节 播音主持发声中音色的使用

除了音高变化,喉的另一个重要的发声功能是产生音色变化。这种音色变化是由声门开闭程度不同形成的。我们发出的每一个音,不仅具有声音高度,还具有声音音色。不同音高与不同音色结合,可以使同一个音形成不同的声音变化。这些声音变化可以用来表达各种各样的感情色彩。

一、常用音色

我们在使用音色这个概念时,常指两种情况:一种是与语言意义相关的声音音色,又称音质;另一种是指与意义无关的声音色彩。这里所谈的是后一种音色,即不影响语言意义的声音色彩。这种声音色彩就是我们平常所说的声音的虚实或明暗,它的形成需要依靠喉的动作来完成。

播音主持的音色以较为放松柔和的声音为主,一般平和的感情色彩都使用这种音色,它与一般人在有兴趣交谈时所使用的音色相同。这种音色相当于常见发声类型中的正常嗓音或正常嗓音略微混杂些气声,听起来放松、愉快、亲切,声音没有紧张感或挤压感。

播音员主持人在初学的时候应当找到这一音色,并以这一音色为基准,根据感情色彩的变化,灵活使用其他各种音色。

为了更方便地使用音色,我们可以将前面谈到的发声类型简化,归纳成几种以声音明暗变化为主的播音主持常用音色。

我们知道,声带在振动的时候是相互靠拢的,声带的振动是由声门上下的空气压力差形成的。只要声门上下形成一定的压力差,声带就能振动。因此,声门闭合松紧并不是声带振动的唯一条件。当声门闭合不紧时,声带也能振动,只不过声音不那么响亮,声音中会伴随气流的摩擦声。根据声门开度和摩擦声程度的不同,我们可以将播音主持常用音色分为以下几类。

(1)实声。声门闭合较紧,无缝隙。声音明亮,无气流摩擦声。相当于发声类型中略微绷紧的正常嗓音。过紧的实声会产生紧张的挤压音色。

(2)虚实声。声门较放松,略有缝隙。略有气流摩擦声,声音柔和。相当于发声类型中正常嗓音和少量气声的结合。

(3)虚声。声门未闭合,有缝隙。气流摩擦声较大,声音发虚。相当于发声类型中的气声。声门过度张开,会产生只有气流摩擦声的气声音色。

仔细分析可以发现,这些不同音色与气流摩擦声大小、与声门的开度大小有直接的关系。这种变化实际上是发声状态的连续变化,我们将其分为三类,是为了便于对比和掌握。

在各种语言中,从实声到虚声的变化过程,都与感情的紧张严肃到亲切亲昵有明显的对应关系。这可能与人们使用语言表达不同感情时,人体喉部肌肉组织紧张程度不同有关。下面是主要感情色彩与声音色彩的对应关系:

亲切——平和——严肃
虚声——虚实声——实声

在感情和声音变化过程中,实际上还存在着许多没有标示出的细微的感情和音色变化,并不仅仅只有这几种类型。了解感情与音色的对应关系,可以帮助播音员主持人更加灵活地运用音色变化,获得更好的表达效果。

二、音色使用中的常见问题

音色的使用没有严格的标准。很多人随意使用自己的声音,有些令人不适的音色会削弱声音的表现力,影响表达效果,此时需要对发声方式进行适当调整。以下是音色使用和调整过程中的常见问题:

1.过亮或偏虚

人们在平和讲述的时候,通常会使用柔和放松的声音,播音主持对声音的使用与此相似。如果在平和讲述的时候经常使用过于明亮的音色,或者使用过虚的音色,而且这种音色分散了受众对语言内容的注意力,那他很可能存在用声过亮或用声偏虚的音色使用问题,应视声音情况调整发声状态。

对音色的调整要结合声音使用者的用声状况。有的播音员主持人平常的说话习惯较好,只是在播音主持时才使用令人不适的音色,这种情况调整相对简单些,只需要用自己日常说话的音色来替换不自然的用声,就能使声音得到改善。有些人平时的发声习惯不好,声音调整就困难一些,不能照搬生活语言中使用的音色,应该学习和培养新的用声习惯。如果用声过亮,发音的时候应当让喉尽量放松,使喉在发音时略微有气息通过。用声过虚则应加强声音的力度,声门闭合稍紧些,减少发音时流出的气息,这样可使声音变得明亮。

需要注意的是,有些人认为播音员主持人的声音应该像收音机或电视机扬声器发出的声音那么明亮,这是一种误解。即使是正常的声音经过电子传播时,也会增加明亮的色彩,如果在发音时仍追求扬声器中的"电子声",则很容易造成过亮的音色,让人觉得刺耳、不适。

2. 喉部的不适感

在调整音色的时候，无论是打开声门使声音柔和，还是闭合声门使声音明亮，由于打破了原有发声习惯，两者在调整初期都会使发音人略感不适。这种不适会使人产生错觉，误以为发声方法有问题。通常，经过一段时间的练习，当新的发声习惯建立以后，喉部的不适会逐渐消失。

3. 忽视起声状态

起声的状态不仅对音高有影响，对音色也有重要的影响。在文稿播报和即兴讲述时应根据需要，在语句开头使用适当音色。由于起声对发声状态具有引导作用，如果开头第一个音的音色没有调整好，就可能会影响到整句、整个段落，甚至是整篇的表达效果。在发声状态不稳定的阶段，应当在播讲前核对自己的声音，以保证音色准确。必要时可以先录一段声音听听，做一些调整，以获得较好的声音状态。

音色的使用与人的性格、健康状况、语言环境等生理、心理因素，以及文化、社会因素有直接或间接的关系。人的个性化特征决定了人在说话时不会使用同样的音色。播音员主持人也是如此，他们可以根据自身特点和节目需要，保持自己个性化的声音音色。但是，无论使用什么音色，播音员主持人的声音应当让受众感到舒适，他们使用的音色不应使受众感到厌烦。

播音员主持人即使有很好的声音音色，也不能只用单一的音色来表达。为了使表达生动，播音员主持人应具有使用各种声音音色的能力。

三、音色变化的训练方法

播音员主持人应当掌握虚声、虚实声、实声三种主要音色。应当学会使用放松的音色，避免常见的挤压声音问题。在此基础上，尝试根据表达需要灵活运用各种细微的音色变化。

音色训练的重点是音色变化能力，可采用以下方法和步骤：

1. 元音音色变化练习

可使用单元音做两层次或三层次音色变化练习。在发声过程中，体会不同音色的发声感觉，逐渐熟悉不同音色。

可用音色连续变化练习来增强声带对音色的控制能力，熟悉音色的细微变化。发单元音，声门由开到闭或由闭到开，连续发音。这个练习主要是体会喉部在音色连续变化时的感觉，锻炼声门开闭的控制能力，帮助我们灵活使用各种音色。

2. 字词音色变化练习

结合字音的音色变化，用不同音色播读字词。这个练习是与吐字结合的音色训练。完整的普通话音节多数具有声母和韵母两部分，声母大多是声带不振动的清音，有些声母是气流较强的送气音，普通话的字词还有声调的高低变化，这些因素对音色都有影响。加入各类声母和声调的音节，其音色变化的掌控比单元音的掌控更难，需要通过大量练习才能逐渐熟悉和掌握字词的音色变化。

3. 句段音色变化练习

包括句段单一音色练习和段落多音色变化练习。

句段音色变化练习是结合了语句表达的音色练习,它与句段的感情色彩相关联,我们在使用某种音色的时候,同时也在传递与之相关的感情色彩。句段的单一音色练习是语句主要使用一种音色的练习,声音中会含有与这种音色相关的感情色彩。通过练习可以熟悉语句使用特定音色的发声感觉,了解使用特定音色的感情表现力。

篇幅稍长的语言段落中,往往会有明显的感情起伏变化,音色也会呈现多样性变化。段落多音色变化练习侧重于语言段落中音色的转换,练习目的是掌握在语流中根据感情变化灵活变换音色的能力,避免播音主持中常见的发音单调和感情单一问题。

与音高的练习一样,音色的基本练习有时略显枯燥,一些规定性练习"束缚"了表达的创造性。但我们应该认识到,作为语言表达的声音工具,这些基本的发声能力必不可少。如果不具备这些能力,即使你以后在播音主持中有了创作欲望,也无法用适当的声音加以表现。

第五节　播音主持发声中的音量和音长

播音主持通常使用电子设备与受众进行交流,它要借助话筒、录音机和发射机等电子设备才能工作。电子传播是这一工作的重要特征。播音主持的另一特征是其言语性。它是一种接近日常语言的特殊说话方式。前一个特征使得播音员主持人可以借助电子设备放大自己的声音,节省音量。后一个特征表明它与口语接近,不需要像唱歌或舞台表演一样拖长自己的声音。在音量和音长的使用上,播音主持有自己的职业特点。

一、音量

在发声过程中,声门下压力大,声带的振幅就大,声音音量也随之增大。声门下压力增大的直接动力是气流。音量加大时,气流强度也会增加,对呼吸的要求提高。

播音主持与有些艺术语言不同,它对发音音量并没有严格要求。只要吐字清楚,声音富于变化,大音量和小音量都能做播音员主持人。这是因为播音主持使用的话筒等电子设备具有灵敏的拾音和放大作用,收听工具也具有音量调节功能,无论是大音量还是小音量都可以通过接收和播放设备的调整达到合适的收听强度。

在实际播音中,播音员主持人的音量变化幅度通常不很大。这是因为:

第一,播音主持多以讲述为主,表现实际场景的对话或表演较少。即使表现实际场景,也多采用转述口气,不需要与实际场景的说话方式相同。如在表现叫喊的时候,实际发音并不使用真正叫喊的音量。

第二,播音员主持人与听众的距离基本上是固定的,不需要通过变化音量来帮助听众收听。在实际生活中,我们会随着与听话人的距离变化,不断改变发音音量,否则对方可能会听不清楚。

第三,有些电子设备对于音量变化的适应性较差。当发音音量对比过大时,话筒往往对细小的声音反应不灵敏,过大的声音又会造成失真。例如,距话筒较近的叫喊会造成声音失真。如果真要叫喊,必须移到离话筒较远的地方,才能避免失真。话筒前的播音主持需要细致的音量层次变化,应当避免忽强忽弱的突兀起伏。当然,从能力上讲,多层次细致音量变化和大起伏音量变化都能掌握最好,因为有些非录音间的现场播音主持,常常需要大起伏的音量变化。

第四,较小的音量变化容易取得明显对比效果。由于人耳的听觉特点,较小的音量变化容易取得明显的对比效果。响度是人耳对声音强弱的感觉。响度变化大致同声强变化的对数成比例。声强增加10倍,响度增加1倍。小音量发音时,稍微增加一点力度,人耳就能明显感觉到音量的变化。而大音量发音,要增加较大力度才能感到明显的音量变化。因此,表达过程中过分用力的大音量反而不易取得音量对比明显的生动效果。

二、音长

播音主持中的音长可从三方面来理解:它可指语流中音节发音长度;也可指与肺活量有关,由呼气时间决定的发音长度;还可指由话语量构成的连续发音时间长度。音长的形成与音量相似,气流是决定的因素。

播音主持对于音长有较高的要求,它要求播音员主持人的喉有维持长时间发声的能力,对喉的耐受力有一定的要求。耐受力差容易使喉产生疲劳。在疲劳状态下,声音的音高、音色和音量变化能力都会大大减弱,变成一种单调和缺少活力的声音。喉的耐受力与呼吸、声门状态有直接关系。当气流过强时,声门倾向于闭合过紧,以阻挡气息,这种状况会降低喉的耐受力,使喉产生疲劳。

播音主持对音长的要求主要表现在:

(1)呼气发音时间长。播音主持语言中组织良好的句子,尤其是文稿中的句子往往较长,停顿较少,一口气要发较多的音,使每一次呼气的发声时间延长。播音员主持人要有较强的呼吸能力,以满足长句子发音的需要。

(2)连续发音时间长。播音员主持人在节目中的连续发音时间较长,有些广播节目连续发音时间可能会达到半小时以上。这种发音特点要求播音员主持人的发声器官有较强的耐受力。

(3)音长变化能力。由于语言表达多样性和生动性的要求,播音员主持人要有播讲速度变化的能力,即以音节长度变化为基础的语句速度变化,以便形成表达的节奏变化,提高语言的生动性。播讲速度受性格、情绪、环境等因素的影响,也受内心时钟的影响。播讲者自己的速度感觉有时会与听者不同。播音员主持人往往需要积累经验,才能准确把握播讲速度。

播音员主持人应当通过长句子练习提高呼气的发声时间;用长时间播读练习提高连续发音能力;还要通过多种速度播讲练习,掌握语言的快慢节奏变化。

第六节　发声训练的原则和常见问题

播音主持的发声训练是一种能力训练,有自己的独特要求。在训练中应当做到目标明确,方法得当。对于训练中容易产生的一些问题,应该有清醒的认识。

一、训练目的

通过稿件播读,确定发声是否存在音高、音色使用问题,并加以矫正。
了解和掌握发声过程中音高、音色、音量、速度的各种变化。
根据语言内容和思想感情变化灵活使用各种声音。

二、训练原则

循序渐进。发声能力的提高要伴随喉部肌肉力量的增加,不是单纯了解发声方法就能解决问题的,不能期望短时间就有很大进步。

以调整为主。每个人都有自己的用声习惯,并非一张白纸。我们只能在现有声音基础上进行改进,而不能推倒重来。因此,每个人的声音理想都应当建立在自己现有声音基础上,不切实际的想法只会造成时间的浪费,贻误学习。

增加能力储备。课程内的练习对于发声能力要求并不高,是最基础的要求。学习中不能仅满足于当前的要求,应尽可能通过扩大练习范围,提高自己的发声能力。

三、训练中的常见问题

1. 对音色变化不敏感

在训练中,有些人可能对音色的虚实变化不敏感,辨别不出音色的不同,对音色的把握较差。这些人要锻炼自己的耳朵,加强听辨能力。像音乐家一样,播音员主持人也需要一双灵敏的耳朵。要多听各种声音,仔细比较它们之间的不同。要用声音记忆去记住各种声音,我们常用"音容笑貌"来回忆某人的形象和声音,它表明声音是可记忆的。

2. 课下不能再现课堂成果

有些同学课堂上能够把握声音的变化,但到了课下却不能再现,再上课时又重新回到原来的状态。有类似问题的同学应当加强学习的主动性。课堂上老师示范之后,运用短时记忆模仿并不困难,但如果不进行重复练习,或练习间隔时间过长,短时记忆会很快消失。因此,课上注意力要集中,准确记忆;课后要及时重复巩固。声音的模仿依靠短时记忆,声音的掌握则需要长期记忆。重复练习是将短时记忆变成长期记忆的重要手段。

3. 播读中缺少声音变化

有的同学句段练习时声音有变化,但播读完整稿件时声音却把握不好。整篇用声音高或偏高或偏低,或者音色单调,缺少变化。在产生问题的诸多原因中,忽视起声状态是常见的重要原因。在训练阶段,播讲者应当在全篇及句段开头注意自己的用声状态。可在全篇开始之前试一试声音,确定声音是否合适。另外,还可以在段落和句子起始处做一些记号,提醒自己进行声音转换,这样可以强制自己变换发声状态。在建立新的发声习惯之后,这些记号可以不再使用。初学阶段,适当做标记是改变原有发声习惯的有效方法。

四、发声与呼吸、吐字及精神状态的关系

发声是整个发音过程的组成部分。呼吸器官和吐字器官的状态、指挥发音的大脑的精神状态都对发声有不可忽视的影响。有时训练效果不好,常常不是发声器官喉的问题,而是不良呼吸方式、不良吐字方式,或者不良精神状态造成的。

在语言播讲过程中,发声与呼吸、吐字及精神状态存在以下关系:

(1)呼吸影响发声。发音过程中,当气流过强不易控制时,声带容易闭合过紧。特别是起声时,如果气息吸入过多,为阻挡气息泄漏,很容易屏气发音,导致声音过亮。发音时吸气吸八成满即可,起声时不要屏气发音。

(2)吐字动作对喉有连带影响。发音时,口腔内吐字器官动作过于紧张用力会造成与之相连的喉部的紧张,形成过高过亮的声音。如果练习不够,发音时过分注意吐字力度,就容易造成喉的紧张。经过一段时间练习后,吐字器官的动作应当随着吐字力量的增加而变得相对放松,以减轻连带影响。为避免喉部负担过重,发音时应尽可能做到吐字和呼吸相对用力,喉部相对放松。即两头用力,中间放松。

(3)精神紧张会造成喉部肌肉紧张。精神的紧张会造成身体肌肉的收缩,影响发声的喉部肌肉也会随之紧张,造成用声偏亮,声音僵持,缺少变化。同时,发音速度也会变快。

精神紧张可以用自我暗示的方法加以改善。也可采用局部放松的方法,如活动双肩、深呼吸等。另外,播讲之前核对一下声音可以增强自信心,避免声音的过度紧张。

第七节 嗓音保护

喉是人体发声器官,其内部构造十分精细,使用不当,很容易造成发声器官的损伤或产生各种嗓音疾病,因此,职业嗓音使用者应当了解嗓音保护知识,避免嗓音疾病的发生。

播音员主持人的日常嗓音保护,主要是根据自己的具体情况,不断纠正错误的用声方式,养成科学的发声习惯,这是积极的保护方式。除此之外,在生活中也应当注意嗓音保护,这种嗓音保护主要体现在饮食和生活起居方面。

一、使用中的嗓音保护

播音员主持人要使用嗓子,尤其在进行练习时,常常要长时间发声,这种声音训练如

果不当,很容易对嗓音造成损害。嗓音使用与嗓音保护之间存在一定的矛盾。

练声的过程是机体的训练过程,发声能力的提高是机体不断适应的过程。要获得发声能力的不断提高,需要采用超量恢复的方式。而超量恢复则要求嗓音承担一定的负荷,产生适度的疲劳。没有疲劳就没有能力的提高,但过度疲劳则可能造成伤害。播音员主持人应当正确处理使用与保护的关系。

在嗓音使用中,影响嗓音最常见的问题是发声过度。发声过度是指发声器官超过发声能力或在疲劳状态下长时间工作。经常发声过度容易造成嗓音疾病,应当加以矫正。常见的发声过度有以下几种:

(1)音色过于明亮。不少播音员主持人不考虑内容需要,喜欢自始至终使用富于金属色彩的极其明亮的音色发音。这种发音方式对喉是一种极大的负担,如果发音时间过长、刺激剧烈会引起声带充血。

(2)用声过高或过低。在生活状态,口语发音一般多用中音区。播音作为一种讲话方式,在许多方面保持着口语发音的特点,在音高使用上与口语大体相同,只是使用的音域范围较宽。用声过高或过低会加大喉部负担,长期使用会造成伤害。用声过高或过低,是指整个发音都处在过高或过低状态,并不是说不能发高音或低音。

(3)不适当地加大音量。有人在生活中发音音量并不大,但是播音主持的时候却突然加大音量,而且随着播讲的进行,音量会越来越大。由于音量失控,喉部受到强气流的冲击,给喉增添了很大的负担,用声之后嗓子会感到不舒服。

(4)用声时间过长。用声时间过长对嗓音也有一定危害。即使发音方法正确,也应注意用声时,尤其是在声音训练时,掌握循序渐进的原则,避免用声时间过长。

二、生活中的嗓音保护

除了正确用声,培养良好的生活习惯也是嗓音保护的重要措施。良好生活习惯包括以下内容:

(1)锻炼身体。身体健康状况直接影响发声。播音员主持人应积极锻炼身体,增强体质。锻炼可采用多种形式,如跑步、游泳、球类运动、体操、武术等。但有些屏气的运动,像拔河、举重,喉要承担很大的压力,容易造成喉部肌肉的疲劳,对发声不利。呼吸过于剧烈的运动,如高速跑、长跑,气流对声带刺激强烈,不宜在用声前进行。

(2)保证必要的休息和充足的睡眠。良好、充足的睡眠是人体解除肌肉疲劳的重要方法。发声器官肌肉的疲劳也同样需要睡眠来解除,应保证7—8小时的充足睡眠。

(3)养成良好的饮食习惯。播音员主持人的饮食要尽可能定时定量,不要暴饮暴食。刚进餐后最好不要播音,进餐后大脑的注意力集中在稿件上会影响肠胃的消化功能。另外,胃的膨胀会妨碍横膈的下降,造成发音气短,这种情况在进餐过饱时尤为明显。

(4)选择适当的练习时间。大脑尚未兴奋,发音器官活动不协调时不宜练声;发声器官疲劳或精神状态不好的时候也不宜进行大量的发声练习。早晨练声前应先把嗓子活动开。

正确用声和良好的生活习惯是嗓音保护的两根支柱。经验表明,发声方法正确并注意生活习惯的播音员主持人很少患嗓音疾病,嗓音可以几十年不失光彩。而有些自认为嗓子好,经常不加限制滥用嗓音的播音员主持人,声音会在很短时间内变坏,不得不过早地离开播音主持岗位。

三、常见发声器官疾病的防治

咽喉不仅是发声的器官,而且也是人体的重要关口。它是饮食和呼吸的门户,又是发音的关键部位,虽然是方寸之地,却是生命运动的枢纽。与咽喉有关的发声器官疾病,不可不重视。

发声器官疾病种类很多,对播音员主持人发声影响较大的有以下几种:

(1)咽炎。咽部红肿充血、发干并有疼痛感。急性咽炎大多由上呼吸道感染引起,也有一些是由于发声过度引起的。吸烟和用声不当可造成慢性咽炎。咽炎会造成喉部不适,使发声易于疲劳。急性咽炎在发作期间应少用声或不用声,以免由于过度刺激使病程加长或转为慢性咽炎。有慢性咽炎的人应注意是否有发声问题,如有问题应及时纠正,从根本上消灭致病根源。吸烟者应当戒烟。

(2)喉炎。患有喉炎者,喉部常常发痒或有灼痛感,即使用声不多嗓音也会显得十分疲劳。患有喉炎者发音时音色粗糙,发不出高音。严重时声带红肿会使声音嘶哑,甚至失音。喉炎往往由咽炎开始,炎症发展扩大形成喉炎。炎症引起的喉炎,早晨声哑较重。急性喉炎多由感冒受凉引起,伴有全身症状。开始时咽部和喉口发炎,以后引起下行性感染。由于喉部感觉不明显,为了克服声哑,会用力发声,造成声音挤压,对嗓音形成进一步伤害。炎症消失后,声哑仍会持续。由于喉肌处于紧张之中,声带在炎症消失后仍会呈充血状态,成为许多声音疾病的原因。喉炎主要由上呼吸道感染引起,发病期间要停止用声。

有些人有慢性喉炎,喉部略有不适,症状不明显,不引人注意。慢性喉炎会使播音员主持人的嗓音逐渐发生变化,造成音色变暗或沙哑,声音变低,音量变化困难及用声不能持久。相当一部分慢性喉炎是用声方法不当造成的。

下列疾病可以引发喉炎:

变态反应症。有些喉炎是由身体反应引起的,如花粉反应等。对于水肿性慢性喉炎,应当检查是否是变态反应性喉病。

慢性扁桃腺炎和急慢性鼻窦炎。慢性扁桃腺炎可以引发喉炎,但数量不多,而急慢性鼻窦炎最容易引起喉炎。

腺样体肥大症。此病也容易引发喉病,以青少年为多见。25岁以下的青年人,应检查鼻咽腔有无腺样体残体。

气管炎。气管炎的病变在气管黏膜,但是可以累及喉头,喉部会产生慢性炎症,而且多痰。

喉炎急性发作时,可以热敷喉部,治疗全身症状。慢性喉炎应消除致病原因。

喉炎发作时如伴随咳嗽,应服用止咳药消除咳嗽。因为咳嗽会使声带剧烈碰撞,刺激声带。喉内滴药可以减轻喉炎症状,但多有副作用,发声急需时可以使用,但不可形成依赖。

喉炎发病时应当戒烟,不能饮酒,忌用辛辣,不要大声说话或唱歌,避免刺激性气体和灰尘,饮食不要过冷过热。更重要的是避免用声过度,可噤声1—2周,以节制发声。存在发声问题的应改变发声方法。

(3)声带小结。成人和儿童都可产生此病。儿童好高声喊叫,患此病较多,以14—15岁的男孩较为多见。但儿童声带小结可以在青春期前或青春期中自然消失。这种小结可能与声带发育有关。成人小结以女声较常见,发病高峰为21—25岁,50岁以上少见。

声带小结是声带边缘长出小米粒大小的突起,常常左右对称。小结位置常位于声带前三分之一处。患小结说话声哑,无亮音,发声易疲倦,高音发不出,音高变低。

声带小结对嗓音危害大,它与发声方法不当,特别是发声过度有密切的关系。很多人在小结产生之前已有慢性喉炎,由于没有及时治疗或坚持错误的发声方法,最终造成声带小结。声带小结应采用药物或手术方法治疗,同时应解决用声问题。

常见的发声器官疾病,治疗及时都能治愈,一般不会影响发声。对于嗓音疾病应采取预防为主的方针,只要从日常做起,养成良好的用声和生活习惯,就可预防嗓音疾病的发生。

思考题

1. 除文中所阐述的内容,你认为播音主持在声音使用上还有哪些特点?
2. 尝试发出本章第二节主要发声类型中的各种声音,比较发音感觉的不同。
3. 用文中提出的确定中音区的三种方法,检查自己在音高使用上是否存在问题。
4. 播音主持的常用音色有哪几种?观察这些音色在各类节目中的使用特点。
5. 播音主持在音高、音色使用上有哪些共性特征?
6. 归纳呼吸、吐字、精神状态对发声产生的各种影响。
7. 简单列举嗓音保护的主要方式。

练习材料

练习 1. 体会声带的活动状态

> 练习提示

通过此练习可体会声带打开和闭合的过程,增强声门开闭的控制能力。

(1)发气泡音

两侧声带放松,相互靠拢,声门闭合。气流从声带之间均匀通过,发出一连串气泡似的声音。气泡音可用于发声前的准备活动和发声后的嗓音恢复。

(2)发带疑问色彩的 m 音

双唇闭合,声门从闭合状态逐渐打开,发出带有疑问色彩的鼻音 m,声音音色由实转虚,音高由低变高。通过发音可以体会声门由闭到开的变化过程。

练习 2. 音域扩展练习

> 练习提示

此练习可增强声带肌肉力量和对声带变化的控制能力。声音向高低两个方向扩展,可扩大音域范围。如发音偏高,可侧重向低音方向扩展;发音偏低,可侧重向高音方向扩展。

(1)扩展高音

将自己发出的舒适的中音定为音阶1。用单元音 a、o、e、i、u、ü 做练习音,发长音。然后将声音升高,发音阶2、3、4、5……发高音时应避免过亮的挤压出的声音,尽量使声音放松。练习应循序渐进,一个新高度发得不费力时再往上升,不要急于求成,以免损伤发声器官。

(2)扩展低音

将自己发出的舒适的中音定为音阶1,用单元音 a、o、e、i、u、ü 做练习音,发长音。然后依音阶逐渐下降为7、6、5、4……一个音练到发音不费力,完全自如时,再降至下一个音。声音下降时应声门稍开,使用放松的声音,避免声门闭合过紧产生喉音。

练习 3. 确定适当音高

> 练习提示

声音由高到低,用几个不同音高播读,然后进行比较,找出自己满意的音高。把这一音高与自己习惯使用的声音高度进行比较,判断是否存在发声偏高或偏低的问题。

宿建德江
孟浩然

移舟泊烟渚,日暮客愁新。
野旷天低树,江清月近人。

练习 4. 句子音高变化练习

> 练习提示

使用较大的音高对比变化表现这首词所描绘的宏大场景和强烈的感情变化。

沁园春·雪
毛泽东

北国风光,
千里冰封,
万里雪飘。
望长城内外,
惟余莽莽;
大河上下,
顿失滔滔。
山舞银蛇,
原驰蜡象,
欲与天公试比高。
须晴日,
看红装素裹,
分外妖娆。

江山如此多娇，
引无数英雄竞折腰。
惜秦皇汉武，
略输文采；
唐宗宋祖，
稍逊风骚。

一代天骄，
成吉思汗，
只识弯弓射大雕。
俱往矣，
数风流人物，
还看今朝。

练习5.段落音高变化练习

> 练习提示

播读下列文稿时，应利用句段的音高变化，形成高低起伏的生动语调，避免单调的表达。注意句段开头字词起声高度应有所不同，尤其是相同字词的句段。

"报春使者"——垂柳

春种一颗籽，秋收万粒粮，春是希望的象征。人们在寒意尚未消失之前，就寻找春的足迹了。宋代诗人曾这样吟道："终日寻春入醉乡，不知何处见春光。风条舞绿水杨柳，雨点飞红山海棠。"在这以前，唐代诗人杜甫也咏道："侵陵雪色还萱草，漏泄春光有柳条。"

的确，在北方广大地区，感受春意最早的乔木是垂柳。您看，在那"侵陵雪色还萱草"的腊冻初消之际，首先将春光"泄露"人间的，不正是暗暗泛青的柳芽？您再看，大多数树木还在久睡乍醒时，垂柳已将粒粒柳芽抽成万缕烟丝。它那轻盈婆娑的树姿，那迎风摇曳的枝条，那青翠欲滴的细叶，不仅为绽苞吐蕊的桃杏增色添丽，还给人以意态欣欣的青春气息！所以，有人吟道："春色先以柳荫归"，"春风杨柳万千条"！

柳树不仅是最早的报春使者，还是经济价值较高的树木。

柳树枝干坚韧，耐水湿，不怕风吹浪打，即使洪水淹没树顶数月，也能安然无恙，是一种十分理想的防浪护岸的树种。

柳树木质轻柔，色泽褐红，纹理顺直，是农具、家具和农家小型建筑的优良用材。

柳树还有其他用途。它到了化学家手里，能炼出火药；在医学家手中，可用作接骨材料；在农学家手中，是嫁接物的天然保护套。

柳树条虽较纤细，但很有韧性。在农村老人、妇女手中，又会变出柳篮、柳盔、柳箱、簸箕、抬筐等日用工艺品。

柳芽、柳絮、柳叶、柳根和柳皮的用途，也很广泛。柳芽含有丰富的蛋白质，可炒食；晒干后，也可泡茶。柳芽泡茶，色如碧泉，饮之清香。长期饮用，有防治黄病和筋骨酸痛的功效。柳絮可作枕芯，也可做鞋袜毡褥。因为柔软性凉，做枕芯对于不易入睡的失眠者，有催眠功效。将柳絮焙研与米汤同服，能止咯血。柳叶、柳根、柳皮入药，能除痰、明目、消热、防风，还可做浴汤洗涤疮疥。当然，将它入药，应该在医生指导下进行。

柳树性喜潮湿，适应力强。我国南北，无论是塘边还是丘陵山地，一经扦插，都能扎根生长。在一般情况下，十年左右就长成高达十几米，胸径二三十厘米的浓荫大树。所以，人们说"无心插柳柳成荫"。如有意栽培，生长更快，报效于人的，也就更多。

这也是一切
——答一位青年朋友的《一切》
舒 婷

不是一切大树
  都被暴风折断；
不是一切种子
  都找不到生根的土壤；
不是一切真情
  都流失在人心的沙漠里；
不是一切梦想
  都甘愿被折掉翅膀。
不，不是一切
  都像你说的那样！

不是一切火焰
  都燃烧自己
  而不把别人照亮；
不是一切星星
  都仅指示黑夜
  而不报告曙光；
不是一切歌声
  都掠过耳旁
  而不留在心上。
不，不是一切
  都像你说的那样！

不是一切呼吁都没有回响；
不是一切损失都无法补偿；
不是一切深渊都是灭亡；
不是一切灭亡都覆盖在弱者头上；
不是一切心灵
  都可以踩在脚下，烂在泥里；
不是一切后果
  都是眼泪血印，而不展现欢容。

一切的现在都孕育着未来，
未来的一切都生长于它的昨天。
希望，而且为它斗争，
请把这一切放在你的肩上。

黄豆的十大营养保健功效

  黄豆享有"豆中之王"的美称，每天吃点黄豆、豆制品或喝杯豆浆是众多营养学家的建议。黄豆富含多种营养素，对健康的贡献更是"不可斗量"。这里，帮您总结黄豆的十种显著保健功效。

  1. 提升免疫力：大豆含植物性蛋白质，有"植物肉"的美称。人体如果缺少蛋白质，会出现免疫力下降、容易疲劳的症状。吃黄豆补蛋白，可避免吃肉胆固醇升高的问题。

  2. 让头脑聪明：黄豆富含大豆卵磷脂，它是大脑的重要组成成分之一。多吃黄豆有助于预防老年痴呆症。此外，大豆卵磷脂中的甾醇，可增加神经机能和活力。

  3. 强健器官：大豆卵磷脂还能促进脂溶性维生素的吸收，强健人体各组织器官。另外，它可以降低胆固醇，改善脂质代谢，预防和治疗冠状动脉硬化。

  4. 提高精力：大豆中的蛋白质，可以增加大脑皮层的兴奋和抑制功能，提高学习和工作效率，还有助于缓解沮丧、抑郁的情绪。

  5. 美白护肤：黄豆富含大豆异黄酮，这种植物雌激素能改善皮肤衰老，还能缓解更年期综合征。此外，日本研究人员发现，黄豆中含有的亚油酸可以有效阻止皮肤细胞中黑色素的合成。

  6. 预防癌症：大豆含有蛋白酶抑制素，美国纽约大学研究员实验发现，它可以抑制多种癌症,对乳腺癌的抑制效果最为明显。

7. 阻止氧化:黄豆中的大豆皂苷能清除体内自由基,具有抗氧化的作用。它还能抑制肿瘤细胞的生长,增强人体免疫机能。

8. 降低血脂:大豆中的植物固醇有降低血液胆固醇的作用。它在肠道内可与胆固醇竞争,减少胆固醇吸收。在降低高脂血症患者血液中的"坏胆固醇"的同时,不影响血液中的"好胆固醇",有很好的降脂效果。

9. 预防耳聋:补充铁质可以扩张微血管,软化红血球,保证耳部的血液供应,可以有效防止听力减退。黄豆中铁和锌的含量较其他食物高很多,对预防老年人耳聋有一定作用。

10. 辅助降压:美国科学家研究发现,高血压患者的饮食中,摄入的钠过多,而钾过少。摄入高钾食物,可以促使体内过多的钠盐排出,有辅助降压的效果。黄豆含有丰富的钾元素,每100克黄豆含钾量高达1503毫克。高血压患者常吃黄豆,对及时补充体内钾元素很有帮助。

(来源:家庭医生在线)

花茶虽好但不能随意饮用

有些人喜欢把各种花放在一起泡水喝,比如菊花、玫瑰花和金银花,觉得这样对身体好。但北京中医药大学常章富教授提醒说,最好别把这些花混合在一起饮用,因为不同的花有不同的药用价值,要根据个人的体质来选择。如果选择不当,不同功效的花茶混合在一块,不仅不比单一花茶好,而且还可能对身体产生一些不利影响。

一般来说,所谓"花茶",就是把各种花经过干燥加工后泡水喝。不少花,如玫瑰花、菊花、金银花等都是具有特殊药效的植物,用来泡水喝的确具有健身、美容功效,但也并不是所有的花都适合任何人。因为人体的体质有个体差异,有虚实寒热之分,所以选什么花来饮用,用多少量,还需根据自身体质,或者在专家的指导下进行。

即使是最常见的花,饮用时也有一定的注意事项。以下介绍几种经常饮用的"特殊的花"及适应人群。

玫瑰花,性微温,具有活血调经、疏肝理气的功效。

红月季花,性微温,有活血调经的功效。因为玫瑰花和红月季花功效相似,也可以混合在一起饮用。

菊花,性寒,具有疏散风热、清热解毒、清肝明目的功效,但脾胃虚寒、大便稀溏的人不宜饮用。

金银花,性寒,具有清热解毒、疏散风热、消肿止痛的功效,但脾胃虚弱者不宜常用。

(来源:家庭医生在线)

练习6. 音色对比练习

(1)两层次音色对比练习

<u>练习提示</u>

发音时让每个元音有两种音色变化,体会喉在发柔和的虚声与明亮的实声两种状态时的不同感觉。为便于比较,发音时两个音应使用相同音高。

a（实声）——a（虚声）　　　　　　　　o（实声）——o（虚声）
e（实声）——e（虚声）　　　　　　　　i（实声）——i（虚声）
u（实声）——u（虚声）　　　　　　　　ü（实声）——ü（虚声）

（2）多层次音色对比练习

> 练习提示

要求每个音有多层次音色变化。每个音可使用实、虚实、虚三种音色。通过这一练习，增强对音色的精细识别和控制能力。

a（实声）——a（虚实声）——a（虚声）　　o（实声）——o（虚实声）——o（虚声）
e（实声）——e（虚实声）——e（虚声）　　i（实声）——i（虚实声）——i（虚声）
u（实声）——u（虚实声）——u（虚声）　　ü（实声）——ü（虚实声）——ü（虚声）

练习 7. 音色连续变化练习

> 练习提示

要求每个音有多层次音色变化。每个音可使用实、虚实、虚三种音色。通过这一练习，增强对音色的精细识别和控制能力。每个音在使用相同音高的前提下，声音在不间断状态下产生从虚到实或从实到虚的连续音色变化。该练习可以增强对音色的控制能力。注意体会声门由闭到开或由开到闭的感觉。

（1）音色由虚到实。吸一口气，保持吸气时声门打开的状态，开始发音，然后声门由打开逐渐转为关闭，声音逐渐产生由柔和到明亮的变化。

a（虚声）——a（实声）　　　　　　　　o（虚声）——o（实声）
e（虚声）——e（实声）　　　　　　　　i（虚声）——i（实声）
u（虚声）——u（实声）　　　　　　　　ü（虚声）——ü（实声）

（2）音色由实到虚。吸一口气，然后屏住气，让声门保持在闭合状态，开始发音，此时声音是响亮的实声，然后逐渐打开声门，声音产生由明亮到柔和的音色变化。

a（实声）——a（虚声）　　　　　　　　o（实声）——o（虚声）
e（实声）——e（虚声）　　　　　　　　i（实声）——i（虚声）
u（实声）——u（虚声）　　　　　　　　ü（实声）——ü（虚声）

练习 8. 韵母和词的音色变化练习

（1）复韵母和鼻韵母音色变化练习

> 练习提示

这一练习包括汉语普通话除单元音韵母之外的 29 个复合元音韵母和鼻韵母。每个韵母应有三个层次的音色变化。

ai（虚声）　　　　ai（虚实声）　　　　ai（实声）
ei（虚声）　　　　ei（虚实声）　　　　ei（实声）
ao（虚声）　　　　ao（虚实声）　　　　ao（实声）
ou（虚声）　　　　ou（虚实声）　　　　ou（实声）
an（虚声）　　　　an（虚实声）　　　　an（实声）

en(虚声)	en(虚实声)	en(实声)
ang(虚声)	ang(虚实声)	ang(实声)
eng(虚声)	eng(虚实声)	eng(实声)
ong(虚声)	ong(虚实声)	ong(实声)
ia(虚声)	ia(虚实声)	ia(实声)
ie(虚声)	ie(虚实声)	ie(实声)
iao(虚声)	iao(虚实声)	iao(实声)
iou(虚声)	iou(虚实声)	iou(实声)
ian(虚声)	ian(虚实声)	ian(实声)
in(虚声)	in(虚实声)	in(实声)
iang(虚声)	iang(虚实声)	iang(实声)
ing(虚声)	ing(虚实声)	ing(实声)
iong(虚声)	iong(虚实声)	iong(实声)
ua(虚声)	ua(虚实声)	ua(实声)
uo(虚声)	uo(虚实声)	uo(实声)
uai(虚声)	uai(虚实声)	uai(实声)
uei(虚声)	uei(虚实声)	uei(实声)
uan(虚声)	uan(虚实声)	uan(实声)
uen(虚声)	uen(虚实声)	uen(实声)
uang(虚声)	uang(虚实声)	uang(实声)
ueng(虚声)	ueng(虚实声)	ueng(实声)
üe(虚声)	üe(虚实声)	üe(实声)
üan(虚声)	üan(虚实声)	üan(实声)
ün(虚声)	ün(虚实声)	ün(实声)

(2)词的音色变化练习

练习提示

下列词中包括了汉语普通话中39个韵母,分别用虚声、虚实声和实声三种音色进行练习,重点把握最常用的虚实声。注意韵母与声母结合时整个音的音色变化,体会不同音色的发音感觉。

把关	跋涉	播种	薄弱	讹诈	恶霸	职业	芝麻	子弟	自由
而且	尔后	煎熬	傲慢	欧洲	偶然	安插	繁华	恩赐	门户
昂扬	帮忙	比赛	衣裳	雅致	遐想	挑衅	飘扬	跌打	歇息
秋季	休息	编造	填写	新鲜	亲切	良好	江涛	聆听	星空
沐浴	杜绝	花絮	挖掘	夺取	作战	乖巧	衰败	威胁	追随
钻石	篡夺	温暖	敦厚	庄重	双手	老翁	交通	迂回	旅行
靴子	决策	蜷缩	劝说	功勋	询问	窘迫	穷尽	捐献	留守

练习 9. 句子音色变化练习

> 练习提示

播读下列诗中各句时,尝试变换使用实声、虚实声、虚声三种不同音色,以熟悉不同音色,增强使用各种音色的能力。

杨　花
吴　融

不斗秾华不占红,自飞晴野雪濛濛。
百花长恨风吹落,唯有杨花独爱风。

黄鹤楼送孟浩然之广陵
李　白

故人西辞黄鹤楼,烟花三月下扬州。
孤帆远影碧空尽,唯见长江天际流。

练习 10. 段落音色变化练习

> 练习提示

按照规定音色播读下列段落,提高自己的音色控制能力,体会语言表达中的音色变化。

(1)偏实音色

有人习惯把豆腐和菠菜一起炖着吃,这种吃法不科学。因为豆腐中含有氯化镁、硫酸钙两种成分。当它们遇到菠菜中的草酸时,可产生化学反应,生成草酸镁和草酸钙。而这两种白色沉淀物是不能被人体吸收的。如果长期食用,就会使人缺钙。

(2)偏虚音色

将圆未圆的明月,渐渐升到高空。一片透明的灰云,淡淡地遮住月光。田野上面,仿佛笼起一片轻烟,朦朦胧胧,如同进入梦境。晚云飘过之后,田野上烟消雾散,火一样的清光,冲洗着柔和的秋夜。

(3)虚实音色变化

(偏实音色)为了不打扰熟睡的病人,我小声问坐在床边的老李:"(偏虚音色)她最近几天病情怎么样?是不是能吃些东西?如果能吃些有营养的东西,对身体的恢复肯定有好处!"(偏实音色)老李点点头,轻声说:"(偏虚音色)这几天已经能吃一些流食了,大夫说过几天就可以出院了。"

(4)结合感情和意境的音色变化

(偏虚音色)一阵风把蜡烛吹灭了,月光照进窗子来,茅屋里的一切好像披上了银纱,显得格外清幽。(偏实音色)贝多芬望了望站在他身边的穷兄妹俩,借着清幽的月光,按起琴键来。

(偏实音色)皮鞋匠静静地听着。(偏虚音色)他好像面对着大海,月亮正从水天相接的地平线上升起来。微波浩渺的海面上,霎时间洒遍了银光。(偏实音色)月亮越升越高,穿过一缕一缕轻纱似的微云。(偏虚音色)忽然,海面上刮起了大风,卷起了巨浪。被月光照得雪亮的浪花,一个连一个朝着岸边涌过来。

(偏实音色)皮鞋匠看着他妹妹。月光正照在她那洁净的脸上,照着她睁得大大的眼睛。(偏虚音色)她仿佛也看到了,看到了她从来没有看到过的景象:在月光照耀下的波涛汹涌的大海。

练习 11. 声音综合变化练习

(1)海上的日出

练习提示

用音高、音色变化表现自然景观的变化过程和作者内心感情的跌宕起伏。

为了看日出,我常常早起。那时天还没有大亮,周围非常清静,船上只有机器的响声。

天空还是一片浅蓝,颜色很浅。转眼间天边出现了一道红霞,慢慢地在扩大它的范围,加强它的亮光。我知道太阳要从天边升起来了,便不转眼地望着那里。

果然过了一会儿,在那个地方出现了太阳的小半边脸,红是真红,却没有亮光。这个太阳好像负着重荷似的一步一步、慢慢地努力上升,到了最后,终于冲破了云霞,完全跳出了海面,颜色红得非常可爱。一刹那间,这个深红的圆东西,忽然发出了夺目的亮光,射得人眼睛发痛,它旁边的云片也突然有了光彩。

有时太阳走进了云堆中,它的光线却从云里射下来,直射到水面上。这时候要分辨出哪里是水,哪里是天,倒也不容易,因为我就只看见一片灿烂的亮光。

有时天边有黑云,而且云片很厚,太阳出来,人眼还看不见。然而太阳在黑云里放射的光芒,透过黑云的重围,替黑云镶了一道发光的金边。后来太阳才慢慢地冲出重围,出现在天空,甚至把黑云也染成了紫色或者红色。这时候发亮的不仅是太阳、云和海水,连我自己也成了明亮的了。

这不是很伟大的奇观么?

(选自巴金《海行杂记》)

(2)祥林嫂的变化

练习提示

祥林嫂是鲁迅笔下受压迫的劳动妇女的形象。随着境况越来越坏,她的外貌和精神也发生了相应的变化。播读时三个段落使用的声音逐渐从同情转入悲伤,音高、音色也应有相应变化。

(祥林嫂第一次死了丈夫,来到鲁镇)

有一年的冬初,四叔家里要换女工,做中人的卫老婆子带她进来了,头上扎着白头绳,乌裙,蓝夹袄,月白背心,年纪大约二十六七,脸色青黄,但两颊却还是红的。卫老婆子叫她祥林嫂,说是自己母家的邻舍,死了当家人,所以出来做工了。四叔皱了皱眉,四婶已经知道了他的意思,是在讨厌她是一个寡妇。但看她模样还周正,手脚都壮大,又只是顺着眼,不开一句口,很像一个安分耐劳的人,便不管四叔的皱眉,将她留下了。试工期内她整天地做,似乎闲着就无聊,又有力,简直抵得过一个男子。

……

（祥林嫂第二次死了丈夫，再到鲁镇）

她仍然头上扎白头绳，乌裙，蓝夹袄，月白背心，脸色青黄，只是两颊上已经消失了血色，顺着眼，眼角上带些泪痕，眼光也没有先前那样精神了。

……

（祥林嫂被赶出鲁家，沦为乞丐后）

五年前的花白的头发，至今已经全白，全不像四十上下的人；脸上瘦削不堪，黄中带黑，而且消尽了先前悲哀的神色，仿佛是木刻似的；只有那眼珠间或一轮，还可以表示她是一个活物。她一手提着竹篮，内中一个破碗，空的；一手拄着一支比她更长的竹竿，下端开了裂，她分明已经纯乎是一个乞丐了。

（节选自鲁迅《祝福》）

(3) 卖火柴的小女孩

练习提示

这段文字描写卖火柴的小女孩在又冻又饿的境况下，眼前出现的种种幻觉。用不同的音色区分真实与幻觉，对幻觉的描述可使用虚声。

她的一双小手几乎冻僵了。啊，哪怕一根小小的火柴也会对她有好处的！她敢从成把的火柴里抽出一根在墙上擦燃，暖和暖和手吗？她抽出一根火柴。哧！燃烧起来了，冒出火焰来了！多么温暖明亮的火焰啊，简直像一支小蜡烛，她就把手笼上去。——是的，这是一道奇异的火光！女孩觉得自己好像坐在一个装着闪亮的铜脚铜把手的大火炉面前。火炉里的火烧得亮堂堂，暖烘烘的，她觉得多么舒服啊！但是，怎么回事呢？她刚刚伸出脚去，想把脚也暖一下，火焰灭了，火炉不见了。她只拿着一根烧过的火柴，坐在那儿。

她又擦了一根，火柴燃烧起来了，发出亮光来了。亮光落在墙上，那儿就变得像薄纱那么透明，她可以从那儿一直看到屋里：桌上铺着雪白的台布，摆着精致的盘碗，填满了苹果和葡萄干的烤鹅正在冒着热气。更妙的是，这只鹅从盘子里跳下来，背上插着刀叉，摇摇摆摆地在地板上走，一直向可怜的女孩走来。这时候，火柴灭了，面前没有别的，只有一堵又厚又冷的墙。

（节选自安徒生《卖火柴的小女孩》）

(4) 最后一片叶子

练习提示

故事描写老画家贝尔门为了挽救青年画家琼西的生命，冒着风雨，爬到墙上画了一片具有生命活力的叶子，自己却因肺炎去世。利用声音高低和音色变化表现人物形象和事件发展过程。

第二天早晨，苏只睡了一个小时的觉。醒来了，她看见琼西无神的眼睛睁得大大地注视着拉下的绿窗帘。

"把窗帘拉起来，我要看看。"她低声地命令道。

苏疲倦地照办了。

然而,看呀!经过了漫长一夜的风吹雨打,在砖墙上还挂着一片藤叶。它是长青藤上最后的一片叶子了。靠近茎部仍然是深绿色,可是锯齿形的叶子边缘已经枯萎发黄,它傲然挂在一根离地二十多英尺的藤枝上。

"这是最后一片叶子。"琼西说道,"我以为它昨晚一定会落掉的。我听见风声的。今天它一定会落掉,我也会死的。"

白天总算过去了,甚至在暮色中她们还能看见那片孤零零的藤叶仍紧紧地依附在靠墙的枝上。后来,夜的到临带来了呼啸的北风,雨点不停地拍打着窗子,雨水从低垂的荷兰式屋檐上流泻下来。天刚蒙蒙亮,琼西就毫不留情地吩咐拉起窗帘来。

那片藤叶仍然在那里。

……

第二天,医生对苏说,"她已经脱离危险,你成功了。现在只剩下营养和护理了。"

下午苏跑到琼西面前,琼西正躺着,安详地编织着一条毫无用处的深蓝色毛线披肩。苏用一只胳臂连枕头带人一把抱住了她。

"我有件事要告诉你,小家伙,"她说,"贝尔门先生今天在医院里患肺炎去世了。他只病了两天。头一天早晨,门房发现他在楼下自己那间房里动弹不了。他的鞋子和衣服全都湿透了,冰凉冰凉的。他们搞不清楚在那个凄风苦雨的夜晚,他究竟到哪里去了。后来他们发现了一盏没有熄灭的灯笼,一把挪动过地方的梯子,几支扔得满地的画笔,还有一块调色板,上面涂抹着绿色和黄色的颜料。还有——亲爱的,瞧瞧窗子外面,瞧瞧墙上那最后一片藤叶。难道你没有想过,为什么风刮得那样厉害,它却从来不摇一摇,动一动呢?唉,亲爱的,这片叶子才是贝尔门的杰作!就是在最后一片叶子掉下来的晚上,他把它画在那里的。"

(节选自欧·亨利《最后一片叶子》)

(5)小木匠手工打造顶级钢琴

练习提示

在讲述和对话中使用明显的音高和音色变化,使故事起伏生动。

2006年10月17日,张钢宁带着他的钢琴参加了上海国际乐器博览会。英国钢琴演奏家保罗·戴维斯应施坦威公司的邀请担任代言人。陪同张钢宁的尹女士听到琴声,走到施坦威的展台,待一曲终了,壮着胆子请保罗试音。

保罗很诧异,将信将疑地走到张钢宁的钢琴前。弹了几分钟后,他停下来独自冥想。大家的心都揪起来了!保罗·戴维斯是国际顶尖的演奏家,如果被他否定,等于被宣判了死刑。一会儿保罗发话:"我要先吃饭,待会儿再说。"饭后他对张钢宁说:"这架钢琴有种不一样的东西,我要找到它。如果可能,我想每天都来弹一会儿。"这种别致的肯定令大家大喜过望。

保罗每天在完成施坦威展台的工作后,就会过来弹上一阵儿。因为有保罗的激情演奏,展台前人潮涌动。保罗的演奏和张钢宁的钢琴可谓珠联璧合,清灵圆润、珠玉跌落的琴声吸引了一个英国古典钢琴商的注意,他希望张钢宁以55万美金卖给他这架钢琴,并同意他将它捐献给大英博物馆。张钢宁不解地问:"为什么要捐给大英博物馆?"他回答:

"大英博物馆珍藏着全世界最好的手工制作的乐器,这架琴应该放在那里。"当时国内最好的钢琴不过100万人民币,这55万美金几乎是"天价"了,再加上"大英博物馆",一时引起轰动。在突如其来的名利面前,张钢宁决定把它留在中国。

……

已故央视《东方时空》总制片人陈虻曾评价说:"张钢宁创造了两个世界第一,从设计到制作由一个人完成;创造了张钢宁声学系统。"张钢宁的琴音色独特,水灵、干净、圆润、厚重、平衡、空灵,多年来,他从满腔热情、一无所知的门外汉成为中国手工钢琴制作第一人。

这架紫檀手工钢琴上写满赞誉——英国著名钢琴家保罗·戴维斯:"这是无法用语言描述的天籁之音!"中国著名钢琴演奏家孔祥东:"这是中国人创造力的见证!"法国著名钢琴演奏家理查德·克莱德曼:"我在中国举办的一场演奏音乐会,选用了张钢宁先生古典工艺九尺三角钢琴作为演奏琴,当我听见这架钢琴所发出的宏伟的、如天籁一般的声音时,我的内心无以言喻,感到惊讶,而被折服。"俄罗斯钢琴演奏大师奥利卡题词:"张钢宁这个名字,不仅是属于中国的,也是属于世界的!"

(节选自阿朱《平民传奇:小木匠手工打造顶级钢琴》)

(6)谈生命

练习提示

用丰富的音高、音色变化描绘出作者笔下多姿多彩的生命画面。

我不敢说生命是什么,我只能说生命像什么。

生命像向东流的一江春水,他从最高处发源,冰雪是他的前身。他聚集起许多细流,合成一股有力的洪涛,向下奔注,他曲折地穿过了悬崖峭壁,冲倒了层沙积土,挟卷着滚滚的沙石,快乐勇敢地流走,一路上他享受着他所遭遇的一切:有时候他遇到巉岩前阻,他愤激地奔腾了起来,怒吼着,回旋着,前波后浪的起伏催逼,直到他过了,冲倒了这危崖他才心平气和地一泻千里。有时候他经过了细细的平沙,斜阳芳草里,看见了夹岸红艳的桃花,他快乐而又羞怯,静静地流着,低低地吟唱着,轻轻地度过这一段浪漫的行程。有时候他遇到暴风雨,这激电,这迅雷,使他心魂惊骇,疾风吹卷起他,大雨击打着他,他暂时浑浊了,扰乱了,而雨过天晴,只加给他许多新生的力量。有时候他遇到了晚霞和新月,向他照耀,向他投影,清冷中带些幽幽的温暖:这时他只想憩息,只想睡眠,而那股前进的力量,仍催逼着他向前走……

……

生命又像一棵小树,他从地底聚集起许多生力,在冰雪下欠伸,在早春润湿的泥土中,勇敢快乐地破壳出来。他也许长在平原上,岩石上,城墙上,只要他抬头看见了天,呵!看见了天!他便伸出嫩叶来吸收空气,承受阳光,在雨中吟唱,在风中跳舞。他也许受着大树的荫遮,也许受着大树的覆压,而他青春生长的力量,终使他穿枝拂叶地挣脱了出来,在烈日下挺立抬头!他遇着骄奢的春天,他也许开出满树的繁花,蜂蝶围绕着他飘翔喧闹,小鸟在他枝头欣赏唱歌,他会听见黄莺清吟,杜鹃啼血,也许还听见枭鸟的怪鸣。

……

(节选自冰心《谈生命》)

第十三章 播音主持共鸣调节

■ **本章要点：**

本章首先分析了共鸣产生的机制和共鸣在发音中的作用，力求用比较简单的语言描述，使大家对复杂的声学问题有大致的了解。第二、三节较为详细地分析了调节共鸣的部位和方法，以及适合播音主持发声需要的共鸣调节。这些方法可供解决相关共鸣问题时使用。本章第四节介绍了常见共鸣问题的解决方法。文后提供了训练材料。

播音员主持人都希望自己的声音好听，响亮动听的声音常被称作"有共鸣"的声音。许多人认为共鸣是天生和不可改变的。其实，共鸣是常见的物理现象，每个人的声音虽然受到先天条件的制约，但并非不可改变。许多播音员主持人本身的嗓音条件并不好，经过有针对性的共鸣训练，声音逐步得到改善。本章的主要目的是去除共鸣的神秘感，提供科学方法，解决共鸣问题，改善声音。

第一节 共鸣原理和共鸣在发音中的作用

共鸣在发音中起着形成语音的重要作用，没有共鸣就没有可以分辨意义的语音。共鸣并不仅仅产生洪亮的声音，人们发出的各种各样的元音都是依靠共鸣原理形成的。要了解共鸣在发音中的作用，首先要了解与之相关的基本概念和原理，包括共鸣、共鸣器、共鸣腔、共鸣原理等。

一、共鸣与共鸣器

共鸣是一个声学名词，它与物理学的振动和共振有密不可分的关系。

共振是这样形成的：振动体在周期性变化的外力作用下，当外力的频率与振动体固有频率接近或相等时，振幅会急剧增大，形成共振。产生共振的频率被称为共振频率。当共振的频率在人耳可接受范围，即 20—20000 赫兹之间，这种共振我们可称之为共鸣。因此，可将共鸣称之为有声的、人耳可感的共振。

从上面的相关论述中可以看到，共鸣的产生需要两个条件：

一是声源。共振和共鸣都需要外力的推动。对于可感的声音，外力的推动就是声源的刺激。

二是共鸣器,即振动体。共鸣器也可称作共振器,它是指在声源作用下可以发生共鸣,使声音加强的物体或空腔。如果共鸣器是空腔,又可称为共鸣腔。

人声能够产生共鸣,是因为在我们人体发音系统中就具备了这两个产生共鸣的条件。首先,我们有声带振动作为声源。声带振动形成的乐音中包含着丰富的声音成分。不仅有决定声音音高的基频,还有与基频相对应的成倍数的泛音。

其次,在人体中存在共鸣器和共振器。大如身体全身,小如头部、口部的各个腔体,它们都有自己的振动频率。人体的振动频率大约为七或八赫兹。在这一频率范围,人的身体会产生强烈振动。不过,这种振动频率很低,人的耳朵听不到。

产生人耳可感声音的共鸣器集中于头部、胸部,这些共鸣器多以带有空腔的共鸣腔形式出现。有了这些共鸣腔,我们才可以借助共鸣,将声带产生的声音放大,形成响亮的发音。

二、人体主要共鸣腔和共鸣原理

在构成发音系统的声道中,有四个主要共鸣腔:口腔、鼻腔、咽腔和胸腔。这是比较粗略的划分。人体中还有其他一些可以引起共鸣但作用相对较小的腔体,如喉部的喉腔和统称为头腔的头部空腔。

在四个主要共鸣腔中,鼻腔和胸腔是相对稳定的共鸣腔。正常情况下,它们的变化幅度不大,产生的声音音色也相对固定。

当然,如果鼻腔堵塞,腔体状态发生变化,鼻音的色彩也会发生变化。鼻腔堵塞时,会产生堵塞性鼻音。正常的鼻音是开放性鼻音。两种鼻音的声音色彩明显不同。

在四个腔体中,咽腔和口腔是可以变化的。这两个腔体相连,关系密切。尤其是口腔,随着上下颌的开闭和唇的圆展,以及舌在口腔中的位置,它的形状可以发生明显变化,是最积极的共鸣腔。

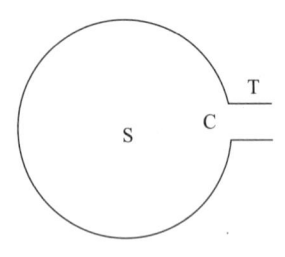

图 13-1 共鸣腔振动原理示意图

共鸣是声学中较为复杂的问题。对于共鸣的原理也有各种复杂的理论解释。不过,在共鸣器振动中,一个很简单的原理起着重要作用。这就是由德国著名物理学家赫尔姆霍兹(1824—1894)发现的共鸣腔振动原理。如图 13-1 所示:

图中 S 表示球型共鸣腔的容积;C 表示共鸣腔开口的面积;T 表示开口伸出的管长。

这个共鸣腔的共振频率与共鸣腔的容积、管子的开口面积、管子的长度都有关系。共鸣腔容积越大,共鸣频率越低;共鸣腔开口越大,共鸣频率越高;开口伸出的管子越长,共鸣频率越低。

这个共鸣器的形状,有点像人的口腔,开口好像人的口部。我们在发音时口的开合和唇形变化,会改变管子长度和管口形状,从而直接影响共鸣音色。

三、共鸣形成语音

语音的产生与共鸣密不可分。语音的主要成分是元音,我们发元音,实际上就是在运用共鸣原理,共鸣是元音产生的基础。发元音时口腔发音器官的动作,就是在改变共鸣腔的形状、大小,改变管子的长度和开口的面积。当然,发元音时,口腔内的腔体变化是复杂的,不止一个共鸣腔在起作用。

从已知的观察结果推断,发元音时,有两个共鸣腔在发音中起着重要作用。如果用仪器分析,我们可以发现:声带振动的元音中,除了决定音高的基频,通常会有两个频率明显加强,这两个加强的频率被称作第一共振峰和第二共振峰,它们决定发出的是什么元音。这表明有两个腔体在元音的发音中起着重要作用。

发音时,唇舌活动使口腔内的共鸣腔产生变化,形成不同的共振峰组合,发出不同的元音。以下是实测的普通话元音共振峰数值:

元音	第一共振峰	第二共振峰
i	315 赫兹	2310 赫兹
a	850 赫兹	1250 赫兹
u	465 赫兹	770 赫兹

(以上数据摘自鲍怀翘《普通话语音生理和声学分析简介》)

对照 i、a、u 这三个音的发音部位,我们可以发现,第一共振峰和第二共振峰的数值变化与舌的位置有关。这些元音的共鸣频率不同,是由舌位高低、前后不同使共鸣腔发生变化造成的。

以 i 为例,发音时舌处在前高位置,将口腔划分为前后两个腔体,前腔小,后腔大。共鸣时,前腔的共振频率高,后腔的共振频率低。

再以 a 为例,发音时舌处在中间位置,前后声腔的大小差不多,因此两个共振峰的频率相差不大。

再看 u,舌向后抬起后,使前腔加大,后腔略小,但是舌位提高和圆唇使得前后腔的出口都变小,造成共振频率降低,前后腔体的共振峰频率都比较低。

尽管发音中的共鸣比较复杂,还不能将所有的共振峰与共鸣腔一一对应,但是第一共振峰与后腔相关,第二共振峰与前腔相关是较为明确的结论。

共鸣是产生元音的基础,我们每天讲话就是在运用共鸣。共鸣并不是神秘事物,它就应用在我们的日常生活中。

四、共鸣产生共鸣音色

共鸣可以形成表达意义的元音。除此之外,人们在利用共鸣产生元音的同时,还可以通过适当调整共鸣位置使元音的音色更为动听。元音音色对语言发音的整体音色有决定性影响,元音音色改善可以起到美化发音的效果。

发音时,利用共鸣可以从两方面美化声音:

第一,通过调整元音的发音位置,取得较为动听的共鸣音色。

我们在学习语音时,要学习元音的发音部位,但这些部位并不是绝对精确的。例如,i是前高不圆唇元音,但究竟高到什么位置并非绝对,略微高一些和略微低一些,发出的音都是i。再比如,元音中的圆唇元音和不圆唇元音,很难规定确切的形状,唇形的圆扁也是相对的。

根据语音音位所具有的发音宽容性,我们可以适当调整发音部位,改善声音。例如,可以用适当圆唇的发音方式,去除声音发扁的不良音色;也可以通过调整发音部位,解决由元音发音部位偏后或偏前产生的声音沉闷或音色单薄等问题。

在播音主持中,大量与声音有关的共鸣问题与发音混杂在一起,共鸣的音色问题往往与字音的发音部位有密切关系。发音部位调整好了,不仅可以做到发音准确清晰,还可以兼顾声音的圆润动听。

第二,附加其他共鸣音色。

除了调整元音的发音位置改善音色外,在发音时还可以通过附加其他的共鸣音色来改善声音。附加的共鸣音色主要是胸腔共鸣音色和鼻腔共鸣音色。

胸腔共鸣声音厚重,适当增加胸腔共鸣可以使声音浑厚,给人以沉稳、有力、成熟和自信的感觉。鼻腔共鸣声音明亮,适当增加鼻腔共鸣,可以使声音变得明快、响亮,显得活泼、积极。当然,在增加胸腔共鸣或鼻腔共鸣的时候,应当根据需要使用,并非越多越好。

另外,当发音音量较大时,头部的一些较小腔体也会产生共鸣,形成头声共鸣。由于在播音主持和日常生活中一般音量都不大,这种头声共鸣在播音和一般的言语状态下很少使用。头声共鸣在戏剧演唱中使用较多,有些戏曲流派以头声色彩作为流派的声音标志。

总而言之,语言使用的声音是依靠共鸣腔和共鸣原理形成的。发音过程中借助共鸣产生元音。对共鸣进行适当调节可以美化声音。

第二节　调节共鸣的部位和方法

人声的共鸣与声道中的共鸣腔紧密联系在一起。发音时,共鸣腔的介入方式、共鸣腔的形状和大小决定语音的声音色彩。能够对共鸣腔产生影响的发音器官在共鸣调节中起着重要作用。这些器官中最重要的是喉、舌、软腭和双唇。

一、喉

喉是人体的发声器官,它可通过声带的振动产生声音。同时,它还可以像阀门一样打开或关闭。它对共鸣的影响涉及两个方面:

首先,它是元音共鸣的声源。喉在发音过程中产生的音高、音色、音量变化都对共鸣有着不可忽视的影响。例如,较为明亮的实声宜于引起鼻腔共鸣,较低的音高易于引起胸腔共鸣。

其次，喉的开合程度对胸腔共鸣有重要影响。如果声音较低，但是声门闭合很紧，即使可以感觉到胸腔振动，但胸腔共鸣音色并不明显。这是因为过紧的喉将胸腔出口阻断，声音憋在里面出不来的缘故。

二、舌

舌对口腔共鸣影响最大。舌可以在口腔内灵活运动，改变口腔和咽腔的大小、形状。舌的作用之一是形成舌位变化，产生不同的元音。在形成元音的同时，舌位的细微差别也产生音色是否好听的共鸣问题。舌在以下几方面对共鸣音色产生影响：

一是舌位前后。发音时整个元音系统舌位前后不适当，或部分元音舌位前后不适当，都会产生声音问题。如果元音舌位整体偏前会使发音轻飘，声音缺少厚重感。元音舌位整体偏后会造成发音沉闷。前元音太偏前或后元音太偏后会造成发音时部分音轻飘或沉闷。由于乐音是语言听感中的主体，而语言中的乐音多数由元音构成，所以元音舌位不当会直接造成不良音色。

二是舌位上下。发音时舌位的高低对音色也有影响。当发音时嘴张不开，上下颌开度偏小，舌位明显偏高时，会直接影响低元音 a 的发音。在普通话语音系统中，带有 a 音的音节数量较多，因此，尽管只有一个 a 音发不好，但对语音整体的影响却很大，会使人明显感到声音发扁。

三是发音伴随动作的影响。发音时，那些不决定元音性质，但与元音发音过程相关的伴随动作会影响共鸣的音色。例如，使用舌面发元音时，与舌面相关的舌尖和舌根的位置和动作，虽然不会影响元音的准确性，但却对元音的音色产生一定的影响。

由舌产生的共鸣问题，多数与元音的发音有关。在分析和解决共鸣问题时，应当结合字音来分析。这一点与胸腔或鼻腔的共鸣问题有所不同。

三、软腭

软腭是一个可以活动的器官。在放松状态下，软腭自然下垂，口腔和鼻腔通道连通。当软腭抬起的时候，可以扩大口腔和咽腔的容积，同时也缩小或隔断与鼻腔的连通。

软腭具有类似阀门一样的开闭能力。发音时，根据发音的需要，软腭会频繁地开闭，以控制发音时鼻腔共鸣的介入方式和介入程度。软腭是改善口腔共鸣和控制鼻腔共鸣的重要部位。

四、双唇

双唇在发音时可以被看作是口腔中前腔共鸣器的出口。由于它可以造成管口长度的变化，也可以产生管口面积大小和管口圆扁的变化，因此对发音的共鸣音色有明显的影响。另外，双唇的活动还会直接作用于两颊，改变口腔形状，对口腔共鸣也有直接影响。

第三节　播音主持的共鸣调节

播音主持语言接近生活语言,但又与一般的生活语言不同。人们对播音员主持人的语言表达,不仅有表达内容的要求,还有声音方面的审美要求。因此,播音员主持人既要注重内容表达,也要注重声音质量,消除声音瑕疵。

播音主持的共鸣调节为我们提供了改善声音的手段。共鸣调节的主要目的是使发音动听。它包含着两个意思:首先是在字音准确清晰的同时,使字音优美动听。其次,让播音主持语言的总体音色得到改善,使发音的嗓音优美动听。

一、播音主持的共鸣特点

播音主持的共鸣特点可以简单归纳为:口腔共鸣为主,胸腔共鸣为辅,鼻腔共鸣适度。

口腔共鸣为主,就是以吐字为中心来使用共鸣,把字音的共鸣调整好。播音主持是语言艺术,只有结合吐字运用口腔共鸣,才能既做到字音清晰,又做到发音圆润,也就是人们常说的"口齿清楚,发音动听"。

播音主持接近口语的特点决定了播音主持要以口腔共鸣为主,胸腔共鸣和鼻腔共鸣都处在其次的位置。如果忽视口腔共鸣的主导地位,而突出其他共鸣音色,就很容易出现吐字不清、音包字等发音问题。

播音员主持人除了经常在空间较小的演播间播讲,还可能涉及空间和场面较大的现场播音主持。在这种大空间、远距离场景中,除了增大音量外,还可以适当增加鼻腔共鸣,以提高声音的穿透力。

播音主持的共鸣使用方式与其他艺术,尤其是戏剧歌唱艺术的共鸣使用方式有所不同。为了取得某些韵味,有些戏剧歌唱艺术会突出鼻腔、胸腔,甚至头腔共鸣的音色。它们有时还要求字音要服从腔调,以腔运字。这些共鸣方式与播音主持共鸣方式有明显的不同。

值得注意的是,一些接近口语的民间说唱艺术强调以字行腔,对口腔共鸣极为重视,在这一点上与播音主持有相似之处。

二、播音主持的共鸣调节方法

播音主持的共鸣调节主要是胸腔共鸣、口腔共鸣和鼻腔共鸣的调节。调节部位集中在喉、舌、软腭和双唇四个部位。

1. 胸腔共鸣

具有胸腔共鸣的声音带有饱满的低音色彩,声音扎实厚重。这种声音使人感到诚恳可信,能增加人们的信任感,提高语言的表现力。对于播音员主持人,尤其是表现雄壮厚重风格的男播音员主持人,胸腔共鸣是必不可少的。

取得胸腔共鸣可以从以下几方面入手：

发音时喉部放松有助于产生胸腔共鸣。这是因为喉部适当放松可以使胸腔共鸣的声音释放出来。如果喉部过紧，不仅造成声音挤压，而且胸腔共鸣也会减少。

发音时声音较低有助于获得胸腔共鸣。胸腔共鸣是较低的共鸣音色，它构成声音的基础。发音时适当降低音高有助于获得较低的胸腔共鸣音色。如果声音较高，不仅不易获得较低的共鸣音色，而且胸腔共鸣很容易被较高的声音掩盖，使声音变得单薄。

发音时音量加大有利于增加胸腔共鸣。胸腔共鸣声音厚重，腔体空间较大，需要较强的推动力，适当加大发音的音量可以有效激发胸腔共鸣，加大较低共鸣音色在声音中的比例。

发音时舌位适当靠后有助于增加胸腔共鸣。发音时元音的发音位置适当靠后，可以使元音变得厚重，减少声音中的高音成分，使胸腔共鸣变得更明显。

如果胸腔共鸣过少，声音单薄，可以通过练习带有 a 音的字词增强胸腔共鸣。如发 ha 音。用擦音 h 带动发音，可以避免声门闭合过紧，而 a 音舌位较低，易于引起胸腔共鸣。可用手轻按胸部，体会共鸣强烈时的振动感。

胸腔共鸣少常与用声过紧、声音过高有关，在女声中较为常见。

2. 口腔共鸣

发音时元音舌位适当、舌活动自如和唇齿适当贴近是获得良好口腔共鸣的基础。除此之外，学好语音，使发音部位准确也是口腔共鸣不可缺少的条件。事实证明，许多共鸣问题实际上不是单纯的嗓音问题，而是和语音问题有关，发音缺陷会产生不良音色。

元音舌位适当主要是指发音时元音的整体舌位不要偏前或偏后，而不是单指某一个元音的舌位。舌位适当才能使发音听起来自然舒适。如果发音时，有意或无意地让元音舌位偏前，会使语句声音单薄，而舌位偏后会使声音变得沉闷。如果不是为了产生某种声音效果，应当在发元音时让舌位处于适当位置。

舌活动自如也是获得良好口腔共鸣的条件。舌活动不自如，发音时舌的移动不积极，自然不会取得良好的共鸣。舌在发音时应积极灵活，发音动作路线明确清晰，尤其是音节字头、字腹、字尾的连接，以及复合元音韵母的滑动，舌积极自如地活动更加重要。

发音时，包括舌的两侧在内的整个舌体要放松。舌的两侧动作也会对共鸣产生影响。有些人发元音时舌两侧上卷，虽然会使声音集中，但口腔上下颌开度受限，声音会显得不自然，加工痕迹较重。

唇齿贴近也是改善口腔共鸣的重要手段。当唇过分突出时，加长了共鸣腔出口的"管子"长度，共鸣的频率降低，声音沉闷，形成明显的 u 音色彩。有的人发音不清晰，口腔共鸣不好，问题往往在唇上。发音时双唇向齿适当贴近，可以缩短出口"管子"的长度，使口腔共鸣得到改善，声音变得明亮。

唇齿贴近后，口型呈微笑状，可以使声音变得积极、具有活力。另外，这种微笑的表情动作还可以反馈到大脑，产生良好的心理刺激，使发音人的心理状态变得愉快和放松。

口腔共鸣和字音联系紧密，解决口腔共鸣问题要结合相关字音进行分析。

3. 鼻腔共鸣

鼻腔产生的共鸣音色有两种：一种是鼻腔通道畅通状态下产生的共鸣音色，这种共鸣音色叫作开放性鼻音；另一种是鼻腔通道阻塞形成的共鸣音色，称为堵塞性鼻音。

通常谈到的鼻腔共鸣是指鼻腔通道畅通时的共鸣音色，即开放性鼻音。

鼻腔共鸣与鼻音并无本质上的区别。通常，当鼻音色彩在可以接受的程度范围，对声音有美化作用时，我们称之为鼻腔共鸣。鼻音色彩过多、令人不适时，我们称之为鼻音。有时，鼻音也专指堵塞性鼻音，如感冒引起的鼻腔炎症会造成鼻腔通道阻塞，产生鼻音。另外，鼻音有时还特指一种辅音音型，如普通话中的 m、n、ng。下面所说的鼻腔共鸣和鼻音不涉及辅音中的鼻音。

播音员主持人在发音时使用鼻腔共鸣的原则是：利用鼻腔共鸣，避免鼻音。

软腭是控制鼻腔共鸣的阀门。发音时软腭抬起与后咽壁接触，可以阻塞鼻腔通道，鼻音就消失了。发音时软腭降低，气流从鼻腔通过，就会产生鼻音。发音时软腭下垂幅度大，进入鼻腔的气流多，鼻音就强烈。

适当的鼻腔共鸣可以美化声音。在发音时没有必要像一般语音教科书所说的那样，用软腭将鼻腔通道完全封闭。只要听不出鼻音，有一点鼻腔共鸣反而会使声音音色更好听。

缺少鼻腔共鸣会使声音干涩。可以用鼻韵母字词做练习，采用元音鼻化的方式体会鼻腔共鸣。用鼻韵母中的鼻辅音带动元音的适度鼻化，进而将鼻腔共鸣应用到非鼻韵母发音中。

如果发音时鼻音过重，可以捏住鼻子，用带有鼻韵母的字词来检验，如："渊源"、"间断"。正常发音时鼻辅音前面如果是单元音，应当在元音的后半截鼻化，如果是复合元音，则是后一个元音鼻化，前面的元音保持非鼻化。这样发音，字音会有鼻音变化，不会产生鼻音笼罩整个字音的鼻音过重的感觉。

作为发音习惯，不同语言和不同方言对鼻腔共鸣的使用方式会有所不同。美国英语与英国英语相比，美国英语鼻音色彩明显。我国西北地区，尤其是山西北部、内蒙古一带方言鼻音色彩也较为严重。

以上是与播音主持有关的胸腔共鸣、口腔共鸣和鼻腔共鸣的控制方法。从中可以看出，播音主持共鸣的控制与发音有着密不可分的联系，为了建立良好的共鸣习惯，应当在学习语音的同时注意与之相关的共鸣问题，不应将两者截然分开。

第四节　常见共鸣问题的解决方法

常见的共鸣问题很多，其中许多问题都不是单纯的共鸣问题。对于共鸣问题，不要仅从共鸣位置和共鸣方式的角度去分析，还应当从包括吐字、呼吸、用声及播音员主持人个性特征在内的更大范围去分析和寻找解决方法。下面是一些常用的解决共鸣问题的方法。

一、增加声音宽厚度

声音单薄在女声中较常见,它涉及的因素较多,需要根据声音情况具体分析。常见的原因可能有这样一些:

(1)与发音人的共鸣腔大小有关。共鸣与共鸣腔的大小有直接的关系,而人体共鸣腔大小又与人的身体形态有关。一般个子矮小的人身体共鸣腔较小,低音共鸣稍差,声音往往不宽厚。个子高大者声音较宽厚。

(2)声源的频率低易于引起胸腔共鸣,说话声音高容易造成声音单薄。适当降低音高可使声音变得相对宽厚些。

(3)发音时喉部过于紧张会造成胸腔共鸣减少。发音时放松喉部可使声音宽厚些。

(4)发音时口腔中的前腔狭小会使声音单薄。发元音时舌位适当后移可加大前腔,易于产生宽厚的声音。

(5)发音时气息吸得过浅会造成声音单薄。气息吸得深一些,肺部容积加大,声音会变得厚实些。

二、增加声音圆润度

有的人发音时声音音色发扁,令人感到不适。原因可能是:

(1)口裂较宽。有的人嘴大,口裂较宽,如果发音时口的开度不大,唇形不易变圆,容易使圆唇音倾向扁唇化,造成声音发扁。口裂较宽的人在发音时与一般人相比,应适当加大上下颌开度,以减轻扁唇的程度。

(2)口腔打不开。有的人发音时上下颌活动幅度过小,也易于使声音发扁。说话时应保持适当的口腔开度,不要让口腔开度影响正常的共鸣音色。

(3)圆唇音发不好。圆唇音 o、u、ü 发不好会影响共鸣音色。如果这些音在发音时唇形不够圆,也容易使声音发扁。遇到这种情况,应适当提高圆唇音的唇形圆度。

三、增加声音明亮度

有的人发音时声音沉闷,发音含混,声音中带有明显的 u 音色彩。这种问题往往与唇形有关。

(1)生理唇形不好。常见的是双唇前突,严重者呈含奶嘴状。这种生理唇形等于在嘴的前面增加了一个号嘴,会使共鸣频率降低,产生沉闷的 u 音色彩。发音时唇齿贴近可减少 u 音色彩,增加声音的明亮度。

(2)发音时双唇过于用力,使唇形突出。有些人在学习语音时,片面理解圆唇音的撮口动作,过分追求动作力度和唇形圆度,造成发音动作过度。比如,致使 u 音色彩突出,声音不够明亮。发圆唇音时双唇应适当贴近牙齿,减少双唇突出,这样可使圆唇音明亮,进而增加发音的整体明亮度。

四、减少鼻音色彩

发音时鼻音过重可能受以下因素影响：

（1）软腭较短，造成生理性腭咽闭合不全。这种状态下，软腭不能正常封闭鼻腔通道，所有的元音都会带上鼻音色彩。由生理原因造成的鼻音过重不仅影响鼻腔共鸣，由于发音时鼻腔漏气，还会影响辅音中塞音、擦音的发音。

（2）发音懒散，软腭过于松弛，闭合不好。放松状态软腭是下垂的，便于鼻腔呼吸。如果发音时过于懒散，软腭也会处于无力闭合的松弛状态，造成鼻腔气流过多，鼻音浓重。可以用积极的精神状态唤醒软腭的活动，也可用挺软腭的方法增加软腭的活动力度。

（3）主观上追求鼻腔共鸣。纠正这种鼻音主要是解决认识上的问题。产生的原因有时是受到歌唱等其他艺术语言发声的影响。

（4）发音时舌位过于偏后。当发音时元音舌位过于偏后的时候，由于舌位后面的腔体变小，更容易将气流挤入鼻腔，产生鼻音。发音时舌位应处在适当位置，舌不要用力后压。

（5）鼻韵母音节的元音过度鼻化。语流中会出现大量鼻韵母音节，如果鼻韵母音节中的元音鼻化过早，会使鼻韵母音节的鼻音色彩过重。普通话有39个韵母，鼻韵母就占16个，语流中大量鼻韵母音节会直接影响语音的整体音色。可通过适当练习，改变鼻韵母音节元音过度鼻化的不良习惯。

五、增加声音集中度

有些人发音时声音不集中，缺少亮音，吐字松散。原因可能是：

（1）口腔整体处于松散状态，字音不清晰。有时声音松散与吐字清晰度有直接的关系，对于声音不集中、松散无力的情况，首先应分析是否由吐字问题引起。如果存在吐字清晰度问题，应先加强吐字练习。

（2）鼻腔共鸣少，声音中缺少明亮音色。鼻腔共鸣过少会使声音干瘪，声音变得松散。改善时可先加大鼻韵母音节的鼻腔共鸣强度；也可视情况，适当增加非鼻韵母音节中元音的鼻化程度。

（3）发音时声门闭合不好，使用音色过虚。如果发音时以虚声音色为主，由于语流中没有实声音色作为补充和调节，会减弱语流中声音的明亮度，造成声音松散。播音员主持人应根据表达需要灵活使用各种音色，不要过度使用虚声等单一音色，以免形成明显的声音缺陷。

六、减少嗲声色彩

嗲声是一种娇滴滴的声音色彩，声音缺乏成熟感，这种声音在年轻女孩子中较为常见。嗲声一般由心理状态和发音方法等多种因素造成。心理因素对嗲声的形成有重要影响。性格软弱和过分依从、讨好的心态都容易诱发嗲声。除此之外，发音部位靠前、用声过高、用声较虚等发声习惯也容易形成嗲声。这种声音的出现往往不是单纯的共鸣问题。除了要从发音部位和用声方法上加以调整外,还应从认识观念上进行纠正。

七、减少声音的压抑感

压抑的低音在年轻的男声中较为常见。这种压抑的声音有时是故意制造的低音,声音充满紧张感,与放松的自然浑厚的声音明显不同。造成声音压抑的原因有时与心理因素有关。刚过变声期的男孩子为了表现自己的成熟,喜欢有意压低自己的声音;有的男孩子出于对低音的偏爱,也喜欢在说话时过分压低自己的声音。压抑的声音常与发音部位靠后、声音使用过低有关。除了调整发音部位和发声方法外,纠正在声音使用上存在的不正确认识也是解决此类问题的重要方法。

每个人的声音都有自己的共鸣特点。在改善自己的声音时,既要看到自己声音具有的优点,保持自己的声音个性,同时也要正视自己声音存在的不足。对于自己的声音,不要恃声自傲,也不要妄自菲薄。应当参考听众的反馈,客观评价自己的声音,根据存在的问题,采取适当的改进措施。

思考题

1. 简述人体有哪些重要的共鸣腔,它们对声音有何影响?
2. 分析共鸣如何在形成元音和美化声音上发挥作用。
3. 简单总结使用哪些部位和方法可以调节共鸣。
4. 结合你的观察,分析某位播音员或主持人的共鸣特点及对表达的影响。
5. 简单归纳获得胸腔共鸣和良好口腔共鸣的主要方法。
6. 采用哪些方法可以避免在发音中产生令人不适的鼻音色彩?

练习材料

练习1.加强胸腔共鸣练习

(1)体会胸腔共鸣

用较低的声音发 ha 音,声音不要过亮,感觉是从胸腔发出的较浑厚的声音。如浑厚感不明显,可降低音高,并适当加大音量。一般来说,较低而放松的声音易于产生胸腔共鸣。

(2)用稍低的声音练习下列含有 a 音的词(a 音开口度大,容易产生胸腔共鸣)。

暗淡　反叛　散漫　武汉　计划　到达　自发　出嫁

(3)用放松的声音播读短诗,注意加强韵脚的胸腔共鸣。

春　晓

孟浩然

春眠不觉晓,处处闻啼鸟。

夜来风雨声,花落知多少。

练习2.改善口腔共鸣练习

(1)唇齿贴近,提高声音明亮度

播读时噘唇,共鸣音色会变暗。可用双唇适当贴近上下齿的方式改善共鸣,使声音更明快。分别用噘唇和唇齿贴近两种方式播读以下新闻片段,比较音色及播读效果的不同。

相关统计数据显示,近十年,中国的城市化率以平均每年1%以上的速度递增,去年城镇人口比例已高达52.6%。城市生活会给国人的健康状况带来哪些改变?日前,慈铭体检联合中国医师协会、中国医院协会、北京市健康保障协会在京发布《2012中国城市居民健康白皮书》。该调查自2012年8月至2013年1月,共获得有效样本量68.7万份,调查对象男女比例基本持平,职业分布涵盖一、二、三线城市的各行业,年龄覆盖18岁至80岁。

(《2012中国健康报告:七成受访市民称不快乐》,节选自《健康报》)

(2)嘴角略微上抬,消除消极音色

有人发音时嘴角下垂,声音中缺少积极欢快的感情色彩,可以适当提颧肌,使嘴角略微上抬,消除消极音色。分别用嘴角下垂和嘴角上抬两种方式播读以下散文片段,比较音色及播读效果的不同。

盼望着,盼望着,东风来了,春天的脚步近了。

一切都像刚睡醒的样子,欣欣然张开了眼。山朗润起来了,水涨起来了,太阳的脸红起来了。

小草偷偷地从土里钻出来,嫩嫩的,绿绿的。园子里,田野里,瞧去,一大片一大片满是的。坐着,躺着,打两个滚,踢几脚球,赛几趟跑,捉几回迷藏。风轻悄悄的,草绵软软的。

(节选自朱自清《春》)

(3)改善 ü、u、o 的音色

有的人在发带有圆唇音 ü、u、o 的字音时,嘴唇过于突出,致使声音沉闷。如果有此类问题,可在发圆唇音时让唇齿靠近,减少突出,可使沉闷音色得到改善。用下列韵母做唇突出和唇齿贴近对比练习,比较音色的不同。

ao ou iao iou u ua uai uei uan uen uang ueng ong ü üe üan ün

练习3.增加鼻腔共鸣练习

> 练习提示

使用下面的练习可体会和增加鼻腔共鸣。一般来说 a 的舌位低,鼻腔共鸣弱,软腭下降幅度可稍大些。i、u、ü 舌位高,口腔通路窄,气流容易进入鼻腔,软腭不可下降过多,否则很容易形成鼻音。

(1)用软腭上升非鼻化和软腭下降适度鼻化两种方式发音,体会鼻腔共鸣音色。

i(非鼻化)——i(鼻化)   a(非鼻化)——a(鼻化)

(2)用带有鼻音 m、n 的音节或词做练习,带动元音适当鼻化,增加鼻腔共鸣音色。

妈妈　买卖　猫咪　阴谋　弥漫　隐瞒　出门　戏迷　分秒　人民
姓名　朽木　接纳　奶奶　头脑　困难　万能　南宁　温暖　妇女

练习 4. 减少鼻音练习

练习提示

鼻韵母音节中的元音过度鼻化,会造成发音中的鼻音。如果鼻腔在元音开始发音时就振动,往往会使发音带有明显鼻音。通常在音节元音部分的后半截出现元音鼻化,不会产生鼻音。播读下面的双音节词,发音时捏住鼻子,根据鼻腔振动确定合适的鼻化时间。

渊源 yuān yuán　　　黄昏 huáng hūn　　　间断 jiàn duàn
湘江 xiāng jiāng　　　光芒 guāng máng　　荒凉 huāng liáng
中堂 zhōng táng　　　中央 zhōng yāng

练习 5. 共鸣变化练习

练习提示

共鸣产生的声音变化可在语言表达中塑造不同的人物形象。在下面的练习中,应利用共鸣产生的声音变化,区分旁述和人物对话,尝试用声音变化塑造不同人物。寓言可使用适度夸张的声音刻画人物。要分析人物的身份和语言环境,准确使用声音。

国王和大象(寓言)

列夫·托尔斯泰

一个印第安人的国王命令把所有的盲人召集在一起。等他们到齐了,国王就让他们去参观自己驯养的大象。

这些人来到象房,开始摸起象来。一个人摸到象的腿,另一个人摸到象的尾巴,第三个人摸到的是象的尾巴梢,第四个摸到象的肚皮,第五个摸到象的脊背,第六个摸到象的耳朵,第七个摸着了象牙,而第八个摸到的是象鼻子。

然后,国王把这些盲人叫到跟前,问他们:"我的大象怎么样?"

摸到象腿的人说:"你的象就像一根柱子。"

另一个人摸到象尾巴,他说:"它就像鞭子一样。"

第三个摸到尾巴梢的人说:"它就像一根树枝。"

那个摸到象肚皮的人说:"象就和一片平坦的土地一样。"

摸到象脊背的人说:"象就好比一座山。"

摸着象耳朵的说:"象就如同妇女的一块头巾。"

摸着象牙的人说:"象就好似一只角。"

而那个摸到象鼻子的人说:"象完全和粗绳子一模一样。"

这些盲人开始争论起来,最后吵得一团糟。

大狮子和小甲虫(寓言)

劳伯尔

狮子自称是兽中王。

有一天,一头雄狮久久地站在镜子前,前后左右地欣赏着自己。"看我这副威武样子,多么高贵!多么雄壮!"雄狮自豪地说,"我一定要到外面走走,让那些忠实的臣民都瞧瞧,他们的领袖确实是一位气度非凡的兽中王!"

于是雄狮就披上鲜艳的礼服,戴上布满珍珠的皇冠,挂上无数金银勋章,走出了皇宫。一路上没有谁敢大胆挡道的。来不及躲避的都向他鞠躬行礼。"呵,这就对了。"雄狮傲慢地说,"我理所当然地可以接受他们的敬意,我是他们的主人,当之无愧的兽中王!"

路旁有一只小小的甲虫躲避不及,被雄狮看见了。"大胆的小甲虫,大王到了为何不施礼?"雄狮吼叫起来,"立刻给我跪下!"

"尊敬的大王陛下,"小甲虫说,"我心里明白,因我个子小,您看不清楚。如果您能挨近点看,或许会看见我正在向您跪着呢!"

雄狮听了,果真向下弯了弯身子,伸了伸脑袋,仔细地瞧着。"小小甲虫,你到底跪没跪下,我还是看不清楚。"

"哎呀,尊敬的陛下,"小甲虫说,"如果您能再挨近点看,肯定会看到我确实是向您跪着呢!"

雄狮当真又向下弯了弯身子,伸了伸脑袋。这一弯腰,身上的礼服、头上的皇冠、脖子上的金银勋章哗哗啦啦垂了下来。雄狮顿时感到头重脚轻,失去了平衡,一头栽倒在地上。随着一声吼叫,滚进了路边的泥水沟里。

可怜的小甲虫吓得撒腿就跑。不可一世的兽中王成了一头泥狮子。

森林里的选美大会(寓言)

佚 名

森林里要开选美大会,德高望重的大象,被选作大会的主席。他用粗壮的嗓音说:"诸位,现在开会。请大家评一评,看看谁最美?"

黄莺站在树枝上,细声细气地说:"我唱的歌最好听。我有漂亮的红嘴唇和黄绿色的羽毛。不用说,我最美!"

孔雀有点不高兴:"要讲漂亮,我的羽毛带着金色的光泽,谁能比得过我!"说着,他的尾巴渐渐开了屏,闪耀着夺目的光彩。动物们发出了赞叹声:"真美呀,真美呀!"

梅花鹿在林子的空地上,以"腾空跳跃式"跑了几圈。他得意地说:"我的角,就像一座小森林,谁也赛不过我。我的皮毛最光滑;我的肌肉最强健;我的外形……"

一只花蝴蝶翩翩飞来,不耐烦地打断了他的话:"说话啰啰唆唆,你看我,五光十色,婀娜多姿。我能表演各种优美的舞蹈。"

黄莺急了,抢着说:"要比美,还是数我美。"孔雀争辩说:"美不美,不能光凭自个儿说,要请大伙儿评!"

大家都赞成孔雀的意见,动物们七嘴八舌地议论着,各种意见相持不下。

这时,狮子大声地说;"还是请主席讲一讲吧!"等会场安静下来,大象语重心长地说:"在我看来,不论是飞禽、走兽、昆虫,各有各的美。孔雀仙子、黄莺姑娘、梅花鹿弟弟、蝴蝶小姐都很美。"这时,大家都把视线集中在他们身上。是啊,大自然赐给他们美的形态、美的装束、美的歌喉。大象用浑厚的嗓音继续说:"但是,从不夸耀自己,别人也忘了说的,不一定就不美。就说牛大哥,从来不宣扬自己,一年到头,总是埋头耕地、拉车,为人类提供食粮;还有马伯伯,他供无畏的勇士驾骑,驰骋于祖国各地,保卫祖国的边疆。他们不仅有外表的美,内心也很美!我认为,能为别人作出贡献,才是最美的!"

马克·吐温的幽默(故事)

马克·吐温喜欢借书。邻居很小气,不想借给他,于是他想了个主意。一天,马克·吐温又来借书,邻居便说:"好吧。不过,我和妻子刚刚订了个规矩:从我这儿借去的书必须当场阅读。"过了几天,邻居来向马克·吐温借割草机。马克·吐温笑笑说:"当然可以。不过我也订了个规矩:从我家借走的割草机必须在我家的草地上使用!"

马克·吐温有一次坐火车去首都一所大学讲课,他十分着急,而火车却开得很慢。这时来了一位查票员,问马克·吐温:"你有票吗?"马克·吐温递给他一张儿童票。查票员仔细地打量他之后说:"真有意思,我看不出您还是一个孩子啊!"马克·吐温回答:"现在我已经不是孩子了,但我买车票的时候还是孩子。您要知道,火车开得太慢了。"

有一年的"愚人节",纽约的一家报纸为了愚弄众人,报道了一则马克·吐温去世的消息。于是,吊唁的人纷纷向马克·吐温家涌来。当人们看到出来的竟是马克·吐温本人时,又惊讶又气愤,纷纷谴责那家报纸对马克·吐温的这种大不敬行为。马克·吐温却没有发火,而是幽默地说:"报纸报道我死是千真万确的,不过日期提前了一些。"

马克·吐温来到法国旅游。一天,他独自去理发店理发。"先生,您像刚从外国来的?""是的。""您真走运,因为马克·吐温先生也在这里,今晚您可以去听他演讲。""我不得不去。""先生,您有入场券吗?""没有。""这太遗憾了!"理发师耸耸肩,"那您只好从头到尾站着听了,因为那里不会有空座位。""对!"幽默大师说,"和马克·吐温在一起可真糟糕,他一演讲我就得站着。"

(选自小故事网)

葛朗台与女儿谈遗产(故事)

(故事背景:巴尔扎克笔下的守财奴葛朗台因害怕女儿欧也妮继承妻子的遗产,迫不及待地要女儿无条件放弃遗产的继承权。这是葛朗台在与女儿谈遗产,在场的还有公证人克罗旭。)

饭桌收拾完了,门都关严了,葛朗台对欧也妮说:"好孩子,现在你继承了你母亲啦,咱们中间可有些小小的事儿得办一办。——对不对,克罗旭?"

"对。"

"难道非赶在今天办不行吗,父亲?"

"是呀,是呀,小乖乖。我不能让事情搁在那儿牵肠挂肚。你总不至于要我受罪吧。"

"噢!父亲……"

"好吧,那么今天晚上一切都办了。"

"你要我干什么呢?"

"乖乖,这可不关我的事。——克罗旭,你告诉她吧。"

"小姐,令尊既不愿意把产业分开,也不愿意出卖,更不愿因为变卖财产,有了现款而付大笔的捐税,所以你跟令尊共有的财产,你得放弃登记……"

"克罗旭,你这些话保险没有错吗,可以对一个孩子说吗?"

"让我说呀,葛朗台。"

"好,好,朋友。你跟我的女儿都不会抢我的家私。——对不对,小乖乖?"

"可是,克罗旭先生,究竟要我干什么呢?"欧也妮不耐烦地问。

"哦,你得在这张文书上签个字,表示你放弃对令堂的继承权,把你跟令尊共有的财产,全部交给令尊管理,收入归他,光给你保留虚有权……"

"你对我说的,我一点儿都不明白。"欧也妮回答:"把文书给我,告诉我应该签在哪儿。"

(节选自巴尔扎克《欧也妮·葛朗台》)

陈毅拜师(故事)

艾 月

话说当年在苏中七捷之仗打响前,陈毅率部队在苏北根据地进行备战。当时住在一个村里,空闲时间陈毅到村里一私塾,拜见一位老先生。闲聊时看见墙上挂着一棋盘,棋盘上的老将被钉死在上头,陈毅感到好奇就提出要讨教一二。老先生就答应了,同时把老将拿了下来。陈毅就问:"先生为何把老将钉死?"先生说:"我同别人下棋从不动老将,今天你是贵客,我就破把例。"说完两人就你杀我砍杀将起来,很快陈毅就胜了第一盘。二、三盘两人打了个平局。老先生站起身说:"老朽不才,同志见笑了。"

过了一阵子,几次大仗打过都获胜,陈毅载胜而归,又一次来到老先生所在的村子,陈毅想起了下棋那桩事儿,于是再次来到老先生那里,还要大战几盘。这次老先生没拿下老将,很快陈毅连败三盘。此时陈毅不解,就问:"老先生,前次对弈,你动了老将,我反胜一两和,今日你不动老将,我怎么连战皆输呢?"此刻,老先生笑答:"你上次来身后有几个带短枪的人,我就知道你是个首长,那时我听说在我们苏北要打大仗,我就想,战前不能挫伤指挥员的锐气。后来我知道你就是闻名的陈毅将军,我庆幸当时没有胜你的棋。现如今,几个大仗咱都胜,我赢你三盘好让你冷静一下头脑啊!"此刻,陈毅听了连忙起身说:"在棋艺上你是我的先生,在对待胜负问题上你也称得起,请你收下我这个徒弟吧!"

这就是一段佳话传天下:元帅拜师学棋艺,先胜后败求真谛。躬身大礼来拜师,后传佳话是陈毅。

练习6.交流空间感练习

练习提示

语言交流的空间距离对声音的使用有影响。要根据对话人的空间距离,确定合适的声音。第一段练习要设定报告人、听众和列宁在会场中的不同位置,不仅利用共鸣表现不同说话人的情绪变化,还要利用共鸣体现适当的空间距离感。第二段练习通过对话揭示了江姐面对死亡从容献身的无畏精神。播讲时声音不仅要区分人物,还要体现出对话的特殊场景。

列宁的故事

人民委员会正在开会,讨论恢复彼得格勒工业的计划。在战争年代,工业生产遭到了很大破坏,机器损坏,原料不足。广大城市和农村,急需生活必需品。会议上谈到,必须迅速扩大犁头和其他农具的生产;必须为居民生产钉子、布匹和鞋子。

报告人在发言。大家预料他马上就会开始讲怎样更快更好地搞好彼得格勒工厂的工作。列举数字,指定期限。可是他却没有讲这些。

"我们面临着伟大的目标。世界革命万岁!"报告人慷慨激昂地叫喊着。然后他又接着说:"必将出现这样一个时代:在整个世界上,只有像在童话中遇到树妖一样,才会遇到资本家和其他各种过寄生生活的富人。"他说着说着,还差点儿朝自己的胸脯猛击一拳。

列宁默默地听着。报告人继续发言,他的声调越来越高,越来越慷慨激昂。他接着高声喊叫:"苏维埃政权是世界上最好的政权。劳动人民千百年来的梦想终于实现了……"列宁听着,微微地皱起了眉头。

报告人继续发言:"工人和农民自己掌管着国家。一切为了工人,一切为了农民,如今他们就是神仙和皇帝。"

列宁轻轻地做了一个手势,打断了他的发言说:"您能不能讲讲彼得格勒生产钉子的情况?""我们正在生产钉子,弗拉基米尔·伊里奇。"报告人兴致勃勃地回答说。

"您能不能讲得具体点儿。"列宁又追问他。

报告人感到很不好意思,开始陷入沉思。想了一会儿,他才说:"请原谅,弗拉基米尔·伊里奇,我手里没有必要的资料。"接着,他又讲起世界革命来了。

列宁等了片刻,又提出一个问题:"为居民生产布匹的情况怎么样?"

报告人回答说:"会有的,弗拉基米尔·伊里奇,布匹会有的。我们的工人会把布匹生产出来的。"接着,他又讲起苏维埃政权是世界上最好的政权。

列宁第三次打断报告人的发言,"请你讲讲犁头的生产情况怎么样?彼得格勒工人的生产条件怎么样?农村还要等多长时间才能指望得到工人的帮助?"

报告人停了下来,他竭力在回想什么,却没有想起来。只好说:"请原谅,弗拉基米尔·伊里奇,我记不得这些数据了。"接着,他用手捂住嘴咳嗽了一下,清了清嗓子。然后又像夜莺歌唱一样歌唱起了未来。这时,报告人脱口说出一句耸人听闻的话:"我们面临着伟大的目标,我们一下子就能跨进遥远而美好的未来!"

列宁站起来说:"我们不是一下就能跨进去的,亲爱的同志,不是一下子就能跨进去的。"

报告人露出了窘态。

列宁又重复说:"不是一下子就能跨进去的。依靠这种工作方法寸步难行。您的犁头、布匹、钉子在哪里?您打算怎么样和在什么期限内保证为农村生产出这些产品?工人和农民早就相信苏维埃政权的力量,现在决定事业成功的不是空话,哪怕是最漂亮的空话也不行。我们需要的是行动,是生龙活虎一般的具体的实际行动!"

然而令人十分奇怪的是,有的人竟为报告人进行辩护。散会以后,有一位辩护者对列宁说:"弗拉基米尔·伊里奇,您有点儿太严厉了吧?"

列宁说:"严厉?不,很温和。"

"他是一位负责同志,弗拉基米尔·伊里奇。这样对待他似乎不太合适,这会影响他的威信。"

"合适,完全合适。"列宁回答。他看了看那些辩护者,又说:"您说他是一位负责同志?不,他是一位不负责的同志。"

(节选自谢·阿列克谢耶夫《列宁的故事》,田娥译)

江姐从容献身

江姐一听见叫她的名字,心里全都明白了。她异常平静,没有激动,更没有恐惧与悲戚。黎明就在眼前,已经看见晨曦了。这是多少人向往过的时刻啊!此刻,她全身心充满了希望与幸福的感受,带着永恒的笑容,站起来,走到墙边,拿起梳子,在微光中,对着墙上的破镜,像平时一样从容地梳理她的头发。

孙明霞轻轻走过去,看见江姐异样平静的动作,不禁低声问道:

"江姐,真是转移?"

江姐无言地点了点头。她这样做,只是为了暂时不让那年轻的战友过于激动。

"听说是白公馆,"孙明霞感到惶惑了,又试探着,"到了那边,代我们向白公馆的同志致意。"

江姐默默地点头。

"要是见着思扬……"孙明霞仍然心神不定。

"我知道。"

江姐梳着头发,回答了。语气是那么镇静,每个字都说得非常清楚。

听着江姐的话,孙明霞不禁感到一种痛楚的迷惘。她不相信江姐真会转移到白公馆去。她痛苦地一再瞧着江姐梳头,不知道自己该做点什么。

江姐回过头来,仿佛没有看出她的心情似的,微笑着,用一句十分平常的话,有意把她从痛苦与迷惘中解脱出来。

"明霞,你看我头上还有乱发吗?"

孙明霞久久地凝望着江姐刚梳好的头发,心里涌出无尽的话语,要想一一向含笑的江姐提说,嘴里却简单地回答着:"没有,一丝乱发也没有……"

"男室也在提人!"有谁轻声报告着,声音里蕴藏着痛苦与激动。

江姐放下梳子,叫孙明霞替她从枕头下面取出被捕时穿的那件旗袍。

"要换衣裳?不冷么?"

孙明霞茫然地问,担心江姐脱下棉衣会受凉。

"不要紧。"

江姐换上了蓝色的旗袍,又披起那件红色的绒线衣。她习惯地拍拍身上干净的衣服,再用手熨平旗袍上的一些褶痕。

"明霞,帮我扯扯衣服。"

孙明霞知道,江姐素来爱好整洁,即使在集中营里,也一贯不变。所以平静的江姐,总是给人一种精神焕发的庄重的感觉,特别是在刚刚破晓的今天,江姐更是分外从容和认真。孙明霞渐渐感到,江姐心里充满着一种庄严的感情,也许竟是一种从容献身的感情?她立刻蹲在江姐脚边,轻轻拉平她衣襟上的褶皱,禁不住滴下了眼泪。江姐似乎没有看见这些,又弯下身去,拭擦鞋上的灰尘。

孙明霞擦着泪水,转过头去,为江姐收拾行装。江姐再次对着镜子,照了一下,回头在室内试着走几步,像准备去参加欢乐的聚会,或者出席隆重的典礼似的。她轻轻走到"监狱之花"旁边。孩子静静地熟睡着。江姐凝望了她一阵,终于情不自禁地俯身在脸蛋上吻了一下。

抬起头来时,看见孙明霞把她的衣物,收拾在一个布包里,递了过来。

"江姐,你的几件换洗衣服。"

江姐轻轻接过布包,看了看,又递还给孙明霞。

"我不需要了。"江姐微微一笑。

布包从孙明霞手上,跌散在地上,她忍不住眼泪涌流,放声哭倒在江姐怀里。

"江姐!江姐……"

(节选自罗广斌、杨益言《红岩》)

练习7. 大音量强共鸣练习

> 练习提示

在大空间演讲或播讲会使用较强共鸣和较大音量。尝试用演讲方式播读下列文稿。在加大音量的同时,注意保持适当音高,避免声音失控。

中国人民站起来了

诸位代表先生们,我们有一个共同的感觉,这就是我们的工作将写在人类的历史上,它将表明:占人类总数四分之一的中国人从此站立起来了。中国人从来就是一个伟大的勇敢的勤劳的民族,只是在近代落伍了。这种落伍,完全是被外国帝国主义和本国反动政府所压迫和剥削的结果。一百多年以来,我们的先人以不屈不挠的斗争反对内外压迫者,从来没有停止过,其中包括伟大的中国革命先行者孙中山先生所领导的辛亥革命在内。我们的先人指示我们,叫我们完成他们的遗志。我们现在是这样做了。我们团结起来,以人民解放战争和人民大革命打倒了内外压迫者,宣布中华人民共和国的成立了。我们的民族将从此列入爱好和平自由的世界各民族的大家庭,以勇敢而勤劳的姿态工作着,创造自己的文明和幸福,同时也促进世界的和平和自由。我们的民族将再也不是一个被人侮辱的民族了,我们已经站起来了。我们的革命已经获得全世界广大人民的同情和欢呼,我们的朋友遍于全世界。

(节选自毛泽东《中国人民站起来了》)

热血、辛劳、眼泪和汗水

摆在我们面前的,是一场极为痛苦的严峻的考验。在我们面前,有许多许多漫长的斗争和苦难的岁月。你们问:我们的政策是什么?我要说,我们的政策就是用我们全部的能力,用上帝所给予我们的全部力量,在海上、陆地和空中进行战争,同一个在人类黑暗悲惨的罪恶史上所从未有过的穷凶极恶的暴政进行战争。这就是我们的政策。你们问：我们的目标是什么？我可以用一个词来回答：胜利——不惜一切代价，去赢得胜利；无论多么可怕，也要赢得胜利，无论道路多么遥远和艰难，也要赢得胜利。因为没有胜利，就不能生存。

（节选自丘吉尔《热血、辛劳、眼泪和汗水》）

奥林匹克精神

面对一个需要根据迄今仍被认为是乌托邦式的，但现在已成熟即可被使用的原则进行整顿的全新世界，人类必须吸收古代留传下来的全部力量来构筑未来。奥林匹克精神是这种力量之一，因为事实是仅有奥林匹克精神不足以确保社会和平，不能更加均衡地为人类分配生产和消费物质必需品的权利，甚至也不能够为青少年提供免费接受智力培训的机会，使他们能够保持自己的天赋，而不是停留在其父母生活的那种境况。但是，奥林匹克精神将依然为人类追求强健的肌肉所需要。强健的肌肉是欢乐、活力、镇静和纯洁的源泉。奥林匹克精神必将以现代产业发展所赋予的各种形式为地位最低下的公民所享受。这就是完整、民主的奥林匹克精神。今天我们正在为她奠定基础。

（节选自顾拜旦《奥林匹克精神》）

第十四章　情、声、气关系与声音对比变化

■ **本章要点：**

本章通过梳理情、声、气之间的关系，使学生了解情、声、气的基本内涵，以及与声音变化之间的关联，帮助学生掌握基本训练方法，拓展声音的对比变化能力，从而达到"气随情动，声随情出，气生于情而融于声"，最终使语音和发声的学习成果回归到语言表达中，让良好的发音成为促进思想感情表达的有力工具，而不是单纯的声音技巧。

通过本章的学习，学生应能结合自身的理解与感受，利用不同的声音对比，较为准确和生动地表现语言中的各种思想和感情变化。

第一节　情、声、气及三者的相互关系

一、什么是情、声、气？

在语言传播过程中，播音员主持人会在语言中流露出情绪色彩，这种情绪色彩既体现在语言内容中，也体现在语言使用的声音中。而感情和声音的表现又都与气息有着直接的关联，由此产生了所谓的"情、声、气"这一命题。

播音主持创作时，情、声、气的来源与表达内容密不可分。如果是演播现场的即兴表达，情、声、气来源于现场感触；如果是表达观点，情、声、气来源于主持人对事物的认识；如果是播读稿件，情、声、气来源于稿件要传达的思想感情。

情、声、气的本源是内容，内容决定感情、声音与气息状态，以及表达分寸。

不同感情色彩的新闻，在情、声、气三方面的把握也会有所不同。以新闻特写《痛悼战友，继承遗志》和《胡锦涛总书记在清华大学考察工作》为例，我们来了解其不同之处。

新闻1　痛悼战友，继承遗志（节选）

八位在海地地震中遇难的中国维和警察近日被批准为烈士。今天公安部数百名公安民警与首都各界群众满怀哀思，洒泪送别回到祖国的这八名英烈。

今天，公安部下半旗致哀。

当灵车途经公安部门前，烈士的战友们拥到路边，满含热泪，向烈士致敬。英雄回家了，但这却是他们最后一次从家门前经过，虽是永别，但却难言别字。

新闻 2　胡锦涛总书记在清华大学考察工作（节选）

春暖花开时节，我国著名高等学府清华大学迎来了建校 100 周年。

今天上午，胡锦涛总书记来到清华大学考察，代表党中央、国务院，向全校师生员工表示热烈祝贺和诚挚问候。

清华大学创建于 1911 年。建校百年来，清华大学始终秉持"自强不息、厚德载物"的校训，与祖国共命运、与时代同奋进，形成了中西融会、古今贯通、文理渗透的办学特色，培养了一大批优秀人才，取得了一大批重要科研成果，为推动我国革命、建设和改革事业作出了突出贡献。

新闻 1 的情感色彩较严肃、凝重，播音员的气息厚重，声音厚实饱满；而新闻 2 则呈现出欢欣明快的感情色彩，播音员的气息相对轻松一些，声音明朗愉快。

除了节目内容，受众也会对播音员主持人的情、声、气使用产生影响。不同节目的受众群体存在着巨大差异，播音员主持人应有不同的情感表达方式。比如，主持少儿节目与老年节目，同样的语言内容，主持人在感情、声音和气息的使用上，要有所区分。

那么，什么是"情、声、气"？

情，是指由具体稿件、话题和播讲对象引发，由有声语言流露出的、运动变化的情绪色彩。

声，是指播音主持中表现思想感情变化的声音形式。它与字音结合在一起，具有超出语句一般意义的表现能力。

气，是指播音主持中用于表达思想感情的气息状态。它不仅为发音服务，还蕴含着丰富的感情因素。

二、情、声、气之间的关系

在日常生活中，有很多词语描述情、声、气之间的关系。例如，从情的角度讲，有"情真意切、情至意尽、虚情假意、真情实意"等；从声的角度讲，有"慷慨陈词、娓娓道来、轻言细语、甜言蜜语、豪言壮语"等；从气的角度讲，有"忍气吞声、有气无声、粗声大气、奶声奶气"等。

生活中，情、声、气的自然结合使语言表达变得生动。初学者有时会缺乏这样的自然与生动。在经过语音和声音训练之后，为什么有些学习者声音呆滞？这是因为不了解情、声、气之间的关系，注意力容易集中在发声或吐字的某一"局部动作"，忽略通过"内容"来把握声音与气息。对于初学者来说，应当了解声音与气息、感情之间的特殊关系。

情、声、气在表达中的作用和形成关系，可简单归纳为：

情是内涵，是依托。

声是形式，是载体。

气是基础，是动力。

气随情动，声随情出。

气生于情而融于声。

情，我们在此可以理解为感情、情意、情境，或某种意境。这个意境指的是包含、限定情感范围程度的语言环境和心理环境。情是主导,思想感情状态的运动指导着气息的运动,并组织发声器官的协同动作,发出表情达意的声音。

1. 感情是基础

这里所说的"感情",包括心理学中的情感与情绪,主要指情绪。

我们常用"境与身接而情生"描述感情体验由客观事物引发的过程。比如,我们身处地震突发地带,难免惊慌恐惧;身处宁静优美的海滨,就会平静放松……

感情的产生还在于人们对待事物的主观态度。

声音与播音员主持人内心的感情体验密切相关,是情感的外部体现。

播音员主持人的感情体验可由节目文本(文字或声像)引发。当我们阅读节目文稿时,可以随着编导的视听语言经历其中的情绪过程,与节目中的人物同欢笑共呼吸……

感情色彩具有积极和消极的两极性特点。比如,"爱和恨"、"喜与悲",由于程度和组合不同,感情色彩可以产生细微复杂的差别,如"喜悦"可有愉快、欣喜、大喜、狂喜等不同类型。

播音员主持人要善于捕捉和体会节目中细微的情感色彩,形成一条起伏的感情河流,使声音有用武之地。

一般来讲,播音员主持人的感情体验有两种方式:

一是表达前的体验。

主要体现在备稿过程中。备稿时,需要仔细体会和感受节目(或稿件)中涉及的人物、事件(或场景与形象),节目进程中的情感脉络,以及自己与播讲对象之间的感情关系。

二是表达中的体验。

播音主持创作时,眼睛应当看完一句之后,在快速理解与感受之后再张口,这样才能产生较细致的感情体验。播音员主持人的眼、口、脑要保持适当的时间距离。

为减轻大脑和眼睛的"负担",播音员主持人应适当记忆稿件,了解感情的发展脉络,播讲时快速扫描,在开口之前给大脑留下更多的思索与反应时间。

良好的感情体验是准确使用气息和声音的基础。

2. 气息连接感情和声音

情绪体验作用于人体,会影响到包括吐字、发声、呼吸等各类器官。其中呼吸器官直接为发音提供动力,气息状态的变化无疑会使声音产生明显变化。

我国古代就有"气随情动"的说法,体现了气息与感情的密切关系。现代研究发现,在不同的情绪状态中,呼吸方式与呼吸次数都有明显变化。

因此,我们可将"气息"称为感情与声音的"中间桥梁",凭借这座桥梁,感情与声音可以相互沟通;有了气随情动,声音才能随情而变。

在对节目(或节目文稿)感受的过程中,感情转换应当伴随着气息状态的转换。如果播音员主持人的气息僵持不变,"声随情变"就失去了基础,声音就会游离于感情之外。

3. 以情带声是声音使用的正确途径

声音具有双重性:一是外在的声音形式;二是话语中蕴含的思想感情。

语言虽然以声音为表现形式，但连接着更深层面的内容——思想感情。两者虽然合为一体，但其形成顺序是从感情走向声音；声音是从感情中产生的，服从于感情，感情是本源。这一过程是在内心完成的，播音员主持人要先进行感情体验，然后再完成外部声音形式，这样的表达才会有感而发，具有感情活力。

我们应避免感情与声音"反向"而行——依据自己的"声音模式"设计感情表达方式，那样会将丰富的感情色彩挤压在公式化的僵死声音中。

第二节　情、声、气与声音对比变化

一、声音对比变化的含义和作用

声音对比变化是播音员主持人为表现播讲内容蕴含的思想感情，所采用的具有对立特征的声音变化，如高低、强弱等。简言之，就是随思想感情变化的声音变化。

声音对比变化涉及的表达范围包含两方面内容：

首先，不同节目，受众不同，语言的内容与感情色彩不同。播音员主持人要用不同的声音来表现其中的差别。

其次，同一节目，语言中的各个段落也存在着情感变化，同样要求播音员主持人运用不同的声音来表现其细微差别。

通常，播讲时避免语音和语法结构上的错误，表达的意思即可使人明白，但语言中包含的更深的感情和意味，即言外之意，却需要更丰富的声音才能淋漓尽致地表现出来。声音的对比变化既可传递节目语言的基本内容，更能准确细致地将其言外之意表现出来。

声音对比变化具有以下特点：

第一，对比性。声音的变化是在对比中显现出来的。

第二，涉及的声音要素多。是一种多声音要素结合在一起的综合对比变化。比如，"刚与柔"不仅有音色的虚实变化，还伴随着音高、音量和发音长度的变化。

第三，涉及的发音器官多。它与发音过程中的各个阶段都密不可分。除气息和用声状态外，吐字力度和速度也是构成声音变化的重要因素。

第四，名称不具体。声音变化还具有名称不具体的特点。有些变化类型的声音特征并不明确。比如，"刚与柔"、"纵与收"，从名称上并不能直接了解其包含的具体内容，但我们可以根据经验和体会来把握声音的不同之处。

第五，类型多样。声音变化类型的划分具有多样性的特点。除常见的几种类型外，我们还可以根据表达的需要进行更细致的划分，以求得到更丰富多彩的声音。

声音对比变化有助于表达稿件丰富的思想感情，在语音发声学习过程中，它是从声音训练向表达过渡的重要环节。

声音对比变化在使用中具有以下作用：

声音对比变化可以将发音过程中的各个单一声音要素结合起来，使之更易于把握与使用。

声音对比变化不是单纯的声音使用，它更强调声音对感情的适应能力。

掌握声音对比变化可以丰富各种感情色彩的表达,其中包括那些自己不熟悉或不善于表达的感情。

二、声音对比变化需要发声能力的扩展

发声能力,是指对吐字、呼吸、用声、共鸣等发声要素的使用能力。发声能力的扩展,是指在掌握基本发声方法的基础上,扩大自己的发声能力。

发声能力的扩展,主要围绕吐字、呼吸和用声来进行。如果说丰富的感情需要绚丽多彩的声音来表现,那么吐字、呼吸和用声就是构成这些色彩的基色。发声能力的扩展就是使这些声音基色分出浓淡,以便相互搭配,形成丰富细致的声音变化。

1. 吐字能力的扩展

指吐字力度与吐字速度的变化能力。

吐字可长可短、可轻可重、可快可慢,应避免因单一吐字方式造成的沉闷单调。

有人认为,播音员主持人在发音时每个字都不可放松,否则会让受众听不清楚,这是一种误解。语句的表达,特别是深层含义的表达是通过语调表现出来的,而语调的构成与声音高低、吐字的轻重快慢密切相关。

2. 呼吸能力的扩展

是指能够运用不同深度和不同方式的呼吸状态进行发音。

胸腹联合式呼吸是一种吸入量较大、呼气控制较强的呼吸方式,通常适用于各种发音较规整、句子较长、停顿较少的语言形式。如新闻稿、文学作品等。而有些较生活化、口语性较强的语言形式,通常呼吸状态比较放松,接近生活状态的呼吸方式。

在丰富的语言表达中,呼吸的使用方式是灵活的,即使在同一段播讲当中,呼吸状态也并非一成不变。播音员主持人应当有多样的呼吸能力。

3. 用声能力的扩展

主要指音高、音色的变化能力。音量和音长的变化能力虽然也与声音有关,但主要还是由气息状态决定的。在音高和音色上应当有较大的高低变化能力和明显的音色对比能力。音量和音长上也应有明显的对比,但音量和音长的变化会与吐字的力度、发音的快慢有直接的关系,常与吐字融合在一起。

三、声音对比变化的主要方式

声音对比变化表现为声音的两极性变化。可分为较为简单的单一声音要素对比和较为复杂的声音要素对比两种。

单一声音要素对比是最常见的声音对比变化,主要包括声音的高与低、强与弱、实与虚、快与慢、吐字的松与紧等可对比的声音要素。

较为复杂的声音对比变化,常以多声音要素混合的复合对比形式出现,多用表示感情或气息状态的词语来描述其变化,比如"深沉与明快"、"刚毅与柔和"、"放纵与收

敛"等。

1. 单一声音要素对比

(1)高与低

表现为音高变化,即声音的高低变化。"有兴趣"的声音常表现为较明显的高低变化;"缺乏兴趣"的声音则缺少高低变化,显得单调。向积极一端发展的感情色彩如激动、紧张、喜悦,声音呈升高趋势;向消极一端发展的感情色彩如安静、放松、悲伤,声音则倾向于低沉。

(高)对面是高耸入云的大海,(低)脚下是波涛汹涌的急流。

(2)强与弱

表现为气流与发音强度的变化,即音量大小的变化。

播音主持创作中,紧张、有力或激昂等感情色彩常以较强音量来表现;而软弱、无力或消沉等表现为较弱音量。语句中的重音发音力度增强,非重音稍弱。

他的心(较强)怦怦地跳着。

(弱)他暗自下定决心:(强)我绝不能那样做!

(3)实与虚

表现为音色的变化,主要由声门不同的开闭状态造成。

实声响亮扎实,多用于表达严肃、紧张、激动或兴奋的感情色彩;虚声音色柔和,常伴随着呼气声,常与亲切、轻松的感情色彩联系在一起。有时用虚声的"神似"手法来表现"喊叫",以避免音量过强。

(偏实)我轻轻地问:"(虚)大夫来过了吗?"(用虚声表示亲切随和的感情色彩)。

他爬上山顶大声呼喊:"(虚)张华,你在哪里?"

(4)快与慢

体现为发音速度,或发音长度的变化。

虽然语言节奏中包含各种声音要素的变化,如强弱、高低的对比,但"发音速度"对比引发的节奏变化,最容易使人察觉。发音速度快,给人以匆忙、紧张之感;发音缓慢则给人以放松、平和的感觉,二者在语流当中的对比变化形成感情色彩的变化。

(快)他赶紧躲向路边,但飞驰而过的汽车还是溅起无数泥点打在他身上。(慢)他慢慢站起来,掸了掸身上的泥,缓缓朝村边走去。

2. 多声音要素对比

多声音要素的对比形式,适用于表达复杂和细致的情感。常见的有"刚与柔"、"纵与收"、"厚与薄"、"明与暗"等对比形式。

(1)刚与柔

"刚"与实声、较强音量、有力的吐字有关;"柔"则与虚声、低音、弱音量,以及略松散的吐字有关。

播音主持创作时,要注意"过刚则直,过柔则靡",如果将声音要素用到极致,就会产生"硬邦邦"的僵直声或萎靡不振的柔弱声。

下面散文片段中可有刚柔的对比变化,以表现作者的感情变化。

那是力争上游的一种树,笔直的干,笔直的枝。它的干通常是丈把高,像加过人工似的,一丈以内绝无旁枝。它所有的桠枝一律向上而且紧紧靠拢,也像加过人工似的,成为一束,绝不旁逸斜出。它的宽大的叶子也是片片向上,几乎没有斜生的,更不用说倒垂了。它的皮光滑而有银色的晕圈,微微泛出淡青色。

(2) 纵与收

指声音的放纵与收束。"纵"与高音、强音、实声、速度较快、气息流畅有关,适合表达高兴、兴奋、愤怒、生气等感情色彩;"收"与低音、弱音、虚声、速度偏慢、气息控制较强有关,常与沉静、谨慎等感情色彩联系在一起。

《我愿意是急流》是匈牙利著名诗人裴多菲的作品,表达出作者对生命充满激情与渴望,勇于追求爱情的情怀。整首诗激情澎湃,豪迈洒脱,又不失深沉、凝重与庄严。下面节选的一段,前四句可放开,后四句可略收束。

我愿意是荒林,
在河流的两岸,
面对一阵阵狂风
勇敢地作战……
只要我的爱人
是一只小鸟,
在我的稠密的
树枝间做巢、鸣叫。

(3) 厚与薄

是一种与声音共鸣变化有关的对比形式。

当气息吸得较深,喉部放松,胸腔共鸣增强时,会产生较厚实的声音;而气息吸得较浅,喉部闭合较紧,胸腔共鸣较少时,易形成较细薄的声音。

"厚与薄"不仅与声音高低有关,还与共鸣方式有关。想要获得"厚实饱满"或"轻巧细薄"的音色,除要改变音高、音量外,还需要调整呼吸状态,通过适当的喉部、口腔和共鸣控制等技巧,来改变声音的"厚度"与"薄度"。厚实的声音,音高较低,音量较强,常表现深沉、庄重、压抑的语气;细薄的声音,音高较高,音量较小,常表现轻巧活泼、喜悦欢快的情绪。

下面童话故事片段中人物不同,说话的声音有厚薄的对比变化。

水牛爷爷是森林世界公认的谦虚人,很受大家尊重。小白兔夸它:"水牛爷爷劲儿最大了!""唉,过奖了,犀牛、野牛劲儿都比我大";小山羊夸它:"水牛爷爷的贡献最多了!"它就说:"哎,不能这样讲了,奶牛吃下的是草,挤出来的是奶。它的贡献比我多。"

(4) 明与暗

"明朗"的声音,共鸣位置略靠前,声音偏高,喉部闭合略紧;"暗淡"的声音,共鸣位置略靠后,声音偏低,喉部闭合略松。

使用时,"明朗"的声音可以表现开朗、欢快、赞颂的情绪;而"暗淡"的声音较适合表现深沉、感慨的情绪。

下面两段可通过明暗对比表现出感情色彩的变化。

（暗）我们的英雄、我们的亲人回家了,公安部为这八位英烈举行降旗仪式,这是对英烈的深切哀悼,也表达了国人对英烈的崇高敬意。

（明）英雄虽然牺牲了,但中国维护世界和平安宁的决心和行动不会停止,坚守在维和一线的中国警察将踏着英烈足迹,继续未竟的事业。

英烈回家了,让我们化悲痛为力量,做好自己的本职工作。

第三节　情、声、气关系处理不当容易引发的问题

一、过分注意声音和气息状态会影响感情表达

在播音主持创作时,无论是即兴表达还是文稿播读,过分注意自己的声音和气息状态,注意力就容易分散,会影响情绪体验,造成表达平淡。

自信心是创作的基本条件,要相信自己的声音和气息。

二、忽视情感在表达中的作用

"忽视情感",是表达不准确、不深入,甚至出现错误的重要原因。如果不注重平时的思想和学识修养,在即兴表达中很容易流露出不正确的个人情感,表现为观点的偏激、无知,语言不得体,内容混乱等,在节目文稿的播读中会很难体会作者的感情,从而影响效果的传达。

情感来源于世界观、人生观和价值观,来源于生活态度、道德水平、生活阅历、沟通愿望……没有积极的人生态度,缺乏积极的情感,会漠然对待周围的事物,无法产生情绪体验,语言会单调乏味、平淡无味。

三、缺少形象化的内容体验

情绪来源于对具体事物的感受。首先要有可以感受的形象,有感情的语言来源于具体感受。在语言感知中,一定要伴随形象感受。有形象的感受才是具体的,声音才会随之发生变化。

播读时,要将稿件中的内容变成形象画面,变成连贯的影像,帮助情感与气息运动起来,获得"声随情动"的效果。

四、过度的形象体验会影响表达速度

播音主持创作时,需要一定的形象体验来帮助我们感受和体验文稿中蕴含的情感,但是过多的形象体验会影响表达速度,造成语句拖沓,显得肤浅做作。

应根据需要,对形象体验进行删减,突出重点,弱化非重点。

五、缺少气息和声音变化的能力

气息和声音变化能力,是我们表达的基础,要通过各种练习掌握声音变化的技巧,不

断开拓声音的变化"阈限",拓展变化能力,增强感情表达的基础。

练习时,要培养自己感情与声音相结合的意识与能力。

六、忽视对象和环境的影响

主要表现为在播读中眼睛只盯着稿件,忽视播讲对象和播讲环境的差异。这里的"对象和环境",是指实际场景和虚拟场景中的传播对象和传播环境。如果是实景和无稿的即兴表达,播讲对象容易形成,播读则容易忽视。

应当在播讲前,确定播讲对象和环境。

思考题

1. 什么是情、声、气?
2. 情、声、气之间有怎样的关系?
3. 什么是声音变化?其具体含义是什么?
4. 声音变化的特点和作用是什么?
5. 如何获得声音变化的能力?
6. 谈谈感情体验与声音变化之间的关系。
7. 为什么说气息是情与声之间的桥梁?
8. 单一声音要素对比的类型有哪些?
9. 多声音要素对比的构成特点是什么?
10. 把握情、声、气关系时要注意哪些问题?

练习材料

练习1. 句段练习

> 练习提示

提高以情带声的能力。练习前可设定不同情感色彩的语境,在情感的带动下,加强音高、音色、音长等声音要素的对比能力,力求生动、自然。

1.(高)孩子们有的在跑,(低)有的在跳,(高)有的则坐在那里发呆。

2.(弱)第一锤打下来,他的双手感到有些震动。(增强)第二锤,震得他虎口发麻。(强)第三锤打下来,他的整个身子都弹了起来。

3.(偏实)我轻轻地问:"(虚)大夫来过了吗?"(用虚声表示亲切随和的感情色彩)

4.(实)虽然大多数是这样,(虚)但也有例外。(以虚声留下悬念,使人感兴趣)

5.(实)这些树有些笔挺,像威武雄壮的战士。(虚实之间)有的端庄,像文静的书生。(虚)有的婀娜多姿,像天上的仙女。(用不同音色加强景物的形象感)

6. 记得是春季,雾蒙天,我正在蓬莱阁后面捡一种被潮水冲得溜光滚圆的鹅卵石,听见有人喊:"(虚)出海市了。"(用虚声模拟大声呼喊)

7. 他爬上山顶大声呼喊:"(虚)张华,你在哪里?"

8.(慢)一望无边的草原上只有羊群在静静地吃着草。(渐快)突然,天空出现一团乌云,紧接着,雷声大作,雨点噼里啪啦地打了下来。

9.(快)他匆忙跑上楼,用力拉开房门,(减慢)只见孩子们正在床上甜睡着,他一颗心才算落了地。

练习 2.篇章练习

> 练习提示

训练不同情感色彩支配下的声音变化技巧。注意把握各类稿件中情感的细微差别,力求通过声音将其表现出来。

(1)自然平和

体会和掌握在自然平和的情感中,气息徐缓而深长,声音柔和而又吐字有力的控制能力。

现代诗《白雪》(节选)通过形象细致的描写,为我们展现出雪花舒缓、柔美的一面,传递出热爱自然、热爱生活的情感。朗诵时,声音柔和舒展,气息稳健深长,吐字轻巧,可采用送气量较大的虚声来表现"雪花"柔美轻盈的一面。

白雪(节选)

像柳絮,像飞蝶,　　　　　　看她那轻盈的舞姿,
情绵绵,意切切。　　　　　　催开了红梅的笑靥。
我爱这人间最美的花朵,　　　呵,白雪飘飘,飘飘白雪。
白雪飘飘,飘飘白雪。　　　　她赠给大地一片皎洁,
看她那晶莹的花瓣,　　　　　她撒向人间多少欢悦。
铺满了天边的原野。

> 练习提示

《白杨礼赞》是大家非常熟悉的一篇散文,作者通过赞美白杨树"坚强挺拔、不折不挠"的英姿与个性,歌颂了在中国共产党领导下,坚持抗战的北方农民身上所具有的中华民族坚强质朴、力求上进的可贵精神。表达时,用声平和自然、明朗大方,实声较多;气息稳健饱满,吐字有力。

白杨礼赞(节选)

茅 盾

然而刹那间,要是你猛抬眼看见了前面远远有一排——不,或者只是三五株,一株,傲然地耸立,像哨兵似的树木的话,那你的恹恹欲睡的情绪又将如何?我那时是惊奇地叫了一声的。

那就是白杨树,西北极普通的一种树,然而实在是不平凡的一种树。

那是力争上游的一种树,笔直的干,笔直的枝。它的干通常是丈把高,像加过人工似的,一丈以内绝无旁枝。它所有的桠枝一律向上,而且紧紧靠拢,也像加过人工似的,成为一束,绝不旁逸斜出。它的宽大的叶子也是片片向上,几乎没有斜生的,更不用说倒垂

了。它的皮光滑而有银色的晕圈,微微泛出淡青色。这是虽在北方风雪的压迫下却保持着倔强挺立的一种树。哪怕只有碗那样粗细,它却努力向上发展,高到丈许,两丈,参天耸立,不折不挠,对抗着西北风。

这就是白杨树,西北极普通的一种树,然而决不是平凡的树。

> **练习提示**

《天山景物记》是一篇写景状物、极具抒情色彩的散文。在作者的笔下,巨大的雪峰、冲激的溪流、翠绿的原始森林、五彩缤纷的野花、迷人的夏季牧场……都变得惟妙惟肖,无比生动,充满了活力,表达出对大自然、对生活无比热爱的情感。

从总体上看,《天山景物记》用声自然平和,气息饱满稳健,音色虚实结合,吐字舒展、流畅。注意体会三篇短文的不同之处,学会运用气息、吐字、共鸣等技巧予以区别。

天山景物记(节选)

碧 野

朋友,你到过天山吗?天山是我们祖国西北边疆的一条大山脉,连绵几千里,横亘准噶尔盆地和塔里木盆地之间,把广阔的新疆分为南北两半。远望天山,美丽多姿,那常年积雪高插云霄的群峰,像集体起舞时的维吾尔族少女的珠冠,银光闪闪;那富于色彩的不断的山峦,像孔雀正在开屏,艳丽迷人。

天山不仅给人一种稀有美丽的感觉,而且更给人一种无限温柔的感情。它有丰饶的水草,有绿发似的森林。当它披着薄薄云纱的时候,它像少女似的含羞;当它被阳光照耀得非常明朗的时候,又像年轻母亲饱满的胸膛。人们会同时用两种甜蜜的感情交织着去爱它,既像婴儿喜爱母亲的怀抱,又像男子依偎自己的恋人。

如果你愿意,我陪你进天山去看一看。

野马·蘑菇圈·旱獭·雪莲

夜幕中,草原在繁星的闪烁下或者在月光的披照中,该发生多少动人的情景,但人们却在安静的睡眠中疏忽过去了;只有当黎明来到这草原上,人们才会发现自己的马群里的马匹在一夜间忽然变多了,而当人们怀着惊喜的心情走拢去,马匹立刻就分为两群,其中一群会奔腾离你远去,那长长的鬣鬃在黎明淡青的天光下,就像许多飘曳的缎幅。这个时候,你才知道那是一群野马。夜间,它们混入牧群,跟牧马一块嬉戏追逐。它们机警善跑,游走无定,几匹最骠壮的公野马领群,它们对许多牧马都熟悉,相见彼此用鼻子对闻,彼此用头亲热地摩擦,然后就合群在一起吃草、嬉逐。黎明,当牧民们走出蒙古包,就是它们分群的一刻。公野马总是掩护着母野马和野马驹远离人们。当野马群远离人们站定的时候,在日出的草原上,还可以看见屹立护群的公野马的长鬣鬃,那鬣鬃一直披垂到膝下,闪着美丽的光泽。

天然湖与果子沟

在天山峰峦的高处,常常出现有巨大的天然湖,就像美女晨妆时开启的明净的镜面。湖面平静,水清见底,高空的白云和四周的雪峰清晰地倒映水中,把湖山天影融为晶莹的一体。在这幽静的湖中,唯一活动的东西就是天鹅。天鹅的洁白增添了湖水的明净,天鹅的叫声增添了湖面的幽静。人家说山色多变,而事实上湖色也是多变,如果你站立高处瞭望湖面,眼前是一片爽心悦目的碧水茫茫,如果你再留意一看,接近你的视线的是鳞光闪闪,像千万条银鱼在游动,而远处平展如镜,没有一点纤尘或者没有一根游丝的侵扰。湖色越远越深,由近到远,是银白、淡蓝、深青、墨绿,界线非常分明。传说中有这么一个湖是古代一个不幸的哈萨克少女滴下的眼泪,湖色的多变正是象征着那个古代少女的万种哀愁。

(选自《秦似杂文选》,三联书店1981年版)

> **练习提示**
>
> 在中国现代作家中,梁实秋的散文以真挚朴实、雅俗共赏著称。《雅舍》写出了梁实秋虽居于陋室之内,却能自得其乐的独特情怀,文笔清新自然,将风景描摹得优美而富于诗意。

雅舍(节选)

梁实秋

到四川来,觉得此地人建造房屋最是经济。火烧过的砖,常常用来做柱子,孤零零的砌起四根砖柱,上面盖上一个木头架子,看上去瘦骨嶙嶙,单薄得可怜;但是顶上铺了瓦,四面编了竹篦墙,墙上敷了泥灰,远远的看过去,没有人能说不像是座房子。我现在住的"雅舍"正是这样一座典型的房子。不消说,这房子有砖柱,有竹篦墙,一切特点都应有尽有。讲到住房,我的经验不算少,什么"上支下摘","前廊后厦","一楼一底","三上三下","亭子间","茅草棚","琼楼玉宇"和"摩天大厦"各式各样,我都尝试过。我不论住在哪里,只要住得稍久,对那房子便发生感情,非不得已我还舍不得搬。这"雅舍",我初来时仅求其能蔽风雨,并不敢存奢望,现在住了两个多月,我的好感油然而生。虽然我已渐渐感觉它并不能蔽风雨,因为有窗而无玻璃,风来则洞若凉亭,有瓦而空隙不少,雨来则渗如滴漏。纵然不能蔽风雨,"雅舍"还是自有它的个性。有个性就可爱。

"雅舍"的位置在半山腰,下距马路约有七八十层的土阶。前面是阡陌螺旋的稻田。再远望过去是几抹葱翠的远山,旁边有高粱地,有竹林,有水池,有粪坑,后面是荒僻的榛莽未除的土山坡。若说地点荒凉,则月明之夕,或风雨之日,亦常有客到,大抵好友不嫌路远,路远乃见情谊。客来则先爬几十级的土阶,进得屋来仍须上坡,因为屋内地板乃依山势而铺,一面高,一面低,坡度甚大,客来无不惊叹,我则久而安之,每日由书房走到饭厅是上坡,饭后鼓腹而出是下坡,亦不觉有大不便处。

"雅舍"共是六间,我居其二。篦墙不固,门窗不严,故我与邻人彼此均可互通声息。邻人轰饮作乐,咿唔诗章,喁喁细语,以及鼾声、喷嚏声、吮汤声、撕纸声、脱皮鞋声,均随时由门窗户壁的隙处荡漾而来,破我岑寂。入夜则鼠子瞰灯,才一合眼,鼠子便自由行动,或搬核桃在地板上顺坡而下,或吸灯油而推翻烛台,或攀援而上帐顶,或在门框桌脚上磨牙,使得人不得安枕。但是对于鼠子,我很惭愧的承认,我"没有法子"。"没有法子"一语是被外国人常常引用着的,以为这话最足代表中国人的懒惰隐忍的态度。其实我的对付鼠子并不懒惰。窗上糊纸,纸一戳就破;门户关紧,而相鼠有牙,一阵咬便是一个洞洞。试问还有什么法子?洋鬼子住到"雅舍"里,不也是"没有法子"?比鼠子更骚扰的是蚊子。

"雅舍"的蚊虱之盛,是我前所未见的。"聚蚊成雷"真有其事!每当黄昏时候,满屋里磕头碰脑的全是蚊子,又黑又大,骨骼都像是硬的。在别处蚊子早已肃清的时候,在"雅舍"则格外猖獗,来客偶不留心,则两腿伤处累累隆起如玉蜀黍,但是我仍安之。冬天一到,蚊子自然绝迹,明年夏天——谁知道我还是否住在"雅舍"!

> 练习提示

以下两条经济信息属正面报道,媒体传递的态度积极明朗。播报时,用声自然平和,明朗大方;气息稳健,送气量较小;吐字轻快灵活。

中国有望成全球智能手机出货量第一的国家级市场

据IDC(国际数据公司)日前公布的《全球手机市场季度跟踪报告》,2012年中国的智能手机出货量将超越美国(17.8%)占到全球总出货量的26.5%,成为全球智能手机出货量第一的国家级市场。

报告显示,2011年中国占全球智能手机市场的份额为18.3%,仅次于占全球21.3%的美国。中国智能手机市场今年将继续增长,主要表现为对低价手机的需求。从地区角度看,由于对低价机型和象征尊贵地位的高端机型的需求十分强劲,使得中国三级以下城市市场的智能手机增长速度将有所加快。

报告还显示,虽然从出货量角度看,这是一个利好,但是这也意味着平均销售价值更低,利润更薄,厂商竞争更为激烈。在预测期间,随着其他新兴市场智能手机使用量增加的提速,中国占全球智能手机市场的份额将有所下降,2016年中国的市场份额将下降为23%。

IDC一位负责亚太区手机市场研究的高级分析师认为,国内厂商生产的享受运营商补贴的智能手机将进一步支持手机用户向智能手机的迁移,从而带动智能手机出货量的增长。展望未来,手机用户向4G网络的迁移将成为智能手机市场增长的另一个驱动因素。

除了中国和美国,其他一些国家也将在未来五年成为智能手机出货的主要市场。IDC报告预测,2016年智能手机市场份额排名前五的国家分别为中国(23%)、美国(14.5%)、印度(8.5%)、巴西(4.4%)和英国(3.6%)。

(央广网经济之声2012年9月2日播出)

上海海关通关无纸化改革满月 环保高效成发展方向

据中国之声《新闻纵横》报道,报关单,曾经是每个从事进出口贸易的公司再熟悉不过的单据,但如今它正在退出历史的舞台。根据海关总署的试点部署,上海海关启动通关无纸化改革已近一月。

浦江海关是上海关区乃至全国最繁忙的海关,这里的报关量占据上海关区的45%,一年的报关单据可以排成四五公里长。无纸化通关改革启动近一个月以来,浦江海关关长顾红梅明显感到这里的通关压力开始有所缓和。

(同期声)顾红梅:更多的企业和我们在网上见,通关的效率明显提高了。现在基本上就是几秒钟到几十秒。

尽管首批进入无纸化通关的只有六家 AA 级企业和四家报关行,但接近一个月时间,已经有 1338 单业务无纸化通关,平均通关时间只有 30 秒,比起原来纸质送关、现场办理至少节省一天时间。昌硕科技是拥有六万多员工的上海第二大出口企业,主要为苹果等公司的电子产品代工,快节奏的贸易周转让他们深切体会到节省一天意味着什么。

(同期声)昌硕华东运营中心物流管理本部资深经理潘聪明:现在我只要花三到五分钟,节省企业一整天的时间,可以多产出、多答应客户交货的数量。

上海海关是为全国服务的开放窗口,一直承担着大量的异地通关业务,浦江海关的异地报关量已经超过 50%。外地企业同样享受到无纸化通关的便利,浙江泰普森休闲用品公司只花了 31 秒时间就完成了七个集装箱货物的异地通关。

(同期声)代理报关的源圆报关公司出口部经理孙斌:快捷、方便,很多事情可以在办公室完成,包括审单、输入预录、发送海关信息、接受海关回执,节省了我们的人工,也节省了我们的时间。

无纸化通关改革满月,初试啼声获得各方喝彩,上海海关扩大改革的信心显得更足。

(同期声)上海海关监管通关处处长张亚平:目前运转非常良好,接下来的想法是扩大试点范围,从九月份开始,再扩大 20 家企业,把通关无纸化的效能充分发挥出来。

(央广网中国之声《新闻纵横》2012 年 8 月 31 日播出)

> **练习提示**
>
> 追求真实与自然是人物传记类纪录片的一大特色。梁思成与林徽因,是我国建筑教育史上的两位重要人物,学识渊博、才华横溢,极具人格魅力。为体现创作者对梁、林尊敬、热爱的情感,播出时,用声平和自然,接近生活口语的状态;气息自然稳健,音色虚实结合,吐字清晰缓慢,声音对比层次丰富、细致。

纪录片《梁思成与林徽因》:第一集《父亲》(节选)

梁思成、林徽因,一对学者伉俪。在离去多年后,他们的名字,渐渐走入公众的视野。人们传说着他们不寻常的家世学识,传说着她的美丽、才华、爱情,传说着他半个世纪前对一座古城的痴迷与眷恋。……众多记述和传奇,让他们离我们更近,而有时,却仿佛更远……

2007 年秋天,一些尘封多年的私人收藏,把我们带到美国东北部这片浓密的森林里。这里曾经住着享誉世界的历史学家:费正清,一位在西方世界开创了中国近现代史研究的学者。他诸多有关中国历史的鸿篇巨作在这里诞生,同样在这里,小心翼翼地保存着半个多世纪前费正清、费慰梅夫妇和梁思成、林徽因的亲密交往。我们的故事从这几百封珍藏在费家的梁林书信开始……

(中央电视台纪录片频道 2010 年 10 月 17 日首播)

> **练习提示**
>
> 纪录片《颐和园》是讲述颐和园"前世今生"的大型纪录片,于 2010 年 12 月 6 日在中央电视台一套播出。该片用故事化的结构和讲述风格,展示了清朝由兴到衰的历史进程,以及中国古代的经济观念、生态规划、城市理念等话题。此片的解说,以"讲故事"的

状态为主,平淡中不乏变化(尤其体现在语言的节奏上)。用声自然大方,接近日常说话;气息收放自如,吐字清晰而有力度。

纪录片《颐和园》第一集:《清漪出锦绣》(节选)

自然孕育了艺术,建筑凝固了历史,艺术在自然中生长,历史在建筑中流传。当岁月的尘埃被轻轻拂去,永恒的艺术和曾经的历史又重新熠熠生辉。

这是一座闻名中外的园林,它位于北京城的西北郊,距离紫禁城大约15公里,园里的这座山叫万寿山,山前的这个湖叫昆明湖。这是中国最后一座皇家园林,它叫颐和园。

多年以前,它曾经叫清漪园。在这座园林的山水之间,亭台楼阁之中,随处可以触摸到历史的痕迹。这座屏风曾经属于清朝的乾隆皇帝,也正是乾隆皇帝让这里的山水发生了翻天覆地的变化。

在园林诞生之前的几百年间,这里是一片湿地,万寿山那时叫瓮山,山前的小湖那时叫瓮山泊,后来,位于京西的瓮山泊改称为西湖。瓮山西湖一带风景优美,花草繁茂,人们常常来此登山游湖,吟诗作赋,捕鱼涉猎。

公元1749年,清乾隆十四年的十一月,瓮山西湖一带突然热闹起来,大批民工汇聚在这里,他们铲起淤积在湖底的淤泥,再将挖出的泥土运到瓮山东麓。这个工程的负责人是内务府大臣三和,按照乾隆皇帝的旨意,瓮山脚下的西湖将被彻底清淤、疏浚和扩大。当时人们没有想到这次看似普通的水利施工却成为此后一项宏大工程的开端。

(2)喜悦欢快

> 练习提示

体会和掌握在喜悦欢快的情感支配下,气息饱满上扬,声音明朗高昂的控制能力。

以下段落描述了黄金鸻长途飞行的状态。朗读时,应采用积极明快、虚实结合的声音来表现其极富生命力的快速行进感。气息以"纵"的状态为主——饱满稳健,悠长流畅;吐字较轻快。

秋天一来,黄金鸻先是飞到加拿大东南部的拉布拉多海岸,在那里经过短暂修养、身体储藏起足够的脂肪后,便纵跨大西洋直飞南美的苏里南,一口气飞行4500公里,最后来到阿根廷的潘帕斯草原过冬。而在阿拉斯加西部的黄金鸻,则一口气飞行48小时直达夏威夷,行程4000多公里,从那里再飞3000多公里,到达南太平洋的马克萨斯群岛甚至更南部。

(选自位梦华《北极生物奇观》)

> 练习提示

王蒙是我国当代著名作家,其《喜悦》是一篇积淀着厚重生活智慧的散文,真挚、坦诚、平和地表达出自己对人生的感悟。

朗读时,以自然平和的用声状态为主,接近日常说话的状态;呼吸自然,气息稍提,吐字灵巧轻快。

喜悦(节选)

王　蒙

高兴,这是一种具体的被看得到摸得着的事物所唤起的情绪。它是心理的,更是生理的。它容易来也容易去,谁也不应该对它视而不见失之交臂,谁也不应该总是做那些使自己不高兴也使旁人不高兴的事。让我们说一件最容易做也最令人高兴的事吧,尊重你自己,也尊重别人,这是每一个人的权利,我还要说这是每一个人的义务。

快乐,它是一种富有概括性的生存状态、工作状态。它几乎是先验的,它来自生命本身的活力,来自宇宙、地球和人间的吸引,它是世界的丰富、绚丽、阔大、悠久的体现。快乐还是一种力量,是埋在地下的根脉。消灭一个人的快乐比挖掘掉一棵大树的根要难得多。

欢欣,这是一种青春的、诗意的情感,它来自面向着未来伸开双臂奔跑的冲力,它来自一种轻松而又神秘、朦胧而又弥漫的隐秘的激动,它是激情即将到来的预兆,又是大雨以后比下雨还要美妙得多也久远得多的回味……

喜悦,这是一种带有形而上色彩的修养和境界。与其说它是一种情绪,不如说它是一种智慧,一种超拔,一种悲天悯人的宽容和理解,一种饱经沧桑的充实和自信,一种光明的理性,一种坚定的成熟,一种战胜了烦恼和庸俗的清明澄澈。它是一潭清水,它是一抹朝霞,它是无边的平原,它是沉默的地平线。多一点,再多一点喜悦吧,它是翅膀,也是归巢,它是一杯美酒,也是一朵永远开不败的莲花。

> **练习提示**
>
> 下面两条新闻属典型的"正面报道",展现了我国经济建设取得的巨大成就,情感色彩积极振奋。播报时,声音明朗大方,愉快而又不失亲和力;气息稍上提,送气量相对小一些,吐字较轻快,口腔中前部共鸣色彩较丰富。

西部实现新跨越(节选)

10年前,党中央、国务院总揽全局,做出了西部大开发的重大决策,10年来,中央先后出台了一系列政策措施,让西部地区进入了经济增长最快、城乡变化最大、百姓受益最多的时期。为展示10年来西部大开发取得的辉煌成就,本台从今天起播出系列报道《西部大开发10周年》,今天播出第一集"西部实现新跨越"。

看着公司送来的新种子,这几个农民乐开了花,这种彩色土豆市场可以卖到一斤10块钱,种好了人均收入能破两万,然而在10年前,同样种土豆的他们,生活却只能在温饱线上挣扎。

改革开放了20年,这里的生活依然很贫穷,那时候,过上好日子是他们最大的心愿,而让整个西部尽快富起来,是中央最大的心愿。

2000年,中央决定实施西部大开发。为推进这项系统工程,中央及地方先后出台文件215个,开发西部在政策上一路绿灯;为改善落后的基础设施,中央基本建设投资40%给了西部,水、电、路进了村、入了户;为保护西部环境,中央先后实施了退耕还林等生态工程。这一切让贫穷的杨家村立马发生了变化。

硬件有了,软件也得跟上。早在2001年,中央就动用财政、税收等手段,一口气出台了70条发展西部经济的优惠政策,比如企业到西部投资,只收15%的所得税,比如符合条件的企业可享受财政补贴。软、硬件的全面改善,让西部一下变成了投资热土。条件越来越好的杨家村,吸引了全国最大的土豆种子生产企业——希森集团。

种了一辈子土豆的村民这回可真开了眼,他们第一次有了农民和产业工人的双重身份,第一次见到了彩色的土豆,第一次采用全程机械化的种植和收获,第一次知道土豆是100多种工业品的原料。企业的进驻,让他们长了见识,也长了收入。

这10年,西部地区GDP年均增长超过11%,高于全国平均近两个百分点,经济实力大幅度提高;这10年,西部新建公路近90万公里,相当于绕地球22圈,新建铁路8000多公里,新建机场21个,西部跟世界的距离越来越近了;这10年,西部新添了近300所普通高校,在校学生增加了4倍多,越来越多的人享受到了高等教育。

(中央电视台《新闻联播》2010年1月23日播出)

京沪高铁通车一年　为沿线城市经济发展注入强大活力

据中国之声《新闻和报纸摘要》报道,截至目前,通车一年的京沪高铁已发送旅客6500多万人次,大幅拉近的时空距离和巨大的客流量,为沿线城市的经济发展注入强大活力,成为纵贯南北的经济大动脉。

曲阜,因孔子而蜚声海内外,这座小城一直是个旅游热点城市,然而受困于交通不便,很多游客都未能如愿。京沪高铁开通后,原来北京到曲阜动辄一天的行程,如今缩短到2个小时,游客随之纷至沓来、络绎不绝。

没有了交通不便的掣肘,去年下半年曲阜景区游客比上半年足足增长了80万,仅景区门票这一项收入就突破了亿元大关。用曲阜市文物旅游局孔国栋的话说,原来请也请不来的知名大酒店现在都纷纷抢滩曲阜。

不仅仅是曲阜,京沪高铁的沿线城市,尤其是亟待发展的中小型城市,都拉动了经济发展的引擎。山东德州一举拿下中国建材等多个投资数十亿的大集团、大项目,今年上半年生产总值突破百亿元;南京、济南、徐州等城市也紧紧围绕"高铁"做文章,新中心城市拔地而起,规划蓝图正逐渐变成美好现实。

(央广网《新闻与报纸摘要》2012年9月3日播出)

> **练习提示**

这两则文化简讯颇具轻松活泼的情感色彩。

播出时,声音明朗轻快,气息可稍上提,送气量较小,吐字轻巧快速,口腔共鸣较丰富。

国际热狗速食大赛在美举行

好,现在让我们来看一条轻松的新闻:4号,一年一度的美国"内森"国际热狗速食大赛在纽约科尼艾兰举行,来自世界各地的"大胃王"在比赛中各显神通,以狼吞虎咽之势狂扫一个又一个的热狗。一起去看一下。

随着主持人的一声令下,选手们便纷纷开始抓取桌上的热狗塞入嘴中。在这里,用"塞"字毫不为过,因为仅仅是经过简单的咀嚼,选手们就迅速把热狗吞下,双手左右开弓,速度之快令人咋舌。

男子组参赛者17人,最终,来自美国的切斯纳特以10分钟内吞下62个热狗的成绩获得了冠军,领走了1万美元的奖金,这也是绰号为"大嘴"的切斯纳特连续5年包揽该项赛事的冠军。

据了解,一个正常人每天摄入的热量约为2000卡路里,而切斯纳特吃下的这62个热狗,相当于他在10分钟内就吃下了20000卡路里的热量。另外,这位"五冠王"的个人最好成绩是在2009年创下的68个(热狗)。

女子组参赛者9人,最终有"黑寡妇"之称的美籍韩裔妇女托马斯以40个热狗的成绩夺冠,美籍华人妇女李蕙以29个热狗的成绩并列第二名。

"内森"国际热狗速食大赛始于1916年,每年7月4号举行,是纽约庆祝美国独立日的传统特色活动之一,也是享誉世界的顶级竞食赛事,每年吸引数万人现场观看。

(中央电视台国际频道《中国新闻》2011年7月5日播出)

美国加州:狗狗冲浪也疯狂

4号,第六届小狗冲浪比赛在美国加利福尼亚州的帝王海滩举行。大大小小的宠物犬在主人的带领下踏上冲浪板,穿梭于此起彼伏的海浪之中,成为海滩的一道独特的风景。让我们来一睹为快。

当天的比赛吸引了上百名当地居民前来观战。比赛开始前,有的小狗还在悠闲地享受主人的按摩,有的却已经蹲上滑板,跃跃欲试。在众人的加油声中,主人带领着小狗下水了。按照规则,狗狗需在10分钟内,努力冲上两个浪头。连续冲浪距离较远并且表现自信的选手将胜出。

这位选手出师不利,才滑了不到一米就掉进海里,开始狗刨了。再看这位,蹲在滑板末端稳如泰山,可惜一个不留神,也被海浪冲了下去。大赛还设置了多条小狗在同一滑板上冲浪的项目,考验它们的配合能力。也有主人和小狗为观众呈上了"同板滑行"的精彩表演。

经过多轮激烈的角逐,表现出众的小狗艾比获得了小型犬类别的第一名。按照大赛的奖励规则,艾比和它的主人将获得免费在洛斯·科罗纳多湾胜地度假的机会。

(中央电视台国际频道《中国新闻》2011年6月6日播出)

(3)忧伤惆怅

> 练习提示

体会和掌握在忧伤惆怅的情感中,气息沉缓深长,声音沉稳迟滞的控制能力。

柳永的《雨霖铃》是一首抒发离愁别绪、婉约含蓄的词。上片写临别时的情景,下片主要写别后情景,将作者离开汴京与恋人惜别时的真情实感表达得缠绵悱恻,凄婉动人。

朗读时,气沉声缓、用声自然(接近生活用声的状态);气息悠长饱满,语速较慢,口腔共鸣与胸腔共鸣的色彩兼而有之。

雨霖铃

柳 永

寒蝉凄切,对长亭晚,骤雨初歇。都门帐饮无绪,留恋处,兰舟催发。执手相看泪眼,竟无语凝噎。念去去,千里烟波,暮霭沉沉楚天阔。

多情自古伤离别,更那堪冷落清秋节。今宵酒醒何处?杨柳岸晓风残月。此去经年,应是良辰好景虚设。便纵有千种风情,更与何人说。

> 练习提示

《声声慢》是我国著名宋代词人李清照的作品,写出了作者晚年漂泊孤寂的生活状态,在自然景物的白描中突显出浓重的感情色彩——悲慨沉郁,凄婉哀凉。

朗诵时,声音低沉有力,气息偏收的状态——气息控制的力度稍强,送气量较大,音高偏低,吐字动程较长,速度偏慢。

声声慢
李清照

寻寻觅觅,冷冷清清,凄凄惨惨戚戚。乍暖还寒时候,最难将息。三杯两盏淡酒,怎敌他、晚来风急。雁过也,正伤心,却是旧时相识。

满地黄花堆积,憔悴损、如今有谁堪摘。守着窗儿,独自怎生得黑?梧桐更兼细雨,到黄昏、点点滴滴。这次第,怎一个愁字了得?

> 练习提示

《醉翁亭记》是北宋著名政治家、文学家、诗人和史学家欧阳修的传世名篇。作者不满于当时奸佞当道、政治昏庸的黑暗现实,面对国家积弊日盛、日渐衰亡的境况,通过《醉翁亭记》抒发了自己对国家忧虑痛苦的心情。

朗读这篇作品时,用声集中明朗、虚实结合;气息稳健有力,吐字规整饱满,要注意随层次的变化,运用厚与薄、明与暗的对比,将其蕴含的细致情感表现出来。

醉翁亭记
欧阳修

环滁皆山也。其西南诸峰,林壑尤美。望之蔚然而深秀者,琅琊也。山行六七里,渐闻水声潺潺而泻出于两峰之间者,酿泉也。峰回路转,有亭翼然临于泉上者,醉翁亭也。作亭者谁?山之僧智仙也。名之者谁?太守自谓也。太守与客来饮于此,饮少辄醉,而年又最高,故自号曰醉翁也。醉翁之意不在酒,在乎山水之间也。山水之乐,得之心而寓之酒也。

若夫日出而林霏开,云归而岩穴暝,晦明变化者,山间之朝暮也。野芳发而幽香,佳木秀而繁阴,风霜高洁,水落而石出者,山间之四时也。朝而往,暮而归,四时之景不同,而乐亦无穷也。

至于负者歌于途,行者休于树,前者呼,后者应,伛偻提携,往来而不绝者,滁人游也。临溪而渔,溪深而鱼肥。酿泉为酒,泉香而酒洌;山肴野蔌,杂然而前陈者,太守宴也。宴酣之乐,非丝非竹,射者中,弈者胜,觥筹交错,起坐而喧哗者,众宾欢也。苍颜白发,颓然乎其间者,太守醉也。

已而夕阳在山,人影散乱,太守归而宾客从也。树林阴翳,鸣声上下,游人去而禽鸟乐也。然而禽鸟知山林之乐,而不知人之乐;人知从太守游而乐,而不知太守之乐其乐也。醉能同其乐,醒能述以文者,太守也。太守谓谁?庐陵欧阳修也。

(4)大气豪迈、浪漫洒脱

> 练习提示

体会和掌握在大气豪迈、浪漫洒脱情感支配下,气息厚实粗重、声音明亮高昂的控制能力。

《将进酒》《满江红》《念奴娇·赤壁怀古》三首古诗词,或是借景生情,或是借古怀今,或是抒发报国之志,皆为气壮山河、千古传颂的名篇。三篇作品都将"浪漫不羁、气势雄浑、豪迈洒脱、大气磅礴"等风格融为一体,情感浓烈充沛。

朗诵时,用声豪迈大气,气息以强控制为主,送气量较大,吐字有力,胸腔共鸣较明显。要注意对"小层次"的把握,在强控制的基础上要有所变化。

将进酒
李 白

君不见黄河之水天上来,奔流到海不复回。
君不见高堂明镜悲白发,朝如青丝暮成雪。
人生得意须尽欢,莫使金樽空对月。
天生我材必有用,千金散尽还复来。
烹羊宰牛且为乐,会须一饮三百杯。
岑夫子,丹丘生,将进酒,杯莫停。
与君歌一曲,请君为我侧耳听。
钟鼓馔玉不足贵,但愿长醉不愿醒。
古来圣贤皆寂寞,惟有饮者留其名。
陈王昔时宴平乐,斗酒十千恣欢谑。
主人何为言少钱,径须沽取对君酌。
五花马,千金裘,
呼儿将出换美酒,与尔同销万古愁。

满江红
岳 飞

怒发冲冠,凭栏处,潇潇雨歇。抬望眼,仰天长啸,壮怀激烈。三十功名尘与土,八千里路云和月。莫等闲,白了少年头,空悲切!

靖康耻,犹未雪;臣子恨,何时灭?驾长车,踏破贺兰山缺。壮志饥餐胡虏肉,笑谈渴饮匈奴血。待从头,收拾旧山河,朝天阙。

念奴娇·赤壁怀古
苏 轼

大江东去,浪淘尽,千古风流人物。故垒西边,人道是,三国周郎赤壁。乱石穿空,惊涛拍岸,卷起千堆雪。江山如画,一时多少豪杰.

遥想公瑾当年,小乔初嫁了,雄姿英发。羽扇纶巾,谈笑间,樯橹灰飞烟灭。故国神游,多情应笑我,早生华发。人生如梦,一樽还酹江月。

> **练习提示**

写于1935年2月的《忆秦娥·娄山关》,通过对红军第二次娄山关激战的描述,表达了英勇豪迈、悲壮苍凉的革命情怀,以及对革命最终取得胜利的坚定信心。朗诵时,声音豪迈奔放、坚定有力,气息控制力度较强,送气量较大,吐字饱满、有力。

忆秦娥·娄山关
毛泽东

西风烈,长空雁叫霜晨月。

霜晨月,马蹄声碎,喇叭声咽。

雄关漫道真如铁,而今漫步从头越。

从头越,苍山如海,残阳如血。

(5)严肃凝重

> **练习提示**

体会和掌握在严肃凝重的情感中,气息徐缓而深长,声音稳健而宽厚的控制能力。

《兵车行》通过形象生动的描写,概括了扩边战争给百姓带来的灾难——村落萧条、夫征妇耕、民不聊生……表现出作者对现实不满、愤慨与沉重的复杂心情。

朗读时,声音低沉有力,气息饱满稳健,要运用较细致的明暗、虚实对比,表现出沉重、愤慨、质疑、无奈等情感色彩。

兵车行
杜甫

车辚辚,马萧萧,行人弓箭各在腰。爷娘妻子走相送,尘埃不见咸阳桥。牵衣顿足拦道哭,哭声直上干云霄。

道旁过者问行人,行人但云点行频。或从十五北防河,便至四十西营田。去时里正与裹头,归来头白还戍边。边庭流血成海水,武皇开边意未已。君不闻:汉家山东二百州,千村万落生荆杞!纵有健妇把锄犁,禾生陇亩无东西。况复秦兵耐苦战,被驱不异犬与鸡。

长者虽有问,役夫敢申恨?且如今年冬,未休关西卒。县官急索租,租税从何出?信知生男恶,反是生女好。生女犹得嫁比邻,生男埋没随百草。君不闻,青海头,古来白骨无人收。新鬼烦冤旧鬼哭,天阴雨湿声啾啾!

> **练习提示**

此篇新闻事关即将出台的"调和油国家标准",突显出当下食品安全严重危害百姓健康的严峻现实,传递了"迫切期待解决,高度予以关注"的媒体态度,情感色彩偏严肃、质疑、关注。

播报时,声音稳健大方,气息下沉,送气量较大,吐字饱满有力,口腔中的后声腔与胸腔共鸣较丰富。练习时,同期声部分可省略不播。

调和油市场乱象丛生　商家混淆概念　国家标准亟待出台

据中国之声《新闻纵横》报道,眼下,超市货架上的食用调和油琳琅满目:大豆调和油、花生调和油、橄榄调和油……各种调和油中,究竟含多少大豆、花生和橄榄,在油壶的包装上却并没有标出。因为没有国家标准,一桶花生调和油中含有的纯花生油,也许超过三分之一,也许不足10%,甚至只有花生香精。相关油料的具体比例,为什么变成了企业自己才知道的"机密"?

调和油,顾名思义,就是将两种以上的油脂按比例调配成的食用油。因为含有菜籽、大豆、花生等多种营养物质,调和油,正成为人们购买油类产品时的热门选择。北京某大型超市的负责人证实了这样的判断。

(同期声)超市负责人:现在调和油卖得挺好的,像花生的调和油、葵花籽的调和油,销量挺大,一天大约能卖五六十桶。

记者在北京某大型超市,随便拿起了一瓶"深海鱼油调和油"。"深海鱼油"几个字,占据了包装的显著位置。原以为这款调和油中的主料会是"深海鱼油",但记者在包装上的配料表中却发现,按照先后次序排列的是"菜籽油、大豆油、花生油、玉米油、葵花籽油和鱼油"等,根据相关规定,各种配料应按制造或加工食品时加入量的递减顺序一一排列。鱼油,排名末尾,意味着含量并不高。一家生产企业负责人在接受采访时表示,配料的具体比例,是商家的"机密"。

(同期声)企业负责人:它不标注它的具体配料,因为具体要百分之几的比例,可能是各个公司内部的机密,可能每个公司的比例都不一样。你可以去市场上看一下,其他品牌也有一些调和油,它那个比例都是没有标注的,不是说不能标,上面也没有标准说要求必须要标。

因为没有相关的国家标准,给不少企业钻了空子。在名称上突出最昂贵、最被消费者看重的油品,但却看不到配料中所含各种油料的具体成分和比例。行业的潜规则,实行了很长时间。有业内人士报料:有些产品中花生油和芝麻油加在一起不足10%,却叫作"花生调和油"。一位不愿意透露姓名的粮食局工作人员,给记者算了笔账:如果实打实地用花生油,成本非常高。

中国粮油学会常务副理事长王瑞元是研究这一领域的权威,他再三强调,调和油并非没有营养,只是被一些不良企业和个人混淆概念,随意冠名,影响了市场秩序。

(同期声)王瑞元:食用调和油是一种很好的油质、很好的油品,我们中国曾经有20年的发展历史了,老百姓也认可,它是一种健康与营养结合得很好的食用油,但是这种好的油品恰恰被一些人、少数企业或个别企业随意挂名,以次充好,以营利为目的,食用油的名誉受到一定影响。

不依规矩,不成方圆。调和油的国家标准探讨了七年,却迟迟不见踪影。有专家透露,国标有望一年内正式出台,各种名目的调和油,将统一为"食用调和油",用清晰的"明规则"锁住"潜规则"。

据了解,《食用植物调和油国家标准》2005年就已经开始制定,后来形成过行业内征求意见稿、送审稿,2008年调和油国家标准曾向社会各界公开征求意见,但随后并没有发布。王瑞元透露说,调和油国家标准有望一年内正式出台,以后各种名称的调和油,将统一称为"食用调和油"。

在国家标准尚未出台之前,消费者该如何选择?是食用单一的花生油、大豆油,还是几合一的调和油?北京市朝阳医院的相关专家表示,在目前不清楚调和油具体成分的情况下,还是建议选择单一作物压榨的食用油,日常生活中可以考虑多种油料周期性换着吃,既吃得放心,也吃得健康。

(《中国之声》2012年9月3日播出)

(6)情感色彩较复杂的篇章

> 练习提示

体会和掌握在复杂情感状态下,多声音要素的综合控制能力。

《岳阳楼记》是训练声音"明暗对比"的优秀范文。范仲淹的诗文语言简练,风格豪放,极具现实主义色彩,文中"不以物喜,不以己悲","先天下之忧而忧,后天下之乐而乐"等传世名句体现出作者崇高的思想境界。这篇散文将写景、记事、抒情和议论融为一体,文字精练,感情真挚,议论精辟。尤其是第三、第四段,采取了对比的写法,一阴一晴,一悲一喜,两相对照。情随景生,情景交融,有诗一般的意境。

朗读时,用声以"中声区"为主,声音虚实结合,明朗集中;在气息稳健饱满的基础上,通过声音虚实、明暗、厚薄等对比,表达出文中蕴含的丰富情感。

岳阳楼记

范仲淹

庆历四年春,滕子京谪守巴陵郡。越明年,政通人和,百废具兴。乃重修岳阳楼,增其旧制,刻唐贤今人诗赋于其上。属予作文以记之。

予观夫巴陵胜状,在洞庭一湖。衔远山,吞长江,浩浩汤汤,横无际涯;朝晖夕阴,气象万千。此则岳阳楼之大观也,前人之述备矣。然则北通巫峡,南极潇湘,迁客骚人,多会于此,览物之情,得无异乎?

若夫霪雨霏霏,连月不开,阴风怒号,浊浪排空;日星隐耀,山岳潜形;商旅不行,樯倾楫摧;薄暮冥冥,虎啸猿啼。登斯楼也,则有去国怀乡,忧谗畏讥,满目萧然,感极而悲者矣。

至若春和景明,波澜不惊,上下天光,一碧万顷;沙鸥翔集,锦鳞游泳;岸芷汀兰,郁郁青青。而或长烟一空,皓月千里,浮光跃金,静影沉璧,渔歌互答,此乐何极!登斯楼也,则有心旷神怡,宠辱偕忘,把酒临风,其喜洋洋者矣。

嗟夫!予尝求古仁人之心,或异二者之为,何哉?不以物喜,不以己悲;居庙堂之高则忧其民;处江湖之远则忧其君。是进亦忧,退亦忧。然则何时而乐耶?其必曰"先天下之忧而忧,后天下之乐而乐"乎。噫!微斯人,吾谁与归?

时六年九月十五日。

> 练习提示

寓言和童话故事短小精练,文字生动,常运用夸张、比喻、影射、拟人等手法来讲述通俗易懂的道理,适合初学者进行练习。朗读寓言和童话故事时,要注意把握"化神为形,准确造型"的原则,在准确理解的基础上,通过声音、气息和吐字的对比变化塑造形神兼备的人物形象。

《谦虚过度》中的声音形象一共有六位:讲述者、小白兔、水牛爷爷、小山羊、狐狸艾克、小老鼠。朗读时，"讲述者"用声自然、平和，气息状态放松、稳健。其余五位形象的塑造，要通过气息、吐字、共鸣等技巧予以区分。

《请，谢谢！》中有三位人物：讲述者、小狐狸和姑妈，也要注意通过用声技巧的运用，让人物个性区别开来。

谦虚过度（寓言故事）

水牛爷爷是森林世界公认的谦虚人，很受大家尊重。小白兔夸它："水牛爷爷劲儿最大了！""唉，过奖了，犀牛、野牛劲儿都比我大"；小山羊夸它："水牛爷爷的贡献最多了！"它就说："哎，不能这样讲了，奶牛吃下的是草，挤出来的是奶。它的贡献比我多。"

狐狸艾克很羡慕水牛爷爷谦虚的美名。它想："我也来学一下谦虚吧。这谦虚太好学了。"它想："水牛爷爷的谦虚不就是两点吗？一是把自己什么都说小一点；一是把自己什么都说少点。嗯，对！就是这样。"

一天，艾克遇到一只小老鼠。小老鼠看到艾克有一条火红蓬松的大尾巴，不禁发出由衷的赞美："哎呀，艾克大叔，您这条尾巴真大呀！"艾克学着水牛爷爷的口气，歪歪嘴："哎，过奖了。你们老鼠的尾巴比我大多了。""啊，什么？"小老鼠大吃一惊："你长那么长的四条腿，却拖根比我还小的尾巴？"艾克谦虚地说："哎，不能这么讲了，我哪有四条腿，三条了，三条了。"小老鼠以为艾克得了精神病吓跑了。

艾克的谦虚没有换来美名，倒换来了一大堆谣言。大家说："唉，森林世界出了一条妖狐狸，只有三条腿，还拖一根比老鼠还小的尾巴……"

谦虚也要实事求是，不实事求是是瞎谦虚，那就不知道该叫什么了。

请，谢谢！（童话，节选）

〔德〕曼弗雷德·迈

小狐狸坐在门前，不知道该做些什么。是自己玩呢？还是找朋友洛特尔一起玩呢？正当他思考这个问题时，看见有人走过来。原来是小狐狸的姑妈，她手里提着一个大手提包。

"这里面的礼物都是给我的吗？"小狐狸迎上前问道。

"你是不是应该先向姑妈问个好啊？然后再问里面的礼物是给谁的？"姑妈教育小狐狸说。

"您好！"小狐狸说道。

姑妈把手提包放在地上，小狐狸想立刻打开手提包。

"住手！你不能这样！你得先问我同不同意才能打开。"姑妈说道。

"请问姑妈，可以让我看看这个包吗？"小狐狸说。

"嗯，这还差不多，一个可爱的小狐狸就该这么说话。"姑妈笑着回答。

（改编自朱显亮翻译的德国童话《请，谢谢！》，吉林摄影出版社 2008 年版）

练习提示

《骆驼祥子》是老舍先生 1936—1937 年创作的现实主义力作，小说通过描述洋车夫祥子的苦难史，表现了旧社会如何将好强、正直、自食其力的人从肉体到灵魂毁灭的过程。这段节选内容，描写了虎妞假装怀孕逼迫祥子结婚的过程。老舍先生用精练生动的语言,刻画出主要人物虎妞泼辣、狡黠的个性,以及祥子委屈、不甘受命运钳制,欲对虎妞强加于他的纠缠进行抗争的复杂心理。

播讲时,用声力求生动、自然。叙述语言平稳中有所变化,通过虚实、快慢、高低、刚柔、明暗等对比变化,表现出故事情节中的节奏与情感变化;与此同时,还要通过丰富娴熟的用声技巧,塑造出个性鲜明的人物形象。

骆驼祥子(节选)

老 舍

祥子几乎没有力量迈出大门坎去。昏头打脑的,脚还在门坎内,借着街上的灯光,已看见了刘姑娘。她的脸上大概又擦了粉,被灯光照得显出点灰绿色,像黑枯了的树叶上挂着层霜。祥子不敢正眼看她。

虎妞脸上的神情很复杂:眼中带出些渴望看到他的光儿;嘴可是张着点,露出点儿冷笑;鼻子纵起些纹缕,折叠着些不屑与急切;眉棱棱着,在一脸的怪粉上显出妖媚而霸道。看见祥子出来,她的嘴唇撇了几撇,脸上的各种神情一时找不到个适当的归束。她咽了口吐沫,把复杂的神气与情感似乎镇压下去,拿出点由刘四爷得来的外场劲儿,半恼半笑,假装不甚在乎的样子打了句哈哈:"你可倒好!肉包子打狗,一去不回头啊!"她的嗓门很高,和平日在车厂与车夫们吵嘴时一样。说出这两句来,她脸上的笑意一点也没有了,忽然的仿佛感到一种羞愧与下贱,她咬上了嘴唇。

"别嚷!"祥子似乎把全身的力量都放在唇上,爆裂出这两个字,音很小,可是极有力。

"哼!我才怕呢!"她恶意的笑了,可是不由她自己似的把声音稍放低了些。"怨不得你躲着我呢,敢情这儿有个小妖精似的小老妈儿;我早就知道你不是玩意儿,别看傻大黑粗的,鞋子拔烟袋,不傻假充傻!"她的声音又高了起去。

"别嚷!"祥子唯恐怕高妈在门里偷着听话儿。"别嚷!这边来!"他一边说一边往马路上走。

"上哪边我也不怕呀,我就是这么大嗓儿!"嘴里反抗着,她可是跟了过来。

过了马路,来到东便道上,贴着公园的红墙,祥子——还没忘了在乡间的习惯——蹲下了。"你干吗来了?"

"我?哼,事儿可多了!"她左手插在腰间,肚子努出些来。低头看了他一眼,想了会儿,仿佛是发了些善心,可怜他了:"祥子!我找你有事,要紧的事!"

附录　普通话异读词审音表

（1985年12月修订）

说　　明

一、本表所审，主要是普通话有异读的词和有异读的作为"语素"的字。不列出多音多义字的全部读音和全部义项，与字典、词典形式不同。例如："和"字有多种义项和读音，而本表仅列出原有异读的八条词语，分列于 hè 和 huo 两种读音之下（有多种读音，较常见的在前。下同）；其余无异读的音、义均不涉及。

二、在字后注明"统读"的，表示此字不论用于任何词语中只读一音（轻声变读不受此限），本表不再举出词例。例如："阀"字注明"fá（统读）"，原表"军阀"、"学阀"、"财阀"条和原表所无的"阀门"等词均不再举。

三、在字后不注"统读"的，表示此字有几种读音，本表只审订其中有异读的词语的读音。例如"艾"字本有 ài 和 yì 两音，本表只举"自怨自艾"一词，注明此处读 yì 音；至于 ài 音及其义项，并无异读，不再赘列。

四、有些字有文白二读，本表以"文"和"语"作注。前者一般用于书面语言，用于复音词和文言成语中；后者多用于口语中的单音词及少数日常生活事物的复音词中。这种情况在必要时各举词语为例。例如："杉"字下注"（一）shān（文）：紫～、红～、水～；（二）shā（语）：～篙、～木"。

五、有些字除附举词例之外，酌加简单说明，以便读者分辨。说明或按具体字义，或按"动作义"、"名物义"等区分，例如："畜"字下注"（一）chù（名物义）：～力、家～、牲～、幼～；（二）xù（动作义）：～产、～牧、～养"。

六、有些字的几种读音中某音用处较窄，另音用处甚宽，则注"除（较少的词）念乙音外，其他都念甲音"，以避免列举词条繁而未尽、挂一漏万的缺点。例如："结"字下注"除'～了个果子'、'开花～果'、'～巴'、'～实'念 jiē 之外，其他都念 jié"。

七、由于轻声问题比较复杂，除《初稿》涉及的部分轻声词之外，本表一般不予审订，并删去部分原审的轻声词，例如"麻（dao）"、"容（yi）"等。

八、本表酌增少量有异读的字或词，作了审订。

九、除因第二、六、七各条说明中所举原因而删略的词条之外，本表又删汰了部分词条。主要原因是：1. 现已无异读（如"队"、"会"）；2. 罕用词语（如"俵分"、"仔密"）；3. 方言土音（如"归里包堆〔zuī〕"、"告送〔song〕"）；4. 不常用的文言词语（如"甿荛"、"甑瓬"）；5. 音变现象（如"胡里八涂〔tū〕"、"毛毛腾腾〔tēngtēng〕"）；6. 重复累赘（如原表"色"字的有关词语分列达23条之多）。删汰条目不再编入。

十、人名、地名的异读审订，除原表已涉及的少量词条外，留待以后再审。

附 录

A

阿 (一)ā
　～訇　～罗汉　～木林　～姨
　(二)ē
　～谀　～附　～胶　～弥陀佛

挨 (一)āi
　～个　～近
　(二)ái
　～打　～说

癌 ái （统读）
霭 ǎi （统读）
蔼 ǎi （统读）
隘 ài （统读）
谙 ān （统读）
埯 ǎn （统读）
昂 áng （统读）
凹 āo （统读）

拗 (一)ào
　～口
　(二)niù
　～脾气　很～

坳 ào （统读）

B

拔 bá （统读）
把 bà
　印～子
白 bái （统读）
膀 bǎng
　翅～
蚌 (一)bàng
　蛤～
　(二)bèng
　～埠
傍 bàng （统读）
磅 bàng
　过～
鲍 bào （统读）
胞 bāo （统读）

薄 (一)báo(语)
　常单用，如"纸很～"。
　(二)bó(文)
　多用于复音词。
　～弱　稀～　淡～　尖嘴～舌
　单～　厚～

堡 (一)bǎo
　碉～　～垒
　(二)bǔ
　～子　吴～　瓦窑～　柴沟～
　(三)pù
　十里～

暴 (一)bào
　～露
　(二)pù
　～(曝)十寒

爆 bào （统读）
焙 bèi （统读）
惫 bèi （统读）
背 bèi
　～脊　～静
鄙 bǐ （统读）
俾 bǐ （统读）
笔 bǐ （统读）
比 bǐ （统读）

臂 (一)bì
　手～　～膀
　(二)bei
　胳～

庇 bì （统读）
髀 bì （统读）
避 bì （统读）
辟 bì
　复～
裨 bì
　～补　～益
婢 bì （统读）
痹 bì （统读）

壁 bì　（统读）

蝙 biān　（统读）

遍 biàn　（统读）

骠　（一）biāo

　　黄～马

　　（二）piào

　　～骑　～勇

傧 bīn　（统读）

缤 bīn　（统读）

濒 bīn　（统读）

殡 bìn　（统读）

屏　（一）bǐng

　　～除　～弃　～气　～息

　　（二）píng

　　～藩　～风

柄 bǐng　（统读）

波 bō　（统读）

播 bō　（统读）

菠 bō　（统读）

剥　（一）bō(文)

　　～削

　　（二）bāo(语)

泊　（一）bó

　　淡～　飘～　停～

　　（二）pō

　　湖～　血～

帛 bó　（统读）

勃 bó　（统读）

铂 bó　（统读）

伯　（一）bó

　　～～(bo)　老～

　　（二）bǎi

　　大～子(丈夫的哥哥)

箔 bó　（统读）

簸　（一）bǒ

　　颠～

　　（二）bò

　　～箕

脖 bo

　　胳～

卜 bo

　　萝～

醭 bú　（统读）

哺 bǔ　（统读）

捕 bǔ　（统读）

鹉 bǔ　（统读）

埠 bù　（统读）

C

残 cán　（统读）

惭 cán　（统读）

灿 càn　（统读）

藏　（一）cáng

　　矿～

　　（二）zàng

　　宝～

糙 cāo　（统读）

嘈 cáo　（统读）

螬 cáo　（统读）

厕 cè　（统读）

岑 cén　（统读）

差　（一）chā(文)

　　不～累黍　不～什么　偏～
　　色～　～别　视～　误～
　　电势～　一念之～　～池
　　～错　言～语错　一～二错
　　阴错阳～　～等　～额　～价
　　～强人意　～数　～异

　　（二）chà(语)

　　～不多　～不离　～点儿

　　（三）cī

　　参～

猹 chá　（统读）

搽 chá　（统读）

阐 chǎn　（统读）

孱 chàn　（统读）

颤　（一）chàn

～动 发～

(二)zhàn

～栗(战栗)

打～(打战)

颤 chàn （统读）

伥 chāng （统读）

场 (一)chǎng

～合 ～所 冷～ 捧～

(二)cháng

外～ 圩～ ～院 一～雨

(三)chang

排～

钞 chāo （统读）

巢 cháo （统读）

嘲 cháo

～讽 ～骂 ～笑

耖 chào （统读）

车 (一)chē

安步当～ 杯水～薪

闭门造～ 螳臂当～

(二)jū

(象棋棋子名称)

晨 chén （统读）

称 chèn

～心 ～意 ～职

对～ 相～

撑 chēng （统读）

乘 (动作义,念 chéng)

包～制 ～便 ～风破浪

～客 ～势 ～兴

橙 chéng （统读）

惩 chéng （统读）

澄 (一)chéng(文)

～清(如"～清混乱"、"～清问题")

(二)dèng(语)

单用,如"把水～清了"。

痴 chī （统读）

吃 chī （统读）

弛 chí （统读）

褫 chǐ （统读）

尺 chǐ

～寸 ～头

豉 chǐ （统读）

侈 chǐ （统读）

炽 chì （统读）

春 chōng （统读）

冲 chòng

～床 ～模

臭 (一)chòu

遗～万年

(二)xiù

乳～ 铜～

储 chǔ （统读）

处 chǔ(动作义)

～罚 ～分 ～决 ～理

～女 ～置

畜 (一)chù(名物义)

～力 家～ 牲～ 幼～

(二)xù(动作义)

～产 ～牧 ～养

触 chù （统读）

搐 chù （统读）

绌 chù （统读）

黜 chù （统读）

闯 chuǎng（统读）

创 (一)chuàng

草～ ～举 首～

～造 ～作

(二)chuāng

～伤 重～

绰 (一)chuò

～～有余

(二)chuo

宽～

疵 cī （统读）

雌 cí （统读）

赐 cì　　（统读）

伺 cì

　　～候

枞 (一)cōng

　　～树

　　(二)zōng

　　～阳〔地名〕

从 cóng　　（统读）

丛 cóng　　（统读）

攒 cuán

　　万头～动　万箭～心

脆 cuì　　（统读）

撮 (一)cuō

　　～儿　一～儿盐　一～儿匪帮

　　(二)zuǒ

　　一～儿毛

措 cuò　　（统读）

D

搭 dā　　（统读）

答 (一)dá

　　报～　～复

　　(二)dā

　　～理　～应

打 dá

　　苏～　一～（十二个）

大 (一)dà

　　～夫（古官名）

　　～王（如爆破～王、钢铁～王）

　　(二)dài

　　～夫（医生）　～黄

　　～王（山～王）　～城〔地名〕

呆 dāi　　（统读）

傣 dǎi　　（统读）

逮 (一)dài(文)如"～捕"。

　　(二)dǎi(语)单用，如"～蚊子"、"～特务"。

当 (一)dāng

　　～地　～间儿　～年（指过去）　～日

　　（指过去）　～天（指过去）　～时（指过去）　螳臂～车

　　(二)dàng

　　一个～俩　安步～车　适～

　　～年（同一年）　～日（同一时候）

　　～天（同一天）

档 dàng　　（统读）

蹈 dǎo　　（统读）

导 dǎo　　（统读）

倒 (一)dǎo

　　颠～　颠～是非　颠～黑白

　　颠三～四　倾箱～箧　排山～海

　　～板　～嚼　～仓　～嗓

　　～戈　潦～

　　(二)dào

　　～粪（把粪弄碎）

悼 dào　　（统读）

蠹 dào　　（统读）

凳 dèng　　（统读）

羝 dī　　（统读）

氐 dī〔古民族名〕

堤 dī　　（统读）

提 dī

　　～防

的 dí

　　～当　～确

抵 dǐ　　（统读）

蒂 dì　　（统读）

缔 dì　　（统读）

谛 dì　　（统读）

点 diɑn

　　打～（收拾、贿赂）

跌 diē　　（统读）

蝶 dié　　（统读）

订 dìng　　（统读）

都 (一)dōu

　　～来了

　　(二)dū

~市 首~ 大~(大多)

堆 duī （统读）

吨 dūn （统读）

盾 dùn （统读）

多 duō （统读）

咄 duō （统读）

掇 (一) duō ("拾取、采取"义)

(二) duo

撺~ 掇~

裰 duō （统读）

踱 duó （统读）

度 duó

忖~ ~德量力

E

婀 ē （统读）

F

伐 fá （统读）

阀 fá （统读）

砝 fǎ （统读）

法 fǎ （统读）

发 fà

理~ 脱~ 结~

帆 fān （统读）

藩 fān （统读）

梵 fàn （统读）

坊 (一) fāng

牌~ ~巷

(二) fáng

粉~ 磨~ 碾~ 染~

油~ 谷~

妨 fáng （统读）

防 fáng （统读）

肪 fáng （统读）

沸 fèi （统读）

汾 fén （统读）

讽 fěng （统读）

肤 fū （统读）

敷 fū （统读）

俘 fú （统读）

浮 fú （统读）

服 fú

~毒 ~药

拂 fú （统读）

辐 fú （统读）

幅 fú （统读）

甫 fǔ （统读）

复 fù （统读）

缚 fù （统读）

G

噶 gá （统读）

冈 gāng （统读）

刚 gāng （统读）

岗 gǎng

~楼 ~哨 ~子 门~

站~ 山~子

港 gǎng （统读）

葛 (一) gé

~藤 ~布 瓜~

(二) gě〔姓〕(包括单、复姓)

隔 gé （统读）

革 gé

~命 ~新 改~

合 gě(一升的十分之一)

给 (一) gěi(语)单用。

(二) jǐ(文)

补~ 供~ 供~制 ~予

配~ 自~自足

亘 gèn （统读）

更 gēng

五~ ~生

颈 gěng

脖~子

供 (一) gōng

~给 提~ ~销

(二) gòng

口~ 翻~ 上~

佝 gōu （统读）

枸 gǒu
～杞

勾 gòu
～当

估（除"～衣"读 gù 外，都读 gū）

骨（除"～碌"、"～朵"读 gū 外，都读 gǔ）

谷 gǔ
～雨

锢 gù （统读）

冠 （一）guān（名物义）
～心病
（二）guàn（动作义）
沐猴而～ ～军

犷 guǎng（统读）

庋 guǐ （统读）

桧 （一）guì［树名］
（二）huì［人名］"秦～"。

刽 guì （统读）

聒 guō （统读）

蝈 guō （统读）

过（除姓氏读 guō 外，都读 guò）

H

虾 há
～蟆

哈 （一）hǎ
～达
（二）hà
～什蚂

汗 hán
可～

巷 hàng
～道

号 háo
寒～虫

和 （一）hè
唱～ 附～ 曲高～寡
（二）huo

挽～ 搅～ 暖～ 热～ 软～

貉 （一）hé（文）
一丘之～
（二）háo（语）
～绒 ～子

壑 hè （统读）

褐 hè （统读）

喝 hè
～采 ～道 ～令 ～止
呼幺～六

鹤 hè （统读）

黑 hēi （统读）

亨 hēng （统读）

横 （一）héng
～肉 ～行霸道
（二）hèng
蛮～ ～财

哄 hōng （统读）

虹 （一）hóng（文）
～彩 ～吸
（二）jiàng（语）
单说。

讧 hòng （统读）

囫 hú （统读）

瑚 hú （统读）

蝴 hú （统读）

桦 huà （统读）

徊 huái （统读）

踝 huái （统读）

浣 huàn （统读）

黄 huáng （统读）

荒 huang
饥～（指经济困难）

诲 huì （统读）

贿 huì （统读）

会 huì
一～儿 多～儿
～厌（生理名词）

混 hùn
～合 ～乱 ～凝土 ～淆
～血儿 ～杂

蠖 huò （统读）

霍 huò （统读）

豁 huò
～亮

获 huò （统读）

J

羁 jī （统读）

击 jī （统读）

奇 jī
～数

芨 jī （统读）

缉 （一）jī
通～ 侦～
（二）qī
～鞋口

几 jī
茶～ 条～

圾 jī （统读）

戢 jí （统读）

疾 jí （统读）

汲 jí （统读）

棘 jí （统读）

藉 jí
狼～（籍）

嫉 jí （统读）

脊 jí （统读）

纪 （一）jǐ〔姓〕
（二）jì～念 ～律 纲～ ～元

偈 jì
～语

绩 jì （统读）

迹 jì （统读）

寂 jì （统读）

箕 ji
簸～

辑 jí
逻～

茄 jiā
雪～

夹 jiā
～带藏掖 ～道儿 ～攻
～棍 ～生 ～杂 ～竹桃
～注

浃 jiā （统读）

甲 jiǎ （统读）

歼 jiān （统读）

鞯 jiān （统读）

间 （一）jiān
～不容发 中～
（二）jiàn
中～儿 ～道 ～谍 ～断
～或 ～接 ～距 ～隙
～续 ～阻 ～作 挑拨离～

趼 jiǎn （统读）

俭 jiǎn （统读）

缰 jiāng （统读）

膙 jiǎng （统读）

嚼 （一）jiáo（语）
味同～蜡
咬文～字
（二）jué（文）
咀～ 过屠门而大～
（三）jiào
倒～（倒嚼）

侥 jiǎo
～幸

角 （一）jiǎo
八～（大茴香） ～落 独～戏
～膜 ～度～儿（犄～） ～楼
勾心斗～ 号～ 口～（嘴～）
鹿～菜 头～
（二）jué
～斗 ～儿（脚色） 口～（吵嘴）

主～儿　配～儿　～力　捧～儿

脚 (一)jiǎo

　　根～

　　(二)jué

　　～儿(也作"角儿",脚色)

剿 (一)jiǎo

　　围～

　　(二)chāo

　　～说　～袭

校 jiào

　　～勘　～样　～正

较 jiào　(统读)

酵 jiào　(统读)

嗟 jiē　(统读)

疖 jiē　(统读)

　　结(除"～了个果子"、"开花～果"、"～巴"、"～实"念 jiē 之外,其他都念 jié)

睫 jié　(统读)

芥 (一)jiè

　　～菜(一般的芥菜)　～末

　　(二)gài

　　～菜(也作"盖菜")　～蓝菜

矜 jīn

　　～持　自～　～怜

仅 jǐn

　　～～　绝无～有

谨 jǐn　(统读)

觐 jìn　(统读)

浸 jìn　(统读)

斤 jin

　　千～(起重的工具)

茎 jīng　(统读)

粳 jīng　(统读)

鲸 jīng　(统读)

境 jìng　(统读)

痉 jìng　(统读)

劲 jìng

　　刚～

窘 jiǒng　(统读)

究 jiū　(统读)

纠 jiū　(统读)

鞠 jū　(统读)

鞫 jū　(统读)

掬 jū　(统读)

苴 jū　(统读)

咀 jǔ

　　～嚼

矩 (一)jǔ

　　～形

　　(二)ju

　　规～

俱 jù　(统读)

龟 jūn

　　～裂(也作"皲裂")

菌 (一)jūn

　　细～　病～　杆～　霉～

　　(二)jùn

　　香～　～子

俊 jùn　(统读)

K

卡 (一)kǎ

　　～宾枪　～车　～介苗

　　～片　～通

　　(二)qiǎ

　　～子　关～

揩 kāi　(统读)

慨 kǎi　(统读)

忾 kài　(统读)

勘 kān　(统读)

看 kān

　　～管　～护　～守

慷 kāng　(统读)

拷 kǎo　(统读)

坷 kē

　　～拉(垃)

疴 kē　(统读)

壳 (一)ké(语)
　　～儿　贝～儿　脑～　驳～枪
　　(二)qiào(文)
　　地～　甲～　躯～
可 (一)kě
　　～～儿的
　　(二)kè
　　～汗
恪 kè　　（统读）
刻 kè　　（统读）
克 kè
　　～扣
空 (一)kōng
　　～心砖　～城计
　　(二)kòng
　　～心吃药
眍 kōu　　（统读）
矻 kū　　（统读）
酷 kù　　（统读）
框 kuàng　　（统读）
矿 kuàng　　（统读）
傀 kuǐ　　（统读）
溃 (一)kuì
　　～烂
　　(二)huì
　　～脓
篑 kuì　　（统读）
括 kuò　　（统读）

L

垃 lā　　（统读）
邋 lā　　（统读）
蜡 lǎn　　（统读）
缆 lǎn　　（统读）
蓝 lan
　　苤～
琅 láng　　（统读）
捞 lāo　　（统读）
劳 láo　　（统读）

醪 láo　　（统读）
烙 (一)lào
　　～印　～铁　～饼
　　(二)luò
　　炮～（古酷刑）
勒 (一)lè(文)
　　～逼　～令　～派
　　～索　悬崖～马
　　(二)lēi(语)多单用。
擂（除"～台"、"打～"读 lèi 外，都读 léi）
礌 léi　　（统读）
羸 léi　　（统读）
蕾 lěi　　（统读）
累 (一)lèi
　　(辛劳义，如"受～"〔受劳～〕)
　　(二)léi
　　(如"～赘")
　　(三)lěi
　　(牵连义，如"带～"、"～及"、"连～"、"赔
　　～"、"牵～"、"受～"〔受牵～〕)
蠡 (一)lí
　　管窥～测
　　(二)lǐ
　　～县　范～
喱 lí　　（统读）
连 lián　　（统读）
敛 liǎn　　（统读）
恋 liàn　　（统读）
量 (一)liàng
　　～入为出　忖～
　　(二)liang
　　打～　掂～
踉 liàng
　　～跄
潦 liáo
　　～草　～倒
劣 liè　　（统读）
捩 liè　　（统读）

趔 liè　　（统读）
拎 līn　　（统读）
遴 lín　　（统读）
淋 （一）lín
　　～浴　～漓　～巴
　　（二）lìn
　　～硝　～盐　～病
蛉 líng　　（统读）
榴 liú　　（统读）
馏 （一）liú(文)如"干～"、"蒸～"。
　　（二）liù(语)如"～馒头"。
镏 liú
　　～金
碌 liù
　　～碡
笼 （一）lóng(名物义)
　　～子　牢～
　　（二）lǒng(动作义)
　　～络　～括　～统　～罩
偻 （一）lóu
　　佝～
　　（二）lǚ
　　伛～
䁖 lou
　　眍～
虏 lǔ　　（统读）
掳 lǔ　　（统读）
露 （一）lù(文)
　　赤身～体　～天　～骨　～头角
　　藏头～尾　抛头～面　～头(矿)
　　（二）lòu(语)
　　～富　～苗　～光　～相
　　～马脚　～头
橹 lǔ　　（统读）
捋 （一）lǚ
　　～胡子
　　（二）luō
　　～袖子

绿 （一）lǜ(语)
　　（二）lù(文)
　　～林　鸭～江
孪 luán　　（统读）
挛 luán　　（统读）
掠 lüè　　（统读）
囵 lún　　（统读）
络 luò
　　～腮胡子
落 （一）luò(文)
　　～膘　～花生　～魄　涨～
　　～槽　着～
　　（二）lào(语)
　　～架　～色　～炕　～枕
　　～儿　～子(一种曲艺)
　　（三）là(语)，遗落义。
　　丢三～四　～在后面

M

脉（除"～～"念 mòmò 外，一律念 mài）
漫 màn　　（统读）
蔓 （一）màn(文)
　　～延　不～不支
　　（二）wàn(语)
　　瓜～　压～
牤 māng　　（统读）
氓 máng
　　流～
芒 máng　　（统读）
铆 mǎo　　（统读）
瑁 mào　　（统读）
虻 méng　　（统读）
盟 méng　　（统读）
祢 mí　　（统读）
眯 （一）mí
　　～了眼(灰尘等入目,也作"迷")
　　（二）mī
　　～了一会儿(小睡)
　　～缝着眼(微微合目)

靡 （一）mí
　　～费
　　（二）mǐ
　　风～　委～　披～
秘（除"～鲁"读bì外，都读mì）
泌 （一）mì（语）
　　分～
　　（二）bì（文）
　　～阳〔地名〕
娩 miǎn　（统读）
渺 miǎo　（统读）
皿 mǐn　（统读）
闽 mǐn　（统读）
茗 míng　（统读）
酩 mǐng　（统读）
谬 miù　（统读）
摸 mō　（统读）
模 （一）mó
　　～范　～式　～型
　　～糊　～特儿
　　～棱两可
　　（二）mú
　　～子　～具　～样
膜 mó　（统读）
摩 mó
　　按～　抚～
嬷 mó　（统读）
墨 mò　（统读）
耱 mò　（统读）
沫 mò　（统读）
缪 móu
　　绸～
N
难 （一）nán
　　困～（或变轻声）
　　～兄～弟（难得的兄弟，现多用作贬义）
　　（二）nàn
　　排～解纷　发～　刁～　责～　～兄～

弟（共患难或同受苦难的人）
蝻 nǎn　（统读）
蛲 náo　（统读）
讷 nè　（统读）
馁 něi　（统读）
嫩 nèn　（统读）
恁 nèn　（统读）
妮 nī　（统读）
拈 niān　（统读）
鲇 nián　（统读）
酿 niàng　（统读）
尿 （一）niào
　　糖～症
　　（二）suī（只用于口语名词）
　　尿(niào)～　～脬
嗫 niè　（统读）
宁 （一）níng
　　安～
　　（二）nìng
　　～可　无～〔姓〕
忸 niǔ　（统读）
脓 nóng　（统读）
弄 （一）nòng
　　玩～
　　（二）lòng
　　～堂
暖 nuǎn　（统读）
衄 nǜ　（统读）
疟 （一）nüè（文）
　　～疾
　　（二）yào（语）
　　发～子
娜 （一）nuó
　　婀～　袅～
　　（二）nà
　　（人名）

O
殴 ōu　（统读）

呕 ǒu　　（统读）

P

杷 pá　　（统读）

琶 pá　　（统读）

牌 pái　　（统读）

排 pǎi
　　～子车

迫 pǎi
　　～击炮

湃 pài　　（统读）

爿 pán　　（统读）

胖 pán
　　心广体～（～为安舒貌）

蹒 pán　　（统读）

畔 pàn　　（统读）

乓 pāng　　（统读）

滂 pāng　　（统读）

脬 pāo　　（统读）

胚 pēi　　（统读）

喷 （一）pēn
　　～嚏
　　（二）pèn
　　～香
　　（三）pen
　　嚏～

澎 péng　　（统读）

坯 pī　　（统读）

披 pī　　（统读）

匹 pǐ　　（统读）

僻 pì　　（统读）

譬 pì　　（统读）

片 （一）piàn
　　～子　唱～　画～　相～
　　影～　～儿会
　　（二）piān（口语一部分词）
　　～子　～儿　唱～儿　画～儿
　　相～儿　影～儿

剽 piāo　　（统读）

缥 piāo
　　～缈（飘渺）

撇 piē
　　～弃

聘 pìn　　（统读）

乒 pīng　　（统读）

颇 pō　　（统读）

剖 pōu　　（统读）

仆 （一）pū
　　前～后继
　　（二）pú
　　～从

扑 pū　　（统读）

朴 （一）pǔ
　　俭～　～素　～质
　　（二）pō
　　～刀
　　（三）pò
　　～硝　厚～

氆 pǔ　　（统读）

瀑 pù
　　～布

曝 （一）pù
　　一～十寒
　　（二）bào
　　～光　（摄影术语）

Q

栖 qī
　　两～

戚 qī　　（统读）

漆 qī　　（统读）

期 qī　　（统读）

蹊 qī
　　～跷

蛴 qí　　（统读）

畦 qí　　（统读）

其 qí　　（统读）

骑 qí　　（统读）

企 qǐ　　（统读）

绮 qǐ　　（统读）

杞 qǐ　　（统读）

械 qì　　（统读）

洽 qià　　（统读）

签 qiān　　（统读）

潜 qián　　（统读）

荨 （一）qián（文）

　　～麻

　　（二）xún（语）

　　～麻疹

嵌 qiàn　　（统读）

欠 qian

　　打哈～

戕 qiāng　　（统读）

锖 qiāng

　　～水

强 （一）qiáng

　　～渡　～取豪夺　～制

　　博闻～识

　　（二）qiǎng

　　勉～　牵～　～词夺理

　　～迫　～颜为笑

　　（三）jiàng

　　倔～

襁 qiǎng　　（统读）

跄 qiàng　　（统读）

悄 （一）qiāo

　　～～儿的

　　（二）qiǎo

　　～默声儿的

橇 qiāo　　（统读）

翘 （一）qiào（语）

　　～尾巴

　　（二）qiáo（文）

　　～首　～楚　连～

怯 qiè　　（统读）

挈 qiè　　（统读）

趄 qie

　　趔～

侵 qīn　　（统读）

衾 qīn　　（统读）

嘁 qín　　（统读）

倾 qīng　　（统读）

亲 qìng

　　～家

穹 qióng　　（统读）

殴 qū　　（统读）

曲（麯）qū

　　大～　红～　神～

渠 qú　　（统读）

瞿 qú　　（统读）

蠼 qú　　（统读）

苣 qǔ

　　～荬菜

龋 qǔ　　（统读）

趣 qù　　（统读）

雀 què

　　～斑　～盲症

R

髯 rán　　（统读）

攘 rǎng　　（统读）

桡 ráo　　（统读）

绕 rào　　（统读）

任 rén〔姓，地名〕

妊 rèn　　（统读）

扔 rēng　　（统读）

容 róng　　（统读）

糅 róu　　（统读）

茹 rú　　（统读）

孺 rú　　（统读）

蠕 rú　　（统读）

辱 rǔ　　（统读）

挼 ruó　　（统读）

S

靸 sǎ　　（统读）

噻 sāi　（统读）
散 (一)sǎn
　　懒～　零零～～　～漫
　　(二)san
　　零～
丧 sang
　　哭～着脸
扫 (一)sǎo
　　～兴
　　(二)sào
　　～帚
埽 sào　（统读）
色 (一)sè(文)
　　(二)shǎi(语)
塞 (一)sè(文)动作义。
　　(二)sāi(语)名物义，如："活～"、"瓶～"；动作义，如："把洞～住"。
森 sēn　（统读）
煞 (一)shā
　　～尾　收～
　　(二)shà
　　～白
啥 shá　（统读）
厦 (一)shà(语)
　　(二)xià(文)
　　～门　噶～
杉 (一)shān(文)
　　紫～　红～　水～
　　(二)shā(语)
　　～篱　～木
衫 shān　（统读）
姗 shān　（统读）
苫 (一)shàn(动作义，如"～布"）
　　(二)shān(名物义，如"草～子"）
墒 shāng　（统读）
猞 shē　（统读）
舍 shè
　　宿～

慑 shè　（统读）
摄 shè　（统读）
射 shè　（统读）
谁 shéi，又音 shuí
娠 shēn　（统读）
什(甚) shén
　　～么
蜃 shèn　（统读）
葚 (一)shèn(文)
　　桑～
　　(二)rèn(语)
　　桑～儿
胜 shèng　（统读）
识 shí
　　常～　～货　～字
似 shì
　　～的
室 shì　（统读）
螫 (一)shì(文)
　　(二)zhē(语)
匙 shi
　　钥～
殊 shū　（统读）
蔬 shū　（统读）
疏 shū　（统读）
叔 shū　（统读）
淑 shū　（统读）
菽 shū　（统读）
熟 (一)shú(文)
　　(二)shóu(语)
署 shǔ　（统读）
曙 shǔ　（统读）
漱 shù　（统读）
戍 shù　（统读）
蟀 shuài　（统读）
孀 shuāng（统读）
说 shuì
　　游～

数 shuò
　　～见不鲜
硕 shuò　（统读）
蒴 shuò　（统读）
艘 sōu　（统读）
嗾 sǒu　（统读）
速 sù　（统读）
塑 sù　（统读）
虽 suī　（统读）
绥 suí　（统读）
髓 suǐ　（统读）
遂 （一）suì
　　不～　毛～自荐
　　（二）suí
　　半身不～
隧 suì　（统读）
笋 sǔn　（统读）
莎 suō
　　～草
缩 （一）suō
　　收～
　　（二）sù
　　～砂密（一种植物）
嗍 suō　（统读）
索 suǒ　（统读）

T

趿 tā　（统读）
鳎 tǎ　（统读）
獭 tǎ　（统读）
沓 （一）tà
　　重～
　　（二）ta
　　疲～
　　（三）dá
　　一～纸
苔 （一）tái(文)
　　（二）tāi(语)
探 tàn　（统读）

涛 tāo　（统读）
悌 tì　（统读）
佻 tiāo　（统读）
调 tiáo
　　～皮
帖 （一）tiē
　　妥～　伏伏～～　俯首～耳
　　（二）tiě
　　请～　字～儿
　　（三）tiè
　　字～　碑～
听 tīng　（统读）
庭 tíng　（统读）
骰 tóu　（统读）
凸 tū　（统读）
突 tū　（统读）
颓 tuí　（统读）
蜕 tuì　（统读）
臀 tún　（统读）
唾 tuò　（统读）

W

蜗 wā　（统读）
挖 wā　（统读）
瓦 wà
　　～刀
喎 wāi　（统读）
蜿 wān　（统读）
玩 wán　（统读）
惋 wǎn　（统读）
脘 wǎn　（统读）
往 wǎng　（统读）
忘 wàng　（统读）
微 wēi　（统读）
巍 wēi　（统读）
薇 wēi　（统读）
危 wēi　（统读）
韦 wéi　（统读）
违 wéi　（统读）

唯 wéi （统读）
圩 (一)wéi
　～子
　(二)xū
　～(墟)场
纬 wěi （统读）
委 wěi
　～靡
伪 wěi （统读）
萎 wěi （统读）
尾 (一)wěi
　～巴
　(二)yǐ　马～儿
尉 wèi
　～官
文 wén （统读）
闻 wén （统读）
紊 wěn （统读）
喔 wō （统读）
蜗 wō （统读）
硪 wò （统读）
诬 wū （统读）
梧 wú （统读）
牾 wǔ （统读）
乌 wù
　～拉(也作"靰鞡")　～拉草
杌 wù （统读）
鹜 wù （统读）

X

夕 xī （统读）
汐 xī （统读）
晰 xī （统读）
析 xī （统读）
皙 xī （统读）
昔 xī （统读）
溪 xī （统读）
悉 xī （统读）
熄 xī （统读）

蜥 xī （统读）
螅 xī （统读）
惜 xī （统读）
锡 xī （统读）
樨 xī （统读）
袭 xí （统读）
檄 xí （统读）
峡 xiá （统读）
暇 xiá （统读）
吓 xià
　杀鸡～猴
鲜 xiān
　屡见不～　数见不～
锨 xiān （统读）
纤 xiān
　～维
涎 xián （统读）
弦 xián （统读）
陷 xiàn （统读）
霰 xiàn （统读）
向 xiàng （统读）
相 xiàng
　～机行事
淆 xiáo （统读）
哮 xiào （统读）
些 xiē （统读）
颉 xié
　～颃
携 xié （统读）
偕 xié （统读）
挟 xié （统读）
械 xiè （统读）
馨 xīn （统读）
囟 xìn （统读）
行 xíng
　操～　德～　发～　品～
省 xǐng
　内～　反～　～亲　不～人事

芎 xiōng　（统读）

朽 xiǔ　（统读）

宿 xiù

　　星~　二十八~

煦 xù　（统读）

蓿 xu

　　苜~

癣 xuǎn　（统读）

削（一）xuē（文）

　　剥~　~减　瘦~

　　（二）xiāo（语）

　　切~　~铅笔　~球

穴 xué　（统读）

学 xué　（统读）

雪 xuě　（统读）

血（一）xuè（文）用于复音词及成语，如"贫~"、"心~"、"呕心沥~"、"~泪史"、"狗~喷头"等。

　　（二）xiě（语）口语多单用，如"流了点儿~"及几个口语常用词，如："鸡~"、"~晕"、"~块子"等。

谑 xuè　（统读）

寻 xún　（统读）

驯 xùn　（统读）

逊 xùn　（统读）

熏 xùn

　　煤气~着了

徇 xùn　（统读）

殉 xùn　（统读）

蕈 xùn　（统读）

Y

押 yā　（统读）

崖 yá　（统读）

哑 yǎ

　　~然失笑

亚 yà　（统读）

殷 yān

　　~红

芫 yán

　　~荽

筵 yán　（统读）

沿 yán　（统读）

焰 yàn　（统读）

夭 yāo　（统读）

肴 yáo　（统读）

杳 yǎo　（统读）

窈 yǎo　（统读）

钥（一）yào（语）

　　~匙

　　（二）yuè（文）

　　锁~

曜 yào　（统读）

耀 yào　（统读）

椰 yē　（统读）

噎 yē　（统读）

叶 yè

　　~公好龙

曳 yè

　　弃甲~兵　摇~　~光弹

屹 yì　（统读）

轶 yì　（统读）

谊 yì　（统读）

懿 yì　（统读）

诣 yì　（统读）

艾 yì

　　自怨自~

荫 yìn　（统读）

　　（"树~"、"林~道"应作"树阴"、"林阴道"）

应（一）yīng

　　~届　~名儿　~许　提出的条件他都~了　是我~下来的任务

　　（二）yìng

　　~承　~付　~声　~时　~验　~邀　~用　~运　~征　里~外合

萦 yíng　（统读）

映 yìng　（统读）

佣 yōng

　～工

庸 yōng　（统读）

臃 yōng　（统读）

壅 yōng　（统读）

拥 yōng　（统读）

踊 yǒng　（统读）

咏 yǒng　（统读）

泳 yǒng　（统读）

莠 yǒu　（统读）

愚 yú　（统读）

娱 yú　（统读）

愉 yú　（统读）

伛 yǔ　（统读）

屿 yǔ　（统读）

吁 yù

　呼～

跃 yuè　（统读）

晕（一）yūn

　～倒　头～

　（二）yùn

　月～　血～　～车

酝 yùn　（统读）

Z

匝 zā　（统读）

杂 zá　（统读）

载（一）zǎi

　登～　记～

　（二）zài

　搭～　怨声～道　重～
　装～　～歌～舞

簪 zān　（统读）

咱 zán　（统读）

暂 zàn　（统读）

凿 záo　（统读）

择（一）zé　选～

（二）zhái

　～不开　～菜　～席

贼 zéi　（统读）

憎 zēng　（统读）

甑 zèng　（统读）

喳 zhā

　唧唧～～

轧（除"～钢"、"～辊"念 zhá 外，其他都
念 yà）（gá 为方言，不审）

摘 zhāi　（统读）

粘 zhān

　～贴

涨 zhǎng

　～落　高～

着（一）zháo

　～慌　～急　～家　～凉
　～忙　～迷　～水　～雨

　（二）zhuó

　～落　～手　～眼　～意
　～重　不～边际

　（三）zhāo

　失～

沼 zhǎo　（统读）

召 zhào　（统读）

遮 zhē　（统读）

蛰 zhé　（统读）

辙 zhé　（统读）

贞 zhēn　（统读）

侦 zhēn　（统读）

帧 zhēn　（统读）

胗 zhēn　（统读）

枕 zhěn　（统读）

诊 zhěn　（统读）

振 zhèn　（统读）

知 zhī　（统读）

织 zhī　（统读）

脂 zhī　（统读）

植 zhí　（统读）

殖（一）zhí
　　繁～　生～　～民
　（二）shi
　　骨～
指 zhǐ　（统读）
掷 zhì　（统读）
质 zhì　（统读）
蛭 zhì　（统读）
秩 zhì　（统读）
栉 zhì　（统读）
炙 zhì　（统读）
中 zhōng
　　人～（人口上唇当中处）
种 zhòng
　　点～（义同"点播"。动宾结构念 diǎnzhǒng, 义为点播种子）
诌 zhōu　（统读）
骤 zhòu　（统读）
轴 zhòu
　　大～子戏　压～子
碡 zhou
　　碌～
烛 zhú　（统读）
逐 zhú　（统读）
属 zhǔ
　　～望
筑 zhù　（统读）
著 zhù
　　土～

转 zhuǎn
　　运～
撞 zhuàng（统读）
幢（一）zhuàng
　　一～楼房
　（二）chuáng
　　经～（佛教所设刻有经咒的石柱）
拙 zhuō　（统读）
茁 zhuó　（统读）
灼 zhuó　（统读）
卓 zhuó　（统读）
综 zōng
　　～合
纵 zòng　（统读）
粽 zòng　（统读）
镞 zú　（统读）
组 zǔ　（统读）
钻（一）zuān
　　～探　～孔
　（二）zuàn
　　～床　～杆　～具
佐 zuǒ　（统读）
唑 zuò　（统读）
柞（一）zuò
　　～蚕　～绸
　（二）zhà
　　～水（在陕西）
做 zuò　（统读）
作（除"～坊"读 zuō 外,其余都读 zuò）

参考文献

徐恒：《播音发声学》，北京广播学院出版社1985年版。

张颂主编：《中国播音学》，北京广播学院出版社2003年版。

吴宗济：《现代汉语语音概要》，华语教学出版社1992年版。

罗常培、王均：《普通语音学纲要》，商务印书馆1981年版。

周殿福、吴宗济：《普通话语音图谱》，商务印书馆1963年版。

叶蜚声、徐通锵：《语言学纲要》，北京大学出版社1988年版。

胡裕树：《现代汉语》，上海教育出版社1995年版。

林焘、王理嘉：《语音学教程》，北京大学出版社1992年版。

徐世荣：《普通话语音知识》，文字改革出版社1980年版。

吴弘毅主编：《实用播音教程：普通话语音和播音发声》，中国传媒大学出版社2001年版。

金晓达、刘广徽：《汉语普通话语音图解课本》，北京语言大学出版社2009年版。

北京大学中文系现代汉语教研室编：《现代汉语》，商务印书馆1993年版。

宋欣桥主编：《普通话朗读训练教程》，吉林人民出版社1993年版。

郭锦桴：《汉语声调语调阐要与探索》，北京语言学院出版社1993年版。

裘锡圭：《文字学概要》，商务印书馆1988年版。

胡朴安：《文字学常识》，中华书局2010年版。

《辞海》，上海辞书出版社1999年版。

《现代汉语词典》，商务印书馆2005年版。

王力：《王力古汉语字典》，中华书局2000年版。

王理嘉：《汉语拼音运动与汉民族标准语》，语文出版社2003年版。

刁宴斌：《差异与融合——海峡两岸语言应用对比》，江西教育出版社2000年版。

《台湾的国语》，中国台湾网。

北京语言大学(台北)中华语文研习所合编：《两岸现代汉语常用词典》，北京语言大学出版社2003年版。

国家语言文字工作委员会普通话培训测试中心编制：《普通话水平测试实施纲要》，商务印书馆2004年版。

刘照雄：《普通话水平测试大纲》，吉林人民出版社1994年版。

国家语言文字工作委员会普通话培训测试中心：《首届全国普通话水平测试学术研讨会论文集》，语文出版社2003年版。

宋欣桥编:《普通话水平测试员实用手册》,商务印书馆1994年版。

傅惜华:《古典戏曲声乐论著丛编》,音乐出版社1957年版。

李钢、陈京生:《语言发声原理 语言发声练习》,北京广播学院出版社1988年版。

李晓华:《广播电视语言传播艺术概要》,北京广播学院出版社1999年版。

吴弘毅:《播音主持艺术语音发声》,中国广播电视出版社2001年版。

王璐、吴洁茹:《新编播音员主持人语音发声手册》,中国国际广播出版社2006年版。

徐树华:《播音主持语言策略》,中国经济出版社2004年版。

周殿福:《艺术语言发声基础》,社会科学出版社1980年版。

冯葆富等:《歌唱医学基础》,上海科学技术出版社1981年版。

张颂:《朗读学》,中国传媒大学出版社1999年版。

李洪岩:《诗歌朗诵技巧》(修订版),中国广播电视出版社2012年版。

罗莉:《文艺作品演播》,北京广播学院出版社2003年版。

王明军、阎亮:《影视配音艺术》,中国传媒大学出版社2007年版。

Catford, J., *Fundamental Problems in Phonetics*, Edinburgh University Press, 1977.

Hirano, M., *Clinical Examination of Voice*. Springer-Verlag, Wien, 1981.

李青梅:《海峡两岸字音比较》,《语言文字应用》1992年第3期。

廖秋忠:《〈国语在台湾之演变〉评介》,《当代语言学》1989年第8期。

方梦立:《海峡两岸间人名地名翻译的差异及统一规范化的必要性和意义》,《北方论丛》1999年第1期。

许蕾:《海峡两岸日常生活词语差异及其原因探究》,博士论文。

编写说明

播音与主持艺术专业"十二五"规划教材吸纳了播音主持艺术教育50年的优秀成果,并持续关注传媒业界发展,创新理论,总结经验,注重实践性和指导性。

本系列教材由中国传媒大学播音主持艺术学院集体编写,教材凝结了历代播音主持艺术教育工作者的智慧结晶,体现了年轻教育工作者的思考和探索,同时也吸纳了传媒业界播音主持艺术工作者的宝贵经验。

本册《播音主持语音与发声》的编写工作由赵俐统筹,陈京生审定,执笔人由校内专业教师和传媒业界专家组成。

具体分工如下:

第一章　播音主持语音与发声概论,由赵俐、方明、铁城执笔;

第二章　发音器官与发音原理,由陈京生、李昕、张路斯执笔;

第三章　普通话发音总说,由吴洁茹执笔;

第四章　普通话声母发音,由吴洁茹执笔;

第五章　普通话韵母发音,由熊征宇执笔;

第六章　普通话声调与音节结构,由吴洁茹、熊征宇执笔;

第七章　普通话语流音变,由王峥执笔;

第八章　普通话读音问题分析,由王峥、孙艳梅执笔;

第九章　普通话水平测试,由汪海燕执笔;

第十章　播音主持的吐字方式,由徐树华执笔;

第十一章　播音主持呼吸方式,由赵俐、裴蕾、李昕执笔;

第十二章　播音主持的发声方式,由陈京生执笔;

第十三章　播音主持的共鸣调节,由陈京生执笔;

第十四章　情、声、气关系与声音对比变化,由潘洁执笔。

本系列教材拟将继承、创新、理论、实践相结合,同时参编人员众多,因此难免有不尽完善之处,敬请大方之家指正。

中国传媒大学播音主持艺术学院
2014年3月

图书在版编目(CIP)数据

播音主持语音与发声/中国传媒大学播音主持艺术学院编著.--北京:中国传媒大学出版社,2014.2(2024.5重印)
ISBN 978-7-5657-0888-6

Ⅰ.①播… Ⅱ.①中… Ⅲ.①播音－发声法－高等学校－教材 ②主持人－发声法－高等学校－教材 Ⅳ.①G222.2

中国版本图书馆CIP数据核字(2013)第310200号

播音主持语音与发声
BOYIN ZHUCHI YUYIN YU FASHENG

编　　　　著	中国传媒大学播音主持艺术学院
责 任 编 辑	李水仙
装帧设计指导	吴学夫　杨　蕾　郭开鹤　吴　颖
设 计 总 监	杨　蕾
装 帧 设 计	刘鑫、方雪悦等平面设计创作团队
责 任 印 制	李志鹏
出版发行	中国传媒大学出版社
社　　　　址	北京市朝阳区定福庄东街1号　　邮　　编　100024
电　　　　话	86-10-65450532　65450528　　传　　真　65779405
网　　　　址	http://cucp.cuc.edu.cn
经　　　　销	全国新华书店
印　　　　刷	北京中科印刷有限公司
开　　　　本	787mm×1092mm　　1/16
印　　　　张	20.5
字　　　　数	461千字
版　　　　次	2014年8月第1版
印　　　　次	2024年5月第13次印刷
书　　　　号	ISBN 978-7-5657-0888-6/G・0888　　定　价　49.00元

本社法律顾问:北京嘉润律师事务所　郭建平

致力专业核心教材建设　提升学科与学校影响力

中国传媒大学出版社陆续推出

我校 15 个专业"十二五"规划教材约 160 种

播音与主持艺术专业（10 种）

广播电视编导专业（电视编辑方向）（11 种）

广播电视编导专业（文艺编导方向）（10 种）

广播电视新闻专业（11 种）

广播电视工程专业（9 种）

广告学专业（12 种）

摄影专业（11 种）

录音艺术专业（12 种）

动画专业（10 种）

数字媒体艺术专业（12 种）

数字游戏设计专业（10 种）

网络与新媒体专业（12 种）

网络工程专业（11 种）

信息安全专业（10 种）

文化产业管理专业（10 种）

本书更多相关资源可从中国传媒大学出版社网站下载

网址：http://cucp.cuc.edu.cn

责任编辑：李水仙　　意见反馈及投稿邮箱：lishuixianok@163.com

联系电话：010-65779406